中国社会科学院知识产权中心

知识产权研究

INTELLECTUAL PROPERTY STUDIES

第二十二卷

周林　主编

知识产权出版社
全国百佳图书出版单位

图书在版编目（CIP）数据

知识产权研究. 第22卷/周林主编. 一北京：知识产权出版社，2013. 12
ISBN 978-7-5130-2505-8

Ⅰ. ①知… Ⅱ. ①周… Ⅲ. ①知识产权一文集 Ⅳ. ①D913. 04-53

中国版本图书馆CIP数据核字（2013）第（297809）号

内容提要

本系列出版物阶段性地汇集国内外知识产权研究领域前沿理论、学术观点、问题探讨、案例分析和实例研究，跟踪展示知识产权研究领域的主要问题和研究水平，可供法学和知识产权学界理论及实务工作者阅读，也可供高等院校法律及知识产权相关专业学生深入学习参考。

责任编辑： 龙　文　　　**责任出版：** 刘译文
装帧设计： 紫星光

知识产权研究：第二十二卷

Zhishichanquan Yanjiu: Di Ershier Juan

周林　主编

出版发行： 知识产权出版社 有限责任公司	**网　　址：** http://www.ipph.cn
社　　址： 北京市海淀区马甸南村1号	**邮　　编：** 100088
责编电话： 010-82000860转8123	**责编邮箱：** longwen@cnipr.com
发行电话： 010-82000860转8101/8102	**发行传真：** 010-82000893/182005070/82000270
印　　刷： 北京科信印刷有限公司	**经　　销：** 各大网上书店、新华书店及相关专业书店
开　　本： 880mm×1230mm　1/32	**印　　张：** 13.625
版　　次： 2013年12月第1版	**印　　次：** 2013年12月第1次印刷
字　　数： 400千字	**定　　价：** 48.00元

ISBN 978－7－5130－2505－8

本书出版得到华诚律师事务所华诚基金赞助!

目录

编者的话

信息法论坛

商标法比较研究

Contents

Editor's Note

Forum on Information Law

Comparative Studies on Trademark Law

编者的话

信息、信息利用与信息正义

周　林

版权是印刷术的产儿。随着廉价纸张的发明和活字印刷技术的广泛应用，以往人际交流的信息，得以固定下来并批量复制，形成载有信息的产品。这就是人类早期的信息产品。自从有了信息产品，也就有了信息市场，当然，早期主要是图书市场。编印一本书，需要经过信息采集或创作，文字加工及编辑，刻字，排版，校对，印刷，装订，这么多道工序，这么多的智力投入，加上在人工、机器设备上的金钱消耗，可见信息产品的来之不易。编印者需要销售一定量的图书才能收回成本，维持这个信息加工过程，才能给市场源源不断提供新的产品。

信息本身是不值钱的。一件事只要发生了，谁能挡得住它的传播？一件事的发生就是一个信息，看见的，听到的，不论是记在心里，还是口传出去，不用花钱，它不值价。同样，一个发明，一个新技术方案，除非深藏不漏，它总有见天日那一天。可是，如果深藏不漏，又怎样能实现这个发明或技术方案的价值？信息本性是无羁无绊、自由自在、无孔不入，难保这个秘密有一天不会被泄露出去。于是人们制订出专利法，让发明人明明白白把新方案公之于众。作为补偿和奖励，专利法赋予发明人对其发明创造拥有一定期限的垄断权。这种权利指向的是信息利用，不是信息本身。正所谓：Information is free, but the freedom is not free。

信息利用的方式随着复制、传播技术的发展而增加。人类是信息动物。人类最善于利用信息，他们在利用信息过程中不断增强自身能力，不断创造出更加丰富多彩的信息。信息的价值，全在于对信息的利用。实际上，人类社会的发展，跟善于利用信息，以及不断地生产信息和传播信息是须臾不可分的。而信息利用以及信息的生产和传播，又跟信息技术的更新和升级换代分不开。从印刷复制到影像复制，从机械复制到数字复制，从传统手转手实物载体传播到互联网非物质载体传播，人们得以在信息利用、生产和传播的过程中成长。

信息是自由流动的，人人皆可获得，这是信息自由的第一层含义。但是，信息自由不意味着人人皆得的信息都是免费的。因此，信息自由的第二层含义是，对某些特定信息的利用是要付出代价的，因为如果任由无偿利用信息，将很难保证信息生产者能够源源不断地向市场提供新的产品。于是人们想到利用财产制度，给信息利用确定一个边界，把信息利用——对某些特定信息在一定期限内的控制——视为类似财产的那样一种可控、可评估、可转让的权利。这样一种权利并非与生俱来，而是基于法定。实际上，知识财产就是一种国家的政策宣言，它公开宣称对某些特定信息一定期限的财产保护，目的是鼓励信息的生产和传播，确保本国权利人在信息争夺战中的竞争优势。由此可见，国家对于信息利用制度 / 知识财产制度的适度干预或介入是必须的和必然的，那种所谓公权不得干预私权的说法在这里没有立足点。

承认国家有权发布这项政策宣言和干预私权，不等于放任决策者和政策执行者随心所欲；特别要警惕决策者以任何借口，对信息的正常流动和利用不适当地管控。这种危险始终存在。因为决策者总是按照他们认为合理的方式来管控信息。这里潜伏的一个关键问题是如何认识和确保信息正义。首先，那项确保国家竞争力的政策是权宜之计，还是持之以恒的选择；其次，国家 / 公权对私权的适度干预是服务于既定政策，还是屈从于暂时的现实考量；第三，政策宣言和适度干预，究竟是确保信息自由，鼓励信息生产和传播，还是以信息自由为敌，处处限制和屏蔽信息生产和传播。

信息、信息利用与信息正义是当下涉及信息包括知识财产法学在内的信息法学的重要话题。这些话题在本系列书已经出版的前21卷中，已经或多或少地触碰到。从本卷开始，我们将更多地对相关话题进行更深入更广泛的讨论。正如读者看到的，本卷开辟了一个“信息法论坛”，收入了5篇论文。其中第一篇是冰岛阿克雷里大学高级讲师马尔库斯·梅克（Markus Meckl）特为本系列书改写的论文《信息正义的难题》。该文不长，但是却十分清晰地勾勒出信息正义对于构建信息法体系的意义和解决信息正义难题的路径。该文原文为德文，由德国明斯特大学法学院博士研究生季繁菲翻译。在翻译过程中，北京外国语大学法学院的硕士研究生刘晔同学对译稿也提供了修改意见。第二篇论文是李小武博士撰写的，题目是“网络规则的方法及路径——Lessig 理论及其观点评述”。该文对美国网络法先驱 Lawrence Lessig 网络空间规制理论做了深入介绍和评论。该理论认为，网络可分为受控的物理层、内容层和自由的代码层，应当用法律、社会规范、市场和架构四种方式对网络空间进行管制。第三篇论文由付强国、余梦菲两位律师合写，他们结合《龙之谷》案和《冒险岛》案，对最近出现的网络外挂的侵权认定和责任承担作出有前瞻性的论述。王迁教授的《WAP 搜索及相关服务著作权侵权问题研究》、李艳博士的《论澳大利亚仿冒法与互联网上的域名纠纷》两篇论文，都与信息技术发展而引发的法律问题有关。

本卷对知识财产制度的三个重要方面——商标、专利、版权均有涉及，辟有“商标法比较研究”“专利法比较研究”和“版权法比较研究”三个专栏，将最近一段时间中国社会科学院知识产权中心在多次学术活动中的比较法研究论文予以发表。

我们郑重向读者推荐陈泰和教授专为本卷撰写的论文《美国专利法保密条款简介及对我国立法者的批评和建言》。陈教授写到：对电脑病毒、病毒等有害国家安全的发明发现在专利法中如何对待，中美两国有着完全不同的法律规定。中国法主要依靠《专利法》和《国防专利条例》等调整，而美国则是受《美国法典》及具体司法实践灵活调整。中国法在对其授予专利、如何保密等语焉不详、甚至是完全忽视，但美国法则是积极保护，并让地位高到国防部长等级别的官员直接参与其中，另外，还积极给予金钱补偿，并由法庭专门处理因为补偿而来的纠纷。两国立法之间的差别，关键在于我国立法者或法学理论界无法看透专利法之后的先进生产力本质，我国法学教育、法律人才的大环境、司法实践等挑选不出合格的人才为国家先进生产力科学立法。陈教授认为，应该学习美国在法律人才培养、权力分配和立法与司法相结合方面灵活的经验，发现和保护先进生产力，促进国家科技的进步。

占据本卷较大篇幅的是"外国立法"专栏收入的《俄罗斯联邦民法典第四部分第七编　对知识活动成果和个性化标识的权利》。俄罗斯联邦共和国，曾是前苏联内部一个最大的国家实体，跟我国有着长期的密切交往。在相当长的一个历史阶段内，我国的政治框架和法律框架均"以俄为师"。俄罗斯的这部法典在2006年进行了一次全面的修订。在全世界制订有知识财产法律的国家，俄罗斯这部法典，可以说是一部最具现代特色的"知识权利"法。在翻译出版这部法典之前，我们接到了西南政法大学张建文教授基于俄文本翻译的译稿，我们也浏览了图书市场上已有的其他译本。但是，我们还是依据WIPO提供的英译本，重新组织翻译。理由是，现有诸译本中均或多或少地存在一些让我们难以理解和接受的疑问。例如，这部法典的主题：intellectual right 的译名，几乎所有译本均不加解释地翻译为"知识财产"。我们注意到，在俄罗斯这部法典中，用来概括人类"知识活动成果和个性化标识的权利"以及有关人身非财产权利和其他权利（追续权、接触作品权及其他权利）的集合名词，使用的是 intellectual rights（知识权利）而不是我们熟悉的 intellectual property（知识财产）或者 intellectual property rights（知识财产权 / 知识财产）。从WIPO的美译本可见，俄罗斯人仔细地合乎逻辑地把"知识权利"与"知识财产"区分开。从该法典第1125条和第1126条的规定可知，知识活动成果和个性化标识原本无由保护，它们之所以被赋予法律保护，仅在于它们被承认为“知识财产”；在“知识权利”中，除了“知识财产”以外，还包括人身非财产权利和其他权利（追续权、接触作品权及其他权利）。对于人类知识活动成果和个性化标识及其他有关权利，俄罗斯人采用“知识权利”（intellectual rights）而避开“知识财产”（intellectual property）或“知识财产权 / 知识财产”（intellectual property rights）是有深意的，这种“别具一格”绝对是值得我们认真对待和研究的。它的明智和精妙之处在于，妥善地解决了“知识财产”一词中所无法解释的一个逻辑悖论，这项“财产”或者“产权”中如何能够容纳“人身非财产权利和其他权利（追续权、接触作品权及其他权利）”。相信任何一位严肃的研究人员对此都不会视而不见。尽管现在的这个译本在整体上未必尽善尽美，但是我们至少在这一点上，坚守对读者认真负责的态度。

在《俄罗斯联邦民法典第四部分第七编　对知识活动成果和个性化标识的权利》的翻译过程中，我们参考了张建文教授的中译本，硕士研究生宋瑶、马晓慧、张金平同学分别在英文本的基础上，重新对该法典做了翻译。北京外国语大学法学院的硕士研究生庞敏和我对译稿做了校对。我们在此向对本法典翻译作出贡献的张建文教授和参加翻译、校对工作的同学致以谢忱。限于时间和外语水平，这个译本一定还存在不少疑问和谬误。我们将本着实事求是的态度，虚心接受读者的批评，希望经过大家不懈的努力，在不远的将来，单独出版一部全新的《俄罗斯联邦民法典第四部分第七编　对知识活动成果和个性化标识的权利》中译本。

周　林

2013年12月10日

信息正义的难题 *

马尔库斯·梅克** 著　　季繁菲***译

Problems of Information Justice †

Written by Markus Meckl ††　Translated by Ji Fanfei †††

摘要： 信息正义是建立信息法体系的一个清晰的支点。然而，要建立起普遍适用的信息正义却不容易，因为我们缺乏一种有约束力的法律来源去决定什么是正义。作者认为，伦理学的论证有助于我们开始在不同的正义观之间进行有创造力的对话，公众参与信息也有助于他们作出正确判断。但是，新闻自由并非增强社会正义和民主的保障，对于信息正义来说，一条行得通的路是自我管理。

关键词： 信息正义　信息参与　新闻自由　自我管理

法的效力止步于各国国界，而近几十年以来技术的发展造就了

---

* 原文为德文，题目是：Probleme der Informationsgerechtıgkeıt。

** 作者马尔库斯·梅克（Markus Meckl）是冰岛阿克雷里大学高级讲师，本篇文章源自作者2012年底在德国明斯特大学的一次演讲。

*** 译者季繁菲，德国明斯特大学博士生，北京市柳沈律师事务所律师。

† The original title of this article: Probleme der Informationsgerechtigkeit.

†† Senior Lecturer at the Akureyri University of Iceland. This article is based on a speech in the end of 2012 at Muenster University, Germany.

††† Doctor candidate of the Law Faculty of Muenster University, Germany. Lawyer of Liu & Shen Law Firm, Beijing, China.

全球化的媒体世界，这对法律是一个巨大的挑战。我们渴望存在一种普遍适用的信息正义，因为我们可以围绕着这一清晰的支点建立起信息法体系[①]。然而，每当我们试图建立普遍适用的信息正义时，必将面临两个难题：其一，我们必须证实信息有其自身的价值；其二，我们所创建的正义必须是普遍适用的。这两个问题看上去似乎是无解的。但是，认识到这些问题缺乏先验的答案正说明了得出实际解决方案的必要性，为此，我们需要不断去尝试，去完善。

法和正义

法和正义间的关系并非一清二楚，例如自然法认为法和正义间存在着联系，古斯塔夫·拉德布鲁赫（Gustav Radbruch）是这样形容二者之间的关系的："法可能是不正义的，然而法之所以是法，正是因为其中蕴含着正义。"[②] 此外存在着严格区分法和正义的法律实证主义。简·奥斯汀的经典定义是"法即命令"[③]。"命令"表明了立法者有权力惩罚不服从者，对正义的思考在这里无足轻重。

正是这些法律实证主义的观点构成了人们对信息正义的一系列思考的基础。我们的题目谈论的不是信息法臆想出的正义，而是一个法外的概念，然而这个概念应当构成评判信息法的道德准则。正义参照的是一种"应然"，而这种应然允许我们去评判实定法。

① 参见托马斯·霍伦（Thomas Hoeren）:《信息正义作为信息法的引导》，载于 Wolfgang Kilian 的65岁纪念文集，巴登巴登2004。

② 古斯塔夫·拉德布鲁赫:《法哲学》，海德堡1999。

③ 简·奥斯汀:《法理学的范围》1832，http://www.nlnrac.org/critics/legal-positivism/documents/the-province

然而评判正义的标准从何而来？法律人可以很轻松地指出，法的来源是法律和规章。然而我们缺乏一种有约束力的法律来源去决定什么是正义的。直到法国大革命之前，上帝都是基督教国家一切事物中最终的理由。法国大革命用理性代替了上帝，直至19世纪初的一个短暂阶段，似乎理性可以回答上面这个关于正义的问题。然而21世纪是一个伦理多元化的世纪，我们不得不面对一个难题：理性支配的是哪种正义观？我们无法就理性支配的正义观达成共识，因为理性不再具有统一的来源。即使我们缺乏伦理学的终极依据，它也促使我们去使用“伦理”这一概念并为我们的行为寻找一个伦理上的依据。

伦理学的论证

在这场伦理学理论的探讨中，有两种观点占主导地位：一种是功利主义的观点，它影响了英美国家对这一问题的探讨；另一种是以康德为基础的伦理学，它强烈影响了德语国家的探讨。不论在哪一种讨论体系中提出信息正义的问题，都会导致回答的天差地别。

功利主义的伦理以一项简单的原则为基础，正如边沁（Jeremy Bentham）所描述的那样：“法和非法的衡量标准在于能否实现最大多数人的最大的幸福。”①

对于社会幸福的功利主义的考量构成了对个人的衡量标准。康德则正好相反，他认为，重要的不是社会的福祉，而是个人。他的标准是：“无论何时，请将人性，无论是你的还是他人的，都当做是行为的目的而非手段。”②也就是说，功利主义所持的观点是：社会的安全或经

① “It is the great esthappiness of the greatest number that is the measure of right and wrong.” 杰里米·边沁：《政府片论》，1776。http://www.efm.bris.ac.uk/het/bentham/government.htm

② 康德：《道德的形而上学原理》，1797。

济的发展和创新是服务于整体的国民的，因此具有比个体更高的价值。而对于康德（Kant）的理论来说，当私人领域对安全、经济创新构成阻碍时，不能为达到目的而侵犯或牺牲私人领域。其推导结果正是对于获取信息及保护个体的问题的回答。在我们判断正义性时，到底应当任由功利主义的思想引导，或是拒绝个体堕落成单纯的“计算机程序的操作者”，因为个体本身就是行为的目的，也就是说，人类的尊严不得为整体的最大福祉而牺牲。

这两种不同的观点不可调和，然而理解这两种不同的观点有助于我们开始在不同的正义观之间进行有创造力的对话。

信息的价值

另一个难题源于信息这一概念。信息的价值何在？[①]19世纪的人们尚且乐观，认为信息是进步的必要手段，信息自身即构成了一种价值。这种观点认为，为了让公民能够作出有利于社会福祉的理性决定，必须让其有获得信息的渠道。19世纪的理论家脑海中存在着一种理想化的公民，他们既能接受信息，又能明确地区分私人和公共领域。这种积极的设想并没有保持多久，尼尔·波兹曼（Neil Postman）在20世纪末的表述很质朴：“接受信息至死。”[②] 即19世纪初起存在的乐观主义想法，“自由的信息渠道可以创造更好的世界。”但这种想法到20世纪末已经所剩无几。因为信息在大规模传播后就失去了批判的潜力。

哈贝马斯（Juergen Habermas）也持相同的观点：“公众的崩塌趋

① 参见霍伦，第97页。

② 波兹曼:《接受信息至死》，http://w2.eff.org/Net_culture/Criticisms/informing_ourselves_to_death.paper

势是显而易见的，当公众的范围急剧扩大时，其功能却越来越无力。”① 哈贝马斯早在20世纪中叶就控诉了有批判能力的公众的消亡。在此期间信息的渠道和公众范围的扩大是爆炸性的。Youtube可能将贾斯汀·比伯（Justin Bieber）推上舞台，但是却不必然能塑造出具有批判力的公众。这里的问题似乎是，信息到底为何物，如何正确地划分信息。不可否认，信息对于作出理智决定的能力是必要的。然而很难找到获取信息的渠道和作出理智的决定之间清楚的联系，正如尼尔·波兹曼（Neil Postman）表述的那样：“信息和行动之间的联系已经断开了。现在信息是可以被购买和销售的商品，或者是被用作娱乐的方式，（……）不再和良善相连；我们被信息填满、被信息淹没，我们无法控制它，不知道如何对待它。（……）伊拉克入侵科威特是因为缺乏信息吗？如果伊拉克和美国之间爆发一场可怕的战争，是否也是因为缺乏信息？埃塞尔比亚的儿童死于饥荒，是因为缺乏信息才发生的吗？南非种族主义的存在是因为缺乏信息？游荡在纽约街头的犯罪分子，他们这样做，也是因为缺乏信息吗？”——波兹曼的这段话是在互联网时代之前说的。然而信息确实是思考进行理性判断的必要因素：“从正义的角度来看，信息是人类自由的必要条件。”将信息分为有益的还是无益的并不是寻求信息价值的解决方案，因为只有当我们站在历史的尽头时，才有可能作出这种分类。尽管似乎我们不可能找到答案，但是如果我们关注和它相似的关于媒体自由的讨论，或许能为我们指明一条出路。

信息自由和新闻自由

当我们诉求信息正义时，我们想要表达什么？我们要分别对待要

① 哈巴马斯：《公共领域的结构转型》，法兰克福1990。

求信息的权利和对个人信息的保护。这个问题反映了过去人们对新闻自由的争论。当时人们必须决定自由权利和自由的界限，在我们寻找目前困境的出路时可以参考过去对新闻自由的讨论。对新闻自由的诉求兴起于19世纪，因为当时人们认为，如果赋予新闻媒体较多的自由，对于建立一个良好的和公正的社会是大有裨益的。如果让各种思想和观点自由表达，民众就会作出好的和正确的选择，从而为一个更好的社会作出贡献。这种诉求对后世产生了深远的影响——19世纪初媒体的名誉还备受质疑，而到了19世纪末，新闻媒体已经被塑造成了国家的第四权力。现代人希望拥有一个自由和不被控制的互联网，这种要求的论点和19世纪时的一样。引人注意的是，新媒体特别是互联网似乎总是作为关于信息正义问题的答案出现，似乎它们能够传播民主、人权和知识，人们将因为它们而更加幸福——而实际上，这些新媒体恰恰引发了新的问题。

与此同时，如果我们关注一下后续关于新闻自由的讨论就能意识到，新闻自由并非增强社会正义和民主的保障。20世纪充斥着例子：媒体没有兴趣满足成为国家第四权力的要求，认为自由的媒体可以创造思想的市场这一幼稚的设想在20世纪无法生存。对列宁来说，自由的媒体导致了腐化的媒体①，因此他退回到了19世纪要求道德的正当性的时代——即开始对媒体实施审查制度和国家控制。

在西方，人们也认识到了这个问题，但人们选择了另一条路——自我管理。例如“新闻自由委员会”，在40年代的美国“新闻自由在

① “For the bourgeoisie, freedom of the press meant freedom for the rich to publish and for the capitalists to control the newspapers, a practice which in all countries, including even the freest, produced a corrupt press.”《列宁文集》，莫斯科，1972。http://www.marxists.org/archive/lenin/works/1917/nov/04. htm, retrieved on the Apri l2013.

接下来的时期中只能作为一种可信赖的自由而延续。它的道德权利以其负责任为前提。它的法律权利和其道德义务一样保持不变。”① 自由将人们自动引向更好的世界，这种19世纪前期占据主流的乐观主义在20世纪中期就销声匿迹了。媒体呼吁着自由，强求他们在社会中的角色，然而现在社会也要考量他们究竟怎样扮演自己的角色。

我们可以将上述问题与信息正义相比较，因为围绕着自由的讨论也许可以决定获取信息和保护信息之间的界限。只有当信息要求自己在社会中承担责任时它才具有价值——当然这一点是毫无疑问的。然而，我们也可以通过信息想在社会中扮演的角色来衡量信息的价值。也像沃尔特·李普曼（Walter Lippmann）所描述的：新闻自由的观点本身就是令人迷惑的，因此信息并不是它本身的目的。正如在世界范围内新闻工作者伦理守则所表述的那样，对新闻自由这一困境最精炼的答案似乎就是自我管理。或许对于信息正义来说这也是一条行得通的路。它或许能引导我们在不同的正义观之间找到一条路来解决信息正义的难题。

① A Free and Responsible Press, A General Reporton Mass Communication: Newspapers, Radio, Motion Pictures, Magazines, and Books，芝加哥大学1947。

网络规则①的方法及路径

——Lessig 理论及其观点评述

李小武*

Method and Path of the Regulation of Cyberspace

–Comments on the Theory and Idea of Lessig

Li Xiaowu†

摘要： 美国的网络法先驱 Lawrence Lessig 是网络空间规制理论的开创者。该理论认为，网络可分为受控的物理层、内容层和自由的代码层，应当用法律、社会规范、市场和架构四种方式对网络空间进行管制。其中，网络构架是最重要的管制方式，其所包含的代码就是网络空间中的法律。但 Lessig 没有明确架构的概念，有将物理世界与虚拟世界的架构混为一谈的倾向，并且过分相信管制手段的实施与预期结果之间存在完全确定的对应关系。虽然 Lessig 的理论存在缺陷，但对于如何提供和如何分析有效的网络规制提供了一套有借鉴意义的方法，并且在各国实施网络内容监管的实践中有所体现。

关键词： Lessig 理论　网络空间　网络规制　网络构架

---

① 英文原文为“regulation of cyberspace”，这一概念包含了网络法在内的多种治理手段。其中，法律手段的作用及其主要内容，以及该手段与其他手段之间的互补与替代作用是我们最为关注的。

* 中国社会科学院知识产权中心博士，清华大学法学院副教授。

† Associated Professor of Qinghua University.

前 言

在互联网的初始阶段，网络的技术规范与发展方向依赖于技术精英的选择。对于他们大多数人而言，网络空间不需要政府的干预。1996年，巴洛发表著名的《网络独立宣言》，文章开门见山，对于传统的司法管辖的权威表示怀疑和不屑："工业世界的政府们，你们——令人生厌的铁血巨人们，我来自网络世界——一个崭新的心灵家园。作为未来的代言人，我要求代表着过去的你们远离我们！在我们这里，你们并不受欢迎。在我们聚集的地方，你们没有主权"①。彼时，多数的网络技术精英认为，政府的干预与管制纯属多余。

1998年，技术精英的代表，自1977年以来就掌管域名分配大权且被称为"网络上帝"的美国计算机科学家Jonathan B. Postel，因不满美国政府对于域名根服务器的管控，爆发了一场与美国政府的网络控制之争，但最终以失败告终。②由于对网络的控制不可能脱离物理世界，Postel本人以及他所掌控的"根"服务器在美国政府的管控之下的现实使得他不可能摆脱政府的影响和控制。因此，网络精英们希望将网络空间独立于现实世界，不受任何政府干预的憧憬不攻自破。事实上，以后的网络独立的怀疑论者，包括Lessig以及Jack Goldsmith无不强调政府干预的必然性：因为对于隐藏在网络背后的具体的人，具体的网络设备仍然在传统的管辖范围之内。③

同年，芝加哥大学法学院的Jack L. Goldsmith副教授发表了《反

---

① 参阅 : http://www.eff.org/~barlow/Declaration-Final.html ，原文为英文。

② 关于此次冲突的详细描述，参阅 Jack Goldsmith & Tim Wu，Who controls internet? Illusions of a Bordless world. Oxford University Press, 2006. P29-46。

③ 参阅 Jack L. Goldsmith, Against Cyberanarchy, 65 University of Chicago Law Review 1199（1998）。

对网络无政府主义》[①]一文。提出网络空间可以而且应该受到政府管制的观点。他认为，网络空间法不应受政府干预的观点，也可以称为“怀疑论”。怀疑论者有三个错误：“首先，他们过高地估计了网络空间交易与跨国交易之间的不同，两者都包含了此司法管辖区域的个人与另一司法管辖区域的个人之间的交易，有时可能带来现实世界的损害。在这两种情形下，受到损害一方所在的政府都有合法的理由规制加害行为。第二，怀疑论者没有注意到强制法（mandatory law）与缺省法（default law）之间的区别，他们关于网络空间应该是自治的诉求在缺省法（从定义上来说，私人可以修改以适应需要）上是有意义的，但是在强制法上（因为管制或者保护第三者而对私人的秩序进行的限制）就毫无意义。第三，怀疑论者低估了传统的法律工具和技术解决司法管辖权竞合的潜力，尽管在网络空间这一问题更为复杂。网络空间的行为并不能当然地保证获得国家规制者的更多的尊崇，它不过和任何其他的跨国交易行为一样对抗法律冲突的解决。”[②]

Goldsmith 认为，有理由相信政府完全可以对于网络空间的治理实施全面的控制。网络空间中的法律冲突问题虽然会带来挑战，但是这样的挑战并不比跨国交易行为带来的挑战更为艰巨。[③]

伴随着 Postel 对全球网络“根”服务器的失控，早期的网络精英们所宣扬的无政府主义论调已经被现实粉碎。随着学界对于网络空间特性的探讨[④]，网络空间的可规制性问题几乎不再有疑义。问题的重点

---

① Jack L. Goldsmith, Against Cyberanarchy, 65 University Chicago Law Review 1199（1998）。

② Jack L. Goldsmith, Against Cyberanarchy, 65 University Chicago Law Review 1199（1998），1200—1201

③ Jack L. Goldsmith, Against Cyberanarchy, 65 University Chicago Law Review 1199（1998），1250。

④ 代表论述有 David R. Johnson and David Post, Law And Borders-The Rise of Law in Cyberspace, 48 Stanford Law Review 1367，1370（1996），以及 Jack L. Goldsmith, Against Cyberanarchy, 65 University of Chicago Law Review 1199（1998）。

转向如何进行规制，以及有哪些可供规制的手段。在这个转型的过程中，Lawrence Lessig 的研究与论断显示出了的巨大的作用。如今，各国在信息化的进程中都或多或少地积累了有关网络空间治理的经验，这反过来可以验证其理论的生命力。本文旨在介绍网络法专家 Lessig 的网络规制理论，并结合网络治理实践的具体个例进行评述。

一、Lessig 的理论概述

美国的网络法的先驱 Lawrence Lessig 是网络空间规制理论的开拓者。他曾任美国第七巡回法庭的波斯纳法官（Richard Posner）和美国最高法院的斯卡莉大法官（Antonin Scalia）的助理。并先后在芝加哥法学院、哈佛法学院、斯坦福法学院任教。[①] 他的观点集中体现在所谓的网络法三部曲:《代码》[②]《思想的未来》[③] 以及《自由文化》[④] 三本书中。尽管其理论也承继了诸多前人的思想，并且诸多学者，包括 Esterbrook, Goldsmith，Tim WU，Yochai Benkler 都为其理论的构建奉献出了思考和智慧。但勿庸质疑，Lessig 是关于网络空间规制理论的集大成者。

（一）网络空间的可规制性

Lessig 最早的《代码》，以及后来修正的《代码 2.0 版》[⑤] 一书的第一部分[⑥]，论述的就是网络空间的可规制性（Regulability）。这一命题

① 参阅 Westlaw 中关于 Lawrence Lessig 的介绍。

② Lawrence Lessig, Code and Other Laws of Cyberspace（New York: Basic Books, 1999）。

③ Lawrence Lessig, Future of the ideas，The Fate of the Commons in a Connected World,（New York: Random House, 2001）。

④ Lawrence Lessig, Free Culture（New York：The Penguin Press，2004）。

⑤ Lawrence Lessig,Code version 2.0，（New York: Basic Books, 2006）。

⑥《代码 2.0》是在《代码》基础上的修正。两者有许多相同处，也有许多不同处。笔者尽可能以 2.0 版本的观点进行论述。并且本文脚注页码是指原著中的页码。

如果不成立，那么其余的宏论完全是空谈。Lessig以苏联和东欧巨变为例，指出在该地区，旧的政府被更替之后，西方的学者普遍认为在无政府的状态下，自由将接踵而来。但事实是：新的控制，即便不是政府的控制同样存在。普通百姓对于政府的职能的需求没有消失，甚至在治安恶化之后对于管制的要求更为迫切。Lessig以现实的政府缺位并不能带来自由为对比，指出在网络空间的情形与之相仿，自由并不会因为政府的缺位而诞生，恰恰相反，某种形式的政府的控制才是通向自由之途。[①]Lessig所以突出“规制”的概念，是因为他并没有把控制者局限在政府身上[②]，也没有把控制的手段局限在法律上。这样，在“规制”的概念定义得非常宽广的背景下，“规制手段”也涵盖了各种方式，包括经济手段、法律、社会规范，也包括网络空间的代码。围绕着如何使用这几个手段达到规制的目的，Lessig进行了详细论述。这构成了其理论论述部分的最精彩之处（体现在该书的第七章）。对于他来说，使得网络空间存在的软件和硬件——代码同样规制着网络空间，代码就是网络空间的法律。[③]法律反映了某种价值，代码亦然。尽管这两者存在不同之处，但从代码的规制中学习如何进行有效的控制是有益的。[④]

Lessig所以有用“规制”这一词。还因为他认为网络空间存在特殊性，如果把物理空间的法律直接适用到网络空间，可能会误入歧途。对于网络空间的治理，存在着多种选择的余地，选择不同的代码，能实现不同的价值。法律手段、社会规范以及市场手段都需要和代码共同配合，实现特定的规制目的。如果将其观点与代表网络自由主义的

① 参阅《代码2.0》第4页。

②《代码2.0》一书虽然最后认为政府将无可避免地成为网络空间的控制者，但是作者一直强调政府并非惟一的选择。

③ 参阅《代码2.0》第5页。“代码就是法律”并非Lessig首创，而是他借用的别人的口号。

④ 参阅《代码2.0》第4—5页。

David R. Johnson 和 David Post 的观点，以及代表网络无例外论者的 Jack Goldsmith 的观点进行对比，会发现他反对网络空间政府无能为力的说法，但是他并不认为传统的法律直接适用到网络空间是一个有效的路径。对于美国将传统的著作权法延续到网络空间，但并没有代码来保证“合理使用”，从而使得作者与公共利益的平衡出现裂痕的现状，他心存担忧[①]。从这个意义上说，他与 Goldsmith 的观点也不尽相同。

Lessig 对于网络空间可规制，而且必然受到政府和商业的双重影响的论断，主要体现在代码一书的第五章中。Lessig 借用了牛津大学 Jonathan L. Zittrain 教授在《生成中的网络》[②] 中的观点，认为尽管网络这个创新的平台带来了无限的可能性，但同时也带来了潜在的威胁。当这些潜在的威胁可能发生的时候，人类就会转而求助某个权威的管制。如同美国的911事件发生之后，人们对于安全的需求猛然增加，从而推动了美国的反恐立法，并且赋予政府各种权力来保障公民的人身安全一样。当网络空间的垃圾邮件、蠕虫病毒、网络安全事故屡屡出现，人类天性中存在的对于未来不确定性的恐惧使得我们产生寻求规制的动机。尽管政府未必是最好的规制者，但是在美国，这个进程的转变是由代表政治势力的“东部海岸”和代表商业以及科技势力的“西部海岸”这两股势力来主导的，而且政府逐渐起支配作用。[③] 他认为 Jonathan L. Zittrain 教授为这种可规制性提供了管制的动机，而他则提供了管制的方法。[④]

Lessig 的独到之处在于，他注意到网络架构对于网络空间的管制的重要性。这或许与他是宪法专家有关。他以宪法的构建作为对比，指出了实现宪法的内在精神——对于政府的权力控制有两种方式：一

① 见《代码2.0》第10章。

② Jonathan L. Zittrain, “The Generative Internet,” 119 Harvard Law Review 1974（2006）.

③ 见《代码2.0》，第72—73页。

④ 见《代码2.0》，第76页。

种是实体法上的规定，比如1791年美国人权法案的出台，保障公民在言论自由、隐私权、正当程序方面的基本权利；另外一种则是结构上的限制，比如美国1787年宪法，为了防止联邦政府的权力过大，在结构上美国的政府权力分成联邦以及州政府两层，而且联邦的权力不能干涉到各州政府。他指出，美国对宪法的这样的一种控制从时间上来说是先考虑政府的结构，然后考虑对政府权力限制的实体内容。而在网络空间里，过多的人在关心实体的内容，而忽略了结构上的控制。① 他认为，网络的构架至少已经过了两代的变化：第一代是以研究者和黑客为代表的非商业性组织构建的，而第二代则是商业组织构建的，第三代虽未可知，但从趋势看由政府来构建似乎无可替代。②Lessig是在提醒，不能忽略网络空间的架构，以及可能对于架构的塑造构成影响的团体。因为这些因素最终对于网络空间的控制发挥作用。和网络空间的实体法建设一样，网络空间的架构的建设也同样重要。甚至，如果按照美国宪法的立宪经验看，架构的考虑可能应该优先于实体法的考虑。

（二）可用于规制的方法

Lessig的理论精华，体现在他对于管制手段的分析上。③ 他从被管制者的角度出发，认为被管制者通常受到四种约束，分别是法律约束、社会规范约束、市场作用约束、以及架构的约束。四种约束不仅仅在现实空间发挥作用，对网络空间的任何规制对象，也可以考虑使用这4个工具。为了使问题简单化，他以最简单地控制吸烟为例：当你想吸烟时，可能受到哪些约束呢？首先是法律，比如法律规定18岁以下小孩不许抽烟，比如一些国家明令禁止杂公共场合抽烟。同样，社会规范也约束着你，比如，即便你已经成年，也不应该在吃饭的时候抽烟，

① 见《代码2.0》，第76—77页。

② 参阅《代码2.0》，第7页。

③ 参阅《代码2.0》第七章。

不应该在电梯里抽烟，尽管不同的社会里这样的规范不同。但你不能忽视这样的存在。此外，还有市场的因素，香烟的价格会约束你抽烟的能力，一旦价格变化，你会感觉到不同的约束。最后是所谓“架构”上的约束，或者说影响香烟供应的一些技术。尼古丁处理过的香烟更容易让人上瘾，这样相对未处理的香烟对于吸烟行为的约束要大，无烟香烟给人的约束少一些，因为这可以为更多地场合所允许，而烈味的香烟则相反。一句话，香烟是如何设计的，也就是它的架构决定了吸烟者所面临的约束。如果将被约束者用一个圆点表示，而约束的手段用四个椭圆来代表，就可以形成如下的示意图。①

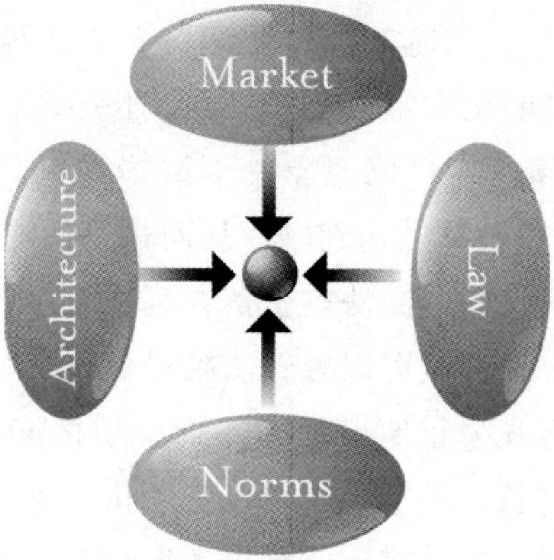

Lessig 提出的规制模型 ②

这样，Lessig 就把对于规制的多种手段归结为相互作用而又彼此相对独立的四种。法律的、社会规范的、市场的，以及架构的。在具体的场合，哪一种手段会起主要作用并不确定，这些手段在某些场合可能彼此之间是冲突对立因而互相削弱，在某些场合则起彼此强化的

① 关于吸烟的范例以及分析可见《代码2.0》，第122—123页。

② 此图摘录自《代码2.0》第123页。

作用，因而，欲达到某一管制目的，必须考虑使用正确的工具，以及工具的正确的组合。

在网络空间，如果说其他手段还可以理解的话，那么“架构”则比较费解。Lessig 指出：

软件和硬件构成了你在网上如何行为的一整套约束。在一些空间，你必须首先输入密码才能进入，在其他的地方，无论是否被识别你都可以自由出入。在一些场合，加密被允许，在一些场合，加密则不被允许。在一些空间，你的访问可能被电脑记录，在一些空间，不存在这样的记录。这都取决于代码或者软件或者架构或者协议，因为代码的作者设定了这样的特征，从而使得某些行为可能而另外某些行为不可能。在此意义上，和现实空间的架构一样，代码也是一种管制。①

为了进一步说明架构的含义，Lessig 还列举了许多例子。比如，在大马路上设置路障（可以想象一下清华园里马路中间的隔离长条），这样使得司机被迫减速驾驶，从而达到保障路人安全的目的。比如，欧洲许多国家的最高法院坐落在远离最高行政机关、最高立法机关所在城市，这样就可以减轻法院受到来自行政机关与立法机关的压力，更为客观公正地审判。再如，为了避免航班乘客下机后等待行李的时间过长，航空公司可以将下机口到行李领取处的路段设计得较长，这样，当乘客到达行李领取处时，行李已经在等着他们了。②

Lessig 在其第二部网络法专著《思想的未来》中，对这个观点有进一步的论述。他把网络分成3层，分别是物理层、代码层和内容层。③每一层或者是自由的，或者是受控的。他认为，在美国，网络的

① 《代码2.0》第124—125页。

② 参阅《代码2.0》，第128页。

③ 需要指出，Lessig 的分层理论不仅适合于网络空间，也适用于物理空间的事件分析。譬如，Lessig 认为在海德公园演讲也可以分成三个层次来看待，在物理层，海德公园

物理层基本是受控的，因为形成计算网络的计算机终端和网线或者属于国家或者属于私人，因而是受控的。网络的内容层也基本上是受控的，很多网络上传递的内容受到财产法（包括知识产权）的保护。而在代码层，根据 TCP/IP 协议的端对端原则，以及“在操作层面上没有全球的控制”的原则，则主要是自由的。① 最终形成的因特网的属性取决于这些不同的层的混合，并决定了因特网的价值取向。

Lessig 将物理空间和网络空间的管制手段统一为这四类，至少表明“网络空间法”并非仅仅是一个噱头，也非 Esterbrook 法官所说的“马法”②，而是与现实空间一样存在着类似的原则和管制手段。这种分类把法律的局限性也表现得很充分：如果忽略其他的管制手段，法律可能难以获得预期的规制效果；采取法律手段，还必须考虑其可能对于市场、社会规范、架构等可能造成的影响，以及法律与其他三者之间对于管制的互补、竞争或者排斥的关系。

Lessig 在《思想的未来》中认为：政府和立法机关在商业集团的游说驱动下，所采纳的的法律手段和市场手段注重商业利益，无视网络最初的架构，这使得网络空间的架构发生扭曲和变化。当初的网络所体现的自由开放的精神已经逐渐被控制与封闭所替代。现在的网络已经不再是当初的网络。网络的未来也变得不可测。③ 由于他是要历史地、动态地探讨网络空间的规制过程中的得失，采用这种分析模式显然更具有说服力。

可以自由进入，这是开放的。在内容层，海德公园是任何话题都不受限制的，所以也是开放的，在代码层，任何语言都可以接受，所以也是开放的。因此，综合这三层的情况，海德公园演讲整体就是开放的。参阅《思想的未来》的第二章。

① 参阅 Free Culture 第23—25页。

② 参阅 Frank H. Easterbrook：Cyberspace and the Law of the Horse，1996 The University of Chicago Legal Forum 207。这是美国早期对于“网络法”给予最尖刻的批评的文献。

③ 参阅 Free Culture 第三部分。

Lessig的理论为如何对一个系统，尤其是网络空间进行规制，以及评估一个规制手段可预见的效果，提供了一种方法。这无疑具有重大意义。尤其重要的是，他对网络空间进行了分层，并把体现在分层中的代码作为构成整体的网络空间架构的一部分。由于代码中包含了各种技术规范和技术标准，从逻辑上而言，Lessig把技术规范以及一些技术标准视为架构的组成部分。这更容易让我们理解网络空间中的技术规范的性质和作用，同时其与法律规范之间的相互作用也可以透过架构与法律规范之间的关系来理解。

二、对Lessig理论的评判

Lessig的理论尽管影响深远，但也存在一些问题。

首先，是他的理论中的“架构”这一概念的模糊性。[①] 在Lessig的《代码》及后来修正的《代码2.0》中，“Architecture（架构）”的出现频度极高。据笔者不完全统计，在《代码2.0》的345页的主文中，“Architecture（架构）”的使用超过300次。几乎平均每页都出现该词一次。然而，这一词的广泛使用导致其含义难以确定，譬如，他认为在网络游戏中特定的角色能飞多高，具有什么样的能力是一种架构，这里，似乎是说特定的软件的设定是架构。在其他场合，代码、被规制对象的属性、特征等等，也构成了网络空间的架构。仔细分析该书中关于吸烟控制与控制政府两个举例，似乎应该得出的结论是：所谓架构是指被规制的对象的本身的属性。政府本身是可以有属性的，如果我们把它分层，那么就可能形成上下两级之间的约束与制衡，从而避免其权力过于强大；烟草本身是有属性的，如果其带过滤嘴，对人

① 应该承认，语言可能本身就构成了一个问题。在一个文化领域中具有确切内涵的词语籍由翻译而进入另外一个文化领域时可能产生非常多的不确定性。本文暂不讨论翻译所造成的问题。

体的危害以及对于公众健康的威胁就少一些，就可能导致宽松一些的控制。但是如果考虑 Lessig 列举的其他诸多例子，比如关于人类无法以光速前进，门上了锁以后就不能自由进出，似乎“架构”又是指人类无法摆脱的自然定律，即物理环境在时间和空间上对被规制对象的束缚。

当然，我们可以做一种扩大的解释，即“架构”不仅包括被规制对象的物理属性，也包括被规制对象的物理意义上的背景。这确实消除了在理解“架构”上的分歧。但由此会出现一个新的疑惑：如果架构涵盖了被规制对象的物理环境，那么这个环境在时间和空间上应该如何确定？举例来说，假定被规制对象是网络空间的信息传递行为，我们来分析“架构”对这一行为的束缚。首先，“架构”应该包括信息本身的属性，其次，还应该包括信息传递行为所在的网络空间背景。但是，还可以进一步说，“架构”也应该包括了信息传递的更为广泛的物理背景：即网络传输的设备的铺设，这些设施所在的物理空间，乃至整个宇宙。

换句话说，这种扩大化的解释虽然可以使“架构”的适用范围变广，但同时也使得“架构”本身的概念更为模糊。我们当然可以试图将“物理背景”限制在与信息传递行为相关的环境范围，但世界是普遍联系的，看上去不相关的更广泛的背景其实可能确实会对信息传递行为造成影响。比如，天气的变化可能导致网线老化过快，从而使得信息传递在某些线路中断，而在某些线路拥堵。因此，气象、天空、乃至宇宙确实就是网络信息传递行为的一个“架构”。然而，无所不包的“架构”事实是就意味着“架构”的作用有限，因为你不能断定究竟“构架”的哪一部分对行为的规制起主要作用。

其次，由于 Lessig 意在统一虚拟世界和现实世界的规制方法，他把物理世界的“架构”与虚拟世界的“架构”有混为一谈的倾向。Lessig 列举的关于架构的限制作用的例子大多发生在现实空间，在网络空间里的例子不多。可供研究的例子是《代码2.0》中提及的网络游戏中的某些角色的飞行高度，Cookies的设置以及在《思想的未来》里提及的微软推出的Windows图形界面。物理世界的架构对于某些行为的限制是容易理解的，而且，通常对这样的限制进行改变不得不耗费相当的资源和成本。而虚拟空间的所谓的架构似乎不然，对上述所提及的网络世界的架构的改变实际上就是计算机设置的改变，而且成本极低。对于计算机用户来说，这个所谓的“架构”甚至就是一种可以随时进行的选择项。如此，在虚拟空间，“架构”对于行为的规制能产生多大的影响力令人怀疑。实际上，Lessig在书中也多次提到架构是可以变化的，比如，他指出，通常的邮局寄信，不需要发信人写清自己的地址，只要正确列出收件人地址即可，这样就可能使得匿名信成为可能。但是如果想控制匿名投邮，邮局可以要求必须写清寄件人的地址，并且进行校核，核对正确之后才开始投邮。在原来的邮局投邮的架构的基础上加上一些新的要求，就构成了新的控制匿名信的架构。再比如，在《思想的未来》的结束部分，他认为未来的网络的走向不容乐观，因为不论是司法的，还是政府的、立法的现行趋势，都使得架构从开放走向封闭。

这就使我们冒出第二个疑惑：如果架构，尤其是网络世界的架构很容易被更改，那么它对于被规制对象的约束力有多大？还是不是一种约束？在物理世界，架构的限制属于事前限制，而法律和社会规范手段都是事后限制。在物理空间，架构在某些场合就是存在于物理世界的自然法则，空间和时间的局限，无人能免。对行为的管制当然不能违背这些规则，“又要马儿跑，又要马儿不吃草”，最终的结果就是马儿玩完，因为这违背了自然法则。在物理世界，架构也可以改变。比如，通过修改道路设施并提供相关的交通工具，残疾人可以进出任何一个建筑物。法律在这个过程中可以起间接的作用，因为法律可以规定所有的建筑必须安置相应的设备。但对于一个具体的情境来说，架构的改变需要相当大的成本。但是在虚拟世界，如上所述，架构可以轻易改变，而且架构的改变也可以通过法律、社会规范和经济手段来完成。在这个意义上说，虚拟世界的架构可以由其他三者来实现，因此它似乎并不是一个独立的工具。

如果熟悉法社会学相关理论，会发现架构对于规制的重要性早已有人提及。英国的法理学家、功利主义哲学家、经济学家和社会改革者边沁早在1785年就提出过环形监狱（panopticon）的想法，1791年提供了建筑设计图，用以加强对于监狱犯人的管理。

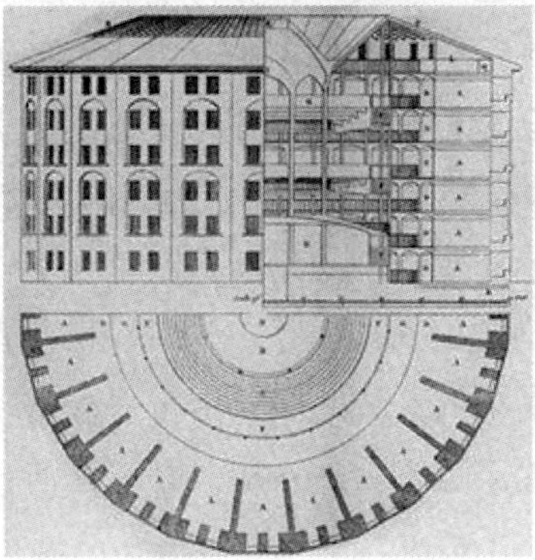

边沁1791年给出的环行监狱设计图

按照边沁的设计：环形监狱由一个中央塔楼和四周环形的囚室组成。环形监狱的中心，是一个瞭望塔。所有囚室以中央监视塔为中心，环形而建。囚室有两扇窗户，一扇朝着环行中心的了望塔，一扇背对着中央塔楼，作为通光之用。这样的设计使得处在中央塔楼的监视者可以便利地观察到囚室里的罪犯的一举一动，对犯人了如指掌。而由于监视塔安装有百叶窗，囚徒不知是否被监视以及何时被监视，因此囚徒不敢轻举妄动。从心理上感觉到自己始终处在被监视的状态，时时刻刻迫使自己循规蹈矩。这就实现了“自我监禁”——监禁无所不在地潜藏进了他们的内心。[①]

现代系统控制论似乎也对Lessig的理论有一定影响。[②]在控制论中，“控制”的定义是：为了“改善”某个或某些受控对象的功能或发展，需要获得并使用信息，以这种信息为基础而选出的、于该对象上的作用，就叫作控制。Lessig恰是从广义的规制的角度，寻找出可能的对于规制效果起直接的或者是间接的影响的因素。他的所谓的“规制”，由于含义广泛，基本上与控制论中的“控制”同义。Lessig的探索无疑更为雄心勃勃，他试图找出所有的影响社会活动或者经济活动的因素。他所说的规制手段其实可以细分为两大类：相互竞争[③]的法社会手段——法律、社会规范、经济的手段和作为背景设置的“架构”。但是，由于控制论本身源于自然科学，追求的是特定的反馈结果。Lessig可能过分地相信了控制论中的论断，即管制手段的实施与预期的结果之间存在着完全确定的对应关系。这种论断可能过于乐观，现代系统论指出，在一个复杂的系统之中，由于系统的现状难以确定，管制手段与结果之间的关系也不存在对应关系，任何“完全控制”的追求可能是徒劳的。[④]

---

① 参阅 http://baike.baidu.com/view/1661364.html。设计图摘录自 http://en.wikipedia.org/wiki/Panopticon。

② 这一论断受 Andrew Murray 和 Colin Scott 的影响。参阅 Andrew Murray and Colin Scott, “Controlling the New Media: Hybrid Responses to New Forms of Power”, 2002, 65 Modern Law Review 491，第500—502。

③ 使用竞争这个词，是因为管制者之间、以及管制者使用的这些手段之间存在着优劣之分，被管制者在很多时候并不是只能消极地被管制，而是可能有选择的余地。

④ 参阅 Andrew D. Murray，The regulation of cyberspace : control in the online environment，Milton Park, Abingdon［UK］; New York, NY : Routledge-Cavendish, 2007. 第26—28页。

三、从各国网络规制实践看 Lessig 理论

（一）各国对于网络内容的规制

世界各国政府对于网络传播的内容审查都极端重视，无论是以言论自由著称的美国，还是被认为控制严格的北朝鲜、伊朗。但是使用的手段和方法各有不同。

一般认为，美国是典型的法治社会。由于信奉言论自由，对于网络内容的审查比较宽松。但是美国政府从来就没有放弃过对网络传递内容的控制。为了保护儿童免于成人色情信息的污染，1996年，美国政府通过了《信息正当法案》，欲图治理网络空间。但是在1997年，美国最高法院在 Reno 案[①]中，宣判因为可能妨碍成年人的言论自由，该法案违宪。这说明，即便有社区规范的支持，美国既有的法律体系，以及网络的架构对于新法律的实施造成困难。Lessig 的建议是：对于信息传递的内容管制，应该区分发布者与接受者，对于发布者而言，由于其并不清楚发送的对象是儿童还是成人，当受众是儿童时，要求其承担责任是不妥当的。因为这意味着对所有的网民进行年龄审查。恰当的做法是把年龄的识别问题交给受众，由受众自己承担责任。而发布者则有权利对应该提醒的内容进行提示。应该进行内容审查的管制，对于受众而言，则只能采取自愿的原则。

在朝鲜，除少数国家职能部门通过租用中国的秘密网线联网外，普通公民接触互联网即违法[②]。去过朝鲜旅游的游客可能对于朝鲜入关处的严格审查印象深刻。[③]现代通讯设施——包括手机和电脑，在朝鲜

① Reno v. American Civil Liberties Union, 521 U.S. 844（1997）。

② 参阅 http://en.wikipedia.org/wiki/Censorship_in_North_Korea。

③ 2008年暑期，笔者曾经参加由丹东到北朝鲜新义州的一日游，在朝鲜入境海关受到严格盘查，手机以及数码相机均不得携入。两名军官对一车旅客的所有随身携带的物件进行了仔细的查阅后才放行。随车的除了导游和司机外，有一名专职的安全人员，坐

被视为洪水猛兽。朝鲜政府的做法简单地说，就是利用法律手段，以及封闭的架构——完全控制网络的物理设施以及其接触，达到实施网络内容的封锁。

在伊朗，21世纪初期曾经有一度网络内容很开放。伊朗的网民也相当活跃，其网民人数现在达到2000万，网民百分比在中东地区仅次于以色列。但是随着网民的增加以及网络言论的活跃，政府对于网络的控制逐渐加强。[①] 早在2001年，伊朗政府宣布所有连接到外网的网络连接点都由国家控制。所有商业经营性质的网络服务提供商必须通过国家控制的伊朗电信公司入网。而其他的一些科研和学术机关则通过其他的连接点接入国际公网。一个拥有如此众多的网民的国家，将国内的网络设施建设成以政府控制的通道为中心，再连接到公网，这种情形并不多见。但这为政府的监控和信息屏蔽提供了方便。[②]

从2006年开始，伊朗政府进行了一系列的政府管制行为。包括：

（1）限制网络传输速度。2006年10月，伊朗通讯与信息技术部发布了一个旨在遏制家庭接入宽带网的命令，命令要求网络服务提供商为家庭以及公共连接点提供的连接速度不得超过每秒128K 字节。这一政策限制了用户通过网络下载多媒体内容，目的似乎是在阻止网民接触可能与伊朗管制严格的电视和广播节目竞争的新媒体。[③]

（2）使用过滤技术，对某些目标网站（或者说信息源）实行技术屏蔽。2006年12月，遵照伊朗政府的命令，伊朗的网络服务提供商，屏蔽了一些女权组织、人权组织、反政府组织的网站，其中包括

在旅游车最后，监视一切可能不轨行为。在朝鲜境内旅游时不得随意拍照。

① 参阅 http://en.wikipedia.org/wiki/Internet_censorship_in_Iran。

② 参阅 Internet Filtering in Iran（Opennet Initiative, 2009 Report），下载自 http://opennet.net/research/profiles/iran。

③ BBC Persian, "Speed reduced for high speed Internet in Iran," October 20, 2006, http://www.bbc.net.uk/persian/science/story/2006/10/061020_fb_rsh_adsl.shtml.

Amazon, Youtube，维基百科等全球知名网站。禁止是透明的。当访问这些网站时，出现的提示是:“禁止访问该网页，如要访问请与相应的管理人员联系。”伊朗的过滤手法相对简单，就是通过代理服务器（proxy servers）的方式，所有路由必须经过该服务器。

为了解决不同的网络服务提供商对于内容的过滤可能不一致的问题，伊朗对于过滤系统进行改造，使得政府的过滤系统为最高层级的统一过滤器，使得在事实上各服务提供商的标准和中央一致。

（3）加强立法，并对既有的法律进行扩张解释。伊朗对于网络内容的管制的法律依据是伊朗宪法。伊朗宪法的前言规定:“大型通讯媒体，广播和电视，必须在伊斯兰革命的进程中为传播伊斯兰文化服务。为达到这一目的，媒体应该被用作一个不同意见交流的健康的平台。但是不得进行破坏和反对伊斯兰教义的传播和宣传。”[①] 伊朗1986年的出版法（Press law of 1986）是伊朗关于媒体管制的主要法律。该条例规定了被允许的言论的界限。该法独特之处在于指出了出版的主要目标是“宣传和促进真正的伊斯兰文化和伦理准则”[②]。该法对于言论的限制包括“禁止鼓动可能危害伊斯兰共和国基础的主题，冒犯革命领袖，或者引用反对伊斯兰教的组织或者政党（无论是否在伊朗境内）的反动言论以至于鼓动实现这些主张，或者鼓动或者激励个人和组织危害伊朗共和国政府的安全、尊严和利益。”[③] 另外，该法的第26条和第27条还规定了禁止侮辱伊斯兰教和伊斯兰教的宗教领袖的相关内容。

该法在最初并没有将网络言论作为管制对象。不过，2000年4月，伊朗国会对该法第1条“出版”的概念进行了小的修正，将电子出版物包含在该法的管制对象之列。2009年4月，伊朗国会通过了第二次

① 伊朗宪法的英文版本可参阅 http://www.servat.unibe.ch/icl/ir00000_.html，2010年12月访问。

②《伊朗出版法》第2条d款。伊朗出版法的英文版本可参阅 http://www.parstimes.com/law/press_law.html。

③《伊朗出版法》第6条第5款。

修正，修正解释称："本法所规定的原则对于本国的新闻网站和网络站点同样适用，并且同样设定了他们的权利、义务、法律保护、犯罪、惩罚、司法权威、和听审程序"。尽管在一年半之前同样的条款没有被通过，但是由于内贾德政府的坚持，这一条款最终被通过。[①] 由于该法中的措词的模糊，许多专家认为个人网站以及博客可能被包括在内。而如果可能包括在内，伊朗的网络媒体就被当成是一个"大型出版物"进行管理。这显然超出了之前的法律所能管制的范围。不过，由于此前的2006年，伊朗的"文化革命高级委员会"[②] 曾经作出所有博客都必须事前取得文化部的许可的规定，而后电信部官员又认为没有可行性，因此该命令就不了了之。[③] 因此，伊朗出版法2009年的修正到底能扩大到怎样的范围还有待实践的检验。

（4）采取提高价格的市场手段，遏止公民上网。除了上述提及的对于家庭的网速进行每秒128千字节以内的速度限制外，在伊朗，不受该网速限制的办公机构和商业公司上网的费用很高。上网的费用与上网的速度成正比。例如，在伊朗首都德黑兰，每秒1兆的网速大约要月付220美元，每秒2兆的网速大约要月付400美元。如果采每秒1兆的网速，下载流量控制在2G以内的话，则是月付19美元。至于其他城市，则由于网络设施的不完备，其上网的速度更难保证，收取的费用就更高。[④]

① 参阅 Internet Filtering in Iran（Opennet Initiative, 2009 Report），第5页。

② 伊朗事实上的最高立法机关。一般直接对总统负责，或者总统就是该委员会的主席。尽管其经常性颁布的是一些政策，但相关的立法通常不能与其意志违背。这个机构的作用与中国历史上"文革"期间的"文革"小组最为接近。可参阅 http://www.globalsecurity.org/military/world/iran/scrc.htm。该委员会在2009年伊朗总统大选期间出台过的命令有：列举近20种禁止的言论，包括反对伊斯兰教政府，以及破坏国家统一等。

③ 第5—6页。

④ 参阅 http://en.wikipedia.org/wiki/Internet_censorship_in_Iran。

在中国，大规模的网络基础设施建设始于20世纪90年代。[①]当时的中国还没有入世。网络建设一方面能带动通信行业的发展，促进信息流动的同时也能带动国内的经济发展。另一方面，又可能对国家安全以及传媒控制带来负面影响。中国当时并没有掌握成熟的网络过滤技术。为了实现政府目标，中国在引进外资的过程中，优先考虑可以提供相应的网络过滤技术的厂家。为了进入中国网络建设的巨大市场，美国一些企业为中国提供了网络过滤器设施。这些企业包括美国的斯科（Cisco）公司和微软（Microsoft）公司，而同样是美国的IBM公司提供了资金上的赞助。[②]因此，对于网络内容进行监管，早在网络建设之初就成为中国网络架构的一部分。此外，为了保护青少年免于网络不良信息的影响，中国政府还积极推动在用户终端上安装过滤软件。2009年5月，我国的工业和信息化部发布《关于计算机预装绿色上网过滤软件的通知》[③]，通知要求在我国生产销售的所有计算机都应该安装有政府免费提供的“绿坝 – 花季护航”软件。[④]2009年6月，所有的生产以及销售厂家应该完成安装测试工作，而2009年7月应该全面实施。[⑤]政府为买断该软件一年的使用权，花费4170万元。[⑥]但是，由于该软件涉嫌侵犯知识产权，遭到美国一家软件公司的起诉，并被索赔

① 标志性的事件是“三金工程”。1994年6月8日，国务院办公厅向各部委、各省市明传发电《国务院办公厅关于“三金工程”有关问题的通知（国办发明电〈1994〉18号）》，“三金工程”即金桥、金关、金卡工程。自此，金桥前期工程建设全面展开。

② 参阅 Anne S.Y. Cheung,The Business of Governance:China’s Legislation on Content Regulation in Cyberspace, 38 New York University Journal of International Law and Politics 1, 29（2006）.

③《工业和信息化部关于计算机预装绿色上网过滤软件的通知》（工信部软［2009］226号）

④《通知》第1，2条。

⑤《通知》第4条。

⑥ 参阅 http://tech.sina.com.cn/it/2010-07-13/01564417222.shtml，绿坝软件运营公司未获国家经费：北京项目组遣散。

22个亿。[1] 该项工程已经流产。

澳大利亚向来被视为言论比较自由的国家。但是，1999年，澳大利亚政府修改了当时的《传播服务法》(Boradcasting Services Act 1992)，确立了网络内容的监管机构：澳大利亚通讯与媒体管理局（Australian Communications and Media Authority，简称ACMA）的法律地位。修正条款也被称为计划5（Schedule 5），其规定了ACMA的一系列权力和职责。[2] 简单地说，ACMA有权界定网络上的内容是否属于限制级，并有权要求相关部门遵照有关法律法规采取相关措施。2007年，澳洲政府尝试进一步修改《传播服务法》，当时的电信部长Stephen Conroy提出了基于网络服务提供商的网络内容过滤计划。[3]2008年5月，澳大利亚政府推出了旨在加强互联网安全的一揽子计划。计划在4年内投入1.25亿澳元，防范网络不良信息对个人隐私、经济利益和国家安全的威胁。该计划的重要组成部分是互联网强制过滤措施。2009年12月，经过多次的反复，澳政府公布了《传播服务法（Boradcasting Services Act 1992）》修正案草案，并拟于2010年正式立法。草案要求澳大利亚所有的互联网服务商（ISP）必须使用过滤系统，以堵截来自海外网站的违规内容。其次，鼓励网络服务提供商在政府协助下，自愿提供额外的过滤服务，并增加相关投入扩大网络安全教育计划，以提高民众对网络安全的认识。此外，修正案草案还规定，为实现对RC级网址（Refused Classification，根据澳大利亚国家信息分类方案，RC级信息包括性侵犯儿童、性暴力、犯罪指南、吸毒、鼓励恐怖主义活动等）的过滤，ISP必须在法案通过后12个月内安装过滤系统。所有

---

① 参阅 http://news.163.com/10/0108/10/5SGGPH2B0001124J.html，美国公司诉中国“绿坝”抄袭 - 外交部回应。

② 相关条款与内容可参阅 http://www.austlii.edu.au/au/legis/cth/consol_act/bsa1992214/。

③ 参阅 Internet censorship in Australia，http://en.wikipedia.org/wiki/Internet_censorship_in_Australia#cite_ref-5。

ISP都必须提供过滤服务，包括向手机、上网游戏机提供网络服务的ISP。法律修正案生效12个月后，对仍未能过滤RC级网站的ISP，将予罚款最高每天2.75万澳元。[①] 但是这一计划受到Google, Yahoo等大型网络搜索引擎公司的批评。[②] 出于言论自由可能受到限制的考虑，以及澳大利亚大选等政治原因，该法案的立法进程陷入了僵局。2010年7月，该法案的支持者Stephen Conroy称法案被搁置。[③]

以上各国的实践表明，各国政府都尝试对网络内容进行审查。不管是基于政府安全，还是保护儿童身心健康。其中，朝鲜政府的主要手段就是利用架构，而伊朗政府则从立法、网络架构、上网价格等几个方面着手，基本上实现了其目的。美国政府与澳大利亚政府主要从立法方面进行尝试，但是由于文化习惯的不同，在这些国家，市场的作用、社会规范的作用与政府规制的方向并不一致。政府要实现其目标还需要一段时间的较量。必须指出，市场的力量并非总是与政府规制相矛盾，在澳大利亚实施网络过滤的计划的过程中，由于政府把很大的一些义务强加给了原来不曾有义务的网络服务提供商，从而导致Google、Yahoo一类大型公司的反对，因为这增加了他们的经营成本。而在中国的网络基础设施建设的过程中，进入中国的巨大市场的诱惑使得美国一些大型的计算机公司为中国提供了完整的网络过滤技术。事实上，网络过滤技术并不是政府规制的产物，而是市场需要的结果。

以上各国的实践还表明，网络的架构是可变的。这与Lessig在《思想的未来》一书中的观点一致。Lessig参照美国的经验指出，网络

① 参阅澳大利亚政府：实施互联网强制过滤计划。网址 http://www.daynews.com.cn/1015579.html

② 参阅澳大利亚政府：实施互联网强制过滤计划。网址 http://www.daynews.com.cn/1015579.html。

③Internet censorship in Australia，http://en.wikipedia.org/wiki/Internet_censorship_in_Australia#cite_ref-34.

架构经历了三代的转变：第一代是黑客和研究者们的架构，其体现的是自由，开放、透明、参与、民主。而第二代由商业的架构，主要以企业的利益为导向。至于未来的第三代，尽管他本人对政府心存畏惧，但是政府的影响已经越来越大。

（二）Felton 案件

1999年，数字音乐安全促进组织（Secure Digital Music Initiative，SDMI）成立。该组织推出了数字水印（digital audio watermark）技术，并倡议在 Internet 上发行的 CD 和音乐数据都加入数字水印编码。与 SDMI 相容的播放器或播放软件可以据此知道音乐数据被拷贝的次数，超出限制次数时则无法播放。[①] 这显然是通过技术措施来限制可能的盗版行为的一种尝试。为检验该技术的安全性，2000年，SDMI 号召公众对该水印技术进行破解。SDMI 向公众发布经过水印加密的音乐样本文件，如果用户能够将该样本的水印清除后将音乐样本返还，则挑战被认为获得成功。如果挑战胜利者选择保密协议，可以获得 SDMI 的奖金。

时为普林斯顿大学计算机系的 Felton 副教授参加了该挑战，尽管他对水印技术并不很了解，但他率领的团队用了三周时间就将该水印成功移除。与其他参与者不同，在破解了该水印技术之后，Felton 团队拒绝领取奖金，相反他们打算将水印技术的缺陷公开。[②]

Felton 的团队根据他们的破解过程写了一份报告，并准备在2001年美国匹兹堡的国际信息隐藏（information hiding）大会上做一个相关的报告，但是受到了来自 SDMI组织、美国音像产业联合会（Recording Industry Association of America，RIAA）、以及水印技术的发明者 Verance 公司的威胁。他们声称，由于水印技术现在已经在市场中使用，根据美国的 DMCA 法案，如果 Felton 胆敢在公开场合公开其破

---

① 关于 SDMI 组织，可参阅 http://wiki.zzgwu.com/index.php?doc-view-74642。

② 参阅维基百科 Edward Felten，http://en.wikipedia.org/wiki/Edward_Felten。

解方法，就构成违法。Felton 被迫退出匹兹堡的国际会议，但是他公开了原因并称自己受到了威胁。Felton 的声明激起学术界的强烈反响。包括美国电子前线基金（EFF）、美国哈佛大学网络与社会中心等多个组织强烈抗议产业界的做法，认为此举让美国向来引以自傲的言论自由不复存在。①

此后，SDMI 出面称他们没有起诉 Felton 的意思。然而，这次 Felton 不依不饶，在电子前线基金的支持下，他在新泽西州的地方法庭起诉 RIAA, 要求法庭确认他如果发布其研究成果不会违反 DMCA。地方法庭认为 Felton 的指控完全是基于假设，因此同意被告 RIAA 的不予受理的提议。

两个月后（2001年8月），Felton 的论文发表在一年一度的 Usenix 安全会议上。

（三）微软黑屏事件②

为打击盗版软件，2008年10月，微软开始在中国实施 Windows 正版增值计划（Windows Genuine Advantage,WGA）和 Office 正版增值计划（Office Genuine Advantage，OGA）。该计划的主要目的是确认计算机用户所使用的 Windows 系统或者 Office 软件是否为正版。对微软而言，由于其与终端用户协议规定一套 Windows 系统只能用一台机器上，并且每一份 Windows 软件安装后将会对应一个序列号（也称作产品密钥），所以一份 Windows 软件安装在多台计算机上，或者一个序列号应用在多个 Windows 产品中时均为盗版。如果用户的软件被怀疑

① 电子前线基金的相关追踪报道可见 http://w2.eff.org/IP/DMCA/Felten_v_RIAA/，哈佛大学网络与社会中心的报道可见 http://cyber.law.harvard.edu/felten/。

②参阅维基百科Windows Genuine Advantage，http://en.wikipedia.org/wiki/Windows_Genuine_Advantage，百度百科：微软黑屏http://baike.baidu.com/view/1932490.htm，微软增值计划让电脑黑屏的技术秘密 http://home.hebei.com.cn/xwzx/jygb/enjoy/201010/t20101026_2391444.shtml。

不是正版，则系统会定期提醒用户。微软在中国之前已经在其他四个国家推出过该计划。不过，可能是因为中国的盗版情况相对严重，与其他国家不同，微软在中国的做法显得粗暴。

WGA增值计划的实施大抵如此：在启动Windows之后，系统会提示用户可以考虑参加WGA计划，如果想了解这一计划，可以进一步点击查阅详细的说明。一旦表示同意参加这一计划，系统就开始检验，发现是盗版之后，系统会提醒用户的软件不是正版，同时，用户界面会出现周期性的黑屏。周期性的黑屏虽然不会导致用户计算机功能的完全丧失，但是这使得用户的使用很不方便。

当然，微软在用户不同意的情况下，仍然可以进行正版验证。从严格意义上说，微软的正版增值计划需要用户的配合：首先是用户联网，其次是用户将Windows的自动更新功能打开。而对于一般的用户来说，这几乎是习惯。一旦开启自动更新功能，微软的正版增值计划就可以通过更新系统软件的过程中安装在用户的操作系统中，接下来的就是微软对于这些盗版用户的警告和用户电脑的周期性地屏幕变黑。

围绕微软黑屏事件的评论不可胜数。中国的舆论普遍倾向于对微软进行口诛笔伐。微软的行为可能确实涉嫌侵犯用户隐私，但就版权保护而言，使用盗版软件本身可能违法。尤其是，如果增值计划已经提醒该用户所使用的是盗版之后。①

（四）QQ与360之战②

2010年11月，中国两大互联网公司之间的战争把无数网民打得目

① 我国的《计算机软件保护条例》第30条规定：软件的复制品持有人不知道也没有合理理由应当知道该软件是侵权复制品的，不承担赔偿责任；但是，应当停止使用、销毁该侵权复制品。如果停止使用并销毁该侵权复制品将给复制品使用人造成重大损失的，复制品使用人可以在向软件著作权人支付合理费用后继续使用。

② 可参阅百度百科：腾讯360之争，http://baike.baidu.com/view/4604380.htm，专题报道：360与腾讯掀利益之争，http://it.sohu.com/s2010/360-qq/。

瞪口呆。战争的一方是中国拥有客户最多的即时通讯软件QQ的开发者深圳市腾讯计算机系统有限公司（俗称QQ公司），另一方则是网络杀毒软件“360安全卫士”的开发者北京奇虎科技有限公司（俗称360公司）。两家本来相安无事，而且，以客户数量和营业额计算，360根本与QQ不是一个档次。

但是，由于QQ公司以即时通讯作为吸引客户的基础，进而扩展到网络游戏、网络娱乐、网络新闻，甚至发展到网络杀毒软件，比如推出“QQ医生”等产品，360公司感觉到了来自“QQ帝国”的威胁，进而开始针对QQ的产品进行市场争夺。

2010年，两家的争夺进入白热化程度。5月底，腾讯将其“QQ医生”产品升级为“QQ电脑管家”，功能与“360安全卫士”类似。360公司则发文隐晦地指出QQ公司利用QQ软件监测用户，涉嫌侵犯用户隐私，而他们推出的新产品“360隐私保护器”可以监测QQ对用户的电脑文件进行查看的情况。10月底，360又推出了新产品“扣扣保镖”，意指能防止QQ软件侵犯客户隐私，并且还可以卸载QQ弹窗、QQ广告、QQ音乐、QQ宠物、QQ秀等QQ附带的功能。①

QQ忍无可忍。2010年11月3日，电脑上安装了360杀毒软件的网民运行QQ时被通知：已经发现你计算机上安装有360，你现在必须二选一，或者卸载360，或者QQ退出。无数网民这才发现，计算机并非属于自己，QQ即时通讯软件不仅可以探测到你是否安装有360软件，还能强行卸载你的QQ软件。

好比旧中国的日俄战争，打来打去战场是在你中国的土地。两家网络公司打来打去，网民这才缓过劲来，战场竟然就在自己联网的电

① 参阅从“QQ与360之战”看新媒介的社会角色，http://qnjz.dzwww.com/xmt/201012/t20101230_6062256.htm。

脑上。①

战争的最后结果，国家工业和信息化部介入，指责两家公司侵犯了消费者权益，并对两家公司进行了通报批评。工信部还表示，将进一步会同有关部门调查两公司的违法行为。②

（五）小结

如果说对于网络空间的管制手段可以归结为法律手段、社会规范手段、市场手段和架构的话，那么由于管制者的身份不同，所能采取的方式多少存在不同。案例（一）对于网络内容的控制表明，尽管政府对于网络空间的管制可以采取多重手段，但立法通常是其首选，并且这样的立法通常要适应网络空间的架构。尽管网络的架构在各个国家并非相同：譬如在中国，进行大规模的网络基础设施建设的过程中已经注意到网络可能的危害，因此中国的网络架构是一种半开放状态，并不象西方发达国家那样全然以追求信息的自由流动为其宗旨因而更具开放性。这在21世纪初被西方普遍认为是保守的象征，但是在十多年的发展之后，澳大利亚、英国③等发达国家正在学习中国的治理经验，考虑对网络内容进行监管的新模式。

案例（二）的Felton案表明，通过立法，也可以改变或者强化网络的架构。譬如，为了保护版权，美国的千禧年版权法案（DMCA）加强了对于技术措施的保护，也就是Lessig所说的网络架构的分层中的代码层的保护，以达到内容层封闭的效果。但这样的立法可能是危

---

① 对腾讯公司该举动的违法性的探讨，可参阅唐春:《谁动了我的企鹅》，电子知识产权2010年第11期。

②参阅：工信部通报批评360和腾讯：将调查双方违法行为，http://tech.163.com/10/1121/17/6M1HBQHO000915BF.html。

③ 英国对于网络内容的监管主要是从打击盗版的角度出发，因此其内容监控的有关内容在分论中进行阐述。其2010年4月推出的《数字经济法案》集中体现了英国政府对于网络内容监管的新思路。

险的：一方面，架构的保护具有更强的限制力，而缺乏法律通常具有的弹性。DMCA 保护技术措施的一个直接的后果是，网络作品合理使用的机会减少。另一方面，当架构可能为技术所改变，比如数字音乐水印又被 Felton 领导的小组所破解时，立法往往显示出其保守的一面：旧的架构为法律所维系，新技术不能得以推广应用，网络的架构的改变被立法迟滞，这恰是 DMCA 立法为许多专家诟病之处。

案例（三）（微软案）和案例（四）（3Q 之争）表明：首先，网络架构的开放共享性[①]决定了，对于任何联网的计算机，由于存在与其他计算机之间的交流互动，而这些交流互动的信息中并不排斥具有功能性的软件代码，因此，计算机上的文档以及其操作系统虽然在物理空间属于个人，但并不能想当然地认为完全受个人控制。其次，基于这样的架构，网络环境中的规制者除了国家，还有以技术精英为代表的代码掌握者：比如案件中的微软、腾讯和360等网络公司。微软的黑屏虽然涉嫌侵犯用户隐私，因为这表明微软可能能够查阅电脑上的文档记录，但微软如何实现的这一功能，迄今为止中国的专家还没有弄清楚。[②]就如同360在与 QQ 的战争中，360一直声称 QQ 在监视用户的电脑文档，但这是否属实，只有专家才能说清楚。但毋庸置疑的是，这些技术精英可以通过改变网络代码的方式，实现一般用户不可能达到的目的。

四、结语

结合以上案例，我们可以考察 Lessig 理论在实践中的具体应用。Lessig 理论认为，对于任何一个事件的管理和控制，可以考虑从法律、

① 即便认为中国的网络架构相对全球因特网是相对封闭的，在中国大的局域网内，还是开放共享的。

②参阅政府回应微软黑屏 黑屏事件的四个“有没有”，http://politics.people.com.cn/GB/1026/8306773.html。

规范、市场以及架构这四个角度进行分析。而这四者彼此之间也相互影响和作用，如何达到规制的目的，考验着管理者的智慧。

譬如，微软案件中对于盗版的打击，尽管微软的黑屏的做法有法律在背后支持，在网络的架构下也可以实现，但是市场的力量使人们倾向价格低廉的盗版①。而就社会规范而言，在中国的历史传承中，版权不是一个自发生成的概念，而是借鉴西方制度的舶来品。即便入世后多年，中国民众对于版权的态度仍然与 TRIPS 的法律标准有一定的差距。夹杂着复杂的民族情绪，中国大众对于微软反盗版的举措产生了冲突和抵触。也就是，当对于盗版的打击行为在法律上和架构上有利于规制者，而在市场上和社会规范中不利于规制者时，内在的冲突和矛盾就势不可免。

同样，在3Q之争中对于网民用户的争夺，从架构上说是可能的，但在中国现有的法律框架下蔓延到用户计算机上是违法的，社会规范和市场也都认为3Q之争导致消费者得到的服务受损是不道德的。因而，最终导致的是这两家公司受到工信部严厉的指责。

四个因素的相互协调或相互冲突，构成了社会规制的鲜活图景。而在网络社会中，代码成为架构的重要组成部分。Lessig 的理论或许并不完美，但是对于如何提供以及如何分析有效的规制确实提供了一套有借鉴意义的方法。

---

① 选择盗版在经济上可能是一种理性的行为。这不单在中国如此，其他国家亦然。根据 BSA（Business Software Allience）2009年全球盗版情况的报告，全球各国的盗版率最高为95%（格鲁吉亚），即使美国如此强烈的保护知识产权，美国的盗版率仍然为20%，而这已经是全球最低，中国的情况比较严重，盗版率是79%。按照该组织的统计，全球盗版率2008年是41%，2009年上升至43%。参阅 BSA2009年全球盗版情况报告：http://portal.bsa.org/globalpiracy2009/studies/09_Piracy_Study_Report_A4_final_111010.pdf。

网络游戏外挂的侵权认定及责任承担

——以《龙之谷》案和《冒险岛》案为例

傅强国* 余梦菲**

Infringement Identification and Liabilities relating to Online Games – The "Dragon Valley" Case and the "Adventure Island" Case

Fu Qiangguo † Yu Mengfei ††

摘要：网络游戏外挂程序简称外挂，是通过截获、修改游戏客户端软件发送至服务器的数据，再伪造并向服务器发送虚假数据，从而误导服务器的判断，实现作弊的目的。在认定外挂程序侵权的过程中，由于程序运行所实施的是数据调取，是一种临时复制行为，不属于著作权法意义上的对计算机软件的复制，所以不构成侵权。但在外挂程序制作过程中，如果大量复制网络游戏程序，并向公众提供该外挂程序，则侵犯了网络游戏软件的著作权，将被认定构成侵犯著作权罪。由于外挂程序对我国网络游戏产业的有序发展造成了严重损害，因此应当通过刑事手段予以严惩。

关键词：网络游戏外挂复制侵权

网络游戏产业一直都是网络行业中发展最快的产业之一。据统

---

* ** 上海华诚律师事务所律师。

† †† Lawyer of Huacheng Law Firm, Shanghai, China.

计，2000年中国网络游戏市场规模仅为0.3亿元，到2006年规模达到了65.4亿元人民币，年增长速度高达73.5%，再到2010年，中国网络游戏的市场规模已经达到了349亿元人民币。巨大的经济潜力同样也诱发了违法行为的发生，针对网络游戏的“私服”、“外挂”行为几乎与网络游戏相伴而生。网络游戏运营商每年都会因为网络中的大量“私服”、“外挂”行为而遭受巨额损失。如何对网络游戏外挂行为予以定性，通过法律来制止此类行为的发生，越来越受到人们的关注。

目前我国对于网络游戏外挂行为主要依靠刑事手段来进行制裁，而案件的焦点问题往往在于对提供外挂程序能否构成侵犯著作权罪的认定。在较为著名的《冒险岛》案和《龙之谷》案中，尽管同样是针对外挂行为，对外挂提供者的定性同样构成侵犯著作权罪，但经过对两案的比较可以发现，所涉及的外挂程序原理并不相同。而这不同之处却正是认定外挂程序是否侵犯著作权的关键。本文从这两个案件入手，分析外挂行为构成犯罪的关键，以期能够为网络游戏外挂行为类案件的解决提供有益的参考。

一、网络游戏外挂案例

在2011年和2012年的上海法院知识产权司法保护十大案件中，均选取了网络游戏外挂类型的《冒险岛》案和《龙之谷》案作为知识产权典型案件予以介绍，足以凸显近年来该类案件所具有的代表性和重要性。

1.《冒险岛》案

自2007年起，张乐和黄谦未经许可制作了网络游戏《冒险岛》的外挂程序。其中，黄谦负责制作外挂的功能模块，张乐编写外挂主程序，并将该程序命名为“CS辅助”予以销售。“CS辅助”通过内存挂钩方式入侵《冒险岛》网络游戏客户端程序，获得对该程序内存地址、数据修改的控制权，调用、复制了《冒险岛》124项客户端软件功能数据的数据命名、数据结构、运行方式，通过改变数据的数值、参数，以加强应用功能。

此外，梁文宇明知受托销售的“CS辅助”未经授权，仍对外批发该外挂程序。阮晓霞、刘阳明知“CS辅助”系外挂程序，仍自梁文宇处购买，并在其开设的淘宝网网店中通过广告对外销售。

法院认为，被告人张乐与黄谦未经权利人许可，共同研发、制作该游戏软件的外挂程序，是共同复制游戏软件客户端程序的行为。被告人张乐又与被告人梁文宇合谋分工，由张乐提供外挂，梁文宇作为销售总代理负责销售。其互相明知，分工明确，符合共犯的特质。三被告人以营利为目的，未经著作权人许可共同复制发行《冒险岛》网络游戏软件客户端程序，且非法经营数额巨大，构成侵犯著作权罪。被告人阮晓霞、刘阳以营利为目的，明知《冒险岛》外挂程序是侵权复制品而予以销售，其行为均已构成销售侵权复制品罪。[①]

2.《龙之谷》案

2008年8月，余刚、冯典、曹志华通过反编译手段破译了由盛大网络公司从韩国引进的网游《龙之谷》的客户端程序，复制了该游戏的大量核心数据库文件，开发了脱机外挂软件。此后，余刚等人利用外挂软件登录大量账号“生产”《龙之谷》游戏虚拟货币，并在相关网站上统一销售后牟利。经鉴定，该涉案外挂程序和样本《龙之谷》游戏客户端程序存在实质性相似。

法院经审理认为，被告以营利为目的，未经著作权人许可，复制其计算机软件，并利用侵权软件获取游戏虚拟货币并销售后牟利，均属情节特别严重，其行为均已构成侵犯著作权罪。遂判处被告人余刚、曹志华、冯典四至三年有期徒刑，并处罚金四十万元至三十万元；被

①上海市第一中级人民法院（2011）沪一中刑终字第411号刑事裁定书。

告人古靖渲、赖怿、陈依、张荣鑫、马潇、刘京松、陈娅、刘川等三年至一年九个月有期徒刑，适用缓刑，并处罚金三十万元至五万元；违法所得全部予以追缴；查扣的电脑、移动硬盘、硬盘等与本案犯罪有关的物品全部予以没收。①

二、网络游戏外挂的著作权侵权分析

《冒险岛》案和《龙之谷》案中，法院均认为被告的外挂软件未经许可大量复制了原告游戏软件中的内容，因而属于对原告游戏软件著作权的侵犯，构成了侵犯著作权罪。

可见，界定外挂行为是否侵权或构成犯罪的关键在于被告所制作的程序是否复制了原告游戏中的内容。要解决这个问题，首先需要明确外挂程序的原理以及什么才是我国著作权法意义上的复制。

1. 网络游戏中“外挂”：一种对游戏运营商带来利益损害的作弊程序

外挂是对网络游戏外挂程序的简称。2003年，由新闻出版总署、信息产业部、国家工商行政管理总局、国家版权局、全国“扫黄”、“打非”工作小组办公室等五部委联合发布的《关于开展对“私服”、“外挂”专项治理的通知》中指出，“‘私服’、‘外挂’违法行为是指未经许可或授权，破坏合法出版、他人享有著作权的互联网游戏作品的技术保护措施、修改作品数据、私自架设服务器、制作游戏充值卡（又称游戏点卡），运营或挂接运营合法出版、他人享有著作权的互联网游戏作品，从而谋取利益、侵害他人利益。”②这是我国官方对外挂作出的定义，但由于定义中将“私服”和“外挂”两个并不完全相同的行为共同进行解释，因此并未对“外挂”行为作出明确清晰的界定。

---

① 上海市徐汇区人民法院（2011）徐刑初字第984号刑事判决书。

② 新闻出版总署、信息产业部、国家工商行政管理总局、国家版权局、全国“扫黄”“打非”工作小组办公室:《关于开展对“私服”、“外挂”专项治理的通知》，新出联［2003］19号。

一般认为，“外挂”是一种作弊程序，适用于网络游戏环境下。不同于传统的单机游戏，网络游戏是电子游戏借助于互联网平台所衍生出来的一种新型的游戏类型，其以互联网为依托，通过网络通信协议，可以使不同用户同时参与游戏，操作游戏中的人物角色或者场景，以实现娱乐、互动的目的。① 网络游戏之所以会吸引更多的玩家，正是因为通过借助网络平台，能够让身处不同地域的人实现在同一时间，同一地点共同参与到游戏当中，从而突破了时间和地点的限制，也增加了人与人之间的互动体验。网络游戏提供互联网游戏平台的关键就是网络游戏的服务器。如同互联网将单个的电脑连接起来一样，玩家的个人电脑通过向网游服务器发送数据，再经由服务器将数据发回个人电脑中，服务器扮演了数据中转和交换的桥梁角色。简言之，网络游戏运行的基本原理就是玩家个人电脑与网游服务器之间的数据交换。身处各地的玩家电脑通过向网游服务器发送数据，再经过服务器的处理将数据传输回电脑中，从而实现了网络上的游戏互动。在此过程中，通过截获、修改或伪造游戏客户端软件发送至服务器的数据来欺骗或误导服务器，从而实现其“作弊”功能的计算机程序就是“外挂”。

外挂程序违背了正常的游戏规则，打破了游戏中公平竞争的机制，对网络游戏的秩序产生了极大的负面影响。而外挂使用者通过非正常的途径能够在较短时间内赢得游戏，加之外挂服务提供者以此谋利的行为，无一不对官方网络游戏运营商的利益带来了巨大的损害。外挂每天给网游运营商造成了数以万计的损失。

2. 著作权法意义上的复制行为应当不包括“临时复制”

我国著作权法中对复制采取了列举式的定义。一般而言，复制行为需要在有形载体上再现作品，并且再现的时间不能过于短暂。数

① 参见寿步，陈跃华. 网络游戏法律政策研究［M］. 上海：上海交通大学出版社，2005：34.

字环境下，对于数据信息的复制同样需要满足这两个要求。当数据上传或下载到了诸如硬盘等存储设备上，就形成了复制件。同时，这种“固定”也符合相对持久的要求。

然而，如果信息只是在计算机中停留了十分短暂的时间，如用户在线浏览网页或进行游戏时所形成的临时文件，那么对于这种“临时”出现在计算机中的“临时复制”能否属于著作权法意义上的复制?

计算机的运行是一个不断对数据进行调用和读取的过程。由于计算机的中央处理器只能对计算机内部存储器中的数据进行运算，因此计算机首先必须将数据载入到内部存储器中才能实现计算机对数据的运算和处理。这种内部的存储器中，有一种是动态存储，将数据即时、动态的载入该存储器中，一旦程序执行完毕数据就会从存储器中消除。

网络环境中不仅同样存在“临时复制”的问题，网络技术所实现的交流与互动也让临时复制问题变得更加复杂。数据经过网络传输，除了会生成多个复制件外，同样也会在个人计算机中产生临时复制。这也意味着只要个人计算机连入网络，通常都会有临时复制伴随着同步发生。

从技术角度看，临时复制是计算机运行过程中不可避免的一种现象，且并不能为用户所掌控。另一方面，临时复制是数据在内部存储器上的短时间停留，随时会被后续的数据所替代，或因计算机关机而被清空。临时复制所产生的复制结果并不像普通的复制件那样能够被后续进一步利用，所以并不具有经济价值。正因如此，我国《信息网络传播权保护条例》中并没有将临时复制也纳入复制权的范畴，我国对临时复制属于复制的观点予以了否定。[①]

---

① 国务院法制办就《信息网络传播权保护条例》答记者问时曾指出：“禁止临时复制的症结是制止终端用户在线使用作品，而禁止终端用户非营业性使用作品不具有可行性；国际上对禁止临时复制有很大争议，在互联网条约制定过程中，包括我国在内的发展中国家明确反对禁止临时复制，由于各方争执不下，互联网条约没有规定禁止临时复制；而且，作为授权立法，《条例》也不宜对著作权法未授权的临时复制作出规定。”

3. 运行外挂程序并不属于复制行为

从外挂行为的运行原理来看，本质上外挂程序均是通过截获、修改游戏客户端软件发送至服务器的数据，再伪造并向服务器发送虚假数据，从而误导服务器的判断，实现作弊的目的。由此可见，运行外挂程序所实施的均是对数据的调取。著作权法意义上的复制行为，不仅需要停留在有形载体上，同时停留的时间也不能过于短暂。外挂程序将服务器中数据读取在使用外挂程序的电脑上，此时读取的数据并不会长久的留存在该电脑的硬盘中，而是会随着程序的运行不断更新和改变。应当说，外挂程序对数据的调取是一种临时复制的行为。由于我国并不承认临时复制属于著作权法意义上的复制行为，因此外挂程序的运行并不属于复制。

三、网游外挂行为的定性

我国《刑法》第217条规定“未经著作权人许可，复制发行其文字作品、音乐、电影、电视、录像作品、计算机软件及其他作品的”，属于侵犯著作权罪。因此，判断网络游戏外挂程序是否成侵犯著作权罪，首先需要确定涉案游戏程序是受我国法律保护的计算机软件。

在明确了涉案作品受法律保护的前提之下，外挂行为是否复制了享有著作权的网络游戏程序是行为人是否侵犯著作权的关键，并且此种复制不能是因为运行游戏而产生的临时复制。如《龙之谷》案的外挂程序是通过复制涉案游戏制作而成，因而构成侵犯著作权罪。而《冒险岛》案的外挂程序工作原理是入侵服务器内存实现其程序的运行，本质上并不属于复制行为，因此并不能被认定为侵犯著作权罪。也就是说，制作外挂程序的过程如果大量复制了游戏软件的程序，则可能构成侵权。而单纯的运行外挂程序一般并不不会构成侵权。

1.《龙之谷》案：复制

在《龙之谷》案中，被告的外挂程序是通过复制网络游戏《龙之谷》的大量核心数据库文件才开发而成。同时，法院也查明该涉案外挂程序和样本《龙之谷》游戏客户端程序存在实质性相似。因此充分证明被告的外挂程序复制了原告享有著作权的游戏软件，从而构成侵犯著作权罪。

与网络游戏外挂相类似，借助网络游戏来侵犯游戏权利人合法权益，甚至构成犯罪的另一种行为——“私服”，构成侵犯著作权罪的条件同样是未经许可复制了享有著作权的游戏软件。

“私服”通常是指未经国家有关部门许可而提供的网络游戏服务器，即非官方，私人所设立的服务器。因为没有接受过相应的审查，设立私服所需的费用较低，因此相比官方服务器向游戏玩家收取的较高费用，私服具有明显的价格上优势。

从侵犯著作权法角度而言，为了提供网络游戏服务，除了私自架设服务器之外，更重要的是利用游戏软件本身的程序。《热血传奇》案中，被告以营利为目的，未经许可复制了原告的游戏软件并在其服务器上提供网游服务。[①]《弹弹堂》案中，被告复制并修改了原告的游戏代码，同时在其服务器上运营。两者的行为都复制了原告的游戏软件，侵害了其计算机软件的著作权，因此符合刑法中所规定的侵犯著作权罪。[②]

2.《冒险岛》案：临时复制

在《冒险岛》案中，被告的外挂程序通过内存挂钩方式入侵《冒险岛》网络游戏客户端程序，获得对该程序内存地址、数据修改的控制权，“调用”、“复制”了《冒险岛》124项客户端软件功能数据。由此可见，本案中外挂程序的工作原理是在《冒险岛》游戏运行的过程

① 江苏省高级人民法院（2012）苏知刑终字第0003号刑事判决书。

② 广东省深圳市中级人民法院（2012）深中法知刑终字第35号刑事判决书。

中，控制并修改内存中的数据，来实现其“作弊”效果。从本质上看，该外挂程序是对《冒险岛》客户端软件数据的调取，却并未改变《冒险岛》网络游戏的客户端程序。

如前所述，对游戏软件数据的调用并不等于复制。调取数据本来就是计算机能够运行的基础，是游戏运行过程中不可避免的客观现象。如果行为人借助外挂程序短暂地调取了游戏软件中的数据，并通过改变数据的数值、参数，来加强应用功能，那么此时行为人所实施的应当是对游戏软件数据的“临时复制”行为。

如果《冒险岛》案中的外挂软件仅仅是对游戏客户端数据的“调用”，在我国目前并未将“临时复制”列入复制权范围的情况下，那么运行该案中的外挂程序是否构成著作权法意义上的复制就值得商榷。

正如在《恶魔的幻影》案中，法院曾指出的那样，“……外挂软件在运行过程中突破了《恶魔的幻影》游戏软件技术保护措施、修改了数据和调用了函数，……此事实并不能得出涉案系列外挂软件系部分复制《恶魔的幻影》游戏软件的结论。……涉案外挂软件使用了《恶魔的幻影》游戏软件的一些数据名称和一个配置文档，以及在动态运行状态下调用了《恶魔的幻影》游戏软件的函数，不能证明上述专有名称或配置设置文件的存在就构成外挂软件与《恶魔的幻影》游戏软件内容的实质性相似；同时“调用”与“复制”在行为方式和表现形态上亦有较大区别，二者不可混同。”[①] 因此，《冒险岛》案中如果能够明确被告的外挂程序对《冒险岛》游戏的客户端进行了大量的复制，此时被告的行为无疑将构成侵犯著作权罪。

根据对外挂程序工作原理的分析，运行外挂程序的行为并不会实施著作权法意义上的复制。对于涉及制作外挂程序侵权的案件，只有

① 北京市海淀区人民法院（2006）海法刑初字第1750号刑事判决书。

当制作外挂程序的过程中大量复制了网络游戏程序，并向公众提供该外挂程序。此时，外挂程序的制作侵犯了网络游戏软件的著作权，才能被认定构成侵犯著作权罪。

四、网络游戏外挂的责任承担

虽然著作权本质上是一种私权，侵犯著作权主要应当承担民事责任，但由于外挂程序存在于网络环境下，其侵权行为不仅损害游戏软件著作权人的利益，更对正常的网络秩序产生了严重的影响，因此现在对于制作并向公众提供外挂程序的行为人，主要采取承担刑事责任的方式，来打击此类犯罪行为的发生。此外，我国的有关部门也在积极采取措施，加大对危害游戏产业行为的整治力度。

1. 刑事责任

在承担责任的三种方式中，刑事责任体现了法律对违法行为最严厉的惩治。当侵犯他人权利的行为扰乱了正常的社会秩序，严重损害了社会公众的利益，就有必要通过刑罚手段来制止犯罪行为的发生。

网络游戏外挂程序的制作和发行构成侵犯著作权罪。我国《刑法》中规定的侵犯著作权罪主要涉及第217条和第218条，据此规定，法院最高可以判处制作和发布外挂程序的行为人三年以上七年以下有期徒刑，并处罚金。在《冒险岛》案和《龙之谷》案中，法院均判处了主要犯罪嫌疑人构成侵犯著作权罪。《冒险岛》案中，法院最高判处了被告人张乐有期徒刑五年，罚金人民币一百三十万元。《龙之谷》案的法院则判处被告人余刚、曹志华、冯典四至三年有期徒刑，并处罚金四十万元至三十万元。可见，由于外挂程序对正常的网络秩序造成了严重的负面影响，制作和提供该程序的行为人都将面临较重的刑罚。

网络游戏外挂程序的存在和发展严重损害了权利人和社会公众各方面的利益。首先，外挂程序未经许可复制了游戏开发者的软件，侵害了其著作权。其次，玩家利用外挂程序可能在短时间内在网络游戏中赢得胜利，破坏了网络游戏的公平竞争规则，损害了其他合法玩家的利益。与此同时，外挂程序不仅会阻碍网络秩序的健康发展，更会影响到网络游戏市场的正常秩序。外挂在给合法游戏运营商利益带来损害的同时也催生了畸形的网络游戏发展模式，致使更多玩家沉迷于网络之中，从而对社会造成更大的危害。对于如此严重的违法行为，目前我国司法实践中正是希望通过刑事手段予以严惩。

2. 行政责任

近年来，为遏制游戏产业中出现的诸如外挂程序之类的违法行为，政府积极采取措施，并出台了一系列政策。2003年，由新闻出版总署、信息产业部、国家工商行政管理总局、国家版权局、全国“扫黄”、“打非”工作小组办公室等五部委联合发布了《关于开展对“私服”、“外挂”专项治理的通知》。《通知》中明确指出，对于“‘私服’、‘外挂’等非法互联网出版活动，应依法予以严厉打击。”2005年，文化部、中央文明办、信息产业部、公安部和国家工商行政管理总局也联合发布了《关于净化网络游戏工作的通知》，要求“严厉打击‘私服’、‘外挂’等侵犯知识产权、扰乱市场秩序的违法行为。”

尽管有关部门对网络游戏外挂行为一直都采取严肃的处理态度，但由于网络技术日新月异的发展大大提高了违法行为的可能性和便捷性，从客观上给行政部门制止侵权行为带来了巨大的挑战。因此，通过行政处罚的方式来遏制外挂行为的发生并未取得显著的效果。

3. 民事责任

根据《计算机软件保护条例》的规定，网络游戏开发商作为软件著作权人，享有发表权、署名权、修改权、复制权、发行权、出租权、信息网络传播权以及翻译权等著作财产权利。[①] 因此，未经许可复制、

① 参见《计算机软件保护条例》第8条。

发行等实施一系列受到著作权控制的行为将侵犯到软件著作权人的合法权利，权利人可以以此为基础向法院提起民事诉讼。

从著作权等知识产权的立法本意来看，著作权人在权利受到侵害时应当主要通过民事诉讼的方式来维护自身合法权益。然而，面对日益严重的网络游戏外挂行为，我国的游戏软件著作权人几乎没有通过提起民事诉讼来制止侵权行为的实例。出现此种现象的主要原因可能在于刑事责任的方式已经带给行为人最为严厉的处罚方式，同时也能够停止外挂提供者的侵权行为，从而不需要额外通过民事责任的方式就已经能够实现游戏软件著作权人停止侵权的最终目标。

五、结语

瑞星公司在2003年曾发布《网络游戏安全市场调查报告》，指出超过73%的玩家正在使用或打算使用外挂。[①] 外挂程序对网络游戏产业的有序发展已经带来严重损害，并且这样的影响还将继续。如果不能有效地遏制此类行为的发生，将直接影响到我国网络游戏产业未来的发展。

相比民事诉讼，让行为人承担刑事责任的方式无论对行为的定性还是刑罚的程度上，均能够在最大程度上惩罚外挂程序的制作者和提供者，从而起到最大的法律威慑作用，实现社会应有的公平正义。

笔者认为，认定制作外挂构成侵犯著作权罪的关键，在于制作外挂程序的过程中是否大量复制了网络游戏程序，而非运行外挂程序的过程是否复制了网络游戏运行过程中产生的数据。只有明确案件所需要关注的核心问题，才能为正确界定外挂行为的性质奠定基础，最终实现打击此类违法行为，保护网络游戏产业的目标。

①《瑞星网络游戏安全市场调查报告》http://games.sina.com.cn/newgames/2003/12/12059459.shtml（最后访问日期：2013年8月8日）。

WAP 搜索及相关服务著作权侵权问题研究*

王 迁**

A Study on Copyright Infringement Issues Arising from Services related to WAP Searching

Wang Qian †

摘要：搜索引擎在向手机用户提供“WAP 搜索”时，会对原网页进行格式转换，以便用户在较小的手机屏幕上浏览网页。这一过程涉及的“临时复制”不产生有独立经济价值的复制件，即使在承认“临时复制”构成复制行为的欧盟，也不构成对复制权的侵权。但刻意将转换后的网页存储在服务器中，并直接向后续手机用户提供的行为，则无法根据“系统缓存避风港”或合理使用的一般规则免责，因此构成直接侵权。由于搜索引擎难以直接证明自己仅提供搜索和即时格式转换，以及没有在服务器中保留转换后的网页，法院应在个案中结合“WAP 搜索”的技术特征，根据优势证据规则作出判断。

关键词：WAP 搜索　避风港　直接侵权　间接侵权

近来，一种面向手机用户的新型搜索服务——“WAP 搜索”引发

* 本文是国家社科基金第10CFX057号项目《版权保护技术规制研究》的初期成果，同时也是上海市教委第五期重点学科“民法与知识产权”（项目号 J51104）的成果之一。

** 华东政法大学教授，联系地址：上海市万航渡路1575号华东政法大学知识产权学院，邮编：200042。手机：18964686879，电话：021-54429780，电邮：wangqian75@126.com。

† Professor of East China Politicle Sciences and Law University.

了学术界和实务界的争议。一般的互联网网站都是针对台式机、笔记本电脑等配有较大显示屏和较强多媒体处理能力的传统终端设计的，网页采用的是 HTML 格式（全称为 Hypertext Markup Language，意为“超文本标记语言”[①]）。而对于使用手机上网的用户而言，由于手机屏幕小，且多媒体处理能力较弱，如果直接进入网站浏览，往往无法看全许多内容，并会出现许多乱码。而且图片、视频和 flash 动画等也会消耗过多的时间和流量。目前，解决手机用户难以正常浏览互联网网页的有效技术手段，是对网页进行格式转换，即从 HTML 格式转换成适用于手机的 WML 格式（全称为 Wireless Markup Language，意为“无线标记语言”[②]）。在格式转换过程中，图片、视频和flash动画等特定内容将被过滤或压缩，文本内容也会根据手机屏幕的特点进行调整。由此生成的页面就适合通过手机进行浏览了。

目前向手机用户提供这种格式转换服务的，正是搜索引擎。其一方面根据手机用户输入的关键词进行搜索，并提供链接。另一方面则在手机用户点击链接时，自动将网页从 HTML 格式转为 WML 格式。这样，用户在手机上就能正常浏览网页内容了。由于手机是通过 WAP（全称为 Wireless Application Protocol，意为“无线应用协议”）接入互联网的，因此这种搜索也被称为“WAP 搜索”。如百度就专门设置了面向手机用户的搜索门户（网址为 http://wap.baidu.com）。

实际上，从2000年的“刘京胜诉搜狐案”[③]至持续数年的唱片公司诉百度、雅虎的系列诉讼[④]，我国法院在长达10年的时间内已经探索出了判断各类传统搜索与链接服务提供者侵权责任的一套规则，也即：提

① 见百度百科对“HTML”的解释，http://baike.baidu.com/view/692.htm。

② 见百度百科对“WML”的解释，http://baike.baidu.com/view/160091.htm。

③ 见北京市第二中级人民法院民事判决书（2000）二中知初字第128号。

④ 如著名的“十一大唱片公司诉雅虎案”，其中之一的判决书见北京市高级人民法院民事判决书（2007）高民终字第1184号。

供搜索服务和设置链接，无论链接的类型是普通链接还是深层链接，都不构成直接侵权，而只可能为侵权内容的传播提供便利。只有在服务提供者明知或应知被链内容侵权而不及时断开链接的情况下，才构成帮助侵权，并应与侵权内容的直接提供者承担共同侵权责任。然而，专门面对手机用户提供的搜索服务却引发了远较传统搜索服务复杂的问题。

与传统搜索相比，“WAP 搜索”具有一系列显著特征。首先，其提供的不仅仅是链接本身，还有对被链网页的格式转换，涉及对网页中作品在技术意义上的复制，产生了搜索提供者是否侵犯复制权的问题。其次，如果搜索引擎对经过格式转换的网页内容进行了存储，并在下一手机用户搜索相同网页时直接将存储的网页传输给用户，又产生了是否侵犯信息网络传播权，以及是否可根据“避风港”或合理使用规则免责的问题。最后，用户点击链接、浏览经过格式转换的网页时，手机浏览器上并不直接显示被链接网页的网址，而是显示“搜索引擎的网址（即转换程序的来源网址）+ 被链网页的网址（即被转换页面的网址）”，从而又引发了如何认定搜索提供者能仅提供搜索，而非直接提供内容的问题。

在近日我国连续发生的涉及 WAP 搜索的著作权侵权纠纷案件——“蔡骏诉深圳市宜搜科技发展公司案”（以下简称“宜搜案”）和“上海玄霆娱乐信息科技公司诉百度案”（以下简称“百度案”）中，手机用户均可通过被告提供的 WAP 搜索服务，在手机上在线阅读侵犯原告著作权的小说，而两案的判决结果则截然相反。说明对上述问题尚争在不小的争议。下文结合已发生的案例，对 WAP 搜索引发的著作权侵权问题进行逐一分析。

一、对“WAP 搜索”服务性质的认定

在我国目前发生的两起涉及“WAP 搜索”的案例中，其中的焦点

问题均在于如何认定“WAP 搜索”服务的性质，也即其仅仅是提供链接，以及为进行格式转换而进行临时存储，还是直接提供作品内容。而这一争议与“WAP 搜索”有别于“普通链接”和一般“深层链接”的技术特征有关。对于只搜索网页的“普通链接”而言，由于用户点击搜索结果之后即会离开设链网站而进入被链网站，此时浏览器地址档中显示的是被链网站的网址，因此不会有人认为设链者是在直接提供内容。对于直接搜索网页中特定文件的“深层链接”而言，用户点击搜索结果之后，可以在不离开设链网站的情况下直接打开或下载被链文件，而且此时浏览器地址栏中显示的是设链网站的网址，确实容易使人认为是设链网站直接提供了被链文件。但设链者完全可以在技术上做到：当用户点击被链接的文件名称之时，完整地显示该文件在网络中的绝对地址。[①] 由此，“深层链接”的设置者也可以避免使人产生被链文件直接由其提供的错觉。而“WAP 搜索”不仅涉及对网页的搜索，还提供对网页格式的即时转换，因此当用户点击搜索结果后，其手机浏览器的地址栏中显示的网址既非搜索引擎的网址，也非被链网页的网址，而是一种“混合”网址——“搜索引擎的网址（即转换程序的来源网址）+ 被链网页的网址（即被转换页面的网址）”。

在“宜搜案”中，法院即以一个“WAP 搜索”结果 http://www.google.cn/gwt/n?u=http://news.baidu.com 为例说明：这实际上是 Google 对“百度新闻”网页进行“WAP 搜索”后，在浏览器地址栏中显示的网址。其中 http://www.google.cn/gwt/n 表示转换程序的网址（即 Google 的网址），u 是参数名，http://news.baidu.com 是被转换页面（即“百度新闻”网页）的网址。[②] 由于一般手机的屏幕较小，搜索器地址栏往往无法完整地显示这一长串网址，因此用户能够看到的，一般是搜索引擎的完整网址

① 例如，百度在提供 MP3 搜索结果时，用户点击歌曲名称后，并不能立即启动下载过程，而是会看到一个弹出的窗口，其中完整地显示了被链歌曲在网络中的绝对地址。

② 参见广东省深圳市福田区人民法院民事判决书（2010）深福法知产初字第 70 号。

（即表示转换程序来源的网址）和被转换页面的不完整网址。这样的网址显示极容易使人认为相关网页是直接由搜索引擎提供的。

在“百度案”中，法院指出：“被告百度公司在 WAP 频道搜索结果及点击阅读功能向用户提供涉讼作品的全部内容，无论是点击阅读页面的地址栏，还是每一个网页的打印结果，地址显示均属于百度公司的服务器”。这里的“地址显示”应指手机浏览器地址栏中对网址的显示。如上所述，用于表示转换程序来源的百度网址，自然会被完全地显示在手机浏览器地址栏之中。

在这种情况下，正确认定“WAP 搜索”服务的性质，就成为适用法律的前提。如果认定搜索引擎提供的不是对互联网中网页的搜索和链接服务，而是直接从自己的服务器中提供内容，则该行为只要未经权利人许可就构成对信息网络传播权的直接侵权。但如果认定搜索引擎只是对互联网中的网页提供搜索和即时的格式转换服务，并在用户获取之后删除由此临时存储的网页，则搜索引擎不会直接侵犯信息网络传播权，由此所产生的问题则只有两个：即搜索引擎是否因明知或应知被链网页中有侵权内容而构成对信息网络传播权的间接侵权，以及其是否因临时存储而直接侵犯复制权。

对于搜索引擎而言，其在诉讼中难以举出直接证据证明自己没有预先在服务器上存储并直接向用户提供内容。如果仅仅以手机浏览器地址栏中首先出现搜索引擎网址的事实（该事实往往由权利人提交的公证书中加以记载）推定相关内容是搜索引擎上传至服务器中向用户提供的，则无异于宣判了“WAP 搜索”技术本身的死刑，因为它会使任何利用这一技术、向手机用户提供搜索和即时格式转换的服务提供者承担直接侵权责任。这一结果是难以为社会所接受的。

在“宜搜案”中，法院即指出：权利人“公证取证的有关涉案小说搜索、阅读页面显示网址不完整，未能显示被转换页面的网址，无法根据有关被转换的页面网址信息准确判断被控侵权小说的来源网站”。但

“被告客观上亦无法就被控侵权小说具体来源网站进行举证，故无法准确判断被控侵权小说来源网站的原因并不可归责于被告”。[①] 在该案中，被告宜搜公司提供了一份《司法鉴定检验报告书》，其记载了用手机登录“宜搜”网站进行“WAP 搜索”时，点击搜索结果阅读涉案小说的过程中，鉴定人员所用手机浏览器地址栏显示的完整地址信息（即上文所述的“混合网址”）。虽然该份《司法鉴定检验报告书》并不能证明其针对的小说与权利人公证书中记载的小说来源于相同的网址，但保存的涉案小说显示页面与公证书保存的同一小说的显示页面“具有相同的技术特征和表现形式”。法院可以据此结合“WAP 搜索”的一般技术特征认定：搜宜公司所称的“涉案小说来源于第三方网页”的情况具有高度盖然性。因此，法院确认：“在被告搜索网页上，通过在搜索框中输入关键字的方式对涉案小说进行搜索、阅读，是通过客户端链接到第三方网站上实现的，即提供小说阅读内容的是第三方网站，而非被告网站”。[②]

在“百度案”中，百度败诉的原因，也并非是法院直接推定涉案的侵权作品是由百度预先上传至服务器的，而是法院认为百度在进行格式转换之后在服务器中存储了相关网页，并使后来的用户可以直接从其服务器中获得。

笔者认为：认定“WAP 搜索”服务性质的前提，是对“WAP 搜索”技术的现状形成共识。例如，如果经过与国外“WAP 搜索”服务的比较，以及专家的论证，能够确认凡是手机浏览器搜索栏中显示了两个“http://”的（如前文引述的“宜搜”案判决书举出的实例 http://www.google.cn/gwt/n?u=http://news.baidu.com），即表明该网页是搜索引擎对互联网中网页进行格式转换的结果，则至少可以否定搜索引擎预先上传相关内容至其服务器的结论。因此不能仅因为地址栏中先出现了搜索引擎

① 广东省深圳市福田区人民法院民事判决书（2010）深福法知产初字第70号。

② 广东省深圳市福田区人民法院民事判决书（2010）深福法知产初字第70号。

的网址，就一概认定搜索引擎直接侵权。当然，搜索引擎未经许可进行格式转换，以及在进行格式转换之后刻意存储网页，并直接从服务器中向后续用户提供是否侵权，则是另一个问题，下文将会进行讨论。

二、"WAP搜索"与复制权

目前国内搜索引擎进行WAP搜索时均涉及对被链网页的格式转换，这必然涉及在物质载体上对网页中作品进行临时存储。在"百度案"中，法院即指出："百度公司所称的格式转换，就技术而言，WEB网页内容需要复制在百度服务器内存或硬盘上才能处理转换WAP网页"。这种在物质载体上固定作品的行为当然是一种技术意义上的复制。因为无论格式如何变化，只要内容保持不变，转换后形成的仍然构成作品的复制件。正如一篇WORD格式的文档通过"另存为"功能转换为PDF格式文档，在硬盘上新生成的文档是原文档的复制件一样。问题在于：作品权利人享有复制权，如果其认为搜索引擎未经许可，以"格式转换"的方式复制其作品，应如何认定？

需要指出的是，如果搜索引擎通过自动处理过程，在其服务器内存或硬盘上进行格式转换，并将由此生成的WML格式网页传输给手机用户之后，即自动删除了在内存或硬盘中临时存储的内容，该过程涉及的临时存储属于"临时复制"。虽然对于"临时复制"是否应被定为著作权法意义上的复制行为、受复制权控制的问题，国际上仍然存在争议，[①] 但即使是在立法中明确规定"临时复制"为复制行为的欧盟，

① 在1996年世界知识产权组织为缔结《世界组织产权组织版权条约》（WCT）和《世界知识产权组织表演与录音制品条约》（WPPT）而召开的外交会议中，中国、挪威、丹麦、瑞典、泰国代表团和非洲集团从根本上反对将特定"临时复制"作为复制行为纳入复制权的控制范围。见外交会议第一主委员会的会议记录，WIPO Doc.CRNR/DC/102, Summary Minutes, Main Committee I，para. 275, 274, 257, 263, 295，以及非洲集

上述过程也并不会导致侵权责任。

《欧盟版权指令》(以下简称《指令》)第2条规定：成员国应为权利人规定授权或禁止直接或间接地、临时或永久地通过任何方法或以任何形式全部或部分复制的专有权利。这即是明确承认了"临时复制"是受复制权控制的行为。①但《指令》在第5条也规定了适用于"临时复制"的例外：第2条所指的临时复制行为，如是短暂的或附带性的、是技术过程中必要及不可分割的组成部分，并且其唯一目的在于：(1)使作品或其他客体在网络中通过中间服务商在第三方之间传输成为可能，或(2)使对作品或其他客体的合法使用成为可能，而且其没有独立的经济价值，则不构成对第2条规定的复制权的侵权。

需要指出的是：在《指令》规定的16种对权利的"限制与例外"情形之中，只有上述对"临时复制"的例外情形是强制性的。即成员国可以选择是否在本国立法中规定其他15种限制与例外情形，但必须按照《指令》的要求规定适用于"临时复制"的例外情形。而《指令》之所以有这样的强制性要求，正是基于网络服务的技术现实：在网络中正常传送作品以及许多新型网络服务均涉及对作品的"临时复制"，如接入服务商在根据用户指令自动传输作品过程中，作品会被临时存

团的书面建议，WIPO Doc. CRNR/DC/56, Amendment to Articles 7, 10, 13 and 14 of Draft Treay No.1, P.1-2, para 1。对外交会议中对"临时复制"问题的详细讨论，请参见拙作：王迁．网络环境中的著作权保护研究［M］．北京：法律出版社，2011：35-45.

①《欧盟版权指令》的这一规定直接源于WCT草案第7条第1款——"《伯尔尼公约》第9(1)条赋予文学艺术作品作者许可复制其作品的专有权利，应包括许可以任何手段或形式，直接和间接复制其作品，而无论是永久还是临时复制"。而根据世界知识产权组织专家委员会起草的《基础提案》，这一条的目的，就是要明确"临时复制"属于受复制权控制的复制行为，See WIPO, Doc. CRNR/DC/4, Basic Proposal for the Substantive Provisions of the Treaty on Certain Questions Concerning the Protection of Literary and Artistic Works to be considered by the Diplomatic Conference (1996), Article 7, note 7.05, 7.12, 7.13, 7.14, 7.15。

储在其中转服务器上。再如，提供合法的在线欣赏音乐或电影服务，也必然会导致作品在服务器端和客户端的内存中形成“临时复制”。因此，必须规定符合法定条件的“临时复制”不构成对复制权的侵权，否则互联网产业就无法生存。

对于“WAP搜索”涉及的“临时复制”而言，完全可以符合《指令》规定的免责条件。首先，为进行格式转换而进行的“临时复制”是“短暂的”，因为这一过程可以在瞬间完成，并在将转换后的内容传输给用户的同时，将其从服务器内存或硬盘中自动删除。欧共体法院在著名的infopaq案中也指出：只要对作品的存储没有超过为完成相关自动技术过程所需要的时间，且被存储的作品在技术过程完成后即被自动删除，而无需人工介入，这种存储就符合《指令》对“短暂”的要求。①当然，如果搜索服务者刻意在服务器中存储经过格式转换的网页内容，将使服务性质发生变化，下文会有讨论。

其次，在格式转换过程中临时存储的内容“没有独立的经济价值”。《指令》之所以将“没有独立的经济价值”作为“临时复制”免责的条件，是因为著作权法中复制行为的意义，就在于产生有独立经济价值的复制件。所谓“独立”经济价值，应指复制件具有脱离原件而被独立利用的价值。例如将一本小说书复印之后，就可以出售该纸质复印件，他人就可以在购买之后阅读小说。如果无法制止他人未经许可制作和提供这种有独立经济价值的复制件，权利人的经济利益必然受到损害。而作为格式转换的必要技术步骤，服务器内存或硬盘发生的临时存储现象，只是网页在被浏览过程中附带产生的。其经济价值在于它们是构成格式转换和浏览这一完整技术过程不可缺少的一部分。但其不具有“独立”经济价值。被临时存储的内容不能脱离特定手机用户对原网页的浏览行为而被单独利用。当搜索服务器将经过格

① Infopaq International A/S v Danske Dagblades Forening, Case C-5/08（2009）, Para 64。

式转换而产生的WML格式网页自动传输给手机用户之后，被临时存储的内容随即消失。除非通过技术手段刻意存储被临时存储的内容，否则其不能被其他手机用户所直接调用，加以阅读、欣赏或再次传播。换言之，用户无法在浏览原网页的过程结束之后，再到搜索引擎的服务器中去在线欣赏或下载曾被临时存储的网页内容。因此，这种因格式转换而临时存储的内容，无法脱离用户浏览原网页的过程而独立存在，不具有“独立”的经济价值。

最后，这种“临时复制”正是使手机用户对网页中作品的合法利用成为可能。如果作品是权利人自己或经权利人许可的人置于网上传播的，用户浏览作品当然是一种合法利用。即使是有人未经许可将作品置于网上传播，也不会使“WAP搜索”丧失免责的资格。这是因为《指令》只要求“使合法利用成为可能”（enable a lawful use of a work），而并不要求他人对作品的每一次利用都必须合法。否则，在相关服务提供者无法从海量信息中逐一辨别内容合法性的情况下，《指令》为“临时复制”规定的例外情况就将形同虚设。

对于我国而言，由于我国政府在国际上本来就反对将“临时复制”视为著作权法意义上的复制行为，① 而且国内立法也没有将“临时复制”规定为复制行为，② 没有理由对“临时复制”适用比欧盟还严格的规则。

需要指出的是：格式转换过程中的“临时复制”可以免责的结论，

---

① 在1996年世界知识产权组织为了缔结《世界知识产权组织版权条约》（WCT）和《世界知识产权组织表演与录音制品条约》（WPPT）而召开的日内瓦外交会议上，中国代表团明确反对将“临时复制”定义为复制行为。有关在两条约制定过程中各国围绕“临时复制”问题的争议，参见拙作：《网络环境中的著作权保护研究》，法律出版社2011年版，第45—48页。

②《信息网络传播权保护条例》（草案）曾经将复制权的范围界定为“适用于以任何方法或者形式对作品、表演或者录音录像制品进行的永久或者暂时的、全部或者部分的复制”，实际上承认了“临时复制”为“复制行为”，但最终未被采纳，见《信息网络传播权保护条例》（草案），2005年7月15日版。

是以由此被临时存储的内容在这一技术过程结束后，能够被自动删除为前提的。如果“WAP搜索”服务提供者刻意存储被临时存储的内容，以便在其他手机用户访问同一网页时，直接向其提供该内容，则该所谓的“临时复制”已经丧失了“临时”性。

欧共体法院判决的Infopaq案对此提供了最好的注脚。Infopaq是一家专门追踪和分析商业信息丹麦公司。其首先将各种报纸和期刊扫描进数据库，然后根据客户提交的查询关键词在数据库内的文章中进行检索。一旦发现关键词，就会将关键词之前及之后的5个词连在一起（连关键词一起一共11个词）打印出来一并通过发送给客户。[①]

双方对这一过程中涉及的三次临时存储行为的性质发生了争议。一是在进行扫描时，计算机程序会临时性地生成一个TIFF（全称为Tagged Image File Format，意为“目标图像文件格式”）图像文档，并自动将该图像文档传送至OCR（全称为Optical Character Recognition，意为“光学字符识别”）服务器。[②] 二是OCR服务器会实时将该图像文档转换为文本格式的文档，以便任何文字处理程序加以编辑。在这一过程结束时,TIFF图像文档会被删除。[③] 三是在客户提交关键词之后，系统将自动在该文本文档中检索关键词，并临时存储连关键词在内的前后共11个词。当系统在纸张上打印出11个词之后，临时存储的文本文档和从中提取的11个词都将被删除。[④]

如上文所述,《指令》为“临时复制”规定了免责条件。本案的争议焦点就在于上述三种临时存储是否符合免责条件。欧共体法院指出：创建TIFF图像文档以及将其转化为文本文档这两次“临时复制”，只

① 同第57页注释①,Para 13—21。

② 同上，Para 18。

③ 同上，Para 19。

④ 同上，Para 20。

要其从计算机内存中被自动删除，就可以被认为是“短暂”的。[①]对于临时存储11个词的行为，欧共体法院则指出，如果11个词构成作品，由于其被打印在纸张上，而该纸张不可能被系统自动销毁。其究竟是被长久保存还是即刻被销毁，完全取决于工作人员的意志。因此，提取并临时存储11个词的行为，由于在纸张上产生了一份永久性复制件，不符合《指令》对“短暂”的要求。[②]

由此可见，如果所谓“临时复制”的最终结果，是产生了一个可以被长久保存的复制件，则其必然会具有独立经济价值。此时相关行为不能根据《指令》第5条免责。

借鉴《指令》和Infopaq案，如果“WAP搜索”提供者在进行格式转换之后，在其服务器中保存了由此产生的WML格式网页，则此种存储不仅不符合“短暂”的要求，而且显然产生了具有独立经济价值的复制件。因为该被存储的网页可以被其他手机用户反复调用。同时，由于其存储的后果是供其他手机用户随时调用，等同于公众得以在自己选定的时间和地点从搜索引擎服务器中获得被存储的作品，该过程还构成“信息网络传播行为”。而《指令》第5条只针对“临时复制”免责，不适用于信息网络传播行为。

三、“WAP搜索与存储”与避风港

如果“WAP搜索”服务提供者刻意将经过格式转换的网页存储在其服务器上（以下简称“WAP搜索与存储”）并直接向随后点击同一搜索结果的手机用户提供，则该行为不能根据《指令》第5条免责，但仍然需要讨论其是否可以根据“避风港”规则免责。欧盟《电子商务指令》和我国《信息网络传播权保护条例》（以下简称《条例》）均

① 同第57页注释①，Para 65。

② 同上，Para 68—70。

借鉴美国1998年通过的《千禧年数字版权法》(以下简称“DMCA”),规定了互联网服务提供者不承担赔偿责任的“避风港”。其中第二种“避风港”针对的是“系统缓存”服务(对该“避风港”以下统称为“系统缓存避风港”)。

《条例》第21条规定:“网络服务提供者为提高网络传输效率,自动存储从其他网络服务提供者获得的作品、表演、录音录像制品,根据技术安排自动向服务对象提供,并具备下列条件的,不承担赔偿责任:(一)未改变自动存储的作品、表演、录音录像制品;(二)不影响提供作品、表演、录音录像制品的原网络服务提供者掌握服务对象获取该作品、表演、录音录像制品的情况;(三)在原网络服务提供者修改、删除或者屏蔽该作品、表演、录音录像制品时,根据技术安排自动予以修改、删除或者屏蔽。”

在“WAP搜索与存储”模式下,当其他手机用户试图访问同一原始网页时,将直接从搜索引擎服务器上获得经格式转换的网页。这一过程在技术上也涉及“自动存储从其他网络服务提供者获得的作品……,根据技术安排自动向服务对象提供”,因此也可在技术上被称为一种“缓存”。同时,搜索引擎服务器往往比原网页所在的服务器使用了更大的带宽。手机用户从搜索引擎服务器获得相关内容的速度往往更快。这很容易使人误认为:搜索引擎将进行过格式转换的网页自动存储在自己的服务器中,然后供手机用户直接从中获取,也属于“提高网络传输效率”,可以适用这种“避风港”。

笔者认为:对“WAP搜索与存储”服务,不能适用“系统缓存避风港”。“系统缓存避风港”针对的是在网络传输过程中经常发生的技术现象。即当前用户在浏览器中输入目标网站的网址,希望访问该网站时,往往需要经过一个以上的中转服务器才能传递指令并获取信息,从目标网站服务器传出的信息将通过中转服务器向用户传递。当有大量用户访问目标网站时,如果都要重复上述过程,有可能导致目标网站服务器与中转服务器之间的网络发生"堵车"，从而降低信息传递的速度。对这一问题可以通过"系统缓存"的方法加以解决：在前一用户访问目标网站时，从目标网站服务器传输到中转服务器的信息，将被中转服务器自动地保存在其"系统缓存"之中，当后一用户再次试图访问同一目标网站时，中转服务器就不再要求目标网站服务器重复传输相同信息了，而是直接将保存在其"系统缓存"中的信息传递给用户，以此有效地节省带宽、提高用户获得信息的速度。

由此可见，"系统缓存避风港"针对的"自动存储"，仅仅发生在信息从目标网站向用户传输的必经通道之中。即信息原本必须通过"目标网站服务器——中转服务器——用户计算机"的路径进行传输，而中转服务器在将从目标网站服务器获取的信息传递给用户之后，将本应立即删除的信息保留在"系统缓存"中，使后一用户可以直接从"系统缓存"中获得相同信息，从而省去原本必须经过中转服务器从目标网站服务器获取信息的步骤。为此，DMCA 明确规定，提供"系统缓存"行为进入"避风港"的前提是：信息从原始提供者经过（transmitted……through）缓存提供者的系统，传至接收者。① 美国国会报告也指出：这种临时存储应当在信息来源网站和最终用户之间起到中介作用，② 即成为信息从来源网站传至最终用户的桥梁。欧盟《电子商务指令》在借鉴 DMCA，规定"系统缓存避风港"时，也清楚地规定：这种系统缓存的唯一目的只是能使信息的"继续传递"（onward transmission）过程更有效率。③ 由于《条例》第21条也是借鉴 DMCA 而来，因此其规定的"提高网络传输效率"也仅指"提高信息从目标网站到用户的传输效率"。

① 17 USC 512（b）(1)（B）。

② 见 House Report 105-551, Part 2, 105th Congress, 2nd Session, p.52，以及 Senate Report 105-190, 105th Congress, 2nd Session p. 42。

③ EU Directive on Electronic Commerce, Article 13.1。

由此可见，能够进入“系统缓存避风港”的，实际上只有为用户提供网络接入和信息传输管道的服务提供者。只有它们的中转服务器才可能是信息“从目标网站到用户”的必经之路。对这一避风港不能作扩大解释，否则会导致极为不公平的结果。假设某网络服务商购买了超大容量的服务器和带宽，其利用自动扫描和抓取程序，将几家视频分享网站中的影视剧自动下载到其服务器中存储，然后向用户提供在线欣赏服务。并自动保持与原视频分享网站的同步更新，并将用户点击情况实时返回给原网站。表面看来，该网站“自动存储”了“从其他网络服务提供者（视频分享网站）获得的作品（影视剧）”，并因其具有超大带宽而起到了“提高网络传输效率”的作用；也似乎“根据技术安排自动向服务对象提供”，因为其系统会自动根据用户的点击而传输影视剧。而且在字面上也同时符合“系统缓存避风港”的第三个免责条件——不改变自动存储的内容、不影响原网站了解用户获取情况（因为实时返回用户点击情况）、自动保持同步更新。如果认定这样的网站也可以根据“系统缓存避风港”免责，恐怕类似的“影子网站”将在网络中泛滥，其后果是非常可怕的。

“WAP 搜索与存储”并非发生在信息从目标网站至用户的正常传输过程中。搜索引擎的服务器与接入服务提供者的中转服务器具有根本不同的功能。用户通过搜索引擎找到目标网站的网址后，只要点击该网址就会离开搜索引擎的服务器，正常情况下信息将从目标网站服务器直接传输至用户计算机，并不需要经过搜索引擎服务器。换言之，搜索引擎的服务器原本并非信息“传输过程”的必经之路。只是为了让手机用户能够浏览经过格式转换的网页，搜索引擎才改变了正常的传输路径，在自己的服务器上对原始网页进行格式转换和存储，并非是为了提高信息从目标网站至用户的“网络传输效率”。

由此可见，“WAP 搜索与存储”独立于用户从其他网站获取信息的传输过程，与为在信息传输过程中提高效率的“系统缓存”根本不同。因此对其不能适用“系统缓存避风港”。

四、“WAP搜索与存储”与合理使用

即使对“WAP搜索与存储”无法适用“系统缓存避风港”，也仍然可以根据合理使用的一般规则判断其服务提供者是否承担责任。严格地说，“合理使用”专指《美国版权法》规定的一种灵活、开放的机制。该法第107条列举了供法院判断某一未经许可利用作品的行为是否侵权的四个因素。法院可据此运用自由裁量权在个案中进行认定。而我国《著作权法》并未规定“合理使用”。相反，《著作权法》采用的是欧洲式的“限制与例外”机制，即在立法中穷尽式地一一列举那些不构成侵权的行为，同时又不存在用于“兜底”的灵活、开放的标准。[①]

但是，与欧洲国家相比，我国《著作权法》中“限制与例外”的数量非常之少，实难应对纷繁复杂的社会现实。如果机械地认定：对于一种未经许可、以受专有权利控制的方式去利用作品的行为，只要未被《著作权法》明文列入“限制与例外”条款，就一定构成侵权，将导致大量极不合理的结果。因此，法院在司法实务中，也试图参考《美国版权法》认定合理使用的四个因素，以一种灵活、开放的标准对相关行为的合法性加以判断。我国法院在“王路诉雅虎”案[②]和“闻晓阳诉搜狐案”[③]中，实际上均是以“合理使用”的基本原则认定提供网

① 虽然中国《著作权法》第22条采用机制是“限制与例外”而非“合理使用”。但学界已约定俗成地将第22条的规定称为“合理使用”。

② 见北京市第一中级人民法院民事判决书（2005）一中民初字第05761号，以及北京市高级人民法院民事判决书（2007）高民终字第1729号。

③ 见北京市朝阳区人民法院民事判决书（2008）朝民初字第13556号，以及北京市第二中级人民法院民事判决书（2009）二中民终字第00010号。

页快照和缩略图快照的行为不构成侵权。

在《美国版权法》规定的四个供法官考虑的因素中，第一个因素“使用的目的和性质”和第四个因素“使用对于原作潜在市场或价值的影响”最为重要。根据第一个因素，法官应当考虑对作品的使用是否为“转换性使用”。如果被告单纯再现和利用原作品的价值和美感，很难认定为合理使用。如果被告对作品的使用导致作品的功能发生了转换，实现了新的目的或功能，则可能被认定为合理使用。[①]根据第四个因素，如果被告对作品的使用会导致原告作品的市场被替代，则很难认定合理使用。

对于“WAP 搜索与存储”而言，其很难具有“转换”性质。需要注意的是：此处讨论的并不是将 HTML 格式网页转为 WML 格式是否具有“转换”性，而是在格式转换结束之后，刻意在服务器中保存 WML 格式的网页是否具有“转换”性。这一行为仅仅是单纯再现和利用原作品美感和价值的行为，没有实现与原作品不同的目的或功能。

同时，这种行为还会替代手机用户对原网页的访问。这种替代性质在与“网页快照”的比较之中特别突出。首先，搜索引擎在提供“网页快照”时，会首先列出用户直接访问原网页的正常链接。同时在正常链接的下方用较小或较淡的字体列出“网页快照”。这就给了用户直接访问原网页的机会。而“WAP 搜索与存储”不会使手机用户直接从原网页中获取信息。手机用户点击搜索结果后，只能获得事先存储在搜索引擎服务器中的内容。这就使原网页丧失了大量被手机用户直接访问的机会。其次，由于“网页快照”与原网页相比有一定滞后性，

① “转换性使用”的概念本身并没有出现在美国《版权法》中，而是美国法院在长期的审判实践中逐步发展起来的，具体论述散见于大量判例中，在 Campbell 案中，美国最高法院指出：判断“转换性使用”的关键是“新作品是仅仅替代了原作的目的，还是增加了新的东西，具有更进一步的目的或不同的性质，用新的表达、意义或信息改变了原作。”见 Campbell v. Acuff-Rose Music, 510 U.S. 569, 579（1994）。

多数用户在搜索网页时，并不会先选择点击“网页快照”，而是会先点击正常链接。只有在因网络堵塞或服务器故障无法直接访问原网页时，才会退而求其次地点击“网页快照”。这就保证了“网页快照”只能成为对访问原网页的补充，而非替代。而“WAP 搜索与存储”根本就没有向手机用户提供直接访问原网页的机会。搜索引擎的这一行为，相当于是未经许可就替所有的互联网网站建立了一个镜像 WAP 网站，专供手机用户使用。这不仅会减少手机用户使用计算机等终端设备正常访问原网页的机率，也侵占了本应由原网站所独占的 WAP 市场。换言之，原本一个互联网网站可以自行建立面向手机用户的 WAP 网站、提供适宜用手机浏览的 WML 格式的网页。但“WAP 搜索与存储”却替代了这一市场，其损害后果是不言而喻的。

五、结论：对“WAP 搜索”与“WAP 搜索与存储”应适用不同的责任机制

从以上的分析可以看出，单纯的“WAP 搜索”与“WAP 搜索与存储”具有不同的法律性质。前者仅对搜索到的互联网网页进行即时格式转换，并不在搜索引擎服务器中保存转换后的网页，因此只涉及“临时复制”。即使是明确将“临时复制”纳入复制权控制范围的欧盟，该行为也符合免责条件。

当然，单纯的“WAP 搜索”不侵犯复制权，并不意味着该项服务不可能侵权。此时应对其适用《条例》第23条的规定，即明知或应知被链内容侵权而不及时采取措施的，搜索与链接服务提供者应承担共同侵权责任。换言之，对于单纯的“WAP 搜索”而言，对服务提供者的责任认定与对其他搜索与链接服务提供者的责任认定并无二致。

在“宜搜案”中，法院在确认被告宜搜公司仅提供单纯的“WAP 搜索”服务后，指出“如被告明知或应知所链接的作品侵权而提供实

质性帮助，则可能构成间接侵权”。并进而根据该案案情，认定“被告不存在明知或应知被链接网站构成侵权的情形”，由此驳回了原告的诉讼请求。[①] 这一思路是正确。

而对于“WAP 搜索与存储”而言，由于其涉及的是未经许可的复制和信息网络传播，同时又无法根据“系统缓存避风港”或合理使用的一般规则免责，因此构成直接侵权。

在“百度案”中，法院认定:“通过页面属性查询，可以看到该页面显示其主数据内容存储于百度网站服务器的事实，百度公司还在每页最下端显示‘原网页’，证明其确认该网页不是原网页，而是原网页之外的一个复制页，而该复制页的内容明显有所删减和重新编排，并非应访问用户的要求自动形成。……因此，可以认定百度公司直接、完整地将涉讼作品放置在其服务器上，由用户以点击小说搜索方式向用户提供涉讼作品，该行为属于复制和上载作品的行为，并通过网络进行传播，构成直接侵权”。[②] 这实际上是认为百度实施的并非是单纯的“WAP 搜索”，而是“WAP 搜索与存储”。在这一事实成立的情况下，法院认定百度承担直接侵权责任是正确的。因此，“宜搜案”与“百度案”虽然判决结果不同，却是基于不同的事实，并非两法院之间的观点存在根本分歧。

当然，在个案中，如何认定涉案的服务是“WAP 搜索与存储”，仍然是一个需要讨论的问题。上文已经指出：从举证角度看，搜索引擎难以直接证明自己只是对互联网中的网页进行即时格式转换，而没有预先将内容存储于服务器中向手机用户提供。与此类似，搜索引擎也难以直接证明自己没有在提供即时格式转换之后，刻意将转换后的网页保存在自己服务器中加以提供。因此，法院需要借助一些间接证

---

① 广东省深圳市福田区人民法院民事判决书（2010）深福法知产初字第70号。

② 上海市卢湾区人民法院民事判决书（2010）卢民三（知）初字第61号。

据，根据优势证据规则判断盖然性，并作出适当的判断。如果搜索引擎是刻意将转换格式后的网页保留在服务器中，则当原网页内容发生变化之后，手机用户通过搜索引擎获得的网页内容与之相比就会出现差异。只要查明这一事实，就可以认定搜索引擎提供的是“WAP 搜索与存储”服务。但如果原网页与从搜索引擎获得网页相比，唯一的差异只是格式不同，以及前者包含图片、视频和 flash 动画而后者不包含，则尚不能认定搜索引擎存储了格式转换后的网页。因为这种差异是使用“WAP 搜索”技术的必然结果，与搜索引擎是否对网页进行了存储并无关系。

还需要指出的是，如果原网页的经营者为了自行开发面对手机用户的 WAP 网页，而对 HTML 格式的网页设置了技术措施，防止搜索引擎对其进行格式转换，则搜索引擎不能避开或破坏该技术措施，否则将为此承担责任。这与搜索引擎是否在进行格式转换后继续在服务器中存储网页并无关系。因为避开或破坏技术措施是《著作权法》明文规定的一类可单独导致责任的行为。

论澳大利亚仿冒法与互联网上的域名纠纷

李　艳*

Study on the Counterfeit Law and the Internet Domain Name Disputes in Australia

Li Yan †

摘要： 澳大利亚仿冒法来源于英国的判例法，继承了英国仿冒法的经典三要件即商誉、虚假表示和损害。澳大利亚仿冒法没有承认不正当竞争的一般条款，坚持利用仿冒法的经典要件解决新的法律纠纷。对于新出现的互联网上的域名纠纷，澳大利亚法院利用仿冒的构成要件解决域名与商号的冲突问题，对我国解决相关问题具有积极的启示作用。

关键词： 仿冒法经典三要件　域名纠纷

一、仿冒法的概念和构成要件

仿冒在英国被称为 passing-off, 在美国被称为 palming-off。仿冒是指一个经营者作出的虚假表示对另一个经营者的商誉造成损害的侵权行为。这个概念既可以表示事实状态，也可以表示法律状态。“仿冒”这个词汇出现在19世纪中的法律诉讼中，意思是被告销售的产品实际上是假借原告的名义销售的。因为仿冒行为而提起的诉讼称为仿冒之

* 西北政法大学知识产权学院副教授，法学博士。

† Associated Professor of China Northwest Political Sciences and Law University.

诉。规制仿冒的法律原则起源于英国，并以判例法的形式发展演变成为仿冒法。英国仿冒之诉的构成要件是商誉、虚假表示和损害。

1. 商誉（good will）

商誉是仿冒诉讼的基本要件之一。商誉是指与好的名称、声誉和营业相联系的利益和优势，是经营中促使消费者购买商品的一种吸引力，也是一种可以区别旧的经营活动与新的经营活动的事物。营业的商誉必须具有一定的来源。但是广泛地延伸或淡化它的影响力会使商誉毫无价值。商誉只有在与贸易或者营业相联系的时候才被看作财产权。商誉与营业不可分离，商誉会增加营业的价值。营业如果在几个地点开展，就会有几个营业，每处营业都有自己的商誉。对于仿冒而言，是通过虚假表示行为对商誉的损害。商誉作为财产权可以转让，也可以放弃。商誉被认为是一个整体，仿冒要求的是由于被告的虚假表示行为而对原告的商誉造成损害。因此不需要将原告的商誉分割成不同的部分，对于商誉被作为整体所认可的一类或者一部分的损害足以构成仿冒。

2. 虚假表示（Misrepresentation）

虚假表示是仿冒诉讼的基本要件之一。所谓虚假表示，是指在仿冒中将自己的商品或服务表示为他人的商品或服务从而损害他人商誉的行为。虚假表示传统上表现为原告或者与原告相联系的商品或服务事实上是被告的商品或者服务。虚假表示的行为类型至今未完全被确定，仍然处于变化之中。仿冒中的虚假表示经常表现为被告采用与原告相似的商品或服务上的具有显著性的相同或相似的名称、标记、商品外观或者其他标记以达到欺骗消费者的目的。商品一旦开始流通，虚假表示行为即被认为开始施行。

3. 损害（Damage）

损害是仿冒诉讼中的基本要件之一。只有虚假表示行为造成原告商誉的损害才构成仿冒之诉。损害成为判定虚假表示行为是否构成仿冒之诉的标准。原告不必证明真正受到损害，只需表明存在某种真正的有形的损害的可能性就足够了。有两类最重要的损害方式，一类是，如果原被告处于相互竞争之中，原告的经营会流失到被告那里去；另一类方式是，原告会由于被告的商品或服务的质量低劣而受到影响。当然，指出这两种最重要的方式并不意味着不存在其他的损害类型，也不意味着损害类型就此固定化。

二、澳大利亚仿冒法的起源和发展

在澳大利亚，仿冒同样起源于英国，仿冒是普通法和衡平法的产物。普通法院认为仿冒是一种欺骗的形式，更侧重于对欺诈方面的重视，因此法院关注的是经营者欺骗商品来源的虚假表示行为。但是和欺诈侵权不同的是，不是由被欺诈的消费者起诉，而是受害的经营者起诉。因为当消费者被误导是购买的此竞争者的商品而实际上不是时，该经营者就受到损害了。普通法侵权要求的欺骗的故意作为构成要件在一个世纪之前即已衰落，并且虚假表示行为的内涵在20世纪得到急速扩大，这样普通法侵权变得更有力度。

衡平法院更侧重于仿冒财产权的概念。因此它们关注的是经营者因被告的行为造成的财产利益的损害。这种财产利益在今天被确认为原告的商誉。衡平法强调原告的财产利益的内涵有两点。第一，衡平法院并不在意主观的欺骗的构成要件以及早期普通法院对于仿冒的态度；第二，原告财产利益的强调更易于导致法院注意到虚假表示行为是侵权必备的一部分。当被说服有虚假表示行为存在时，法院迅速转向保护原告的商誉。确实有一些评论者认为，仿冒变成了一种不正当竞争侵权，阻止他人使用其他人的商誉，即使没有虚假表示行为存在。一些英国和美国的法官的评论强化了这一观点。[①] 但是在澳大利亚情形并非如此。例

① Bollinger v Costa Brava Wine Co Ltd［1960］Ch 262；HoganvKoala Dundee Pty［1988］20 FCR 314（Princus J）.

如在 Moorgate Tobacco Co Ltd v Philip Morris Ltd[①] 案的判决。

不正当竞争的一般条款的概念没有获得上议院或者法院的支持。对不正当竞争一般条款的反对并非否认对传统的仿冒侵权采取更灵活的方式以适应新的形势和环境，例如并不禁止使传统的仿冒原则适应新的环境，如对名称、描述性词语或者其他标记的使用，从而说服购买者或者顾客相信该商品或者服务与其他人的商品或者服务相同或者相联系。对不正当竞争一般性条款的反对只是涉及对这样的事实的确认，即这种诉讼与现有的传统和成文法规定的对竞争者引起损害的诉讼条件不相一致。这些条件限定合法区域与不正当竞争行为的界限，反映了议会决心在竞争诉讼和政策之间寻求平衡的观点。法院放宽关于构成虚假表示行为的标准，可以迅速发现被告的虚假表示行为，特别是在商品化权案中。强调财产为基础是注册商标体系建立的先导，在注册制中商标权人获得商标上的财产权，但是必须认识到，在澳大利亚注册体系中财产存在于商标自身，而仿冒中相关的财产是原告的经营商誉，可以由商标指代，但是与其分离。

普通法和衡平法对于补偿的态度也不同。当普通法降低了对主观故意的要件要求时，案例表明仿冒的损害赔偿必须是证明主观故意。衡平法侧重于保护财产利益，对于禁令补偿考虑可得的利益无需证明被告是否是有意的行为。

三、澳大利亚仿冒法与互联网上的域名纠纷

域名作为互联网的唯一地址，其功能之一是确定互联网的物理功

① Moorgate Tobacco Co Ltd v Philip Morris Ltd（No 2）[1984] 156 ClR] 案中，对于不正当竞争的侵权，法院认为在澳大利亚没有不正当竞争的一般条款。这种侵权诉讼与成文法有关经营者被竞争者受到的损害赔偿的诉讼都不相符。该案不遵从美国的International News Service v Associated Press [[1918] 248 US 215。

能以及作为轻易识别特别网址和吸引互联网用户访问该网址的手段，特别是赋予每一个域名的唯一性和互联网的交际能力使得有可能构成仿冒侵权。对域名的滥用有几个不同的形式，其中一种典型的方式是注册一个或几个由驰名注册商标构成的或名人的名字构成的域名。这些成为注册者的仓库，希望商标所有人或名人花钱购买这些域名，以各种方式吸引互联网用户上网。例如当用户搜索相关的词语如 nike, 互联网的搜索引擎会识别网页。许多用户在网上寻找 Nike 产品的信息时，会直接键入 www.nike.com 利用浏览器寻找网页。以这种方式直接进入的却不是 Nike 公司的网站，这种情形说明其中暗含仿冒在内。另外往往还存在使用类似的网址，如 www.niki.com 诱使用户进入以为是 Nike 公司的网站，其中也暗含一种无辜行为。两个独立的法律主体可能分别具有两个相同但是都有效的域名。在这种情形下，第一个获得注册的域名有权使用该域名，而驳回后者的使用权。例如在 Prince plc v Prince Group plc, 案中，一个很有名的享有很高声誉的美国运动产品公司拥有 prince 商标，反对一家英国的电脑公司注册和使用 www.prince.com 域名。虽然美国公司享有的声誉比英国的高，但就不同的产品而言，他们都有权使用 prince 这个词汇，英国公司有权继续使用该域名因为它注册在先。对于由于域名产生的纠纷，澳大利亚利用仿冒侵权对这种行为作出回应，赋予原告迅速获得禁令的救济。澳大利亚法院作出了多起涉及域名的仿冒侵权案。下面列举几个典型案例说明仿冒法如何有效地解决域名纠纷。

（一）澳大利亚建筑师案[①]

在该案中，原告的全称是澳大利亚建筑师有限公司，在交易时使用“澳大利亚建筑师”（Architects Australia）的名称。公司的股东只有 Kildey 先生和他的妻子。原告的经营范围是承接商业和大型的住宅

① Architects（Australia）Pty Ltd v.Witty Consultants Pty Ltd［2002］QSC 139.

建筑项目。原告在1982年以澳大利亚建筑师有限公司和 Kildey 先生的名字注册公司，但是公司的商号在2001年10月22日才注册。第一被告是由第二被告 witty 先生和其妻子经营的一个股份公司。该公司主要以互联网为平台在澳大利亚和全世界进行对澳大利亚建筑师的宣传广告。第一被告以 www.architectsaustralia.com.au 为域名经营。原告提出该域名的使用异议。原告的经营地在 brisbani（澳大利亚的地名），但是在伦敦和西班牙都以“澳大利亚建筑师”（Architects Australia）的商号进行建筑设计和监理。原告的建筑项目的价值从30万美元到1亿美元不等。原告没有做广告，任何以“澳大利亚建筑师”（Architects Australia）的名义承接的项目都未做广告。新客户找他做业务或因为对他熟悉，或私人关系或经人介绍。Kildey 先生提供了他将“澳大利亚建筑师”（Architects Australia）的商号用于信件页眉，名片和其他文件上的证据。第二被告 Witty 先生2001年注册了 Witty 澳大利亚建筑师的商号。2001年1月，他注册了 www.architectsaustralia.com.au 的域名。并使用该域名所在的网页作为推荐建筑师的平台。该平台完全是电子的，并只存在于互联网上，建筑师可以在该网页上注册并作为广告的方式。在该网页注册的建筑师每年交纳550美元的年费。

第一被告宣传他的网页的方式是传统的。他使用了直接的营销方式，如给别人发信，打电话，或者室外广告栏上的宣传，或在报纸或杂志上登广告。从2001年10月起澳大利亚的许多地方展示了网页宣传广告牌。广告宣传带来的效应是促使网页登陆次数激增，有200多个建筑师在网页上注册。访问第一被告网页的人都可以看到，澳大利亚建筑师的字样出现在首页的上部。Witty 先生认为他注册域名的时候不知道原告有这样的业务，原因是原告根本从未做过广告。商号也是直到2001年10月22日，即在原告注意到第一被告的行为后注册的。针对此案澳大利亚最高法院作出了第一起注册的域名与他人的商号相同时构成仿冒侵权的判决。

本案需要结合几个问题才能说明被告构成了仿冒。第一，原告的商号是否具有商誉？反仿冒的本质是为了保护附着于商业行为之中的商誉，这种商誉根植于公众对其商品、服务、名称之上的情感认同。原告必须证明他的名称在特别的市场具有显著性特点而被认可具有商誉。有人认为澳大利亚建筑师不具有显著性，属于通用名称。该案法官则认为澳大利亚建筑师是个一般性使用的词汇，但是在本案却更具特性。因为原告在长期使用澳大利亚建筑师的商号，获得了很好的声誉而产生了第二含义。在公众的头脑中这些字词已经不再是它们的字面或字典的含义，当这些字词还对公众意味着某一产品来自于某一特定的来源，第二含义就存在了。因此澳大利亚建筑师具有显著性而原告的商号具有商誉。第二，被告是否构成虚假表示。构成虚假表示的仿冒的基础是证明被告进行了虚假的表述行为，这种行为可以是直接表达，但是更多的是通过使用或模仿他人的商标商号而使公众产生混淆。问题在于对相同和相似名称的使用是否足以达到使公众混淆的标准。如果答案是肯定的，那么新来者对他人名称的使用就成为欺诈。此案对第一被告而言，使用与原告相同名称就构成欺诈，而这里欺诈的含义并不以被告故意为要件，也不意味着被告最初的行为出于欺骗。因为仿冒的构成要件并不以故意欺骗为要件，只须证明原告拥有所被使用的名称即可。第三，被告表明是网页，知道原告商号的潜在客户会认为原告在网上做宣传会被误导访问被告的网页。在该网页上客户不能发现原告，而找到许多其他的建筑师的资料，进而增加了与其他建筑师签约的机会导致原告丧失了客户。毫无疑问，公众会混淆这两个经营者。这两个经营者之间具有联系的虚假表示已经足以构成仿冒，而不需要证明这两者的经营性质实质上相同或相似。只要证明 A 将自己的产品虚假地表述为 B 的产品，A 的营业与 B 的相同或者相关，仿冒就成立了。本案的被告使用的域名在建筑师服务市场与原告有联系而且被告知道原告经营的事实，这样被告此种行为很可能使原告丧失经营机会。这样原告是否与被告直接经营相同内容关系并不大。第四，声明有没有排除混淆效力。该案中声明没有排除混淆效力的原因是，声明不是指纠纷所涉及的商号，不能排除潜在的混淆，而且只放在网页上，而没有在其他广告媒体上登载。

（二）有关域名纠纷的其他典型案例

Sydney Market ltd v Sydney Flower Market Pty Ltd ① 案强调了互联网的特性。原被告都注册了包括有“Sydney Flower Market ”词汇的域名而且都用来描述他们的营业。法院在原被告的交叉诉讼中倾向于同时保护两者，但是要求双方在网页上发布一个声明：“声明通常被认为在避免公众混淆方面用处不大，但是用于网页上的声明不适用这种情形。”该判决反映了法院确定了互联网的特性，互联网存在容易引起公众潜在混淆以及互联网用户对这些混淆方面的理解程度等需要界定的问题。

另有一些案例表明，域名的注册人想从合法具有某名称的公司获得转让费而非为使用域名。这种情形下，域名的注册人既可能构成仿冒也可能违反1974年《商业实践法》第52条。CSR ltd v Resource Capital Australia Pty ltd［CSR ltd v Resource Capital Australia Pty ltd［2003］128 FCR 408］案是个例证。该案中注册人虽然在糖类行业没有经营意图但却注册了 csrsugar.com 和 csrsugar.com.au，联邦法院判决其将相关域名转让给 CSR 公司，理由是域名的注册人违反了1974年商业实践法第52条。一个更明显引人误导的案例是 Australian Competition and Consumer Commission v Chen 案，该案中被告注册了 sydneyopera.org，意在销售悉尼歌剧院的票，虚假表示为该网站是悉尼歌剧院票务部门的官方网站。

还有一些案例涉及互联网的使用但并非是引起误解。在 Ward group v Brodie and stone 案中，原告反对通过英国网站销售 Restoria 产

① Sydney Market ltd v Sydney Flower Market Pty Ltd［2002］FCA 1239.

品。原告在澳大利亚对以Restoria为商标的产品享有声誉。在澳大利亚的消费者要购买的是英国的以Restoria为商标的产品，该产品是英国公司生产的与原告无关，但是通过互联网销售。澳大利亚消费者会以为购买的是澳大利亚公司的产品。原告认为被告通过网站销售以Restoria为商标的产品，会使消费者误认为购买的是原告的产品，构成仿冒。被告抗辩认为被告在网站上销售的以Restoria为商标的产品与原告的产品无关，消费者希望购买的是被告的产品，不构成仿冒。法院认为被告的行为没有对原告的商誉构成损害，不构成对原告产品的仿冒。因为没有证据证明澳大利亚消费者已经或者可能通过互联网获得产品，而且产品在英国的价格比澳大利亚原告的产品价格高得多，不会构成消费者的混淆。

四、利用仿冒法解决域名纠纷的启示

随着社会发展和技术进步，新类型的仿冒不断出现，例如商号与域名的冲突问题，就很难找到合适的解决办法。上述对澳大利亚有关域名案例的分析或可带给我们有益的启示。当出现将他人的商号作为域名注册使用时，关键在于分析是否契合仿冒的三要件，来判断该行为是否属仿冒行为。鉴于我国目前没有建立仿冒的体系框架，遇到此类问题无法从仿冒理论分析，因此建议我国反不正当竞争法规定仿冒的基本构成要件，采纳仿冒法的经典三元论，即下述三项规定：(1)原告的商品或服务在市场中获得了商誉和声誉，并且以一些显著性特征而驰名；(2)被告有意或无意地错误地表明与原告存在联系，或者被告的商品、服务等与原告存在联系；(3)原告受到损害或损害的危险如客户流失，商誉减弱，诸如此类的损害。上述规定可将一些新的仿冒行为纳入其中，从而有效解决诸如域名与商号、商标的冲突问题。

美国商标法中的共同使用与共同注册

李明德*

Common Use and Common Registration in Trademark Law in US

Li Mingde †

摘要： 商标权的获得方式有两种，即使用获得和注册获得。根据美国商标法的规定，商标权因使用而获得。因此，不同的市场主体可能会就相同或类似的商品或服务，共同使用了相同或近似的商标。为解决这一问题，美国联邦商标法规定，已经在不同区域实际使用的两个或多个相同或近似的商标，在不会产生消费者混淆可能性的前提下，可以共同注册联邦商标，确立全国性商标权。但共同注册只是为共同使用提供了一个解决机制，注册主要是具有在全国范围内的通告作用。商标权作为一种财产权，来自于商标的实际使用和其所代表的商誉。过分强调商标注册的效力，将违背商标保护的宗旨。

关键词： 商标权　共同使用　共同注册　混淆

美国商标法一直奉行使用获得权利的原则，而联邦注册不过是对于商标财产权的补充。从使用获得商标权的原则出发，必然会发生多个市场主体共同使用同一商标或者近似商标的问题。为了解决这个问

* 中国社会科学院法学研究所研究员。

† Professor of the Law Institute of China Academy of Social Sciences.

题，美国联邦商标法《兰哈姆法》又创设了共同注册的制度，并在其中隐含了鼓励注册的意味。本文将通过相关的判例和《兰哈姆法》的相关规定，论述美国商标法中的共同使用和共同注册的问题，以期对我国认识商标权的来源和解决商标的共同使用问题提供参考。

一、商标的共同使用

在讨论美国的商标共同使用问题以前，有必要明确几个前提。第一，按照普通法和《兰哈姆法》的要求，商标权来自于商标的实际使用。只要市场主体采纳和使用了某一商标，就会产生可以受到法律保护的财产权。第二，在19世纪和20世纪初，美国的市场还是区域性的市场，交通和通讯尚不发达，绝大多数产品和服务都是提供给本地市场。这样，不同的市场主体可能在全然不知他人经营的情况下，就相同或者类似的商品或者服务，使用了相同或者近似的商标。按照普通法的原则，它们都可以获得商标权和受到保护。第三，随着产品或者服务范围的扩大，这类商标所有人可能在市场上碰撞，进而引发商标使用的地域范围、共同使用和共同注册问题。

关于商标使用的地域范围和共同使用中的一些基本原则，是由最高法院在20世纪初的两个判决确定的。先来看1916年的“汉诺威”一案。[①] 根据案情，位于俄亥俄州的艾伦公司于1872年开始，在面粉上使用了“Tea Rose”的商标，其销售范围主要是在俄亥俄州。大约在1885年，位于伊利诺伊州的汉诺威公司，就其生产和销售的面粉也使用了“Tea Rose”的商标，销售范围主要是在阿拉巴马、密西西比、佐治亚和弗洛里达。1895年，位于伊利诺伊州的史蒂夫公司也就面粉产品使用了“Tea Rose”的商标，销售范围主要是在伊利诺伊、田纳

① Hanover Star Milling Co. v. Metcalf, 240 U.S. 90（1916）.

西、密西西比、路易斯安那和阿肯色。其产品代理人之一是梅特卡夫。随着商业的不断发展，尤其是汉诺威公司积极的进取，使用同一商标的三个竞争者不可避免地在市场上相见了。先是艾伦公司诉汉诺威公司商标侵权，后是汉诺威公司诉梅特卡夫商标侵权。就前者而言，地方法院作出了有利于艾伦公司的判决，但是为第七巡回上诉法院推翻。就后者而言，地方法院作出了有利于被告的判决，又被第五巡回上诉法院推翻。为了解决相关判决的冲突，最高法院将两个上诉案件合并，就商标权的获得和商标的共同使用等问题进行了讨论。

最高法院首先指出，商标的作用是指示商品的来源。当某人在其商品上标注了显著性的商标，购买者可以由此而确定这是他的产品的时候，其他人不得就同类产品使用相同的商标，因为这不仅会让购买者产生误认，而且会剥夺商标所有人的利润。在这里，法院给予保护的基点在于，商标所有人就其经营活动的商誉享有利益，而商标不过是这种利益的体现和延伸。与此相应，商标侵权的本质在于，侵权人将自己制造或者销售的商品当作别人的商品进行销售。从这个意义上说，依据商标法提起的商标案件的基本要素，与反不正当竞争法关于商标侵权案件的基本要素，是一样的。事实上，普通法的商标法就是反不正当竞争法的一个部分。

最高法院进一步论证说，普通法意义上的商标权属于财产权。商标权作为一种财产权，在于商标所有人对于商标的持续使用，以及通过使用而产生的商誉。商标权来自于商标的使用，而非商标的采纳。商标标记本身不具有财产权的性质。简而言之，商标所保护的仅仅是商誉。除非与具体的营业联系起来，商标本身不是财产权的客体。一个商标，只有在与具体的营业联系在一起，并且与营业相关联而使用的时候，才属于财产权。

基于商标是指示商品来源的标记、商标权来自于商标的实际使用、商标所有人可以排他性地使用自己的商标，最高法院提出了商标使用的地域范围和共同使用的基本原则：

在通常的案件中，双方当事人是在同一市场使用同一商标，在先使用者决定问题的说法就是正确的。不过，当双方当事人独立地在同类产品上使用相同的商标，而且是在二者全然分隔的遥远市场上，在先使用的问题在法律上就不太重要了。除非有证据表明第二个使用者在选择商标时，对于第一个使用者的利益具有某种刻意的敌意，例如利用其商品的声誉，排斥其商业的发展，等等。……

某一商标中的财产权，并不局限于地域的界线之内。只要是法律可以针对侵权给予救济的地方，就可以主张和受到保护。这一说法在有限的意义上是正确的。无论商标的使用延伸到了哪个市场，或者其含义在哪里为人所知，如果制造者和销售者的商业受到了侵权性使用的掠夺，都应当获得保护和救济。当然这并不是说，一个商标所有人，虽然在商标使用的市场上是好的，就可以垄断他的商业尚未到达的市场。因为在那里，同一商标所指示的不是他的商品，而是别人的商品。

在阐述了商标使用的地域范围、商标权的地域范围，以及侵权的基本原则之后，最高法院对于两个上诉案件做了具体的分析。就“艾伦公司诉汉诺威公司”一案而言，尽管艾伦公司第一个使用了“Tea Rose”商标，但是其销售范围在几十年中局限于俄亥俄州的某些地域，没有延伸到其他的区域。这样，当汉诺威公司扩大其商业到了毗邻的阿拉巴马州的时候，艾伦公司无权阻止汉诺威公司使用“Tea Rose”商标。就“汉诺威公司诉梅特卡夫”一案来说，汉诺威公司一直在阿拉巴马、密西西比、佛罗里达等地销售带有“Tea Rose”商标的面粉，而且投入了大量的广告。被告科特卡夫则是先购买了斯蒂夫公司的“Tea Rose”面粉，然后在阿拉巴马州以欺骗的方式销售，让购买者误认为是来自于汉诺威公司。所以，这是典型的商标侵权和不正当竞争。

再来看1918年的“联合制药”一案。[①] 根据案情，雷杰斯女士于1877年在治疗消化不良的药品上开始使用“Rex”商标，并在1898年获得了马萨诸塞州的商标注册。到了1911年，本案的原告联合制药公司收购了雷杰斯的企业和商标，并在相关药品上继续使用“Rex”商标。同时，肯塔基州的药剂师雷克多于1883年开始，在一种血液净化药品上使用了同样的“Rex”商标。到了1906年，他将自己的企业卖给了本案的被告雷克多公司。需要说明的是，雷克多是在全然不知原告商标的情况下选择和使用了同样的商标，被告公司也投入了大量的广告宣传自己的产品。而且，双方商业活动在很多年里也没有任何碰撞。然而在1912年，原告的一些产品进入了肯塔基州，与被告的同样商标的产品发生了冲突。当原告提起诉讼后，地方法院裁定，由于雷杰斯女士早于雷克多先生使用“Rex”商标，所以后者不得继续使用“Rex”商标。上诉法院则认为，被告在全然不知原告商标的情况下，采纳和使用了“Rex”商标，投入了大量的金钱，建立了自己的商誉，应当获得保护。

原告在向最高法院的上诉中提出，某一商标的第一个使用者，只要他在地域性商业的扩张中一直持续努力，就可以排除另一个区域中已经合法使用了同样商标的竞争者继续使用其商标。尽管在后使用者是真诚试用，已经在相关区域内从事了相关的商业活动，法院也应当禁止在后使用者继续使用其商标。按照这样的推理，本案的被告应当被禁止使用“Rex”商标。

最高法院则认为，原告的这个说法建立在一个错误的基点之上，即商标权是一种普遍的权利，就像版权和专利权一样。但事实并非如此。由此出发，最高法院重申了“汉诺威”一案中的一系列观点，例如商标法是更为广泛的反不正当竞争法的一个部分，商标权来自于商

① United Drug Co. v. Rectanus Co., 248 US 403 (1918).

标的使用而非商标的采纳，商标的功能是指示商品的来源，商标所保护的是商誉，商标只有与特定的营业联系在一起才会成为财产权的客体等等。所以，商标所有人不可能像专利权人那样，就商标享有垄断权。最高法院说：

采纳一个商标，至少是在没有某种有效的立法之前，不可能在没有商业延伸的前提下，将商标权的保护投射出去，或者在后来想要从事商业的地区主张地域性的权利。下面这个说法，商标权并不局限于地域的边界之内，只有在如下的意义上才是正确的，即伴随着商标使用的商业到了哪里，贸易者的权利，即反对他人将其商品当作自己商品销售的权利，才可以在哪里得到保护。

最高法院认为，就本案而言，雷杰斯和原告一直在新英格兰各州销售商标产品，没有进入肯塔基州。这不可能让原告享有肯塔基州的商标权。而在另一方面，被告在肯塔基州首先使用了“Rex”商标，确立了自己的商业，购买者也将带有“Rex”商标的产品与被告联系起来。在这种情况下，禁止被告继续使用“Rex”商标，就会损害被告的营业活动和商誉，甚至造成欺骗购买者的结果。因为，肯塔基的购买者会误认为，原告的带有“Rex”商标的产品来自于被告。

大体说来，最高法院的上述两个判决，在使用商标即可获得权利的基础上，确定了商标可以在不同的区域，在不造成消费者混淆的前提下，由不同的商标所有人共同使用，共同获得保护。所以，这两个判决一般称为“汉诺威－联合制药”规则，包括真诚使用（good faith）、遥远区域（remoteness）、共同使用（concurrent use）、市场扩张（market penetration）等一系列要素。这里仅对其中的“真诚使用”做进一步的讨论。

按照“汉诺威－联合制药”规则，在不同的区域使用同一商标的人，尤其在后的使用者，必须是真诚采纳和使用了相关的商标，而非为了利用他人的商誉。例如在“汉诺威”一案中“Tea Rose”商标的在后使用者，“联合制药”一案中“Rex”商标的在后使用者，都是在全然不知他人已经使用同一商标的情况下使用了相关的商标。这就属于真诚使用。关于真诚使用，早期的判决大多以在后使用者是否知道他人已经使用相同或者近似商标作为判断的依据。按照这个标准，只要在后使用者知道，就不属于真诚使用。然而后来的判决，则以在后使用者是否利用了在先使用者的商誉，是否造成了消费者的混淆作为判断的依据。应该说，这是一个更符合商标法宗旨的标准。

例如在1990年的“GTE”一案中，第十巡回上诉法院就采取了后一个判定标准。① 在该案中，原告“通用电话电子公司”成立于1953年，先后使用过“General Telephone & Electronics Corporation”和“GTE Corporation”的名称，并且以“GT”作为商标、商号，在加州及其附近地区提供电信服务。被告“威廉姆斯通用电话公司”成立于1974年，也使用了“GT”作为商标和商号，在犹他州提供电信和传呼服务。1982年，当原告就“GT”获得了联邦商标注册之后，提起了针对被告的侵权诉讼。地方法院经过审理认定，被告是在原告注册之前就是用了“GT”商标；被告的使用属于真诚使用；被告是在遥远的地区使用，不与原告的业务相冲突，不存在混淆的可能性。当原告提起上诉后，第十巡回上诉法院讨论了联邦商标注册的效力，混淆的可能性，被告的合理抗辩等等。这里仅涉及真诚使用的问题。

被告在上诉中主张，根据过去的一些判例，只要被告在使用相关商标时知道他人已经使用了同样的或者近似的商标，就属于恶意使用。上诉法院则认为：

显然，在后的使用者在知道他人使用的情况下采纳某一商标，可以支持恶意的推论，但是知道本身并不妨碍进一步的探究。最终的焦点在于，第二个使用者是否具有意图，从第一个使用者的声誉或者商

① GTE Corp. v. Williams, 904 F.2d 536（10th Cir. 1990）.

誉中获得好处。……或许只有在极个别的案件中，被告一方面知道在先使用者，另一方面又真诚采纳了被控侵权的商标。

就本案而言，地方法院已经查明，被告在采纳“GT”商标时听说过“加州通用电话电子公司”，因为当时原告涉入了一起诉讼。但是，被告不知道原告使用了“GT”的商标，被告在采纳“GT”商标时也没有从原告的声誉或者商誉中获得好处的意图。事实上，原告的业务主要在加州，被告在犹他州使用“GT”不会造成消费者的混淆。

二、联邦注册的效力

“汉诺威－联合制药”关于商标共同使用的规定，建立在19世纪和20世纪初美国市场分割和交通尚不发达的基础之上。然而，随着商业和交通运输的不断发展，随着市场一体化程度的日益提高，“汉诺威－联合制药”规则的局限性也逐渐显露出来。因为，国内市场的高度一体化，需要有一种全国范围内有效的商标权，而不再是限于某个地域的商标权。正是在这样的背景之下，美国国会于1946年通过了联邦商标法《兰哈姆法》，就全国性的商标注册和商标保护作出了一系列规定。其中的一个带有实质性变革的规定，就是第22条所确立的“推定通知”(constructive notice)。按照这个规定，某一商标一旦获准主薄注册，注册证书就构成了一个通告，表明注册人享有了全国性的商标权。

大体说来，“推定通知”的规定在承认“共同使用”的基础上，极大地限制了“共同使用”的范围。一方面，限制了商标注册以前他人对于相同或者近似商标的使用范围。具体说来，如果在注册人注册相关商标之前，有若干人在不同的区域真诚使用了相同或者近似的商标，那么在某一商标所有人获得注册以后，其他的商标所有人只能在原有的范围内使用自己的商标，不得继续扩大商标使用的地域范围。这叫做对于共同使用者的商标权的“冻结”。在这里，无论注册人是第一个还是最后一个使用相关商标的人，也无论他使用相关商标的地域范围有多大，一旦获准注册就在理论上获得了全国范围内的商标权（但不包括共同使用者在其原有的地域范围的使用）。这样的法律后果，具有鼓励商标所有人及时申请和获得联邦商标注册的含义。另一方面，某一商标所有人的商标获准注册以后，他人不得采纳和使用相同或者近似商标。这是因为，注册证书是注册人享有全国范围内商标权的一个公告，他人应当知道。即使他人提出了真诚使用的辩解，也难以在法律上获得支持。

到了1988年修订商标法，美国国会规定“意图使用”的商标注册，又将上述规定的精神延伸到了意图使用的商标注册。根据《兰哈姆法》第7条第3款，意图使用的商标一旦获准注册，自商标注册申请提出之日起，推定注册人已经在全国范围内使用了相关的商标，并且享有国内的和国际的优先权。按照这一规定，如果他人在申请日之前已经使用了相关的商标，可以在原有的地域范围内继续使用；如果他人在申请日之后采纳和使用了相同或者近似的商标，则既不能获得法律保护，也不能主张真诚使用。

关于上述规定的含义，以及上述规定在司法实践中的运用，来看两个典型案例。在1959年由第二巡回上诉法院判决的“面包圈”一案中，[①] 原告自1921年开始就在混合面包粉的包装袋上使用“Dawn”的商标，在密西根、纽约等多个州销售。同时，原告还发放许可，让使用自己面粉的面包房，使用自己的商标。此外，原告的商标于1927年就依据当时的联邦商标法获准了注册。《兰哈姆法》通过后，原告又于1947年更新了注册，构成了《兰哈姆法》意义上的“推定通告”。被告是一家位于纽约州罗彻斯特的面包房，于1951年开始使用“Dawn”

① Dawn Donut Company, Inc. v. Hart's Food Stores, Inc., 267 F.2d 358（2d Cir. 1959）.

的商标，其销售区域仅在附近的一些区域。当原告提起商标侵权诉讼后，被告主张原告已经放弃了在罗彻斯特附近的商标权。地方法院经过审理认为，原告与被告的产品在不同区域销售，没有消费者混淆的可能性。同时，原告也没有放弃在某一个区域的商标权。原告和被告均提起上诉。第二巡回上诉法院肯定了地方法院的判决。

上诉法院首先说，在《兰哈姆法》通过以前，如果有人在某一个区域首先使用了某一商标，注册商标所有人不能对其提起侵权诉讼。然而,《兰哈姆法》第22条规定，获准主薄注册，是注册人主张所有权的推定通告。这样，通过消除真诚使用和不知道的辩解，这一规定就确立了全国范围内的对于注册商标的保护，而不论注册人是否在其他区域使用了商标。此外,《兰哈姆法》第33条也规定，注册证书是注册人享有排他性的权利，在商业中使用其商标的证据。这两个规定表明，国会的意图是确立一种全国范围内有效地商标权。

在本案中，被告提出原告在其注册后的很长时间内，没有在自己从事商业活动的区域使用过“Dawn”的商标，这表明原告已经放弃了在这个特定区域的商标权。上诉法院则指出，商标的放弃是指在全国范围不使用商标，而非在某一个特定区域不使用商标。事实上,《兰哈姆法》关于推定公告的规定，就是要确立全国性的商标权。如果裁定原告在某一个区域的不使用，就是在这个区域放弃了商标，就会进一步分割商标权有效的区域，从而与确定全国性商标权的宗旨相悖。所以，原告没有放弃在被告经商区域的商标权。

在本案中，原告认为被告侵犯了自己的商标权，要求法院禁止被告侵权。上诉法院则认为，商标侵权的标准是混淆的可能性。就本案而言，原告商标使用的区域与被告商标使用的区域互不关联，不可能造成消费者混淆的可能性。况且，原告在很多年里一直没有在被告的区域从事商业活动，甚至在很多年后才知道被告使用了“Dawn”的商标，也表明不存在混淆的可能性。在这方面，地方法院已经以罗彻斯特为基点，划出了一个半径45英里的区域，要求被告不得超出这个区域使用商标。这也避免了消费者混淆的可能性。基于以上原因，上诉法院认为没有必要下达禁令，也没有判决损害赔偿的根据。

在本案中，被告是在原告获准注册之后才开始使用“Dawn”的商标。按照《兰哈姆法》推定通告的规定，被告不能主张真诚使用和特定区域内的权利。不过，地方法院和上诉法院以双方当事人各有自己的商业区域、没有消费者混淆为由，裁定被告可以在原有范围内使用商标。不过，这并不意味着被告就在该区域之内获得了商标权。上诉法院的判决说：

然而，依据我们赋予《兰哈姆法》推定公告规定的效力，如果原告以后恰当地表明意图，准备在被告市场区域内以零售的方式使用其商标，则可以享有禁止被告使用该商标的权利。

应该说，这是一种温和的做法。如果法院机械地理解“推定通告”的字面含义，就应当禁止被告继续使用“Dawn”的商标。因为，被告是在原告获得注册之后才开始使用的。但是，如果允许被告一直使用相关的商标，又会与原告经过注册获得全国性权利相悖。所以，法院认定被告没有获得任何区域内的商标权，仅仅是在没有混淆可能性的前提下继续使用其商标。如果原告打算进入被告的市场区域，则有可能产生消费者混淆的可能性，所以原告可以在那个时候禁止被告使用。

再来看第二巡回上诉法院于1968年判决的“汉堡王”一案。① 根据案情，原告于1953年在佛罗里达开设汉堡门店，使用了“Burger King”的商标。随后积极扩张经营区域，并在1961年获得了联邦商标注册。被告是一家位于伊利诺伊州的汉堡经营者，自1955年开始使用“Burger King”，并在1957年获得了伊利诺伊州的商标注册。当原告的连锁经营进入伊利诺伊州以后，二者发生了经营上的冲突。地方法院

---

① Burger King of Florida, Inc. v. Hoots, 403 F. 2d 904（2d Cir. 1968）.

经过审理后裁定，原告享有普通法和联邦法上的商标权，具有全国性的效力，但不包括被告现有的经营范围。被告不服，认为依据伊利诺伊州的注册，自己应当享有该州的商标权。第二上诉法院肯定了地方法院的判决。

上诉法院指出，依据《兰哈姆法》第33条，联邦的注册证书，是原告在全国范围内使用商标的证据。但是这又有一个例外。如果他人在不知原告商标的情况下，真诚采纳和使用了同样的商标，则可以构成不侵权的抗辩。就本案而言，被告是在全然不知原告商标的情况下采纳和使用了同样的商标，而且开始使用商标的时间（1957年）早于原告获准联邦注册的时间（1961年）。所以，被告可以在原有的范围内继续使用相关的商标。

接着，上诉法院分析了伊利诺伊州注册的效力。根据普通法，被告是在伊利诺伊州的玛顿地区真诚采纳和使用了“Burger King”的商标，其权利范围仅限于他从事经营活动的区域。至于伊利诺伊州的商标法和相关的判例，都没有一旦获准该州的注册就在该州范围内享有商标权的含义。事实上，在对于州际贸易的规范方面，联邦法优先于州法，联邦的商标注册优先于州的商标注册。如果接受被告的看法，就会干扰原告对于获准联邦注册的商标的使用，从而违反《兰哈姆法》的立法宗旨。

三、共同注册

按照“汉诺威－联合制药”规则，在不同的区域使用相同或者近似的商标，只要不存在消费者混淆的可能性，就可以同时获得商标权和受到保护。这就是商标的共同使用。“兰哈姆”一方面规定了“推定通告”和“推定使用”，试图确立全国性的商标权，另一方面又认可了商标的共同使用，甚至确立了共同注册的规则。依据这个规则，在不同区域使用的两个或者更多的商标，在没有消费者混淆可能性的前提下，可以同时获得联邦的商标注册，享有联邦注册的好处。显然，这是承认商标共同使用的必然结果。

根据《兰哈姆法》第2条第4款，如果专利商标局局长确定，两人以上共同使用相同或者近似的商标，依据商用的方式、地点、商品等限定性条件，不会造成消费者混淆可能性的，可以颁发共同注册。但前提条件是，共同申请者是在他人提出注册申请以前或者获准注册以前，已经在商业中合法地使用了相关的商标。这样，申请共同注册的商标，必须是在商业中已经使用的商标，而不包括“意图使用”的商标。

申请共同注册，有可能是两个以上的共同使用者在互不相知的情况下，同时或者前后提出申请。但在更多的情况下，是共同使用者得知他人提出注册申请或者获准注册之后，通过提起异议的方式，提出共同注册的请求。与此相应，如果申请人在申请商标注册时，知道他人已经共同使用了相同或者近似的商标，则有义务加以说明。根据《兰哈姆法》第1条第1款第3项，如果申请人知道他人有权使用相同或者近似的商标，应当在申请文件中写明共同使用者、存在共同使用的区域、共同使用的商品，以及每一个共同使用者使用的期间。这样，一旦共同使用者通过注册申请文件得知了他人的申请，就可以依据自己已有的合法使用，提起异议或者共同注册的申请。正是由此出发，依据《兰哈姆法》第17条的规定，受理共同注册的是商标复审委员会。

根据《兰哈姆法》第2条第4款，除了专利商标局局长可以颁发共同注册的证书，如果法院在相关案件的审理中确认，两个以上的使用者可以就相同或者近似的商标获得共同注册，专利商标局则应当依据法院的判决，颁发共同注册的证书。不过，通过法院的判决而获得共同注册，在现实生活中很少发生。绝大多数情况下，共同使用者都是通过共同注册的程序，获得了商标的共同注册。

《兰哈姆法》通过之后，第一个关于共同注册的案件是1970年由关税与专利上诉法院判决的“比阿特里斯”一案。[①] 在本案中，比阿特里斯食品公司自1953年开始，就在人造黄油和其他食品上使用“Homestead”商标，属于在先使用者。在本案中，费尔食品公司自1956年在奶制品和其他食品上使用了相同的“Homestead”商标，并在1962年申请了联邦商标注册，属于在先申请人。当初步审查公告之后，在先使用者提起了异议。双方当事人随后达成协议，划定了各自使用的范围，并提起了共同注册的申请。但是，商标复审委员会驳回了双方当事人的共同注册申请，理由是共同注册者的使用范围，应当由商标局确定，而非当事人协议划定。在先使用者和在先申请者分别提起了上诉，关税与专利上诉法院则推翻了商标复审委员会的决定。

上诉法院首先指出，《兰哈姆法》第1条第4款关于共同注册的规定有两个要求。一是其他共同注册申请人在某一申请人提出申请之前，已经使用了相同或者近似的商标，因而有权利使用相关的商标。二是共同申请人继续使用相关的商标不会造成误导、欺骗、混淆消费者的可能性。根据这个规定，看不出来不能由共同使用者划定使用范围的含义。事实上，国会制定共同注册的规定，就是提供一个机制，让共同使用者得以解决有可能发生的问题。

商标复审委员会否决当事人划分使用范围的理由之一是，在先使用者和在先申请者对于相关商标的使用，都是在有限的范围之内，而他们却将尚未使用商标的区域也做了划分，这不符合使用获得商标权的准则。上诉法院则认为，商标权作为一项财产权，确实来源于商标的实际使用。但是，商标注册不是创立了新的商标权，而是创设了一些程序上的权利，例如获准注册的商标可以获得全国性的保护。这些程序上的权利，补充了通过实际使用获得的商标权。上诉法院的判决

① In Re Beatrice Food Co., 429 F.2d 466（CCPA, 1970）.

书说：

附属于联邦注册之商标的所有权的权利，在另一方面，可以看作是对于普通法承认的商标所有权的补充。联邦注册赋予了一些程序上的权利，例如提起联邦法院诉讼的权利，某些证据上推定的权利。而最重要的是，未来使用该注册商标的人，不得提出真诚使用的辩解。某一联邦注册人，现在可以确切地知道，任何人都不可能在此之后合法地采用他的商标，也不可能在本国的其他区域创设权利，凌驾于他的商标权之上。

上诉法院继续论证说，商标权确实来源于商标的实际使用。但是，就仅有一人使用的商标来说，一旦获准注册就在全国范围内享有了排他性的权利。从这个意义上说，第一个使用了某一商标的人，已经在理论上享有了全国范围内的权利，除非出现了共同使用者。法院的判决说：

在共同使用的程序中，当任何人都没有就相关商标获得注册的时候，确定各个注册的地域范围的起点应当是，在先使用已经构成了初步证据，他有权就整个美国获得注册。在先使用者，如果他在其他人获得注册以前提起了注册申请，并且没有其他的共同使用者享有可获注册的权利，就有权获得具有全国效力的注册。

当然，上述说法是针对在先使用者的。上诉法院还在判决书的脚注中进一步阐述说，如果在先使用者满足于狭隘的商业地域，而在后使用者积极拓展商业范围，并且首先提出了注册申请，则在后的使用者可以获得全国范围内有效的注册，但不包括在先使用者的商业区域。在这方面，《兰哈姆法》具有鼓励商标注册和先注册的意味。在后来的判例中，脚注中的这个看法曾被不断引用。

就本案而言，上诉法院认为，商标复审委员会不应当简单地否定当事人划定的商标使用区域。按照共同使用和共同注册的规定，其精神实质是防止消费者混淆的可能性，防止对于消费者的误导和欺骗。

所以，在当事人通过协议划定了商标使用范围的情况下，商标复审委员会应当尽可能地尊重双方的协议，同时履行自己的职责，确定不存在误导、欺骗消费者的可能性。由于相关的证据在这一问题上并不清楚，上诉法院将该案发回商标复审委员会，判定双方当事人对于使用地域的划分是否有可能造成消费者的混淆。

在商标的共同注册方面，关税与专利上诉法院于1980年判决的“维纳”也是一个典型判例。[①] 在这个案件中，原告自1962年开始，在新泽西的一些区域就“热狗”和其他食品使用“Weiner King”的商标，其销售区域一直局限在这些区域。被告是一家成立于北卡来罗纳州的食品公司，自1970年开始就“热狗”等食品使用了近似商标“Wiener King”，并且通过设立新公司和发放许可的方式，积极拓展商业领域。被告是在不知原告商标的情形下采纳和使用了近似商标，属于真诚使用。到了1974年，被告就自己的商标提出了联邦注册申请，并排除了原告使用的新泽西州的某些区域。当原告知道被告的注册申请时，以在先使用为由要求撤销被告的注册，同时就自己的商标提出了全国范围的注册申请。就在商标复审委员会受理相关请求时，原告又在地方法院提起了针对被告的商标侵权诉讼。地方法院经过审理认定，原告使用的范围是弗莱明顿和天堂海滩为中心的半径20英里的区域。第三巡回上诉法院则缩小为半径15英里，并指示商标局将撤销请求和共同使用的问题合并处理。商标复审委员在关于共同注册的裁定中，基本遵从了第三巡回上诉法院的判决。原告不服，向关税与专利上诉法院提起了上诉。

上诉法院指出，原告与被告的商标极为相似，在同一个区域使用必然造成消费者的混淆。所以，应当解决的问题就是，如何划定双方的使用范围。在这方面，根据普通法的原则，原告和被告仅在自己

① Weiner King, Inc. v. Wiener King Corp., 615 F.2d 512（CCPA 1980）.

从事商业活动的地域范围内享有商标权利。然而，按照联邦注册的规定，获得注册的商标所有人，可以在实际使用范围之外获得全国范围的保护，但不包括共同使用者已经使用的地域范围。所以，本案争议的焦点就是，谁可以获得注册所带来的全国范围内的权利。就本案而言，关于实际使用的范围，审理案件的地方法院、第三巡回上诉法院，以及商标复审委员会都认定，原告在十几年中满足于在弗莱明顿地区的商业活动，仅仅是在知道了被告的商业扩张以后才在天堂海滩地区从事了一定的商业活动。而被告从一开始就积极拓展商业活动的范围，甚至推进到了原告从事商业活动的新泽西州。关于联邦的商标注册，也是被告最先提出了注册的申请。这样，无论是从实际使用还是从联邦注册来看，被告应当获得全国性的保护，只是不包括原告使用的两个区域而已。

原告在上诉中提出，被告在得知了自己的商标和商业活动以后，又进行了很多商业活动的扩张，属于恶意使用和恶意注册。上诉法院则指出，被告确实在知道原告的商标和商业活动之后积极扩张了自己的商业活动。但相关的证据表明，被告在扩张其商业活动的时候，并没有利用原告的商誉。就本案所涉及的商标而言，除了原告使用的弗莱明顿地区，消费者一般都认为属于被告所有。如果被告的商业扩张没有利用原告的商誉，是否知道原告的商标和商业活动都是无关的。

上诉法院进一步指出，《兰哈姆法》的基点之一是鼓励联邦注册，消除商标保护上的不确定性。至于法律规定的共同注册，则不过是提供了解决共同使用问题的一个机制。从这个意义上说，无论是在先使用者，还是在后使用者，首先提出联邦商标注册申请就是非常重要的。在这方面，法律的规定不存在偏向于在先使用者的问题。

四、结论

在讨论了美国商标法关于共同使用和共同注册的规定以及司法实践后，我们可以得出以下几点结论。第一，作为一种财产权，商标权来自于商标的使用，以及由此而产生的商誉。商标的注册，无论是联邦的注册还是州的注册，都不会产生作为财产权的商标权。第二，联邦的商标注册虽然不会产生财产权，但是却赋予了注册商标以某些程序上的权利，例如可以获得全国范围内的保护，可以限定共同使用者的商标权范围，可以排除后来的真诚使用的辩解等等。第三，当不同的市场主体在不同的区域使用了相同或者近似的商标，只要不会产生消费者混淆的可能性，就可以同时获得商标财产权，同时获得保护。而且对于共同使用的商标，联邦商标法还规定了共同注册的制度，可以在划定各自的使用范围和不造成消费者混淆可能性的前提下，共同获得联邦的商标注册。

就以上的第一点和第二点来说，有助于中国的商标行政部门、法院、律师和专家学者，了解商标注册仅仅是创设了一种程序上的权利，而非实质性的财产权利。商标权作为一种财产权，显然不是来自于商标的注册，而是来自于商标的实际使用，以及消费者对于相关商标所指示的商品或者服务的积极评价。就以上的第三点而言，则有助于我们从消费者混淆可能性的角度出发，理性地对待多个市场主体使用的相同或者近似的商标，而非简单地以某一注册商标排斥其他的商标，甚至排斥在先使用的商标。应该说，保护商标所代表的商誉，防止消费者在商品或者服务来源上的混淆可能性，是商标法和商标保护的宗旨。过于强调商标注册的效力，甚至将商标注册与商标财产权的获取等同起来，显然违背了商标保护的宗旨，甚至会造成扭曲市场竞争秩序的后果。

中美商标申请程序比较研究

杨延超*

A Comparative Study of Sino–US Trademark Application Process

Yang Yanchao †

摘要：中美商标申请程序存在很多差异，包括中美商标注册体制差异、中美商标注册主体方面的差异、中美商标注册基础方面的差异、中美商标注册流程方面的差议、中美商标注册后监督方面的差异以及中美商标注册选择商品的差议等。为了厘清上述差异，有必要对中美商标注册申请作出比较研究，对于美国商标注册申请的优势还有必要充分借鉴。

关键词：中美　商标注册　商标申请　比较研究

一、问题的提出

作为企业海外知识产权维权的重要内容，企业海外商标保护，颇受企业关注。在这一过程中，商标获准注册往往又成为其商标保护的

* 中国社会科学院法学研究所副研究员。

† Associated Professor of the Law Institute of China Academy of Social Sciences.

重要前提，即便是在像美国这样特别强调商标使用的国家，对于申请人而言商标注册同样意义十分重要。不少企业在美国等国家申请商标遭遇到失败的经历，而这对于后期的品牌保护则极为不利，失败的一个重要原因是曲解该国商标注册申请流程。这里，笔者拟对中美商标注册申请进行比较分析，并试图全方位提示中美商标注册申请的差异性，同时也为我国商标法修改提供借鉴意见。

二、中美商标注册体制比较

关于商标注册，美国国会先后制定了一些与商标注册有关的成文法规。[①] 美国的商标注册分联邦注册和州注册。联邦注册适用于州际间贸易以及美国与其他国家和地区间的贸易。联邦注册在美国的50个州以及西萨摩亚群岛、关岛、巴拿马运河区、维京群岛、波多黎各岛和北马利亚纳群岛有效。联邦注册又分为主簿注册和辅簿注册。主簿注册可以作为商业性使用商标的初步证据，在遭受侵权时注册人还有权向联邦法院起诉，以及向海关备案注册商标以阻止非经授权的仿冒商标的商品进口。商标在主簿注册后，如果连续使用5年还可获得不可争议性。因此主簿注册可以获得较强的保护。在辅簿注册的商标不能得到法院法令的保护。辅簿注册无异议程序，可在任何时

① 它们是1881年的联邦商标法、1905年美国国会颁布的第三部联邦商标法。现行商标注册和保护的法律有1946年7月5日美国国会制定的1946年商标法，通常称之为《兰哈姆法》。该法于1947年7月5日正式生效，于1988年商标法修改法令予以修改，修改法令于1989年11月16日生效。此外，有关法规还包括1989年10月11日的商标法实施细则、1984年10月12日生效的《一九八四年商标假冒条例》以及与不正当竞争有关的成文法规和商标案例实践规则、1996年1月16日生效的1995年联邦商标淡化法、在1989年商标案例实践法则基础上修改的联邦法律第二部分第37号法令。

候被撤销，辅簿注册不可用于阻止进口。对于最初不授权在主簿注册的缺乏显著性的商标，可申请在辅簿注册。商标在辅簿注册5年后可申请在簿注册。显然，在美国商标主簿注册可以让注册人获得更强的保护。

我国商标注册并无主簿与辅簿之分。商标注册成功后，注册人可据此向法院主张侵权之诉，同样亦可向海关办理备案登记，阻止侵权产品进口。在中国商标注册是由国家商标局负责，并无各省或地区注册之说，并且商标注册成功后其保护范围也是全国（港、澳、台除外）。尽管中美在商标注册基础及商标保护制度等方面都在一定区别，但商标注册对于商标保护方面发挥了重要作用，而本文力求对两国在商标注册方面进行比较研究，以期在我国商标法修改过程中进一步完善商标注册规定。

三、中美商标注册主体比较

美国商标法允许单位或者个人申请商标，并且申请人既可以委托有资质的律所或代理机构申请，也可以自行申请，即便是外国公民或单位在美国申请商标，同样可以选择自行申请或是委托代理机构申请。一些中国公民或单位在向美国申请商标时习惯委托中国的代理机构，中国的代理机构在准备申请材料后一般只能以申请人本人的名义提交申请，当然，中国的代理机构在通过OED（Office of Enrollment and Displine）互惠认证后，则可以以代理机构名义在美国申请注册商标。

美国专利商标局开设的电子申请服务，极大方便了外国公民或单位在美国申请商标注册。电子申请服务不受节假日、周末或每天工作时间的影响，除了特定的网络维护外，几乎一天24小时都可以接受电子申请。申请人提交电子申请后，立即能收到关于此商标申请系列号（即

Serial number）的电子邮件回复，这极大提高了商标申请的工作效率。[①]

我国商标法也允许个人或单位有权申请商标，[②]但我国商标局于2007年又作出特别规定，限制个人申请商标[③]，实际上我国当前只允许单位或者个体工商户才能申请商标，普通公民无法申请商标。我国商标法同样允许外国人在中国申请商标，但根据商标法规定，外国人或者外国企业在中国申请商标注册和办理其他商标事宜的，应当委托国家认可的具有商标代理资格的组织代理。[④]这也就意味着外国公民或者单位要想自行申请商标在我国不被允许的，这也极大增加外国公民或单位在我国申请商标的难度。

中国商标局也开通了商标电子申请模式，但当前电子申请的使用主体还存在严格限制——只允许中国的商标代理机构使用电子申请，或者说中国的公民或单位如果不委托代理机构，拟通过电子申请注册商标则是不被允许的。外国公民或单位更是无法通过电子申请完成商标注册。

四、中美商标注册申请基础比较

美国商标申请主要是基于“实际使用”（USE in commerce）或者意向使用（Intend to use）。在递交商标申请时需提交一份宣誓声明，该声明该商标已在商业中实际使用及最先使用的时间、地点，

① 通过纸件邮寄递交商标申请通常需要两至三周才能获得载有商标申请系列号的受理通知书。

① 参见商标法第四条：自然人、法人或者其他组织对其生产、制造、加工、拣选或者经销的商品，需要取得商标专用权的，应当向商标局申请商品商标注册。自然人、法人或者其他组织对其提供的服务项目，需要取得商标专用权的，应当向商标局申请服务商标注册。

② 参见2007年国家工商总局发《自然人办理商标注册申请注意事项》。

③ 参见我国《商标法》第18条。

并同时提交商标使用的实样。所谓“已经使用”，是指该商标附在商品上并在美国两个州以上的市场上销售（如果是中美之间的贸易，只要一个州即可）。申请人在申请时需要提交有效的商标使用实样，即附在商品上的标签（Lable）、包装（package）、贴标（Stick）、吊牌、铭牌等能反映商标如何使用在商品上的实物。如果实样不易与产品分离或者太大，还可提供三张能清楚表现商标的商品或者其包装的照片。

所谓“意向使用”，即申请人真诚希望在美国商业中使用该商标。申请时申请人尚未在美国实际使用商标，但需要在获得注册之前实际使用该商标。美国商标专利局在接到申请后会发出接受通知，即Notice of Allowance，申请人在接到此通知后应当在该通知签发的六个月内提交商标实际使用的声明，如果申请人在此阶段仍未对此商标进行商业性使用，须提交延期使用声明（A Request for an Extension of Time to File a Statement of Use），同时就每一个类别需提交150美金的延期费，否则该商标申请将被撤销。每六个月到期前，申请人可再申请六个月的延期，但自美国专利商标局发出接受通知之日起三十六个月内，申请人仍未提交实际使用声明，该商标将最终不被授予注册。

我国商标申请过程中，商标局既不要求申请人“实际使用”，也不要求“意向使用”。当然，我国商标法也并非完全不关注商标使用问题，对于“连续三年不使用的商标”，商标局有权撤销。根据我国商标法实施条例的规定，① 商标局既可以基于商标三年不使用而主动撤销该商标，也可以基于第三人申请而撤销该商标，但在实践中商标局主动撤销的案例几乎没有，反倒是有一些因申请人三年不使用而被第三人主张撤销的商标。商标局基于三年不使用而撤销该商标的前提是该商

① 参见我国《商标法实施条例》第39条。

标已经成功注册，这与美国商标法上的“实际使用”或者“意向使用”的要求完全不同，后者有关“实际使用”或者“意向使用”是对商标注册申请提出的要求，换言之，如果申请人不符合“实际使用”或者“意向使用”的条件，其商标根本就不能获准注册，美国商标法实质是在商标注册之前就对申请人使用商标提出了要求。美国商标法还商标在注册后仍要处于使用状态，按照美国商标法的规定，在商标注册后第5年和第6年间，商标注册必须向美国专利商标局提交经其签署的宣誓书，宣誓商标注册在商标注册后5 年内已将注册商标使用在注册所核定的商品或服务上，或表明没有使用注册商标的正当理由：如由于政府的规定暂时中断了产品的合法销售，或由于火灾或其他灾难暂时中断了产品的生产而不是注册人打算放弃该注册商标，才能维持注册有效或部分有效。

外国公民或者单位在美国注册商标，还可以以“国内注册”（Home Registration）作为商标申请基础。如果中国某公司的商标已在中国注册，那么可以选择以此为基础在美国提出申请，申请人需要提交经证明的国内注册证的复印件和经宣誓的英文翻译。① 同样，美国作为巴黎公约的成员国，也支持“优先权申请”（Foreign Priority）申请，如中国申请人在国内申请提交之起6个月内，可基于国内申请的优先权在美国提交商标申请，以国内的申请日作为美国的申请日。② “国内注册”或者“国内申请”，固然可以作为在美国申请商标的基础，但美国商标法同样还要求该商标在美国实际使用，任何第三方就注册中的一项商品并没有在美国使用提出有力证据，并且被美国上诉审判委员会（TTAB）接受，则该注册将很有可能被整个撤销。此外，在优先权申

① 在申请过程中还需要特别注意：（1）获得国内注册的商标必须与打算在美国申请注册的商标一模一样；（2）国内注册证上指定的商品或服务的范围必须大于拟在美国申请保护的商品或服务的范围；（3）申请人名称、地称必须保持一致。

② 申请人需要递交经证明的国内申请方证明文件和经宣誓的英文翻译。

请中，美国专利商标局要等到该商标在中国注册成功，并向美国专利商标局递交相应的注册证明才能获准颁发注册证，如果该商标在国内未最终注册成功，该申请在美国将会被撤销。

五、中美商标注册流程比较

1. 商标申请

美国商标申请如果符合基本的形式要求，就会自动生成一个申请序列号，该申请还会寄给审查员。审查员会审查该申请是否符合申请全部要求，包括对商标进行冲突检索，以及审查书面申请以及商标图像、交费情况是否符合要求，这大概需要几个月的时间。中国商标注册申请同样需要经历类似的过程，商标局在收到申请书后会向申请人寄发受理通知书；之后，审查员仍会对商标申请条件进行审查，根据商标法的规定，商标局自收到商标申请文件，应在九个月审查完毕。

2. 驳回及驳回复审

在美国商标申请的审查过程中，如果审查员决定商标不应被注册，会书面通知申请人拒绝注册的理由。如果只是需要一些小的修正，审查员可能会通过电话或者邮箱联系申请人。申请人需要在收到商标局审查决定书的六个月内回复美国专利商标局，否则视为放弃。如果申请人未能在回复中解决所有反对意见，审查员最终还是会决定驳回该商标。如果申请人对于驳回意见表示不服，还可以另行支付费用申请上诉。

我国商标申请同样设立了类似的驳回及复审流程，但与美国商标注册申请不同的是，我国商标局如果认为商标不符合商标法或审查原理的规定，会径行作出驳回决定，而不会通过电话或邮件的方式联系申请人要求其补充理由，所以在我国申请人申请商标后并不需要在驳回阶段回复商标局的反对意见。

3. 商标公告及异议

美国商标申请过程中，如果审查员未提出反对意见，或者申请人最终解决了所有反对意见，审查员将申请该商标在办公公报上公开，美国专利商标局将给申请人寄一份公开通知。商标一旦在公报上公开之后有30天的异议期，任何人如果认为该商标损害了自身权益有权提出异议或者申请延长异议期。如果没有人提出异议，或者提出了异议但以失败而告终，商标申请程序将进入注册阶段。

我国商标法也设立商标异议制度，异议期为3个月，显然，这比美国商标法中所设立的30天要长许多，但我国商标异议期是确定的，并不像美国异议期那样可以申请延长。

4. 获准注册

美国商标申请过程中，如果申请人符合以下任何一个条件，都可以在公告之后的十一个星期左右的时间里获得注册证明：（1）已经实际使用；（2）已在外国获得注册；（3）国际注册在美国申请延伸保护，商标被注册之后，商标所有者还是必须提交特殊的维护文件，以保证注册能够持续。

如果商标公告是建立在“意图使用”的基础上的，并没有人提出异议或申请异议延期的请求，美国专利商标局将在公告后八周左右发布一份“接受通知”，“接受通知”是以书面形式发给申请人的，收到“接受通知”并不意味着商标已经注册，它仅表明商标申请进入了另一个步骤。申请人在收到“接受通知”的六个月内，需要实际使用并提交实际使用的声明，或者请求延长提交使用声明的期限（六个月）。如果申请人一直未使用该商标，就需要每六个月提交一次延期请求，但最多不能超过五次。如果申请人未能及时提交“使用声明”或者“延期声明”，其所申请的商标将被视为放弃。如果商标申请符合形式要件，同时“使用声明”也发送给了审查员，审查员将会审查该“使用声明”是否符合要求并决定是否给予注册。如果“使用声明”还存在问题，审查员会要求申请人解决这些问题，总之，在“使用声明”被通过的二个月内，美国专利商标局会公布注册结果。申请人需要关注商标申请的整个流程，需要在提交商标申请后平均每3~4个月检查商标申请状态，否则就可能错过提交的最后截止日期。

我国商标注册并不需要申请人提交所谓“使用声明”等文件，即便是完全没有使用的商标同样也可以获准注册。

5. 中美商标注册后监管比较

根据美国商标法规定，注册人应于注册后第六年届满前一年内（即商标注册后的第五年到第六年）向美国专利商标局提交使用声明，声明该商标在商业中继续使用在指定商品上，或声明注册人使用该商标是基于其他特别事由，并且这种未使用并没有放弃该商标的意思。否则，在自注册公布之日起第六年届满时，美国专利商标局将撤销该商标注册。

根据美国商标法的规定，注册商标的有效期为十年，从注册之日起计算。自有效期届满之前六个月内，商标所有人可以向美国专利商标局提交续展申请。如果商标注册人自商标注册之日起五年在美国使用其注册商标，则注册人通过申请可以获得无可争辩的权利（Incontestability）。据此，注册人可以在贸易中享有该商标无可争辩的独占权；而且任何第三方再也不能以该商标缺乏显著性为由，要求美国上诉审判委员会撤销商标注册。

我国商标注册后有效期为十年，从注册之日起计算，在这一过程中，我国商标法并不要求申请人提交使用声明，只是在有效期届满之前六个月内，商标所有人需要向国家商标局申请续展，否则届期商标可能会被注销。根据我国商标法规定，商标获准注册后同样也可能会因为某种事由被撤销[①]，但注册五年后，申请人同样也会获得类似美国“无可争辩的权利”，除非“恶意注册”侵犯驰名商标利益的情况[②]，一般被撤销的可能性较小。

六、中美商标注册商品（服务）选择比较

美国虽然也遵循尼斯分类，但是其商品服务项目往往比尼斯分类中的商品服务项目要求更加细化。如商品“计算机外围设备”是尼斯分类中规范的商品项目[③]，但是该项商品在美国不能被接受，原因在于该项商品的表述范围太宽泛，不够具体。如果要想被美国专利商标局接受，必须细化到“键盘、鼠标、调制解调器、扫描仪等等”。申请人在选择准备申请的商品或服务时，可以提供该商品或服务在行业内的通用名称，而不必刻板的按照尼斯分类表提供的商品或服务名称进行选择。

中国商标申请过程中，商标所保护的商品或服务则需要严格遵守《尼斯分类表》，我国商标局也在《尼期分类表》的基础上增加了具有我国特色的特殊商品或服务，[④]申请人可以选择这些商品或服务作为商标的保护项目。

---

① 我国《商标法》第44条：已经注册的商标，违反本法第10条、第11条、第12条规定的，或者是以欺骗手段或者其他不正当手段取得注册的，由商标局撤销该注册商标；其他单位或者个人可以请求商标评审委员会裁定撤销该注册商标。

② 已经注册的商标，违反本法第13条、第15条、第16条、第31条规定的，自商标注册之日起5年内，商标所有人或者利害关系人可以请求商标评审委员会裁定撤销该注册商标。对恶意注册的，驰名商标所有人不受五年的时间限制。

③ 参见《尼斯分类表》第9类0901，商品编号090590。

④ 如在类似群组0302“清洁、去渍用制剂”中增设了中国所独有的商品：C030017，去渍剂C030018，去油渍油C030019， 去雾水C030020，去污粉C030021，地毯清洗剂C030022，洗洁精C030068等。

七、结语

厘清中美商标申请的差异性，有助于为企业在美国商标提供指导意见；更重要的意义还在于“他山之石，可以攻玉”。当下，我国商标法正处于修改当中，对于美国商标申请过程中的“电子申请制度”以及“使用声明”等制度，都有必要认真思考和借鉴，并需要根据中国国情制定更加合理商标申请制度。

三维标志的显著性及美学功能性的判断

芮松艳*

Judgment on the Distinctiveness of Three–dimensional Mark and Its Aesthetic Function

Rui Songyan †

摘要：三维标志商标申请数量呈上升态势。《商标法》要求可以注册为商标的三维标志既要具备显著性，还不属于由技术功能或美学功能决定的标志。在显著性方面，相关公众通常会将三维标志认知为商品的包装或商品本身的形状，而不会将其作为商标认知，整体上并不具有固有显著性。获得显著性的判断关键在于知名度的认定，只有通过使用，使该标志的商标识别含义强于其“固有”的含义，达到具有很高知名度时方可能达到这一效果。在美学功能性方面，具有美感的三维标志在同时使该商品具有了“实质性价值”时，才可以认定其具有《商标法》第12条中规定的美学功能性。商品的实质性价值通常由相关公众的购买行为实现，对于“实质性价值”的判断应以购买者为判断主体。

关键词：商标　显著性　美学功能

2001年修改的《商标法》最重要的变化之一是将三维标志纳入到可注册的商标标识范围。因三维标志有着与平面标志不同的内在特点，

* 北京市第一中级人民法院知识产权庭法官。

† Judge of Beijing First Intermediate People's Court.

故商标法要求可以注册为商标的三维标志既要具备显著性，还不属于由技术功能或美学功能决定的标志，即体现技术功能性及美学功能性的三维标志不得注册为商标。实践中，相对于整个商标申请数量而言，三维标志商标申请所占比例很小，但申请数量一直呈上升态势，因此，如何正确地认识三维标志的可注册性是实践中需要更多面对的问题。现有的此类案件，大多涉及的是三维标志的显著性判断问题，而在笔者近日刚刚审结的雀巢方形瓶案件中，则同时涉及“显著性”及“美学功能性”两个问题的判断。笔者在判决中对上述问题作了较为详细的评述。

一、基本案情

本案为争议案件，涉及的争议商标为指定颜色的方形瓶（见下图），核定使用商品为食用调味品。注册商标专用权人为雀巢公司，即本案第三人。申请注册日为2002年3月14日，核准注册日为2005年7月27日。

本案原告味事达公司（争议申请人）认为争议商标不应予以注册，其主要理由有二：一为争议商标不具有显著性。原告认为该瓶型的产品已被国内众多调味品企业作为酱油产品的包装瓶使用，本案现有证据亦无法证明争议商标经过长期使用已使得相关公众将该瓶型与第三人雀巢公司建立起唯一对应关系，故争议商标亦不具有显著性；二为争议商标具有美学功能性。原告认为因中国调味品行业长期使用争议商标瓶型进行广泛使用和宣传推广，棕色方形瓶包装的形状和美感已经能够影响消费者的购买心理，其美学功能成为商业成功的重要因素，故属于使商品具有实质性价值的形状，具有美学功能性，违反了《商标法》第12条的规定。

原告味事达公司提交的证据可以证明两个事实：一为在争议商标申请日之前，原告及其前身已开始在酱油产品上使用与争议商标相近似的包装瓶（见下图1）；二为很多同行业经营者业已使用与争议商标近似的包装瓶（见下图2）。

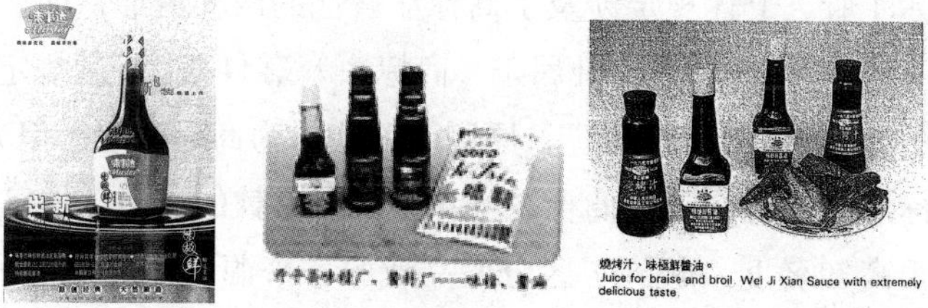

图1

图2

本案第三人雀巢公司不认同原告的主张，认为争议商标并不具有美学功能性；争议商标不仅具有固有显著性，且经过长期使用亦已具有很高知名度，具有了获得显著性。第三人提交了相关证据，其中的知名度证据仅为《东方美食》《中国烹饪》等较为专业的杂志上所做的六份广告。

本案中，法院最终部分认同的原告的主张，认为争议商标不具有显著性，对争议商标予以撤销。但对原告所提出的美学功能性的主张未予支持。

二、争议商标显著性的认定

《商标法》第11条规定，下列标志不得作为商标注册:（一）仅有本商品的通用名称、图形、型号的;（二）仅仅直接表示商品的质量、主要原料、功能、用途、重量、数量及其他特点的;（三）缺乏显著特征的。前款所列标志经过使用取得显著特征，并便于识别的，可以作为商标注册。上述规定涉及了商标显著性的两种情形，即“固有显著性”及“获得显著性”。凡属于《商标法》第11条第1款规定情形的标志均不具有“固有显著性”，原则上不能作为商标注册。但亦非必然，此类标志如果符合了《商标法》第11条第2款的规定（即已经过使用具有很高知名度，起到了区分商品或服务来源的作用），则可以认定其具有“获得显著性”，能够作为商标获得注册。

（一）争议商标是否具有固有显著性

固有显著性的判断应以相关公众的认知为标准。如果某一标志无法使相关公众将其作为商标认知，则该标志原则上不具有固有显著性。通常而言，对商品或服务特点（如质量、功能、包装、颜色等）进行直接描述的标志，因会使相关公众将其认知为商品或服务的相关特点，无法起到区分商品或服务来源的作用，故属于不具有固有显著性的情形。

具体到本案，在考虑下列因素的情况下，法院对于争议商标的固有显著性持否定态度。

1. 从整体上看，“三维标志”具有相对较低的固有显著性程度

虽然《商标法》第8条规定，“任何能够将自然人、法人或者其他组织的商品与他人的商品区别开的可视性标志，包括文字、图形、字母、数字、三维标志和颜色组合，以及上述要素的组合，均可以作为

商标申请注册”，即平面标志、三维标志或颜色组合标志均可以被注册为商标，但这一规定并不意味着上述三种表现形式的标志均具有相同的固有显著性程度。相比较而言，平面标志整体上具有更高的固有显著性程度。我国修改前的《商标法》中将可注册为商标的标志类型仅限于平面商标这一做法，以及长期以来市场中使用的商标绝大多数均是平面商标这一事实均佐证了这一点。

但对于三维标志而言，情况则有所不同。通常而言，三维标志作为商标使用包含三种使用方式：用作商品本身的形状；用作商品的包装；用作商品或服务的装饰。上述三种使用方式中，除三维标志作为商品或服务的装饰使用时与商品或服务的特点通常并无关联外，在其他两种使用方式下，相关公众看到该三维标志时，通常会将其认知为商品的包装或商品本身的形状，而并不会将其作为商标认知。上述情形足以说明，在上述两种使用方式下，三维标志表示了商品的相关特点，整体上并不具有固有显著性。

此外，要着重指出的是，与平面标志不同，对于“特定的”三维标志而言，其是否系使用者所独创或其是否为臆造标志与其所具有的固有显著性的高低并无直接关系。对于平面标志而言，臆造的词或图形显然具有更高的固有显著性。但三维标志则不然。只要三维标志被用作商品的包装或商品本身的形状，即便该三维标志从未在该类商品上使用过，相关公众仍会将其作为商品包装或商品本身的形状认知，至多会认为该商品包装或商品形状较为“新颖”而已，却并不会因此将其作为商标认知。之所以会存在这一情形，究其根本在于固有显著性的判断系以相关公众为判断主体，而对于三维标志，影响相关公众认知的因素为使用方式（即是用作商品包装、商品本身的形状，还是装饰），而非标志本身。这一判断方式使得三维标志的固有显著性并不会受其是否独创或是否系臆造所影响，只要三维标志的使用方式导致相关公众会将其认为是商品本身的形状或包装，无论该设计有多么新颖，都不会影响对其不具有固有显著性的事实判断。

2. 争议商标易被相关公众认知为核定使用商品的包装物

具体到本案，争议商标方形瓶指定使用商品为食用调味品。显然，争议商标使用在食用调味品上，通常会使相关公众认为其属于该商品的包装物，这一情形使得争议商标针对该商品而言无法起到区分商品来源的作用，故争议商标不具有商标所要求的固有显著性。同时，鉴于法院已指出，三维标志的固有显著性主要受其使用方式影响，而与该标志是否系独创或是否系臆造并无关联，故无论争议商标是否由原告最先在中国使用，亦无论争议商标是否由第三人所独创，均不会影响对争议商标固有显著性的判断。

（二）争议商标是否具有获得显著性

依据《商标法》第11条第2款的规定可知，缺乏固有显著性的标志，如已通过使用在特定商品或服务上达到了必要的知名度，且该知名度足以使相关公众将使用在该商品或服务上的这一标志与使用者之间建立起唯一对应关系，则可以认定该标志在该商品或服务上具有了商标所要求的识别特性，具有了获得显著性，可以作为商标予以注册。

实践中，获得显著性的判断关键在于知名度的认定。法院认为，如果使用者可以证明，全国范围的相关公众对使用在特定商品或服务上的某一标志已广为知晓，且能够将其与使用者之间建立起唯一对应关系，则可以认定该标志在这一商品或服务上具有获得显著性。因这一知名度标准与驰名商标的知名度标准基本相同，故对于获得显著性的举证要求可以参照驰名商标的相关规定。同时还应注意的是，通常情况下，如果相关公众对某一标志的固有含义的认知程度越高，则对其知名度的举证要求亦越高。

法院所持这一观点是基于以下考虑：此类标志之所以不具有固有显著性，究其根源在于该类标志均具有识别作用之外的其他“固有”含义，且相关公众对上述“固有”含义均有所认知（例如，对于颜色组合标志而言，其本身固有的指代颜色这一含义使得相关公众通常会将其认知为商品或服务的颜色，而非商标。对于三维立体标志而言，其本身的固有含义常会使得相关公众通常将其认知为商品包装物或形状等，而非商标。对于具有直接描述性的平面标志而言，相关公众通常会基于其固有含义而认为该标志系对商品或服务的质量、原料等特点的描述，而非作为商标使用）。此种情况下，使用者如希望相关公众对该类标志产生“商标”的认知，必须通过使用使该类标志的商标识别含义强于其“固有”的含义；而因为相关公众对于固有含义通常具有较为强烈的认知，故只有通过使用使该标志具有很高知名度时方可能达到这一效果。同时，因相关公众对该类标志固有含义的认知会基于同行业经营者的使用等因素被加深，此种情况下，只有具有更高的知名度时，该类标志在相关公众心目中所产生的商标的认知才可能超过其固有含义，此时应对该标志有更高的知名度举证要求。

具体到本案，基于以下考虑，法院认定现有证据无法证明争议商标已具有获得显著性。

（1）同行业经营者的使用情况使得相关公众对争议商标的“固有含义”具有“更强程度”的认知，因此，争议商标应具有更高的知名度方能具有获得显著性。本案中，由查明事实可以看出，在争议商标申请日（2002年）之前原告及其前身均已在调味品上开始使用类似的包装瓶，原告所提供的40多份报纸，以及《建国以来开平工业发展史（1949~1990）》、《中国轻工业产品全书（1993~1994）》、1988年1月出版《开平县工业出品产品汇编》、1997年9月出版的《广东省名牌产品》等证据中均可以证明这一事实。此外，除原告具有在先使用的情况外，现有证据亦可以看出其他同行业经营者亦已使用类似的包装。对上述事实，广东省高级人民法院于2010年11月17日作出的（2010）粤高法民三终字第418号民事判决书中均进行了确认。上述事实的存在使得争议商标作为包装瓶所具有的固有含义通过同业经营者的使用行为而被强化，在此情况下，第三人如欲证明争议商标已经过使用获得显著性，其显然应满足更高的知名度举证要求。

（2）本案第三人提交的证据中只有6份媒体广告涉及到争议商标的使用情况，显然无法证明争议商标已被全国范围内的相关公众广为知晓，因此，法院无法认定争议商标具有固有显著性。

三、争议商标美学功能性的认定

《商标法》第12条规定，“以三维标志申请注册商标的，仅由商品自身的性质产生的形状、为获得技术效果而需有的商品形状或者使商品具有实质性价值的形状，不得注册”。该规定中所称的“使商品具有实质性价值的形状”即为通常所说的美学功能性。

本案中，虽然在争议商标不符合《商标法》第11条规定的情况下，其无论是否属于《商标法》第12条规定的情形，在现有情况下均无法获准注册，但考虑到上述两条款的不同法律后果，法院仍认为有必要对此予以评述。原因在于，争议商标如不符合《商标法》第11条第1款的规定，仅意味着争议商标在现有情况下无法作为商标予以注册，却并不排除其将来经过使用获得显著性从而获得注册的可能性。但《商标法》第12条则不然，因该条款中并未规定此类三维标志可以在一定条件下获准注册，故一旦认定其不符合《商标法》第12条的规定，将意味着争议商标将不再具有被核准注册的可能性，也就是说，不具有美学功能性的标志即便已具有很高知名度，亦不可能作为商标注册。鉴于此，认定争议商标是否违反《商标法》第12条的规定，对第三人而言具有实质影响。

法院认为，对三维标志美学功能性的认定应结合考虑“美感”与“实质性价值”两个要素。虽然商标所有人在设计其商标时通常会考虑其美感要素，但具有美感的三维标志只有在同时使该商品具有了“实质性价值”时，才可以认定其具有《商标法》第12条中规定的美学功能性。而因为商品的实质性价值通常由相关公众的购买行为实现，故对于“实质性价值”的判断应以购买者为判断主体。通常情况下，如果购买者是否购买该商品的决定性因素在于该三维标志本身，而非该标志所指代的商品提供者，则该三维标志应被认定为对商品具有“实质性价值”。例如，对于毛绒玩具而言，购买者在购买此类商品时更多的是考虑其外观美感，而非该商品的提供者。也就是说，无论该外观是否客观上已具有区分商品来源的作用，其均不会影响购买者的购买行为，对购买行为具有决定性影响的是此类商品的外观美感，因此，此类商品的形状即属于对商品具有“实质性价值”的形状。

具有美学功能性的三维标志之所以不能作为商标注册，主要原因在于适用《商标法》保护此类标志具有以下障碍。

首先，这一保护缺乏《商标法》的利益基础。《商标法》保护的是商标的识别功能为商标所有人带来的利益，但对于具有美学功能性的标志而言，即便其该标志同时具有了识别功能，决定购买者购买行为的仍然是该标志本身所具有的外观美感，此种情况下，如果《商标法》为此种标志提供保护必然意味着其客观上保护了该“外观美感”（而非识别功能）为所有人带来的利益，这显然超出了《商标法》的保护范围，缺乏《商标法》上的利益基础。

其次，这一保护使《著作权法》《专利法》的权利保护期限制度在相当程度上落空。因具有美学功能性的标志在很多情况下可能构成受《著作权法》保护的作品以及受《专利法》保护的外观设计专利，故在考虑其是否可以注册为商标时，亦要考虑不同法律之间具体法律制度的协调，权利保护期限制度之间的协调即为应考虑的问题之一。《著作权法》《专利法》与《商标法》在保护期限这一制度设置上具有根本不同。《著作权法》与《专利法》均明确规定了权利的保护期，《商标法》虽亦规定了注册商标专用权期限，但因其同时还规定了续展制度，这就意味着只要商标权人进行续展，注册商标专用权实际上可以无限期地得到保护。在此情况下，如果《商标法》为具有“美学功能性”的三维标志提供保护，则不仅意味着客观上保护了《商标法》保护范围之外的“外观美感”，亦同时意味着该三维标志即便在已超过作品著作权或外观设计专利权保护期的情况下，亦可依据《商标法》的规定进行保护。这实际上使得《著作权法》《专利法》中有关权利期限的制度在相当程度上落空，这种结果显然是立法者不愿意看到的。

再次，这一保护使同业经营者处于不合理的竞争劣势。对于具有美学功能性的三维立体标志，考虑到该外观美感对购买行为的决定性影响，同业经营者很可能会希望在其商品上使用该外观以加强其竞争能力。因为外观美感并非《商标法》的保护对象，故如果具有美学功能性的三维立体标志已过了《著作权法》及《专利法》规定的保护期，则同业经营者理应有权利使用该标志。但如果《商标法》为其提供了注册商标的保护，则将意味着此种情况下同业经营者的使用行为可能会构成侵犯注册商标专用权的行为，这显然不合理地占用了公有资源，并使得同业经营者处于不合理的竞争劣势。

在上述分析的基础上，具体到本案，对于争议商标是否具有美学功能性，法院认为，争议商标为指定颜色的方形瓶，指定使用商品为食用调味品。因美学功能性应以购买者作为判断主体，故本案中如果购买者在决定购买哪种食用调味品时，主要考虑的是该商品的包装，则可以认定争议商标这一方形瓶设计具有美学功能性。但结合相关公众的一般认知可以看出，对于食用调味品这一类商品，购买者所关注的通常是其商品本身的质量、生产厂商等要素，至于其采用的包装本身虽然可能在一定程度上影响购买者的购买行为，但显然并非决定性因素。也就是说，整体而言此类商品的购买者通常不会仅仅基于喜爱该类商品的包装而购买该商品。鉴于此，法院认为，争议商标并不具有美学功能性，未违反《商标法》第12条的规定。

倾斜的商标保护天平

——以"PLANT POWER 2003"及图商标争议案为例对销售商在本国注册国外引进产品上商标的几点思考

孙海龙* 段鲁艺**

Unbalanced Trademark Protection

– Rethinking on the Registration of the Trademarks of the Imported Products by Local Retailers

Sun Hailong † Duan Luyi ††

摘要：销售商就其所销售的外国产品在本国申请注册生产商已在他国注册的产品商标在我国并不少见，成功的例子也比比皆是，但国外生产商及商标持有人通过主张对该商标有在先权利尤其是在先著作权、国内销售商的行为是恶意抢注，却往往能使销售商已经获得的商标权被撤销，这对于国内销售商，尤其是如实表明产品来源并通过自身努力在国内打开市场、提高产品及其商标知名度的诚实销售商而言是极其不公的。本文从这一现状出发，通过"PLANT POWER 2003"及图商标争议案这一具体案例，对解决此类商标侵权纠纷的司法实践

* 孙海龙，重庆市第四中级人民法院院长，西南政法大学知识产权法学院教授，博士生导师。

** 段鲁艺，西南政法大学知识产权法学院2011级知识产权法博士研究生。

† Head of Chongqing Fourth Intermediate People's Court.

†† Doctor candidate of China Southwest Political Sciences and Law University.

中的一些不当做法进行了总结，分析了这些做法可能带来的负面后果，并对保护诚信销售商的合法权益，在国内销售商和国外生产商、国外商标持有人之间寻求利益平衡提出了作者本人的一些看法，以求抛砖引玉。

关键词： 销售商 生产商 商标权 在先权利 抢注

案　情

沧海一粟——“PLANT POWER 2003”及图商标争议案始末

深圳市华嘉名工贸发展有限公司（以下简称“华嘉名公司”）于1995年前后从德国将“PLANT POWER 2003”植物动力液体高效肥料（以下简称“植物动力2003”）引入中国，成为该产品在中国的唯一销售商。华嘉名公司随后在中国各地建立分公司，并于1996年在全国范围内与各地政府的农业主管部门合作推广使用“植物动力2003”。同时华嘉名公司邀请农业类院校的专家教授对该产品的实际效果等方面进行了研讨和论证，并花费了大量的人力物力对该产品进行推广，使该产品在相关公众中具有了广泛的知名度。此后，华嘉名公司于1997年9月向中国商标局申请注册“PLANT POWER 2003”及图商标（该商标与生产商在其产品上所使用的商标几乎相同），指定使用在第一类肥料商标上，并于1999年5月取得商标专用权。华嘉名公司在推广和宣传该产品的过程中均明确说明该产品来自于德国，华嘉名仅为引进和销售商。

2002年9月，德国生产商（肥料发明人）哈特尔·鲁道夫（以下简称“申请人”）向中国商标评审委员会提交对华嘉名公司持有的“PLANT POWER 2003”及图商标提出争议，申请撤销该商标。申请人提出的主要理由有以下三个：（1）申请人对“PLANT POWER

2003”及图商标享有在先的著作权;（2）申请人基于其于1996年6月在比荷卢注册的商标权而于1999年就同一商标取得马得里国际注册的商标权;（3）被申请人即华嘉名公司曾是产品的销售商，与申请人存在代理关系，其在中国对该产品商标的注册有主观恶意，属于抢注行为，损害了申请人的权利。商标评审委员会认可了申请人对该商标享有著作权的主张，认定华嘉名公司构成《商标法》第31条所指“损害他人现有的在先权利”的情形，裁定对华嘉名公司的“PLANT POWER 2003”及图商标予以撤销。[①] 华嘉名公司对该裁定不服，遂向北京市第一中级人民法院提起行政诉讼。因原申请人哈特尔·鲁道夫逝世，发生权利继承移转，且法院始终只能以公告送达的方式对行政诉讼的第三人进行送达，本案尚未审理终结。同期，申请人在与华嘉名公司的许可销售合同终止后，在北京设立外资公司，继续销售“植物动力2003”。

虽然本案尚未审结，但其中有不少问题值得我们深思。这类案件在我国目前并不少见，华嘉名公司的遭遇只能说是沧海一粟，值得注意的是这类纠纷存在一个较为普遍的现象：国内销售商引进该产品后，为提高该产品及其上的商标的知名度及市场份额作出了巨大努力，在该产品占有可观市场份额、商标及产品具有一定知名度后，因为国外商标权利人并未将中国作为权利指定国，因此销售商在中国申请并获得了同一或类似商标在同一或类似商品上的商标权。此时国外商标权利人却半路杀出，以其对该商标享有在先权利尤其是在先著作权、销售商的行为为抢注行为等理由，使销售商的权利被撤销。

那么，以享有在先著作权主张商标侵权是否必然地应当受到支持

① 参见国家工商行政管理总局商标评审委员会商评字920090第12889号《关于第1275003号“Plant Power 2003及图”商标争议裁定书》，2009年6月18日。

呢？销售商辛苦一番后获得的市场份额和知名度是否因其所谓的“抢注”行为而必然地要拱手赠予国外商标权利人呢？本文将对此进行详细探讨

评 析

一、法理探讨——从民法及知识产权法基本原则出发对销售商利益的关注

（一）国内销售商是商标价值增长的真正推动力

以本案为例，“植物动力2003”液体肥料在中国市场同类产品中所占有的市场份额以及在相关公众中的知名度是生产商自行在中国设立公司进行宣传推广或通过中国籍代理人进行推广和销售所达不到的。其中体现了类似华嘉名公司作为中国销售商引进国外产品并在国内进行推广的突出的本土优势。

华嘉名公司为中华自行车有限公司全资设立的子公司，该公司原为国有企业，在全国业务范围极为广泛，有足够的资金和人力对从国外引进的新产品在全国范围内进行推广。自引进该产品后，华嘉名公司邀请行业内多名专家教授对该产品在我国自然条件下的农产品上视为使用效果进行充分调查论证，并积极联系各地农业主管部门，在该产品的市场推广过程中得到农业主管部门的认可和帮助，该商标的附加价值在华嘉名公司的上述不懈努力过程中才得以迅速增加。换句话说，该商标在中国所产生的市场知名度和价值是华嘉名公司，即中国的销售商所创造的。销售商对生产商产品在本国的宣传、推广以及销售行为与商标价值增加具有直接的因果联系，法律和市场对商标的附加价值增长的肯定不能将对销售商行为的价值肯定剥离出去。而销售商的行为也符合波斯纳对财产权利分配的效率判断——即其行为使我国境内与商品和商标相关的资源分配的价值达到最大化，其相关的财

产权利应当得到法律的认可和确认。[①]

（二）从实际效果看，商标被撤销对销售商显失公平

商标通过商品的推广和销售进入市场，并由大众媒体传播到成千上万的大众，从而实现商标的内在功能——商誉的代表。商标的这些价值不应当受到不当干扰，即其所具有的经济价值和社会价值应当受到法律保护。[②]在本案中，一旦商标被撤销，即是从法律上否定了本国销售商在商标价值增加以及品牌推广和市场知名度提高过程中所作出的努力及其价值。而其所作出的投入和努力在现有品牌价值构成当中具有不可替代性。尤其是不能为外国生产商进驻中国自行销售该产品的行为所替代。在前述案例中，由于“植物动力2003”的良好效果，已经在相关公众中有了广泛的影响力并在该类产品的市场中占有较大的份额。华嘉名公司的推广、宣传和销售行为使“PLANT POWER 2003”及图商标为相关公众所熟知，该商标上所包含的商誉和附加价值均由华嘉名公司所创造。

商标的原始功能在于表示商品的来源和出处，且与其营业有不可分离的关系，否则商标就失去了意义。[③]而商标侵权中的撤销制度实际上是为了给原商标或在先权利的合法持有人在市场竞争中因他人的相同或近似商标造成相关公众的混淆误认而造成利益损害提供救济的途径。但是并非所有被指控侵权人都因其商标的注册和使用在相关公众中造成了产品来源混淆的结果。如在前述案例中，华嘉名公司在产品的推广和销售过程中明确表示该产品由其从德国引进中国，并没有因其对商标的注册使相关公众对该商标造成混淆误认。反而在华嘉名公司的努力下使该商标具有了更巨大的市场价值，德国申请人基于商标

① 波斯纳．法律的经济分析［M］．上册．蒋兆康，译．北京：中国大百科全书出版社，1997：15.

② 曾陈明汝．商标法原理［M］．北京：中国人民大学出版社，2003：10.

③ 曾陈明汝．商标法原理［M］．北京：中国人民大学出版社，2003：10.

价值升值而获得利益。

由于现行的商标法律制度并没有对善意销售商提高商标价值的行为价值予以认可和保护，商标评审委员会作出商标撤销裁定符合法律的规定。但是很明显，这种做法实际上否定了销售商对商标的使用和推广对商标所产生的利益的行为价值，忽略了外国生产商在类似案件中通过商标争议程序获得利益的结果。对本国销售商来说，有违民法公平正义的基本原则。这种案件的普遍出现从表面上看，本国的销售商除商标注册程序上的资金投入外并无其他损失，但从长远角度看，对其行为价值的忽略会客观上使商标纠纷成为国外生产商或销售商侵占本国市场，打压本国企业的又一重要途径。

（三）外国生产商无偿取得本国销售商所创造出的市场价值及品牌价值有违民法及知识产权法基本原则

以本案为例，当销售合同终止并由外国生产商在其产品已有销售市场国建立公司并继续产品销售时，外国生产商即成为了引进产品在市场国的唯一销售商。消费者基于对产品本身的需求而没有识别销售渠道的需要。此时，该争议商标上所附加的价值、知名度和商誉即会随着消费者对产品的使用和购买需求而自然地由德国申请人无偿占有。虽然这种占有也基于该产品质量在相关市场的认可度，但同时，德国申请人无偿获得了因销售商努力而产生的市场份额以及商标的附加价值。而销售商所持有的商标权将有可能成为生产商在市场国进行销售的最后障碍。客观上来说，外国生产商此时对商标及其价值的取得属于民法中的不当得利。

除了代理这一事先已经约定行为人行为后果不归属于行为人自身的制度外，我们遵从一个古希腊人确立的原则——“让财产专属于那些获得财产的人”，[1] 这也是民法乃至整个人类社会观念体系的基本原

① 转引自哈耶克.致命的自负［M］.冯克利，等译.北京：中国社会科学出版社，2000：29.

则，洛克劳动价值理论也是来源于此。从知识产权法的起源来看，知识产权权利的产生是对人脑力劳动的法律认可——脑力劳动者通过自身脑力劳动创造出来的价值理应归属于脑力劳动者自身，受到法律的肯定和保护，他人不得侵犯。然而在本文所讨论的纠纷类型中，销售商创造出市场和商标价值后，所遭受的待遇却没能符合这一基本原则。

二、著作权作为《商标法》中“在先权利”的普遍适用

（一）《商标法》中在先权利的内容

《商标法》第31条规定：“申请商标注册不得损害他人现有的在先权利，也不得以不正当手段抢先注册他人已经使用并有一定影响的商标。”该条虽然规定了在先权利，但没有明确说明在先权利的具体内容。从法理上来说在先权利指对于同一权利客体可以同时或先后受到多种权利的保护，对于依法先产生的权利称之为在先权利。[①] 在中华人民共和国商标局和商标评审委员会共同发布的《商标审查及审理标准》中，明确指出《商标法》第31条中规定的在先权利是除商标权以外的其他权利，包括商号权、著作权、外观设计专利权、姓名权、肖像权等。实践中，权利人以著作权作为在先权利在商标纠纷中维护自身权利已在全世界范围内广泛适用。

（二）著作权作为在先权利对抗他人商标权的良好效果

1. 对抗基础——图形商标有同时获得商标法与著作权法保护的可能性

根据《伯尔尼公约》，“文学艺术作品”一词包括科学和文学艺术领域内的一切作品，不论其表现方式或形式如何，诸如书籍、小册子及其他著作；讲课、演讲、讲道及其他同类性质作品；戏剧或音乐戏

① 张广良．知识产权实务及案例探析［M］．北京：法律出版社，1999：174.

剧作品；舞蹈艺术作品及哑剧作品；配词或未配词的乐曲；电影作品或以与电影摄影术类似的方法创作的作品；图画、油画、建筑、雕塑、雕刻及版画；摄影作品以及与摄影术类似的方法创作的作品；实用美术作品；插图、地图；与地理、地形、建筑或科学有关的设计图、草图及造型作品。图形商标中的图样可以被包括在内，从而使图形商标有了受商标法和版权法交叉保护的可能性。

2. 实践中，当事人在商标纠纷中主张著作权作为在先权利对抗商标权已取得良好效果

由于著作权的取得方式区别于商标权和专利权，其权利在作品完成之日无论是否发表均获得著作权。著作权登记仅发生对抗效力，从而区别于商标和专利的登记生效制度。因此，某一商标中是否含有在先的著作权，无论是受理商标申请的官方机构、相关公众或者消费者均无法在著作权人明确声明或该作品在全世界或相关领域内具有极高知名度的情况下知悉著作权的存在。于是，在商标纠纷尤其是跨国商标纠纷中，权利人通过主张其著作权为在先权利，而对他人近似或相同商标进行异议、争议或诉讼，通常都能取得其预期的效果。

三、当前商标纠纷中抢注行为的基本构成要件存在不合理之处

在许多类似于本文所举案例的商标纠纷案件中，无论当事人是否主张对方侵犯了其所有的著作权等在先权利，都会提出对方当事人商标的注册行为为“抢注”行为。那么“抢注”行为在商标纠纷中应当如何认定？从根本上来说，“抢注”行为包括注册后对商标的使用行为本质上应当属于侵权行为的范畴。根据民法的基本原理，侵权行为构成要具备行为人的主观故意、侵权行为、损害结果三个要件，在商标领域中实际上体现为行为人的行为使商标权人所享有的排他性权利或

其他利益受到侵害。[①] 然而对“抢注”行为来说，行为人的主观状态及行为发生这两个要件上来说都不存在争议，问题在于对“损害结果”的判断。而对是否产生了损害结果，就会因我们对“抢注”行为关注的内容的不同而有所差别。

如果我们关注的是“抢注”行为在商标注册行政程序中所发生的效果，那么被争议商标持有人的商标权必然依照法律在同类或相同商品中排斥了相同或近似商标的注册。这是目前在商标注册体系中商标局和商标评审委员会普遍的认定方式。但是笔者认为从商标的本质及其价值来说，我们更应当从被争议商标在市场交易中的使用结果出发对损害结果加以判断。以前述案件为例，华嘉名公司现持有的商标会成为德国申请人在中国同类产品上注册相同商标的障碍。但是从华嘉名公司在使用中为该商标所带来的价值来说，德国申请人并未因华嘉名公司的行为受到损害，反而是因此获得利益。在这种情况下，能否以这样的后果作为“损害后果”而对华嘉名公司的行为作出侵权认定？这样的侵权认定明显不具有说服力。

四、商标保护天平的重新平衡

综上所述，笔者认为，国外生产商及商标持有人的合法在先权利和利益固然应该尊重和保护，但诚信的国内销售商为产品和商标在中国市场份额和知名度的提高而作出的努力同样应该得到尊重和合理的回报。恶意造成混淆、损害他人权利和利益者固然不应得到同情而应受到惩罚，但诚实守信、如实指出产品来源的行为人更应受到法律的保护。[②] 为了在国外和国内商标权利人、国外生产商和国内销售商之间

① 张广良．知识产权侵权民事救济［M］．北京：法律出版社，2003：28.

② 黄晖．诚实信用原则在商标法中的适用——兼论欺诈毁灭一切［J］．中华商标，1999(5).

实现利益平衡，笔者建议我国商标立法和司法实践应作出如下改变。

（一）商标抢注行为基本要件的重新构筑

商标的价值主要表现在两个方面，一是商标通过其在市场中的使用而获得商誉，二是商标具有识别商品来源的作用，即"当消费者一次又一次购买相同商品或某一商品以不变的形式出现在广告中时，消费者最终就会冠以商品上的商标视为这一来自于特定生产商产品的代名词"，[①] 就如前述案例中"植物动力2003"已成为该液体肥料产品的代名词。商标不经注册意味着其商标权利不受商标法的保护，但并不影响商标在市场中的使用以及这两种价值的产生及其作用的发挥。基于商标申请注册的行政程序不会成为商标价值产生和增加的先决条件，我们认为在认定"抢注"行为等商标侵权行为时更应当以该行为在对商标在市场使用中的价值减损等损害后果为核心考虑因素。具体来说，在认定被争议商标持有人行为是否构成"抢注"时，可以对下列因素予以考量：

1. "抢注"人的主观恶意

如前所述，行为人提出商标申请的行为必然是一个主动的行为，因此不能单纯从其主动提起商标申请的主观状态直接认定其利用商标侵权的故意，而应当考虑是否有以该商标的注册和使用侵犯他人的经济利益、降低他人商誉或造成相关公众及消费者者的混淆误认以从中获利的主观目的。

2. 被争议商标持有人故意为可能给相对人带来损害的行为

被争议商标持有人的侵权行为可能包括两个部分，一是从商标申请注册程序中的行为来看，行为人应知或明知该商标含有他人在先权利而故意为商标注册的申请行为；二是在市场交易过程中，行为人出

① Mathias Strasser, "The Rational Basis of Trademark Protection Revisited: Putting the Dilution Doctrine into Context", available at http://ipij.net/blog/archives/volumex/book2, p.383.（2000）

于恶意竞争的目的通过销售、推广、宣传等方式为能够使相关公众及消费者对产品或服务来源产生混淆、误认的行为。

3. 消费者的混淆误认，使主张被侵权人所持有的商标价值降低或利益减损

侵权行为的构成要件之一是损害结果的实际发生。在此以被“抢注”人所持有的商标的价值及利益减损作为损害结果发生的判断标准是因为在商标抢注纠纷中，被争议商标持有人的行为并非总是造成相对方商标的价值降低和利益损失，反而如本案中华嘉名公司对争议商标所为的行为，扩大了商标指定使用商品的市场份额，提高该商标在相关公众中的知名度，给申请人也带来巨大的市场利益和商标价值的增加。在类似案件中，主张商标被抢注的当事人没有因被争议商标持有人的行为受到实际损害。在相对方没有损害结果的情况下要求行为人承担侵权责任明显不当。

在商标法的范畴内，混淆可能性是不可被忽略的。这种混淆不仅仅包括商标在视觉效果上较低的区分度，更重要的是近似或相同商标在近似或相同商品或服务上的使用所造成的相关公众及消费者对商品或服务来源的混淆。消费者的混淆误认则是前述损害在市场交易中对商标权人最核心的损害。若被争议商标持有人没有造成此种混淆误认，如本案中华嘉名公司始终明确表示该产品是从德国引进，则不应受到非难。

综上所述，笔者认为在对被争议商标持有人的侵权行为作出认定时应当充分考虑上述因素对其行为性质和行为结果所产生的影响和作用。而当被争议商标持有人的行为同时符合上述三个要件时，其行为方在商标法范畴内具有可非难性。

（二）著作权主张人及相对人举证责任重新合理分配

首先，基于著作权取得方式的特殊性，就使著作权在相关公众中具有隐蔽性。无论是被争议商标持有人或者相关公众都没有充分获得图形商标中图形作品著作权相关信息的可能性。因此，在不考虑被争

议商标持有人明知的主观故意的情况下，过失侵权在此适用都显得过于牵强。其次，对于主张著作权作为在先权利的一方，举证责任过轻。以本案为例，德国申请人主张其为争议商标图样的著作权人时仅提交了委托设计合同，但未提交承揽人的交付证明以及其交付的确为争议商标图样的证明。根据民事诉讼证据规则，当事人所提交的证据并不能形成完整的证据链，但其著作权仍然为商评委员所认可并以此为基础作出了商标撤销裁定，委员会的此裁定明显不公。最后，在实践中被争议商标持有人须有证据证明其为该图形商标的著作权人方可对抗对方就其为著作权人的主张。对于被争议商标持有人来说，举证责任明显过重。

根据我国现行商标法的规定，法律并没有要求侵害他人在先权利的行为人有主观恶意，即当著作权作为在先权利为当事人所主张且当事人提出其作为著作权人的任何证明，被争议商标持有人即符合“损害他人现有的在先权利”的情形从而丧失其商标权利。在这个过程中，法律并没有给被争议商标持有人为有效抗辩和免责的空间。而如前所述，主张著作权作为在先权利的当事人与被争议商标持有人之间就著作权存在的事实举证责任明显不平衡，两者之间的举证责任须重新合理分配。尤其是应当对被争议商标持有人知晓在先著作权的困难程度予以考虑。同时，如果争议双方在争议发生之前有过市场交易行为或其他联系，应要求著作权人对相对人就其对图形商标中的图形部分享有著作权的事实进行告知。

（三）销售商法益保护的个案平衡

实践中，外国生产商或销售商在其产品在我国市场中获得稳定的消费群体和市场份额后，利用知识产权纠纷打击我国同行业的竞争者或攫取我国销售商所创造的市场价值的情况屡见不鲜。在这种情况下，我们有必要对本国销售商提高商标知名度和价值的行为的价值予以一定的关注，并在个案中根据案件的具体情况对双方利益加以平衡。

但对本国销售商的保护不应当是盲目的，也应当从本国销售商行为的主观状态以及行为价值两个角度出发探讨本国销售商利益获得保护的条件。首先，从销售商的主观状态来看，虽然我们不能把商标注册申请的提交行为视为过失行为或者法律事实，但应当充分考虑其在注册程序外的市场行为在相关公众所造成的混淆可能性。当本国销售商以其在商标的使用、产品销售和推广过程中对商品来源作出明确的事实陈述等来证明其没有造成相关公众混淆误认的主观故意时，就可以认定其为善意。当然，如果争议的对方当事人有证据证明本国销售商的恶意时可排除其善意的认定。其次，本国销售商的行为与商标价值增加存在直接因果关系。最后，本国销售商的行为并未给外国生产商造成权利损害或利益减损。当上述条件均具备时，商标评审机关以及司法机关即可以在个案中对本国销售商的行为价值予以认可并作出价值平衡。

加拿大商标法律制度介绍与评析

李阁霞*

Comments on Canadian Trademark Law

Li Gexia †

摘要：加拿大商标法无论在商标注册、商标异议、商标撤销还是商标侵权判断标准上，都无不贯彻这样一个准则：商标权来自于对商标的实际使用，这也是普通法系国家对商标权利来源的一个基本判断；商标侵权理论在加拿大的发展主要体现在商标淡化理论的适用上，对商标淡化理论的适用进行严格限制，是加拿大法院通过判例向社会传达的司法机构在这个问题上的基本观点。对加拿大商标制度的引介和研究，既对我国的商标法律体系的修改具有借鉴意义，又可以在中加贸易往来愈加频繁的背景下，对中国企业在加拿大构建商标战略体系提供法律支持。

关键词：加拿大商标法　商标注册　商标异议　商标侵权　驰名商标淡化

加拿大地处北美，原为印第安人与因纽特人居住地，17世纪初沦为法国殖民地，18世纪中期又被割让给英国。1867年，英国议会通过《不列颠北美法案》，承认加拿大为英联邦国家。1982年，英国女王签

* 李阁霞，中国社会科学院研究生院博士研究生。

† Doctor candidate of the Graduated School of China Academy of Social Sciences.

署《加拿大宪法法案》，加拿大议会获得立宪、修宪的全部权力，成为真正的独立国家。

正是由于这样的历史渊源，所以加拿大的法律传统受英国法影响最深，除了原法属殖民地的魁北克省，加拿大的许多法律制度都是根据英国的普通法和成文法演变而来的，实际上，在加拿大成立联邦之前，英国的法律制度是直接施行于加拿大的。所以从法律传统上来看，加拿大隶属于普通法系。普通法系不重视成文法的传统在知识产权法领域成为例外，包括英国和美国在内的绝大多数国家都已颁布了专门的知识产权法律法规，加拿大也是如此。1867年的《不列颠北美法案》将知识产权的立法权授予联邦议会，所以，自20世纪以来，加拿大即陆续颁布了《版权法》《专利法》《商标法》《工业设计法》《集成电路布图设计法》等知识产权立法，建立了知识产权法律体系。[①] 值得一提的是，由于特殊的历史原因，魁北克省一直坚持大陆法传统，颁布有独立的《民法典》，实行与其他省份不同的法律制度。但是，由于加拿大宪法规定知识产权法的立法权归联邦议会，所以，包括商标法在内的知识产权法律亦是通行于魁北克省的。

加拿大现行商标法颁布于1985年，并分别于2003、2004、2005、2007和2008年进行了修订，最近一次修订是在2008年12月31日。除了商标法，还有颁布于1996年的商标法条例，也进行了多次修订，最近一次修订是在2007年10月1日。本文拟结合加拿大商标法和商标法条例的相关规定，以及加拿大法院的相关判例，对加拿大商标法律制度进行介绍和评论，以期对我国商标法的修改和完善有所借鉴，并引导我国企业在进入加拿大市场时构建科学合理的商标战略。

① 杨士虎，等．中国加拿大知识产权法比较研究［M］．北京：中国社会科学出版社，2010：35.

一、商标注册

根据加拿大商标法，商标是指一个人用于将其生产、销售、租赁的商品或雇佣、提供的服务与他人生产、销售、租赁的商品或雇佣、提供的服务进行区别的标记，包括证明标记（certification mark）、识别性外观（distinguishing guise）和意图使用商标（proposed trade-mark）。商标可以是注册商标，也可以是非注册商标，注册并非强行性规定。

除了一些禁止性标记，如皇室、皇室成员、总督等的徽章、饰章等，“红十字”、“红新月”等特殊标志，官方标记和印记等不可作为商标使用之外，其他的文字、图形或者文字和图形的组合，都可以作为商标来使用；① 而要申请商标注册，则除了上述禁止性标记不能申请注

① 加拿大商标法第9条:（1）任何人在商业行为中不得使用由下列文字或图形组成的商标，或者与下列文字或图形非常近似可能被误解为下列文字或图形的商标:（a）皇家的纹章、纹饰或旗标;（b）任何王室成员的纹章或纹饰;（c）总督阁下的旗标、纹饰或纹章;（d）该文字或图形容易使他人误认为其所关联的商品或服务得到了皇室、总督或代表皇室的政府批准或授权，或者在皇室、总督或代表皇室的政府批准或授权下生产、销售或提供的;（e）任何在加拿大被全国性、省级或市级公司使用的，已由加拿大商标注册员根据该公司要求告知公众其使用或被采纳的纹章、纹饰或旗标;（f）根据瑞士联邦颜色修改而成的被1949年《日内瓦保护战争牺牲者公约》所采用的作为军队医疗服务标志的为加拿大红十字会使用的白底红十字标记或“红十字”及“日内瓦十字”字样;（g）与（f）中所规定的目的相同的为穆斯林国家使用的白底红新月标记;（h）与（f）中所规定的目的相同的为伊朗使用的红狮与太阳标记;（h. 1）《日内瓦公约》第66(4)中规定的民间保护中使用的国际性的标记（桔黄色背景上蓝色等边三角）;（i）根据公约条款规定并已被注册员告知公众的不能用于商业目的的任何国家、地区或城市的旗帜、纹章、纹饰、徽章或官方保护和控制管理标记或符号;（i）任何诽谤性的、猥亵性的或不道德的文字或图形;（k）易于暗示该商标与活着的人有关联的图形或文字;（l）任何活着的人或已死亡但未超过30年的人的肖像或签字;（m）“联合国”字样或联合国的官方印章或徽章;（n）根据加拿大国王或大学或公共权力机关的请求已由注册员向公众告知使用或采纳的下列徽章、纹章、标志或标记:
（i）根据《国防法》由皇家海军、陆军或空军使用任何徽章、纹章、标志或标记;（ii）任

册之外，还有其他一些限制，比如不能用活着的人或死亡未超过三十年的人的姓名来注册，商品的通用名称、与他人商标相混淆的标记等，也不能申请注册。① 根据加拿大知识产权署网站的介绍，自今年3月28日开始，遵照加拿大联邦法院的指令，商标注册局开始接受声音商标（sound marks）的注册申请。② 实际上从加拿大商标法的规定来看，并不禁止对声音商标的使用和注册，只是在此之前，商标局尚未核准过对声音商标的注册申请。

在此有必要对加拿大的商标注册和管理机构进行简单介绍。隶属于工业部（Industry Canada）的加拿大知识产权署（Canadian Intellectual Property Office）是加拿大的知识产权行政管理机构，其下设商标注册局（Office of the Registrar of Trade-marks）（下文简称商标局），负责商标的注册和管理等有关事项，包括对商标注册申请的受理、审查和公告，定期出版《商标期刊》（Trade-marks Journal），管

何由大学使用的徽章、纹章、标志或标记；（iii）被加拿大公共权力机关使用或采纳的任何与商品或服务相关的官方标记；（o）加拿大皇家骑警的名称或其名称的缩写“R. C. M. P.”及其与任何加拿大骑警有关的字母的组合，或者骑警成员的任何图片表示。（2）如果经上述（1）中所规定的国王或个人、社团、权力机关、公共组织等同意而使用（1）中规定的相关的禁用文字或图形，本法不加限制。

① 加拿大商标法第12条：（1）根据本法第13条的规定，如果一个商标不属于下列情形，则是可注册的：

（a）任何活着的或已死亡的但未超过30年的个人的名或姓，（b）任何口头或书面、清楚不清楚、以用英文或法文表明该商标用于或将用于的商品或服务的特征、质量、生产地、生产过程、生产人员的；（c）用任何语言表述的该商标用于或将用于的商品或服务的通用名称；（d）与已注册商标混淆的商标；（e）被第9条或第10条禁止使用的商标；（f）被10.1条禁止使用的植物名称。（2）由于上述（1）中（a）与（b）项规定的原因而不得注册的商标如果已被申请人或其前任在加拿大使用并在申请注册时已具有显著性，则是可以注册的。

② 加拿大知识产权署网站：http://www.cipo.ic.gc.ca/eic/site/cipointernet-internetopic.nsf/eng/wr03439.html, 2012-4-16访问。

理商标异议程序等。商标局每年大约要受理四万五千份商标注册申请。[①]商标局内设商标异议委员会（Trade-marks Opposition Board，TMOB），专门受理商标异议申请及商标撤销申请。对于商标局或者商标异议委员会的决定不服的，当事人可以向各省最高法院或者联邦法院提起诉讼。

在加拿大要申请商标注册，大致要经过这样几个程序：申请、审查、公告、异议和核准注册。

1. 申请

申请文件的内容应该包括商标的名称或图案、商标使用或拟用的商品或服务的类别、商标使用或在加拿大为公众所知的时间、商标申请人的名称和地址等；如果商标在国外已经获得注册，则应向注册官递交由该国注册机构签发的商标证明文件的副本，这有助于其在加拿大的注册申请获得顺利通过；另外，如果该商标在加拿大提出注册申请之前，在国外已提出过申请，则可以根据《巴黎公约》的规定，主张商标注册申请的国际优先权，以国外申请日作为在加拿大的申请日。

对于申请注册声音商标的，申请文件应当包括：其一，申请注册声音商标的声明；其二，描绘声波的图样；其三，对声音的文字描述；其四，包含该声音的电子录音。

申请人在递交申请文件之前，对拟申请的商标进行预先检索是非常有必要的，这可以防止自己的申请与他人的注册商标或者受理待批商标相冲突，从而防止自己的申请被驳回或者降低以后发生侵权纠纷的可能性。加拿大知识产权署建设了"加拿大商标数据库"（Trade-marks Database），在其官方网站上即可进入并免费检索。该数据库包含了在加拿大已注册和受理待批的所有商标数据。

值得注意的是，为了使拟注册的商标最大限度避免侵权或因混淆

①加拿大知识产权署网站：http://www.cipo.ic.gc.ca/eic/site/cipointernet-internetopic.nsf/eng/wr02361.html#who，2012-4-16访问。

而被驳回或提出异议或撤销，最好再进行商号（trade name）的检索。在加拿大，商号是允许作为商标来使用的，而加拿大对未注册商标同样提供保护。但由于商号是商业主体在其从事业务的省份根据各省法律登记的，不像注册商标一样，有一个系统全面的数据库，所以对商号的检索较为繁琐和困难，因而建议申请人聘请专门的商标代理人进行检索。

由于加拿大商标局是自2012年3月28日才开始受理声音商标的申请，所以目前在“商标数据库”中无法查到声音商标的相关数据。根据加拿大知识产权署官方网站提供的信息，截至2012年4月16日，商标局共受理了两件声音商标，一件是米高梅公司（METRO-GOLDWYN-MAYER LION CORP.）的“狮吼声”（该商标申请在1992年即已提出，但一直未获通过，并一度被商标局驳回。联邦法院正是针对该申请发布T-1650-10号指令，要求商标局对该申请进行公告[①]，从而使声音商标的注册在加拿大成为可能），另外一件是一家叫做“Mars Canada Inc.”的公司于2012年3月30日申请的由多种乐器合成的一种声音，拟用在巧克力糕饼和糖果上。

由于加拿大没有正式的商品分类制度，因此一件商标申请可以包含不同的商品或服务类别，申请人只需要缴纳一份商标申请费用，该费用如果通过知识产权署网站在线缴纳，是250加元，通过其他方式缴纳则为300加元。

2. 审查

商标局收到商标注册申请后，首先，要审查商标是否有违反商标法的不可注册的情形；其次，要对商标数据库及相关商标记录进行彻底检索，以确定该申请没有与已注册的或申请待批商标产生冲突。对

① 加拿大知识产权署网站：http://www.ic.gc.ca/app/opic-cipo/trdmrks/srch/vwTrdmrk.do?lang=eng&status=OK&fileNumber=0714314&extension=0&startingDocumentIndexOnPage=1，2012-4-16访问。

于审查员的质疑，申请人应及时回复，如未及时回复，或者回复仍然不能使审查员满意，商标申请将会被视为放弃或者被驳回。

在这一程序中，如果审查员认为申请注册的商标含有非显著性部分，则会要求申请人递交一份就该非显著性部分不主张权利的弃权声明。

如果经过初步审查发现没有问题，则审查员会将商标申请在《商标期刊》上公告，并留出一定时间供社会公众提出异议；如果没有异议或异议不被支持，则核准注册，并发给商标注册证书。

3. 公告

在商标注册申请正式公告前，审查员将会对商标做公告前检索，以确定在审查的几个月中，没有人获得注册或者申请与该商标相冲突的商标。如果公告前检索没有发现针对申请商标的冲突情况，那么该申请将会在《商标期刊》上公告。

4. 异议

自商标注册申请公告之日起两个月内，任何人均可在缴纳规定的费用后向商标局提交书面的异议声明，对于商标的可注册性、商标的显著性、申请人的资格等提出质疑，商标局会同时听取异议人的异议和申请人的答辩，并作出异议成立驳回商标注册或者异议不成立商标予以注册的决定。

5. 核准注册

如果在商标注册申请的异议期内无人提出异议或提交异议时已过异议期或提出的异议申请被裁定不成立，则商标局会核准该商标的注册。如果当事人不服裁定提出上诉，商标局将根据法院对上诉的判决结果作出相应的决定。

值得注意的是，在加拿大提出商标注册申请时，必须在申请文件中标明其申请的基础，即该申请是基于商标的实际使用、商标已在加拿大驰名、商标已在外国使用并且在任一巴黎公约成员国或世界贸易组织成员注册或已提出注册申请还是商标的意图使用。对于前三种情形，商标被核准注册后，商标局应即向申请人颁发商标注册证；而对于意向使用商标，申请人应在规定的时间内向商标局提交商标已实际使用的声明，商标局在收到声明后才会为申请人颁发商标注册证，否则视为放弃注册申请。

商标注册的日期应登记在注册簿上，自登记之日起，商标注册生效。商标注册的保护期是15年，期满后可以续展。

二、商标异议与商标撤销、商标无效

（一）商标异议

根据加拿大商标法第38条，在申请商标被公告之日起两个月内，任何人均可在缴纳规定的费用后向商标局提交异议声明。异议的理由包括：其一，该申请不符合商标法第30条的规定，即申请时需要提交的与商标申请基础有关的证据材料不完备等；其二，该申请的商标不具有可注册性；其三，该申请人无权注册该商标；其四，该商标无显著性。

具体受理商标异议申请的是商标异议委员会（TMOB）。如果审查员经初步审理认为该异议不成立，未涉及商标可注册的实质性问题，可以驳回该异议并通知异议申请人。如果审查员认为该异议申请涉及到商标可注册的实质性问题，则会向注册申请人送达异议书的副本，并要求其在指定时间内进行答辩，同时将答辩书的副本送达异议申请人。如果注册申请人未在规定时间内提交答辩书，则该商标申请将被视为放弃。对于商标异议的申请，异议申请人或注册申请人都可要求商标异议委员会举行听证。

在审查有关证据或依当事人要求进行听证后，审查员可以根据审理结果，驳回商标申请或驳回异议并将驳回通知及驳回理由通知当事人。对于商标异议委员会的决定不服的，当事人可以向法院提起诉讼。

应当注意的是，如果申请被异议，而申请人在提交商标注册申请时并未委托商标代理人办理相关事宜，此时最好委托一家商标代理机构介入异议程序，这同样适用于试图对他人商标申请提出异议的异议申请人，因为在加拿大商标异议程序非常复杂，不仅费用不菲，持续时间也比较长，一项完整的异议程序的解决可能会持续2年的时间。

加拿大联邦上诉法院在加拿大总检察长诉艾弗杰公司一案[①]中，将商标局依职权撤销商标注册申请和依当事人异议申请撤销商标注册申请作了严格的区分，传递了这样一个观点：作为商标管理行政机构，商标局的权限应严格限定在法律规定的范围内，私权上的纠纷应由当事人自行解决，而非由行政机构越俎代庖。

艾弗杰公司（简称被上诉人）于2000年12月9日向商标局申请注册“MAISON UNGAVA”商标，该申请基于意图使用。2001年10月19日，加拿大特瑞科恩投资有限公司（Tricorn Investment Canada Ltd.）向商标注册局提出申请注册“UNGAVA”商标，基于自1981年起在加拿大的使用。两件商标都指定用在同一类型的商品上：床上用品。2003年11月14日，根据商标法第37条的规定，商标局驳回了被上诉人的注册申请，被上诉人不服，向联邦法院提起诉讼，联邦法院支持了被上诉人的诉求，要求商标局公告该注册申请，商标局不服，向联邦上诉法院提起上诉。

联邦法院在审理中认为，商标局的行为违背了商标法的立法目的。根据商标法第37条授予商标局的权限，商标局确实有权驳回商标注册申请，但这种权限被立法者作了限制，即只有当申请不符合商标法第30条的规定（申请材料不完整）、商标不具备可注册性或者与其他受理待批商标相混淆的情形下，商标局才有权驳回商标注册申请。在正常的申请程序下，商标局应该按照申请的先后顺序，只要申请没

① Attorney General of Canada v. Effigi Inc.，2005 FCA 172.

有与在先申请但处于待批状态的商标申请相混淆，也符合商标法第37条第1款的其他规定，商标局就应该公告该注册申请。如果有其他人主张在先使用以及混淆的存在，应该通过商标异议程序提出。联邦上诉法院的法官支持了这一判决。

（二）商标撤销与商标无效

根据加拿大商标法第18条的规定，在下列情形下商标注册无效：其一，该商标在注册时不具有可注册性；其二，在该商标的注册效力被提出疑问时，该商标不具有显著性；其三，该商标已被申请人放弃；其四，商标注册申请人不是有权获得该商标注册的人。

而商标撤销除了因商标权人自动放弃注册商标被撤销外，多发生在商标权纠纷中，通常是通过诉讼程序解决，这在下文中将作详细介绍。此处着重介绍根据商标法第45条提出的因不使用商标而启动的商标即时撤销程序。

商标法第45条规定，“在商标注册三年后，商标局可根据已按照规定交纳相关费用的任何人的要求，书面通知注册商标所有人在三个月内提供关于该注册商标在通知发出之前三年在核准范围的商品或服务上在加拿大使用的声明或宣誓。如果未使用，则提供该商标最后在加拿大使用的时间及其后不使用的原因。”该程序可以以任意第三人提出申请的方式启动，也可由商标局自行启动，其目的就是将未连续使用的商标从商标注册簿上撤销。商标异议委员会（TMOB）负责审理根据该条规定提出的商标撤销申请。

商标法的这一条款，被称为“要么使用要么失去（use it or lose it）”条款，集中体现了加拿大商标法对商标实际使用的要求。前文已经介绍过，虽然加拿大允许基于“意图使用”申请商标注册，但要获得核准注册，申请人还必须提供在提出申请后已经实际使用商标的证据。这印证了英美法国家对商标权利来源的一个共识：商标权来自于实际使用，而非注册。所以，在加拿大，即便是未注册商标，仍然可以获得商标法和普通法上的双重保护，注册仅仅是权利推定的公示而已。因而，如果一件商标被核准注册之后，在连续三年的时间内没有使用，商标管理机构或者法院会依据这一事实，对注册商标予以撤销，除非商标注册人能够证明其系“因特殊情形而未使用”。①

那么，怎样的情形构成商标法第45条的“特殊情形”呢，加拿大联邦上诉法院在斯科特纸业有限公司诉斯玛特和比格案②中对此作出了解释。

2002年4月29日，商标局应斯玛特和比格公司（简称被上诉人）的请求，向斯科特纸业有限公司（简称上诉人）发出通知，要求其提交在该通知发出之前三年内使用注册商标“VANITY”的证据，如果没有使用，则提供最后一次在加拿大使用的时间以及不使用的理由。上诉人提出在商标局的通知发出之前，商标权人准备恢复使用该商标的计划已经在进行了，而且在誓言证据提供的当日，2002年10月28日，实际销售也已经开始了，经查明，这仅仅是一次单独的销售。商标局听证官经审理查明，商标权人对该商标的最后一次使用是该商标获得注册通过的日期，1989年3月28日，据商标局通知发出之日大概有13年。但是，对于商标法第45条的“特殊情形”，听证官提出了判断的三个标准：其一，不使用的时间跨度；其二，不使用是否因非商标所有人所能控制的情形而发生；其三，在最近一段时期，商标所有人是否有意恢复使用。根据这三个标准，听证官认为上诉人提供的证据可以证明，其行为符合第三个标准，即有恢复该商标使用的强烈愿望，因而，认为上诉人构成商标法第45条规定的不使用的“特殊情形”，所以对该商标不予撤销。

①加拿大商标法第45条第3款：“如果根据所提供证据或因为未提供证据，注册官认为一个商标在加拿大并未在通知发出之前三年在注册核准的全部或部分商品或服务上使用，且不属于因特定情形而未使用，该注册商标则可能被撤销或修正。”

② Scott Paper Limited v. Smart & Biggar, 2008 FCA 129.

被上诉人不服，起诉至联邦法院，联邦法院法官没有支持听证官的结论，指出听证官无视上诉人长达13年有意不使用商标的实际情况，仅仅因为最近意图使用而认定为“特殊情形”，从而作出不撤销商标的决定，属于适用法律不正确。所以，判令商标局撤销该注册商标，上诉人不服，上诉至联邦上诉法院。

上诉法院法官指出，商标法第45条规定的“特殊情形”，重点在于是否因为特殊情形导致了商标不使用的发生。正像Pratte J.A.法官所分析的那样，“在特定案件中，为了确定商标不使用是否应该被谅解，就非常有必要考量导致商标不使用的所有原因，看是否有对于一般原则的例外，即不使用就应当导致商标被撤销……”所以，法官认为，不使用就应该导致商标被撤销，这是商标法的一般原则，除非商标权人提出可以被谅解的不使用的“特殊情形”。本案中上诉人并未提出其不使用的特殊原因，听证官仅仅因其对该商标意图恢复使用，即作为“特殊情形”予以谅解，减弱了不使用的法律后果，违反了商标法第45条的立法目的，所以应当予以撤销。

联邦上诉法院的这一判决，再一次证明了商标的实际使用对维持商标注册效力的不可或缺性。我国《商标法》也有“连续三年停止使用”可以撤销注册商标的规定，但由于在申请注册时并不要求对商标的实际使用，所以现实中有大量的商标注而不用，甚至有许多人仅以“抢注”为目的，囤积大量注册商标。如果不改变单一的“商标注册制”模式，仅仅依靠这一条规定，是很难起到强调商标实际使用的作用的，所以，在我国有为数众多的“商标专用权”是仅凭一纸商标注册证书获得的，而这种状况在加拿大这样的强调商标权只有因实际使用才能获得的国家是不会出现的。

除此之外，根据加拿大商标法，如果注册商标部分或全部与葡萄酒或烈酒的地理标志相同，并用在这类商品上，但该商品并非产自地理标志所标示的区域，则商标会被撤销或认定注册无效。但是，如果自商标注册之日起超过5年，并且已由申请人或其前任实际使用并已驰名，则除非能够证明申请人明知其商标部分或全部构成地理标志而提出注册申请，否则商标不会被撤销或无效。

商标自注册之日起满5年后，任何人不得以在先使用或者以驰名商标为由提出撤销申请，除非能够证明商标注册人当时已知道驰名商标或在先使用情况。

三、商标权属争议

加拿大商标法第20条规定，“无权使用注册商标的人以混淆商标或商号销售、发放或通过广告宣传商品或服务的行为构成对注册商标所有权人注册商标专用权的侵犯”。由于加拿大同时提供对未注册商标的保护，所以，虽然商标法中并未规定，但在司法实践中，如果申请注册的商标或已经注册的商标与在先使用的未注册商标构成混淆，法院也会判决前者侵权并承担注册撤销或者其他法律后果。

商标法第6条具体规定了商标或商号产生混淆的判断标准：

（1）根据本法的宗旨，如果一个商标或商号在按本法所规定的方式和情形下的使用会使其与另一个商标或商号相混淆，则该商标或商号构成与另一商标或商号的混淆；

（2）如果同一地区内一个商标的使用与另一个商标的使用可能产生这样的误解，即不论与这两个商标相关的商品或服务是否属于同一类，它们是由同一个人生产、销售、出租、雇佣或提供的，则这个商标的使用与另一个商标的使用构成混淆；

（3）如果同一地区内一个商标的使用与一个商号的使用可能产生这样的误解，即不论与该商标及该商号相关的商品或服务是否属于同一类，它们是由同一个人生产、销售、出租、雇佣或提供的，则该商标与该商号构成混淆；

（4）如果同一地区内一个商号的使用与一个商标的使用可能产生这样的误解，即不论与该商号和该商标相关的商品或服务是否属于同一类，它们是由同一个人生产、销售、出租、雇佣或提供的，则该商号与该商标构成混淆。

（5）在决定商标或商号是否混淆时，注册官或法院应综合考虑以下因素：

（a）商标或商号的内在显著性及其为公众所知晓的程度；

（b）商标或商号被使用的时间；

（c）商品、服务或交易的性质；

（d）贸易的性质；

（e）商标或商号在外观、称呼或暗示性方面的相似程度。

该规定详细列明了商标或商号混淆的判断标准，但在实践中，如何适用该条款仍然存有争议，加拿大最高法院在玛斯特匹斯公司诉阿拉维达生活方式公司案[①]中对该条款进行了详尽的解释。

玛斯特匹斯公司（简称“上诉人”）与阿拉维达生活方式公司（简称“被上诉人”）都是从事退休安居工程的公司。从2001年开始，上诉人开始使用包括“Masterpiece the Art of Living”在内的商标在阿尔伯特省从事相关业务。被上诉人在2005年开始进入该行业，在安大略省从事业务，并于2005年12月1日申请注册“Masterpiece Living”商标，申请的根据是意图使用。2006年1月，被上诉人开始在业务中实际使用该商标。在被上诉人提出商标注册申请后不久，上诉人也开始使用“Masterpiece Living”商标，并于2006年向商标局提出申请注册“Masterpiece Living”以及“Masterpiece”商标。由于被上诉人的申请在先，并已获得注册通过，所以上诉人的申请被驳回。上诉人随后向联邦法院提起诉讼，要求撤销被上诉人的商标，联邦法院和联邦上诉

① Masterpiece Inc. v. Alavida Lifestyles Inc., 2011 SCC 27,［2011］2 S.C.R. 387.

法院最终都驳回了上诉人的诉求，该案最后被上诉到加拿大最高法院。最高法院支持了上诉人的诉求，要求商标局撤销被上诉人的商标注册。

该案在联邦法院审理时，法官认为，虽然诉争商标与上诉人的商标有一定程度的相似性，但认可了被上诉人提出的在实际使用商标时有意区别，使得其与上诉人的商标的混淆可能性降低的主张；另外，因该案的消费者面对的是比较昂贵的商品和服务，所以在购买时注意程度更高，这种注意程度使得商标在消费者中产生混淆的可能性大大降低了。所以法官认为，上诉人并不能证明在其未注册商标和商号与被上诉人的注册商标之间存在混淆的可能性。联邦上诉法院支持了初审法院的判决。

最高法院法官经过审理，提出了这样一些标准：

第一，对于注册商标来说，因其根据商标法所获权利范围覆盖全国，所以在判断是否与其他在先使用的商标或商号构成混淆时，就不应局限在特定地域范围内；

第二，法官重申实际使用对商标权获得的意义，即便是注册商标，也无法对抗在先实际使用的未注册商标，如果二者构成混淆可能性的话；

第三，法官重申在判断混淆可能性时，应该站在一个漫不经心的消费者的立场上，以其于匆忙之中看到诉争商标时，在未经过仔细考虑和比对的情况下，是否会对诉争商标和在先使用商标产生混淆作为判断标准；

第四，商标或商号的相似性在判断混淆可能性时具有十分重要的意义，没有二者本身的相似性，判断混淆可能性的其他因素往往意义不大；而在二者相似的情况下，对其他因素进行考量就非常必要了；

第五，商品或服务的性质或者费用虽然会影响消费者注意程度的高低，但对判断混淆可能性并无帮助，无论消费者面对的商品或服务的性质如何，在判断混淆可能性时，仍然要遵循前述第三条的判断标准。

该案是加拿大最高法院就商标混淆性判断作出的重要判决，正像该案的主审法官 ROTHSTEIN J. 在判决中写到的那样：“本案为法院提供了这样一个机会，即遵照商标法的相关规定，重新审视对竞争商标之间的混淆性进行分析判断的基本方法和标准。”

在商标权属争议或商标侵权诉讼中，传统的商标法都是坚持混淆理论，但随着对驰名商标保护范围的扩大，混淆理论被逐渐突破，在涉及到驰名商标时，判断是否构成侵权不再以混淆可能性作为判断标准了，而是适用商标淡化理论。加拿大商标法第22条，“任何人不得以可能贬低他人商标所系的商誉的方式使用他人注册商标”的规定被认为是商标淡化条款。但对该条款的争议从该条款诞生之日起就未停止过。持肯定态度者认为该条款侧重于对商誉的保护，这在商标已不仅仅只有区别商品或服务来源的功能的今天，该条的规定是非常有必要的；[①] 不过，也有人坚持，商标的不正当使用和消费者混淆的可能性是商标法应该坚持的判断商标侵权的基本原则，加拿大商标法第22条的规定，只是一个“不伦不类”的“外来物种”，商标侵权的传统判断标准足以平衡商标权人和社会公众的利益，所谓商标淡化理论反而损害了这种平衡。[②] 加拿大最高法院在美泰公司诉加拿大3894207公司一案[③]中重申了这样一种观点：驰名商标的跨类保护并不是绝对的，尤其是对于一个通过使用获得第二含义的商标来说，能否获得跨类保护，应视具体情况综合考虑；无论是驰名商标还是普通商标，如果要限制

---

① James, J. Holloway, The Protection of Trade-mark Goodwill in Canada：Where We Were, Where We Are, and Where We Should be Going, Intellectual Property Journal, September 2003, P4.

② Eugene C. Lim, Dilution, The Section 22 Debacle, and the Protection of Business Goodwill in Canada: Some Insights From U.S. Trademark Law and Policy, The Trademark Reporter, July-August 2011, P1234.

③ Mattel, Inc. v. 3894207 Canada Inc.,［2006］1S.C.R. 772, 2006 SCC 22.

他人使用，必须坚持“混淆的可能性”这一判断标准。这实际上也是加拿大法院在对待商标侵权判断标准上的一贯看法。[①]

美泰公司（简称上诉人）是玩具芭比娃娃的生产厂家，其在加拿大拥有注册商标“BARBIE”，用在玩具及其他相关产品上。加拿大3894207公司（简称被上诉人）是一家在蒙特利尔经营的小型连锁餐饮企业，自1992年起，开始使用商标“BARBIE”。1993年9月，被上诉人向商标注册局提出注册申请，申请注册的商标如下图所示：

商标使用的服务类别是餐馆服务、餐饮外卖、餐饮和宴会服务。上诉人向商标异议委员会提出异议，理由是某些商标因为驰名度很高，例如“像BARBIE这类标记如果用在其他商品或服务等消费领域，会使普通消费者将其与驰名商标所有人联系在一起”，从而在消费者中引起混淆，所以要求商标局驳回该项申请。商标异议委员会经审理后认为，被上诉人申请的商标应用在餐饮服务上，与上诉人商标所用的玩具及相关产品属于完全不同的商品和服务领域，因而不会在消费者中造成混淆，所以支持了被上诉人的理由，对该商标申请予以核准通过。

上诉人不服，上诉至加拿大联邦法院和联邦上诉法院，两级法院都维持了商标异议委员会的裁定，于是上诉人将该案上诉到加拿大最高法院。

---

① Mirko Bibic, Vicky Eatrides, Would Victoria’s Secret be Protected North of the Border? A Revealing Look at Trade-mark Infringement and Depreciation of Goodwill in Canada, The Trademark Reporter, July-August 2003, P905.

最高法院法官经审理后认为：驰名商标以及“驰名商号”的商业功能无论如何演进，商标仍然不能脱离其被用来区别商品或服务的法律目的。立法机关同意，有些商标驰名程度如此之高，以至于无论将它用在哪一类商标或服务上，都会导致混淆，但这并不意味着“BARBIE”就具有了这样的超越性。在该案中，综合呈现在法庭上的各种证据以及综合考虑各种因素，法院认为，认定两件商标在市场上并不会造成混淆的可能性是合理的。虽然“BARBIE”商标在上诉人的玩具类商品上已经获得了很强的第二含义，具有了很强的显著性，具有了很高的公众认知度，但被上诉人申请注册的商标，并不仅仅是文字“BARBIE”，而是作为一个整体，包括文字的字体以及环绕的图案，并且在双方当事人商标覆盖的区域内，也具有了一定的认知度。玩具业务和被诉的餐饮业务面对的是完全不同的客户群。法官强调，就算撇开上诉人的商品和被上诉人的服务的巨大不同，他们二者处在不同的商业渠道中，而那种在单一商业渠道中有可能因业务交叉产生的混淆的可能性也不存在。

综合所有上述因素，最高法院驳回了上诉人的上诉。

上诉法院通过对该案的判决，不仅强调了混淆可能性的判断在驰名商标侵权诉讼中同样发挥着重要作用，而且进一步阐明了必须以实际使用作为商标保护的前提，该案被上诉人得到支持正是因为其在申请商标注册前即已在自己经营的服务上实际使用诉争商标，而被上诉人之所以没有得到支持，很大一部分原因也是因为其商标使用范围并未覆盖到被上诉人的服务领域。

该案的判决对我国的商标立法和司法实践都具有重要的借鉴意义。与加拿大商标法不同，我国《商标法》并没有就商标侵权的判断标准作出规定，而是列举了商标侵权的各种情形，这在立法技术上是存在缺陷的。正是由于这样的立法方式，所以除了《商标法》，在《商标法实施条例》及最高人民法院的司法解释中，不得不随着市场形势的变化，不断加入新的商标侵权类别。我国《商标法》第52条第1款："未经商标注册人的许可，在同一种商品或者类似商品上使用与其注册商标相同或者近似的商标的"，被认为是侵犯注册商标专用权的行为，实际上，仅仅有商标或商品类别的相似，未必一定导致消费者有混淆的可能性，在判断是否构成商标侵权时，还必须结合混淆可能性进行判断，但由于《商标法》作了这样的规定，有不少法院在商标侵权案件的审理中，只要是商标或商品类别相同或相似，即判断侵权成立，却无视商标使用人通过使用中所确立的商誉，使消费者并不会混淆商品或服务的来源的事实。而且，对于驰名商标的保护，我国商标立法和司法实践也倾向于只要构成了驰名商标，并且已经注册，即实行跨类保护，而不再问是否有混淆可能性。加拿大最高法院的这一判决提醒我们，即便是驰名商标，在判断是否构成侵权时，也应进行个案认定，对于驰名商标的反淡化保护，不应一概扩大。

结 语

我国《商标法》第三次修改工作已接近尾声，就目前公布的草案征求意见稿来看，仍然问题多多，比如仍强化商标的管理色彩，仍坚持单一的商标注册制，对于商标的实际使用也仅靠商标撤销制度保障，对于侵害商标权的行为，仍然采取列举式规定的方式等等，加拿大商标法对于商标注册的要求，对商标实际使用的强调，对商标侵权判断标准的细化等，对我国商标法律制度的完善具有借鉴意义。而且，近年来中加贸易往来越来越频繁，许多中国企业开始进入加拿大市场，与此同时，大量的中国驰名商标或商号被人在加拿大"抢注"，因而，了解加拿大的商标法律制度，对于中国企业构建其在加拿大的商标战略体系，也具有很强的实践意义。

美国专利法保密条款简介及对我国立法者的批评和建言

陈泰和*

Comments on the Privacy Policy in US Patent Law and Criticism and Suggestions for China

Chen Taihe†

摘要：对如病毒、电脑病毒等有害国家安全的发明发现在专利法中如何对待？中美两国有着完全不同的法律规定，中国主要依靠《专利法》和《国防专利条例》等调整，而美国则是受《美国法典》及具体司法实践灵活调整。中国法在对其授予专利、如何保密等语焉不详、甚至是完全忽视，但美国法则是积极保护，并让国防部长等级别的官员直接参与其中，另外，还积极给予金钱补偿，并由法庭专门处理因为补偿而产生的纠纷。两国立法之间的差别，关键在于我国立法者或法学理论界无法看透专利法之后的先进生产力本质，我国法学教育、法律人才的大环境、司法实践等挑选不出合格的人才为国家先进生产力科学立法。最后，应该学习美国，在法律人才培养、权力分配和立法与司法相结合灵活地发现先进生产力，促进国家科技的进步。

关键词：有害发明　保密　专利　补偿　学习借鉴

---

* 广西桂林师范学院副教授。

† Associated Professor of Guilin Normal College of Guangxi Province.

写本文的一个促因是，有次我给美国专利律师做同传翻译，在一个提问环节上，一个学生提出，“美国武器是世界最先进的，这些先进技术是否也可以在美国申请专利？”当即我便对这个问题很感兴趣，想到中国的武器一直是落后发达国家几十年以上，是不是因为这个制度原因造成了我们的落后。于是开始研究中美之间的专利制度在这方面的对比：中国有国防专利，而美国则有保密条款（某些发明的保密及扣押专利的申请）。考虑到美国国防科技的先进发达，很自然会推断出其在该领域的专利或发明的保密和鼓励措施也应该比中国发达，或者其做法更具有鼓励人们为国防或其他尖端武器积极贡献的作用。

从法律条文上看，中国的条文似乎更多更全面，在《中华人民共和国专利法》2008年中有第4条、第20条、第64条规定了专利的保密。在2010年修订的《中国人民共和国专利法实施细则》中，有第7条、第8条、第9条、第55条涉及了保密事项。另外，2004年11月1日施行的还有《国防专利条例》。美国则主要是在《美国法典》（USC）中38部（title）17章（chapter）18节（section）中规定了保密，还有其他条款如42部等。但仔细分析，中国保密条款和国防专利有大而不当、僵硬不实惠等弊病，而美国专利则有诸多优点：如灵活、实惠、及时、责任分配清楚、充分保护发明人利益等特点。

一、条款上的差别分析

第一，首先从专利负责人来说，中国条文给人的感觉是集体不负责。因为其头衔是“国务院专利行政部门”，泄露机密则有“所在单位或上级主管机关”等列举负责单位，涉及国防专利，则是“国防专利机构”受理。这些单位，是什么部门呢？是否能够独立负责呢？都语焉不详。尤其是我国，单位还有很多领导，于是互相推诿就是常态的官僚病。因此，可见首先从责任人来看，我国的涉及国家利害关系的发明，就缺乏具体负责人。而美国则不然，其法典明确规定，所有涉及到单位的一把手是具体负责人。如果发明跟国防部有关，负责人就是国防部长（the Secretary of Defense）；如果跟某个机构有关，负责人就是机构一把手（the chief officer）、首脑们（the head）。而专利的直接经手人，法律上明确是“专利局长（the commissioner of patents）”，可见，美国的规定更具有可操作性，因为具体负责人如果规定了，那么操作就会因为责任的明确而简便易行。

第二，负责人负责，还必须落在实处，让责任有据可查，实实在在承担起来。因此，美国人专门规定了一个细节，那就是作出保密决定的负责人，无论是国防部长还是特勤部门的首长，还是专利局长本人，在作出保密决定之后，“被披露知晓该申请的任何个人应该随即签署一个确定日期的认知书，这个认知书应当存入该申请的档案中。”让所有涉案人员签字认定，这是一个确凿的书面证据，以确保每个人都履行保密的职责。另外必须确定日期也是美国立法值得我们学习的地方。而且美国还规定了保密期限为一年，专利局长可以刷新该封存保密的命令，使得期限增加一年。而在原来签发发明保密的部门或机关首长明确表示要刷新封存保密，也能让保密再增加一年。

与之相比，中国基本无这方面的规定。如何让保密工作有效地实施操作起来，已有的法律似乎不能如此详细认真地要求所有涉案当事人具体如何行为。封存地说法根本就没有，而要所有当事人签个有日期的认定书更是没有。可见，我们的立法存在线条太粗地问题。

第三，我国国防专利条款的名称就存在问题。国防专利，顾名思义，国家防卫的专利，那么，如果不是国防的呢？是进攻性的专利呢？例如，电脑病毒、细菌病毒等能够攻击别国的致害发明呢？以国防专利的名词属性，这些就不应属于国防了，而是致害物质了，其专利是不是应称作致害专利？这些专利就整个国家利益而言，显然是需要的。国家知识产权局的网站详细解释为：“涉及国家安全或者重大利益的发明创造，需要按照有关规定申请保密专利。一般而言，涉及国家安全的发明创造主要是指国防专用或者对国防有重大价值的发明创造；涉及国家重大利益的发明创造是指涉及国家安全以外的其他重大利益的发明创造。这些发明创造的公开会影响国家的防御能力，损害国家的政治、经济利益或削弱国家的经济、科技实力。申请保密专利的发明创造不包括外观设计。”这段话的核心在于国家的防御能力，那么，国家的进攻能力呢？例如熊猫烧香这个电脑病毒，还有利用麻黄素制造冰毒，这些发明其实都可以成为国家利益，但我们的做法是将当事人判刑枪毙。

而美国则不同，他没有一个专门的名称，对这些发明的描述是“有害国家安全（detrimental to the national security）的财产利益（property interest）”。可见，美国专利法在立法的时候就有意识地将有害国家的发明也纳入其保密的范畴内。这一点，跟中国的做法是不同的，也是我们应该学习借鉴的地方。发明，其实无论直接的结果是好还是坏，但这仅仅是就社会内部而言，如果涉及国家间的竞争、对抗，某些坏的发明也能成为国家的利器，这就同武器完全是一回事。武器能够对内造成伤害，但对外更是攻击敌人防卫自我的工具。

第四，我国关于保密专利在时间上的规定有:《专利法实施细则》第7条第2款规定“国务院专利行政部门认为其受理的发明或者实用新型专利申请涉及国防利益以外的国家安全或者重大利益需要保密的，应当及时作出按照保密专利申请处理的决定，并通知申请人”，《国防专利条例》第11条规定:“国防专利机构定期派人到国务院专利行政部门查看普通专利申请，发现其中有涉及国防利益或者对国防建设具有潜在作用需要保密的，经国务院专利行政部门同意后转为国防专利申请，并通知申请人。”这样的时间规定实际上大体不能满足保密专利所要达到的目的，因为之所以要保密，乃是因为涉及国家利益和利害关系，这是非常急迫的事情，必须马上作出保密的决定。而我国，“及时”作出决定，“通知”申请人，会耗费较长时间；国防专利局派人来查看专利，一般是敷衍了事，没有约束其必须发现国防专利，这个部门的具体操作人怎会克尽职守？另外，实际如何操作我们普通百姓都不得而知。

而美国，在时间上是非常明确，“无论何时（whenever）”，意味着时时刻刻。专利局长在收到专利申请后马上就作出保密决定，因为只要是利益攸关的部门的首脑都能做决定。而如果国防部或其他部门认为必须保密，则是马上通知专利局长，后者也马上“命令（order）”申请人必须保密。可见，时间上，美国专利的条款也比我们更具有紧迫感和使命感，也更能保护国家利益。

第五，要注意，保密条款中，中国的法律规定，涉及保密的“通知”申请人，而美国条款则是“命令”申请人。两个词的份量完全不同。在中国这么一个习惯了下级服从上级的服从社会，按理说，专利法这么事关国家科技先进性的法律，应该更加让这种服从关系服务于体现先进生产力的专利保密，但遗憾的是，我们的立法者仅仅是让国家与个人处于一个平等的平台来，因此，是“通知”而不是“命令”。

而在美国，这个一贯平等自由的国度，总统与公民完全平等，国防部长、总司令死了埋在与普通士兵同样位置的国家，在涉及国家保密的专利发明时，是“命令”申请人必须保密。这里反映的不是美国变得服从了，而是美国立法者深深地知道，发明专利是先进生产力，是事关国家的竞争力和国防力量、进攻力量的大事，因此，任何公民都有义务为国家贡献力量，并有义务为国家保密。这里面反映的是立法者是否能够深刻认识这个问题严重性的实质。显然我们的立法者没有认识到其中的严重性。

第六，美国保密条款最值得我们学习的是他们规定了被保密或扣押发明专利申请的申请人有权利获得补偿。规定了要求补偿的人是：自己本人，其继承者，授权者，或法定代表人。要求补偿地对象是：签发保密命令的国家部门或机关一把手。要求补偿的时间是：被命令保密的当天到之后六年。这个一把手在获得要求补偿的主张后，就应该补偿给申请人合理的金钱，并与申请人就这个发明的所有事项达成一个和解协议，允许国家对该发明进行所有目的的利用。

不仅于此，美国人规定最出彩的地方在于，即便达不成和解协议，签发保密命令的一把手应该给予申请人75％的他认为应该给予补偿的数目。换言之，无论如何，国家政府都授权了具体部门的一把手给发明者金钱补偿。这个规定，应该来说最大限度地调动了申请者，以及美国民众发明创新的积极性。相当于政府悬赏民众发明各种对国家有利或有害别人的东西。难怪美国武器科技如此发达，这一条应该是功不可没。

对比中国，根本就没有类似条款。我国似乎特别吝啬于馈赠金钱给普通民众。

另外，对于这笔补偿不服，申请人还可以到专门受理此类诉讼的联邦法庭起诉："受制于根据本章181条款颁发的保密命令的申请颁发任何专利的所有者，没有如上述规定的申请补偿金，应当有权利，在这么一个专利签发的日子，在接受联邦诉求的联邦法庭提出诉讼，要求因保密命令产生的损害和／或他的披露导致对发明的政府用益而来的补偿。"

至于在这个法庭上，如何诉讼，我想，除了美国人之外，也就是那些签署了如有日期的认定书的人能够接触到之外，其他人都不会被允许参与。因为一旦参与，就是泄密了。但在美国，法官拥有崇高的地位，获得民众超过政府数十倍的信任，因此，当法官如果在确定一笔赔偿数额之后，一定会比政府官员确定的高。政府官员由于涉及到政府资金的有限性，自己部门其他对资金的要求，以及自己办公等费用，都会对资金比较砭吝，自然补偿给被要求保密的专利申请人的金钱就会较少。而法官则是经历十几年的民事赔偿，以及美国法庭经常出现的天价赔偿，自然在补偿数额上会起点很高，因此，诉至法庭要求合理的补偿，将会是专利申请人的不错选择。

第七，处罚条款。我国专利法对于专利申请人的处罚写的很笼统大概。“第64条，违反本法第二十条规定向外国申请专利，泄露国家秘密的，由所在单位或者上级主管机关给予行政处分；构成犯罪的，依法追究刑事责任。”这几乎是我国部门法中用刑法威慑的一个最常用的条款，而实际上，这个条款对于以美国标准要求给予保密的发明来说，根本没有任何意义。因为，只有在向外国申请专利，泄露国家秘密的，才能处罚。然而，当一项武器或病毒发明，洩露给社会都将是不利于社会的，都应该给予处罚，但我国法律似乎看不到这些。

而美国规定：

任何人，根据本章181条在申请专利的时候被扣押，及其发明被命令保密的各次期间和总期间，应该，在知道这么一个命令并在没有任何适当授权的情况下，故意地公布或披露或授权或使得该发明，或相关材质信息被公布或披露，或任何人故意地，违反本章184条得规定，提交或促使或授权合众国产生的专利申请或某个利用模型，工业设计或有关任何发明的模型被在国外提交，应该，在被确定属实后，被处以不超过$10,000.00的罚款或不超过两年的监禁，或两者皆罚。

这个规定对保密条款的执行起到了较好的威慑作用。任何人！都会因此判刑和罚款，理由是，不能泄露被保密的发明专利申请。

二、立法者的不足、批评

在条文对比后，可以分析其背后的立法者立法能力的不足和对法律认识的不足，以及缺乏相应学科背景、专业知识所带来的立法方面的致命缺陷。

第一，知识产权，发明专利的立法目的是什么？

我国立法的规定，似乎就是为了专利权而发明专利。专利法所规定的条款也都是围绕专利权大做文章。所有的法条都是如何提交专利、审核专利和取得专利，以及对专利权的保护。但是对于专利背后隐含的最主要的内容——先进生产力，都缺乏认识，因此在立法的时候自然就缺乏相应的对应。而能够证实这个事实的，就是有害发明，原子弹、病毒、细菌都是有害发明，但绝对没有人会否认这是先进生产力。然而，中国的专利立法，尽管没有明文阐述它是不是先进生产力，但实际上的规定完全可以推论，中国立法者认为这不是先进生产力。

相比美国，对专利的认识，尤其是对其背后所反映的先进生产力的认识，是最为深刻到位，也最设想周全，并能够为此服务最到位。

（1）宪法，美国人是世界上第一个将专利的法律权利在宪法中规定的国家。美国宪法中国会的职能是：通过确保作者及发明者有限时间期内对其各自的写作和发现享有排他的权利以促进科学和有用艺术的进步。很明显，美国立法者国父们就认识到专利是促进科学进步，生产力进步。

（2）在《美国法典》中，对于先进科学和先进生产力的界定是很灵活的，包括有害国家安全的。尽管没有确定何为有害国家安全，但是，却在具体操作中，设立了比专利申请更灵活方便的保密制度，对敏感技术保密或者扣押对其进行的专利申请的公布和披露，这是非常有效地保护措施。而跟进其保护的是，要求每个人都应该保密，并签署附有日期的认定书。

（3）除发明申请人的内部圈子的人（继承者、授权者或法定代理人），国家作为一个公权力机关介入该发明的人，都是最高级别的，国防部长、一把手、首脑，可见对于发明的重视，而更重要的是，发明人对于自己发明要求的国家补偿都是跟这些人直接打交道。这无疑显示，美国对于先进生产力的重视是无以复加的。其实，从国家的最高法宪法到国家政府机构中的最高领导人，这两高就彰显了整个社会对发明的最高度重视，对生产力的最高度重视。

而我国立法者却将这明明是先进生产力的东西排除在外，国家知识产权局网站上明确规定："只要该专利申请符合受理条件（该条件并不涉及发明创造的内容），就能够被国家知识产权局专利局受理。但是如果其内容违反国家法律、社会公德或妨害公共利益的，将不能被授权。"也就是这些有害东西是不能给予专利权的。但是，不能给予专利权，是否能够给予保密，或者专利扣押而带来的个人对政府要求补偿的主张呢？中国法律没有这方面的规定。对先进生产力的漠视，在此已经不是漠视了，而是扼杀了。因为如果天才们在这些方面不能够得到补偿，是没有积极性去创造发明的。

第二，如何保护先进生产力？为何有保密的发明种类和专利权之间的区别对待？

中国专利法，包括《国防专利条例》，即便是为了涉及国防利益的专利，也必须授予国防专利才能保护，才能得到专利许可费。立法者在此对于先进生产力应该如何保护和促进是完全生疏的。因为既然作为"有害国家安全"和"涉及国家利益"，那么，这就应该是不应该公开的生产力技术，应该最大程度的减低其曝光的可能性和程度。所以，涉及保密的就不应该给予专利，而一旦被认定关乎国家，就更应该成为国家机密。但我们的专利法却将其当作普通专利走个程序。尽管为了保密，增加了个保密的国防专利程序，但是，这么个程序实际上很僵化、官僚化。相比美国，国防部长一个人就能将此秘密给守住，而中国则是一帮国防专利的技术专家和法律专家来处理，美国的做法既能够做到责任到人，又能够做到最专业眼光来分析，因为还有哪些人比国防部长、各机关的一把手更能够是关乎国家利益的权威？

中国立法者丝毫看不到先进发明的敏感性，也许是根本缺乏相应的专业知识，所以用的是大一统的模子来对付本应非常敏感对待的武器、病毒等敏感技术。因此，在保密的发明和专利之间，没有这样的区别对待。因此国防部长，各秘密部门的一把手他们的地位高，但不会被用来为了国家科技，在《国防专利条例》中最高长官就是国防专利局局长。“第十七条　国防专利局设立国防专利复审委员会，该委员会由有经验的技术专家和法律专家组成，其主任委员会由国防专利局局长兼任。”该局长的职能是国防专利局否决了别人的国防专利申请后，进行复审。美国人保护先进生产力是用最高级别的官员，而我们则是下下级的不知名的人。

保密的发明同专利一样也能得到补偿，并且是国防部长级别的人直接决定补偿。这也是美国对先进生产力的保护所体现的良好制度。但是我国，却丝毫没有相应的规定。如何保护先进生产力，区别秘密发明和专利权两个不同种类，我们立法者一直是处于昏睡状态，毫不察觉。

第三，法律理念的僵硬性、死板性，缺乏活力，导致了我们立法对生产力的扼杀。

我国专利法“第二十五条　对下列各项，不授予专利权:（一）科学发现;（二）智力活动的规则和方法;（三）疾病的诊断和治疗方法;（四）动物和植物品种;（五）用原子核变换方法获得的物质。对前款第（四）项所列产品的生产方法；可以依照本法规定授予专利权 ”。但是这些东西明显是先进生产力，为何不给予奖励呢？我国立法，一旦规定了这些条款之后，就极其僵化死板地约束现实生活和生产中相对应的事务。这些先进性的东西，可以不授予专利，但是对于国家和整个社会而言完全可以奖励。这也就是美国保密条款所针对的对象。当然美国保密条款针对的对象更宽泛，因为只要“有害国家安全的财产利益”，即可使用保密条款。

而美国法更具灵活性的是，每个政府部门都有权力采取在各自分工的范围内的措施来实施保密条款，其法律的灵活性，跟我国法律的僵硬性形成鲜明对比。“188条，规则、命令、权力行使：原子能委员会，国防部部长，任何其他部门或总统授权的作为合众国防御机构的政府机构的一把手，以及商业部长，可以分别地签发规则和规章以促使分别的部门或机构执行本章的条款，和根据本章被赋予行使任何权力。”

第四，立法者的能力不足、短视以及专业背景的缺乏，导致了我国专利法的如此硬伤。

这是一个万分之一的天才造福万分之九千九百九十九的时代。因此比尔盖茨能够造福全人类，因此电脑能够让整个社会完全改变。也正是认识到万分之一天才的伟大能力，美国人让国防部长这么高级别的官员来处理这些高科技是完全有理由的也是合适的。然而，我国专利立法者，似乎一直缺乏这方面的能力。

1. 他们看不到科技对人类社会的伟大影响和推动

例如美国保密法的“有害国家安全”的发明，由于能力的不足，他们看不到事物的正反两面，因此把这有害的东西全部都当作糟粕给扫除掉了。这就是《专利法》“第五条 对违反国家法律、社会公德或者妨害公共利益的发明创造，不授予专利权。”这么一个大盖帽，把所有不适用于专利的发明和先进性都排除得一干二净。什么是违反法律？在中国，谁来解释某个先进生产力违反法律？社会公德，则将其范畴更是加倍地扩大，如国法律没有明文规定，那么社会公德就会是扼杀先进生产力的有力根据。同理，妨害公共利益也是如此。

而幽默的是，美国人给予“有害国家安全”的发明以保密和补偿，而我们则是将妨害公共利益简单地粗暴地拒绝给予专利。中美两国立法者似乎完全对此问题观点对立。是什么阻碍了中国立法者对这个问题的正确认识呢？在接待美国专利律师的时候，通过交谈，他说明了在美国作专利律师的条件，本科学位必须是理工科背景，然后再申请法学院入读，获得法学博士学位后，参加州律师考试，再申请专利律师资格。换言之，专利律师，专利领域内的法律人才，必须是对理工科，英文 science（科学）非常有能力才能够适合。对比中国，这些具备科学知识的法律人才会很容易看到先进生产力。我国法学教育培养的人才，则因为缺乏这个背景和专业知识，看不到先进生产力。甚至，有的法学教授，连一个机械图都看不懂。如此能力，怎么能够立法涉及整个国家和民族先进生产力的专利法？

2. 立法者的短视

因为长期浸淫在课堂上死记硬背的教条宣讲，我国法学培养出来的人才，基本上都只能僵化地执行立法规定。而当这些人年长之后，又成为立法者，于是他们眼界所及，也就是他们一贯浸淫在其中的知识和阅历。因此，可一看到，很多中国立法，都有或多或少的短视痕迹。对比美国，在保密命令下达后，发明者及其继承者、授权者和法定代理人，专利局长、国防部长等，凡是接触到的人，都必须保密，否则就是10000美金罚款及两年监禁。而我国则是向外国申请专利，泄露国际秘密的，才能给予刑事处罚，而且还没有罚款。并且，刑事处罚的方式，也是一贯的"构成犯罪的，依法追究刑事责任。"不知道至今是否有追究刑事责任的，也许这个条款永远都用不上，因为，我们的法律在扼杀了民众的创造能力之后，民众已经没有能力创造出来新发明，够得上这个处罚条款。

美国的立法和司法模式跟中国一个明显的不同，就是在单行条款中规定了刑罚，保密条款是个例子。而中国则是将任何单行条款，都在涉及刑罚的时候，交给刑法处理，于是，中国就存在一个问题，刑法规定的条款必须跟单行法之间互相配合协调一致，否则就难以治罪。这就增加了立法成本和执法成本，有的时候，甚至走到极端，法律之间互相矛盾。专利法在向外国政府申请专利而导致的"构成犯罪"，是什么罪名？泄露国家机密？间谍罪？似乎都难以完全符合。因为刑法有其构成犯罪的几个要件，如果不满足则不是罪。这样，其实刑法在此也约束不了美国保密条款所要保护的法益。可见，我国立法存在先天性的短视和制度僵硬导致尾大不掉、大而无用。

通过对比美国法，也反映出来立法方面的资源和功力分配不科学。该粗的不粗，该细的不细。美国保密条款10000美金罚款和两年监禁，尽管几句话，但是很细。而我国的专利法，“构成犯罪的，依法追究刑事责任”，则是太粗，一般无法适用。美国保密条款将保密的各个细节描述的一清二楚，负责人、专利局长、国防部长、下命令、签名放入档案袋、申请赔偿、具体的时间等都一一列明。而我国的法律对这些都是语焉不详。例如国防专利费，《国防专利条例》“第27条，国家对国防专利权人给予补偿。国防专利机构在颁发国防专利证书后，向国防专利权人支付国防专利补偿费，具体数额由国防专利机构确定。属于职务发明的，国防专利权人应当将不少于50%的补偿费发给发明人。”这么一条，内容字数都很多，但是实际操作的时候，如果你是专利人，你找不到找谁要钱（美国是直接找国防部长），你也不知道是多少钱（美国是政府应该跟你协商价钱），你如果不同意，也得同意（美国是先得到国防部长认定价钱的75%，（似乎是专门给你诉讼费），然后你可以去诉讼。

三、建言

我国法学教育、立法模式和司法实践一直存在根源性的问题，这反映在最宏观层面，就是我国法治状况不容乐观；反映在微观层面，则是很多具体的法律规定存在致命的错误，如本文分析的专利法。如何改善我国目前的困境，需要大家努力。本文仅仅作些建言：

第一，法学教育的致命缺陷。我国法学教育从高考开始，招收学生，到硕士、博士，问题是明显的。（1）没有招收到真正有才能做法学的学生，高考这个生产线方式的挑选人才的方式，对于法学而言，是用普遍一律的僵化标准扼杀了法学天赋，因为法学的灵魂是自由，自由是天才的必要基因，倘若没有自由的空间，就不存在天才。

但我国法学则是让高考的机械模式桎梏了自由的灵魂。（2）本科、研究生和博士之间的学科、课程基本差别不大，仅仅是对法条一些原来就存在问题的教条进行反反复复地反刍，使得本有自由自然的人的思想，在这样机械反复，并在考试、文凭等设置的条件强制下，将本来是人类自由平等催生下的法治变成了新时代的科举制度，压抑了整个民族的创造力。（3）法治科学类似于练武功，在人的身体出于自然生长的阶段，是不可对自然生长的身体作不自然的锻炼，因此古希腊就明白，练武功要等到身体发育成型之后。同样法学也是如此，因为它是对人类社会中人情世故、自然良心的分辨和确定，这需要小孩具有一定的生活生产阅历的积累，更需要学生心智成熟才能够学习，心理发育成熟，否则在心理发育不成熟的阶段学习法律，就会因为法律知识的片段扭曲其心理自然发育。因此，在美国，本科即学生在22岁之前都不学习法律，而是在之后学习法律。而我国则在18岁学习法律，18 ~ 22岁期间，是人自然生长中心智发育最重要的阶段，它需要的是学习自然科学、历史知识等，如果学习法律，则会让规则、法条等限定性的东西限制禁锢其心理发育或导致其非自然生长。笔者在实践中经常遇到类似情况，大学生在读了两年法律之后，思想禁锢已经僵化，如果你提出跟他平常学习相反的情况，他们基本接受不了。我国法学思想僵化的弊病，在本论题中显而易见，立法者们在照抄、拟定法条的时候，除了机械地因袭古旧，毫无新意，毫无对生产力的适应能力。法学教育的模式已经到了非改革不可的情况了。

第二，中国的权力模式也存在严重问题，专利局本身应该服务于生产力，因此，在跟生产力之间的权力分配上，存在倒错。专利局纯粹是个服务机构，其功能就是服务于国防部、国安部等，因此，如果国防部、国安部认为某项专利是应当保密，是先进生产力，就完全自己决定，并下命令给专利局长，后者只能服从。美国保密条款的所有细节都是如此设计。专利局长接到国防部长等的命令，马上必须下达保密令。而专利局长觉得专利符合保密条件，则应该报告给国防部长随时来检查。这样的分工在于：国防部等单位直接跟高科技打交道，是先进生产力的直接应用部门，因此具有最终的决定权，是生产力本身，而专利则是给生产力的先进性提供社会制度方面的认定和保护工作，是服务于生产力的，因此是次要的。这样，专利局长跟国防部、国安部部长之间的关系就是主人和服务的关系。

美国制度设计的科学性，对比中国，后者的违背科学性就显而易见。再看看我国《国防专利条例》："第十一条　国防专利机构定期派人到国务院专利行政部门查看普通专利申请，发现其中有涉及国防利益或者对国防建设具有潜在作用需要保密的，经国务院专利行政部门同意后转为国防专利申请，并通知申请人。"

"经国务院专利行政部门同意后转为国防专利申请"，该语句凸显的是背后的权力分配，专利局具有最终的决定权是否转为"国防专利"，这在权力分配上与美国制度恰恰相反。美国是生产力决定服务机构的服务，而中国则是服务机构决定/同意生产力。在生产关系与生产力的关系上，中美之间正好颠倒。而美国由于符合生产力决定生产关系的客观规律，受益匪浅，因此军工技术是全世界最好。而中国的军工技术的落后，到如今还造不出自己飞机的发动机，就是一个明证。

尽管这些差距就是一个法律条文，但是其反映背后的巨大冰山则是问题严重性的集中体现。

第三，我国的司法实践也阻碍了我国先进生产力的发展。美国制度的设计，联邦法庭以及有权接受类似案件的法庭，可以审理当事人因为政府补偿不合理而提出的诉讼。这一条，使得司法实践与生产力密切地结合起来。因为，生产力说简单也很简单，就是经济效益。通过法庭诉讼而将生产力以金钱数额的方式标明价值，是生产力发挥其物质效益的最佳形式。但要注意的是，美国法中的经济补偿不是在专利权利证书签发之后，而是从保密的日期开始。这一点与我国是完全不同的。我国则是在授予国防专利权之后，对侵犯其专利权的行为进行处罚并可主张侵权者进行经济补偿。对于国防专利被国家利用后是否补偿语焉不详。有文献指出，国防专利大部分都是没有任何经济补偿的，也就是说国家无偿地将技术据为己有，但却不给发明者任何回报，这一点非常严重地挫伤了普通民众的发明积极性。

而美国法庭介入保密专利的经济赔偿，则比中国的规定先进两个层次。第一个层次，由政府官员，高级到国防部长、国安部长或其他机构的一把手直接拍板决定赔偿数额，从而让政府能够最有效地鼓励民众对于尖端武器、病毒等的研究和发明积极性。第二个层次，让法庭来作决定，这就让经济补偿的权利从政府公权力那里回到了民众自己手中，换言之，民众自己决定何为合理的经济补偿。因为美国法庭的法官，是长期以来，经历了成功的律师生涯才能晋升为法官。这一段重要经历，使得法官会成为普通民众坚定的代言人——法官在美国声誉最高也是因为这个原因。因为，在美国，复杂的当代前沿科技或事务的案件，一般都会由当事人选择民决团审判，[①] 律师在民决团审判中是最能够发挥其天才法律能力的，因为只有获得普通民众的认可，律师才能够获胜。而优秀的律师，就是经常会在这样的案件中脱颖而出。这样的律师在晋升为法官之后，最大限度地将民众的经济基础结合到法律的上层建筑中，并推动、塑造上层建筑适应经济基础。这一切都是美国法庭能够最大限度地鼓励生产力，保护生产力的制度保障。对于发明创新而来的生产力，有了这样的美国法庭，能够最大限度地保障发明者的权利，并推动整个民众为此长江后浪推前浪的踊跃发展。可见，美国司法制度对生产力的保障和推动，是非常值得我们学习的。

---

① 英文是 jury，原被错误地译作陪审团，后来经笔者多年的考据，并在英国实地考察一年，纠正其为“民决团”，因为它是“一群按照法律程序挑选的普通民众给出呈现在他们眼前的案件一个最终决定。”故而是“民众”“公民”决定案件的团体，简称“民决团”。见：陈泰和 . 最普通的权利［M］. 北京：人民出版社，2010.

另外，更重要的是，美国的法条、立法、法典都是示范性的。如《示范刑法典》(Model Penal Code)，《统一商法典》(Uniform Commercial Code)，同样，《美国法典》(United State Code)，亦即本文引用其中有关专利保密条款的这部法典，也是示范性的。因此，中国人学习美国法律，就不得不对成文法规定格外小心，因为从文字上看，美国法给中国人的第一印象，并非是其全貌。如《示范刑法典》，在美国，也仅仅是几个州采用了，其他很多州都仅仅是采纳了部分条款。法典化在美国一直受到一些人的追捧，这些人就是津津乐道、乐此不疲于要让美国法律统一格式化、标准化的那些律师法学家们，但也受到很多人的批评，这些人就是认为统一标准化的法典是无法适用的。"在'禁止'和'允许'的两个极端之间不可能存在可能的法律体系的这么一个假设，是《示范刑法典》的最关键弱点。"换言之，很多人的行为并不是"非此即彼"的简单化概念，而是存在并不一定禁止也并不一定被允许的模棱两可的模糊地带。这个道理适用于任何法律调整的对象。同样专利保密也是如此，"有害于国家安全"可能不一定必须颁布专利，但的确能为国家所用，因此，对它进行鼓励并奖励有助于促进人们更积极地向先进生产力挺进和开拓。实际上，统观美国专利保密的法律规定，其灵活性是远非习惯于成文法的我国专利法所比拟，因为国防部长、国安部长、甚至商业部等的领导都能对某个特殊的发明、发现等自主决定。

最后，更重要的是，我国立法者应当参悟"为何美国法典"是示范性的？它在于美国法庭，法官、民决团对于美国法律拥有最高的解释权和决定权。"有害国家安全的发明"的保密，可能由于涉及国家安全在美国是极度保密的，因此，只能是专业法官来判决发明者就其补偿和专利申请之间的纠纷，这就让法律的模糊地带有了最后一道保障程序。可见成文法在英美，其僵硬性、标准化带来的刻板由法庭的灵活性、具体案件具体处理的个案化较为科学的补充和完善了。譬如，民决团在英美法语境中和社会期望中以及他们被要求判决的具体指控中来决定何为“合理的”。某个行为会很快被民决团认定为“非法”，但是却在成文法体系要求立法机关改变法律才能定罪。民决团，以及在民决团制度的天下历练出来的法官，能够有效的、及时的、灵活的改进成文法、法典、立法机关立法的僵硬性。

当然，由于保密专利、秘密发明的机密性，在美国，作为中国公民的任何人，都无法知道其内部真正的运作程序，也无法接触其真实情况。笔者接待的这位律师，告知的美国任何发明都会被专利局长委派的工作组敏锐地捕捉和保护，在《美国法典》中并没有明确的文字与其对应。但是，从美国高科技的全球称霸，到美国军事实力的天下无双，都可以证明，也可以通过常理来推理，美国人对于此类技术的保护和利用，具有超越任何国家的先进性，否则它也不可能是世界第一。我国法律存在的法学教育不能选拔优秀人才为国家制定法律和实践法律，以及法学培养方式导致的法律思维僵化，不能适应生产力需求等问题，需要我们从根本上解决。我国权力分工不是围绕促进生产力，而是行政分工部门（专利局）高于并管理生产力（国防部），这也需要从头改变。最后，我国法庭，应该在政治设计上让司法实践中有着丰富第一手资料和经验的法官（由民决团制度的天下历练的法官）进入到对生产力的经济效益中，进行符合时代发展和市场瞬时需要的评估和确认，从而从个体刺激和激励上，促进发明，做到我国高科技领域内的创新，可持续创新。

美国可授予专利权方法的司法判断问题研究

宋建宝*

Study on the Judicial Judgment of the Patentable Methods in USA

Song Jianbao †

摘要：自20世纪70年代以来，可授予专利权方法的司法判断标准问题不断引发新的探讨和争论。之前的判断标准主要有二："机器－转化"司法判断标准（machine-or-transformation test）和"实用、具体和有形结果"判断标准（the useful, concrete, and tangible result test）。如今，根据美国联邦最高法院在相关案件判决中的结论尤其是最近在Bilski案和Mayo案中的陈述，上述两种判断标准只是个别具体案件中的有益参考。因此在分析某一方法其是否属于可授予专利权客体时，只须这种判断符合专利法目的和不违背专利法文本的规定。可授予专利权方法的判断问题是开放的，并且在符合专利法目的和不违背专利法文本规定的情况下将继续不断地发展。

关键词：专利权　方法专利　司法判断标准

* 宋建宝，山东郯城人，法学博士，目前供职于科学技术部知识产权中心，主要研究领域为知识产权法、科技法。

引 言

美国联邦法院自1876年[①]确立可授予专利权方法的司法判断标准以来，在随后的近一个世纪中，该问题在司法实践中基本上都得到了很好地解决。但是自20世纪70年代以来，随着计算机技术和软件技术的工程化和产业化，可授予专利权方法的司法判断标准问题不断引发新的探讨和争论，例如70年代的Benson案和Flook案，80年代的Diehr案，以及90年代的Lowry案、State Street案和AT&T案。后来互联网的出现和快速普及，商业方法是否可授予专利权问题又使可授予专利权方法的司法判断标准标准问题继续升温。进入新世纪以来，Comiskey案和Bilski案，尤其是新近发生的Bilski案更是将该问题再次推至美国联邦最高法院的案头。

Bilski案在学术界和产业界的种种猜测中，美国联邦最高法院最终在2010年6月28日作出判决。美国联邦最高法院在判决书中不仅全面回顾了有关判断方法是否属于可授予专利权的司法标准的重要判例，还以经济发展阶段为时代背景详细评析了先前判例中曾经运用到的各种司法判断标准。但是美国联邦最高法院的Bilski案判决并未在已有的司法判断标准中进行选择确认，也没有就该问题形成新的司法判断标准，因此该问题不仅没有随着Bilski案而尘埃落定，却“在符合专利法目的和不违背专利法文本规定的情况下继续不断地发展”。[②]

在Bilski案作出判决不到两年，美国联邦最高法院于2012年3月20日就Mayo案作出的判决也主要集中在可授予专利权方法的司法判断标准问题。这说明可授予专利权方法的司法判断标准问题在美国尚

①1876年的Cochrane诉Deener案开创美国可授予专利权的方法的司法判断之先河，确立了可授予专利权方法的“机器-转化”司法判断标准。

② 参见561 U.S. __（2010）, slip op. at 16。

没有形成比较统一的认识，并且在不到两年内，美国联邦最高法院就同一问题连续进行判决，这也说明该问题已经引起美国联邦最高法院的高度重视，并且需要继续分析和澄清。

一、专利权客体概述

从专利法的角度来说，专利权客体是指专利法可以保护哪些发明。虽然世界各国专利法对于专利权客体的规定不尽相同，但都毫无例外地提供了对于发明的保护。[①]一般说来，发明是指人们通过创造性的智力活动，制造或者设计出了某种前所未有的东西。下文仅以美国1952年专利法为依据，分析美国专利法中专利权客体。

（一）可授予专利权的客体

美国专利法第101节规定了可授予专利权的客体，即：

只要符合本法规定的条件和要求，任何人都可以就其发明或发现的任何新的且实用的方法、机器、制造品或者合成物及其任何新的且实用的改进获得专利权。[②]

根据第101节的规定，共有四类发明或者发现可以获得专利法的保护，即可授予专利权的客体可以分为方法、机器、制造品和合成物。美国国会在立法时运用“任何”一词来修饰方法、机器、制造品和合成物这些术语，由此可以得知美国专利法规定的可授予专利权的客体是非常广泛的。[③]

当然，美国专利法第101节规定的可授予专利权要求只是取得专

① 李明德．知识产权法［M］．北京：社会科学文献出版社，2007：193.

② 参见 The Patent Act, 35 U. S. C. 101, 原文是“Whoever invents or discovers any new and useful process, machine, manufacture, or composition of matter, or any new and useful improvement thereof, may obtain a patent therefor, subject to the conditions and requirements of this title。”

③ 参见 Diamond v. Chakrabarty, 447 U. S. 303, 308（1980）。

利权、获得专利法保护的门槛性标准。根据该法的规定，一项发明欲取得专利权、获得专利法的保护，不仅要满足“方法、机器、制造品和合成物”的类别要求，还必须具备新颖性和非显而易见性，并且还必须充分描述发明的具体内容。[①]

（二）不授予专利权的客体

美国专利法第101节规定了可授予专利权客体的类别，并且范围相当广泛，仅从字面上看不出任何限制。但根据美国联邦最高法院以往的判例，符合第101节规定的可授予专利权客体有三个具体的例外，即自然规律（laws of nature）、自然现象（physical phenomena）和抽象思想（abstract ideas）不属于可授予专利权客体。[②] 自然规律、自然现象和抽象思想是人类知识的源泉，当然属于全人类所有，不能被任何人所独占。[③] 这三种具体的例外虽然从法律文本中直接看不出来，但是这些例外限制却是符合第101节规定的“新颖且实用”要求的。

此外，根据美国法典第42卷第2181条，用于原子武器的核材料或原子能也不能获得专利权。这是由专利法以外的其他法律明确排除在专利保护范围之外的客体。[④]

二、美国专利法上的“方法”

“方法”一词的含义相当广泛和不确定。1793年的美国专利法当时使用“art”来表示“方法”。美国国会在1952年制定现行专利时将原先的“art”替换成现在的“process”用来表示“方法”。但美国联邦最高法院认为，这种变化并没有改变可专利方法的范围，因为就专

① 参见 The Patent Act, 35 U. S. C. § 101，§ 102，§ 103，§ 112。

② 参见 Diamond v. Chakrabarty, 447 U. S. 309（1980）。

③ 参见 Funk Brothers Seed Co. v. Kalo Inoculant Co., 333 U. S. 127, 130（1948）。

④ 李明德 . 美国知识产权法［M］. 北京：法律出版社，2003：34.

利法而言，“process”就是“art”。[①]

美国现行专利法第101节规定了方法、机器、制造品和合成物四类可授予专利权客体，但专利法本身却仅对“方法”进行了定义和说明，由此可见美国国会在1952年制定现行专利时就已经预料到“方法”一词可能会引起认识上的分歧，因此就“方法”进行专门定义。美国专利法第100节（b）规定，“方法”（process）一词系指方法（process）、技艺（art）或制法（method），并包括对已知的方法、机器、制造品、合成物或材料的新的利用。[②]

对于法律用语的解释，除非另有定义，否则应当按照它们日常的（ordinary）、当代的（contemporary）和普通的（common）含义进行解释[③]。根据法律解释常用的文理解释规则，对于含义模糊的术语，可以通过分析其邻近词语而获得精确含义，但是“如果法律本身已经包含明确定义的，我们应当遵循此定义”[④]。由于美国专利法第100节（b）已经对“方法”进行了明确定义，因此文理解释规则不适用对“方法”的解释，即“方法”的解释不能参照第101节规定的机器、制造品、合成物等其他类别的可授予专利权客体。专利审查实践和司法审判实践应当严格遵循专利法第100节（b）对“方法”的明确规定，不能在相关词语的日常、当代和普通含义之外去解释“方法”，更不能设定条件去限制或排除“方法”日常、当代的和普通的含义。就日常含义而言，“方法”是指“一种程序，或者产生某一确定结果的一系列行为、

---

① 参见 Diamond v. Diehr, 450 U.S. 175, 182-84（1981）。

② 参见 The Patent Act, 35 U. S. C. § 100（b），原文是：The term “process” means process, art, or method, and includes a new use of a known process, machine, manufacture, composition of matter, or material。

③ 参见 Diamond v. Diehr, 450 U. S. 175, 182（1981）。

④ 参见 Burgess v. United States, 553 U. S. 124, 130（2008）。

动作或操作”[①]，或“为获得特定结果而采取的一系列行为或步骤”[②]。

另外，将方法按照某些标准进行分类，然后再将某些类别的方法直接排除在专利保护的客体范围之外，对于这种做法，美国国会在立法时未曾考虑，并且这种做法也违背专利法的目的[③]。

三、可授予专利权方法的司法判断标准

（一）“机器－转化”判断标准

在1876年的Cochrane诉Deener案中，法院将“方法”解释为“作用在行为对象上的一个行为或一系列行为，目的就是要改变行为对象的状态或者将行为对象转化成其他不同的事物”[④]。因此“能否改变行为对象的状态或者将行为对象转化成其他不同的事物”成为判断某一方法是否属于可授予专利权客体的标准。这可能是美国专利司法实践中有关“方法”的最早定义，也是方法的“机器－转化”可授予专利权司法判断标准的雏形。

“机器－转化”司法判断标准（machine-or-transformation test）实际分为两个部分。申请人要想证明其权利要求符合美国专利法第101节的规定，他就应当要么证明其权利要求必须与特定的机器设备相结合，要么证明其权利要求能够完成物品的特定转化。另外，特定机器的运用或物品的特定转化必须对权利要求的范围构成实质意义上的限制，即对申请保护的方法来说，特定机器的运用或者物品的特定转化应当是必不可少的，而不能是无关紧要、可有可无的。

① 参见 WEBSTER'S NEW INTERNATIONAL DICTIONARY OF THE ENGLISH LANGUAGE 1972（2d ed. 1952）。

② 参见 Oxford Dictionary of ENGLISH（2005）, Oxford University Press。

③ 参见 Chakrabarty , 447 U.S. , at 315。

④ 参见 Cochrane v. Deener, 94 U. S. 780, 788（1876）。

"机器－转化"司法判断标准发端于工业革命时代，机械工业和化工工业是当时的主要产业，相关发明也主要集中在机械工程领域和化学工程领域，因此绝大多数的发明是符合"机器－转化"司法判断标准的。但是随着时代的发展，特别是计算机、软件以及互联网等新技术的出现，包括可授予专利权方法的司法判断标准在内的整个专利制度都面临巨大挑战。在信息时代，不满足"机器－转化"司法判断标准的某些方法不应当永远拒之于专利保护的大门之外。美国专利法第101节的规定应当随着时代变化而动态发展，应当涵盖一切先前无法预见的新发明。①

（二）"Freeman-Walter-Abele"判断标准

随着计算机、软件以及互联网等新技术的出现，司法实践也开始从一概将专利权拒绝授予那些不满足"机器－转化"司法判断标准的方法，逐渐转变为有条件地将专利权授予某些不满足"机器－转化"司法判断标准的方法。其中1972年的Gottschalk诉Benson案可谓是信息时代有关可授予专利权的方法的司法判断标准的里程碑。该案涉及数学算法（algorithm）本身是否可授予专利权的司法判断。美国联邦最高法院认为，数学算法是抽象思想，抽象思想是不可授予专利权的。1978年的Parker诉Flook案则体现了可以有条件地将专利权授予某些不满足"机器－转化"司法判断标准的方法。该案涉及在催化转化过程中更新报警限制条件的方法是否可授予专利权的判断。虽然在该案中美国联邦最高法院最后没有就要求保护的方法授予专利权，但并不是应为该方法包含数学算法，而是因为包括数学算法在内的整个权利要求都属于现有技术，因此不能授予专利权。

后来美国关税与专利上诉法院总结Freeman案、Walter案和Abele案形成了当时的"Freeman-Walter-Abele"司法判断标准。该司法判

① 参见J. E. M. Ag Supply, Inc. v. Pioneer Hi-Bred Int'l, Inc., 534 U. S. 124, 135（2001）。

断标准包括两个判断步骤，首先要判断权利要求所引用的"算法"是否属于 Benson 案意义上的算法，其次要判断该算法是否以某种方式作用于某些物理对象（physical elements）或者是否运用物理方法的步骤（physical process steps）[①]。"Freeman-Walter-Abele"司法判断标准将权利要求进行拆解后单独分析算法是否可授予专利权，这种做法与美国联邦最高法院在 Flook 案以及联邦巡回上诉法院在 AT&T 案和 State Street 案[②]中确立的"整体分析权利要求"规则不符。因此现在"Freeman-Walter-Abele"判断标准已经不再适用。

（三）"实用、具体和有形结果"判断标准

"实用、具体和有形结果"司法判断标准（the useful, concrete, and tangible result test）最早形成于 Alappat 案，并被 State Street 案和 AT&T 案引用。在 Alappat 案中，法院认为申请保护的权利要求"不是一个拆分的、可视为抽象思想的数学概念，而是一个能够产生实用、具体和有形结果的机器"[③]，因此属于可授予专利权的客体。在 State Street 案中，法院认为申请保护的权利要求"借助机器，通过一系列数学计算，将代表具体美元金额的数据转化成最终的股票价格，由于这种转化产生了一个实用、具体和有形的结果，因此属于可授予专利权的发明。"[④]在 AT&T 案中，法院认为"申请保护的方法运用布尔算法原理（the Boolean principle）产生了一个实用、具体和有形的结果，并且没有先行占尽该数学算法的其他用途，因此从表面上看该方法落入专利法第101节规定的范围"[⑤]，因此该方法属于可授予专利权的方法。

由此可以看出，数学算法本身只是没有任何实际意义的抽象思

① 参见 In re Abele, 684 F.2d 902（CCPA 1982）, at 905-07。

② 参见 Flook, 437 U.S. at 594；参见 AT&T, 172 F.3d at 1359；参见 State Street, 149 F.3d at 1374。

③ 参见 In re Alappat, 33 F.3d at 1544。

④ 参见 In re State Street, 149 F.3d at 1373。

⑤ 参见 In re AT&T, 172 F.3d at 1357。

想，除非这些算法应用到具体的实践中，否则都不属于可授予专利权客体的范围。如果一种方法需要与特定机器设备相结合，或者能够改变特定物品的状态或将特定物品转化成不同事物，该方法通常来说会产生一个实用、具体和有形的结果。在美国司法审判实践中，产生“实用、具体和有的结果”在很多情况下对判断某一方法是基本原理，还是基本原理的实际应用能够提供非常有用的参考依据，但是该标准尚不足以用来直接判断申请保护的权利要求是否属于美国专利法第101节规定的可授予专利权的客体。因此“实用、具体和有形结果”司法判断标准只是“机器 - 转化”司法判断标准的辅助参考，而不能代替“机器 - 转化”司法判断标准成为判断某一方法是否可授予专利权的司法判断标准。

综上所述，在Bilski案以前，“机器 – 转化”司法判断标准仍是美国联邦巡回上诉法院认可的判断某一方法是否可授予专利权的唯一有效标准。当然，在以前的所有判决中，联邦巡回上诉法院并没有直接明确地指出，“机器 – 转化”标准是判断某一方法是否可授予专利权的唯一标准。

四、打破判断标准的Bilski案

（一）Bilski诉Kappos案情简介

Bernard L. Bilski 和 Rand A. Warsaw 作为共同专利申请人，于1997年4月10日向美国专利与商标局提出一项专利申请，专利申请号为08/833,892（以下简称“892号”专利申请），共包括11项权利要求。该专利申请要求保护的发明内容实质上就是如何对冲商品贸易领域因价格波动引发的市场风险的方法，权利要求1和权利要求4是该项专利申请的关键权利要求。其中权利要求1描述了如何对冲风险的一系列步骤，权利要求4是将权利要求1的内容抽象成一个简单的数学公式，其余权利要求则是将权利要求1和权利要求4应用到能源领域，将供需双方因市场需求波动引发的风险最小化。

专利审查员认为“892号”专利申请要求保护的方法没有在特定设备上实施，仅仅是一个抽象思想（an abstract idea），只是解决了一个没有任何实际应用限制的纯数学问题，[①] 因此驳回了该项专利申请的全部权利要求。专利申请人不服专利审查员的驳回决定，向专利上诉与干预委员会（the Board of Patent Appeals and Interferences）提起上诉。

专利上诉与干预委员会认为，专利审查员依据技术性判断标准（technological arts test）作出驳回“892号”专利申请的决定是错误的，因为判例法并不支持该判断标准。该委员会还认为，专利审查员提出的“特定设备”条件也是错误的，因为不涉及“特定设备”的某些权利要求仍然可以是专利保护的客体，只要该权利要求能够完成将物质从一个状态到另一个状态的转化（transformation），[②] 并举例说“将两种物质或化合物通过混合生产出一种化学物质或混合物就明显属于专利法规定的转化，虽然该转化过程并不涉及特定设备，甚至该转化过程也可能是手工完成的”[③]。但是该委员会认为，专利申请人的权利要求不包含任何可专利的转化，因为商品供应商、用户以及其他市场参与者经济风险和法律责任的转化是非物理性转化（physical transformation），不是可授予专利权的客体。[④] 该委员会还指出，专利申请人的权利要求覆盖了借助人力、各种机器设备以及人机结合等方式实施权利要求的各种可能，因此这些权利要求只是不受专利保护的抽象思想。[⑤] 最后，该委员会还认为，专利申请人要求保护的方法也没有产生实用、具体

① 参见 Board Decision（No. 2002-2257, 2006 WL 5738364）, slip op. at 3。

② 参见 Board Decision（No. 2002-2257, 2006 WL 5738364）, slip op. at 42。

③ 参见 Board Decision（No. 2002-2257, 2006 WL 5738364）, slip op. at 42。

④ 参见 Board Decision（No. 2002-2257, 2006 WL 5738364）, slip op. at 43。

⑤ 参见 Board Decision（No. 2002-2257, 2006 WL 5738364）, slip op.at 46-47。

和有形的结果，据此也不属于可授予专利权的客体。[①]

美国联邦巡回上诉法院（the United States Court of Appeals for the Federal Circuit）采用全席方式（en banc）审理专利申请人的上诉，并维持了专利上诉与干预委员会的决定。在该案中，联邦巡回上诉法院没有适用先前已经确立的可授予专利权方法的司法判断标准，即在 State Street Bank & Trust Co 诉 Signature Financial Group, Inc. 案[②]和 AT&T Corp. 诉 Excel Communications, Inc 案[③]中确立的“申请保护的方法必须产生实用、具体和有形的结果”的判断标准。联邦巡回上诉法院认为，如果要求保护的方法依赖于特定的机器或设备，或者改变了特定物品的状态或将特定物品转化成其他的物品，那么该方法就属于可授予专利权客体。[④]该法院还进一步阐述，“机器－转化”标准（machine-or-transformation test）是分析可授予专利权的唯一标准，也是判断某一方法是否属于可授予专利权的唯一标准。[⑤]上诉法院运用“机器－转化”标准，认定上诉人的“892号”专利申请不属于可授予专利权客体，因此维持了专利上诉与干预委员会的决定。

美国联邦最高法院接受专利申请人的调卷令申请后，也采用全席方式审理该案，经审理后一致认为上诉人要求保护的发明只是一个抽象思想，没有落入专利法第101节规定的专利保护范围[⑥]。联邦最高法院虽然最终维持了联邦巡回上诉法院的判决，但明确指出联邦巡回上诉法院将“机器－转化”标准作为判断方法是否可授予专利权的唯一标准是错误的。

---

① 参见 Board Decision（No. 2002-2257, 2006 WL 5738364）, slip op.at 49—50。

② 参见 149 F. 3d 1368, 1373（1998）。

③ 参见 172 F. 3d 1352, 1357（1999）。

④ 参见 In re Bilski, 545 F. 3d 943, 959–960,（CA Fed. 2008）。

⑤ 参见 In re Bilski, 545 F. 3d 956,（CA Fed. 2008）。

⑥ 参见 561 U.S. __（2010）, slip op. at 13。

（二）Bilski 案中的判断标准

在“892号”专利申请审查过程中，专利审查员认为该专利申请要求保护的发明没有在特定设备上实施，因此不属于可授予专利权客体。由此可见，“是否在特定设备上实施”，即“机器”判断标准，是该专利审查员判断某一方法是否可授予专利权的标准。

在“892号”专利申请复审过程中，专利上诉与干预委员会则认为，将“是否在特定设备上实施”作为判断某一方法是否可授予专利权的标准是错误的，并指出“即使某一方法不在特定设备上实施，但只要该方法能够将某一物质从一个状态转化到另一个状态，那么该方法仍然可授予专利权”。[①] 具体到“892号”专利申请，该委员会认为“专利申请人要求保护的方法只是一个抽象思想”[②]，“没有产生实用、具体和有形的结果，因此不属于可授予专利权的客体”[③]。换言之，如果某一方法能够产生实用、具体和有形的结果，那么该方法就可授予专利权。由此可见，“机器－转化”判断标准或“实用、具体和有形结果”判断标准是专利上诉与干预委员会判断某一方法是否可授予专利权的标准。

在 Bilski 案中，美国联邦巡回上诉法院没有适用该院以前在 State Street Bank & Trust Co. 诉 Signature Financial Group, Inc. 案和 AT&T Corp. 诉 Excel Communications, Inc 案中确立的“实用、具体和有形的结果”判断标准，转而适用“机器－转化”判断标准，并明确指出，“机器－转化”标准是判断某一方法是否属于可授予专利权客体的唯一判断标准。[④]

美国联邦最高法院在 Bilski 案的判决书中，结合先前判例阐述了可授予专利权方法的判断标准。首先，最高法院评价了“机器－转化”

① 参见 Board Decision（No. 2002-2257, 2006 WL 5738364）, slip op. at 42。

② 参见 Board Decision（No. 2002-2257, 2006 WL 5738364）, slip op. at 46—47。

③ 参见 Board Decision（No. 2002-2257, 2006 WL 5738364）, slip op. at 49—50。

④ 参见 In re Bilski, 545 F. 3d 955,（CA Fed. 2008）。

标准在判断方法是否属于可授予专利权客体方面的地位和作用。最高法院承认历史上的确曾将“机器–转化”标准作为判断某一方法是否可授予专利权的标准，但同时指出，后来的判例已经表明“机器–转化”标准并不是唯一的判断标准。为此，最高法院还重申了 Benson 案和 Flook 案对“机器–转化”判断标准的看法。最高法院认为：在 Benson 案中最高法院只是把“能够完成物品状态的转化”当做判断某一方法是否可授予专利权的重要参考（clue），并明确反对“不满足机器-转化条件的方法不授予专利权”的做法；在 Flook 案中最高法院则明确表示，即使某一方法不满足“机器–转化”判断标准，但仍然可以授予专利权。因此美国联邦最高法院认为，以往判例足以表明“机器–转化”标准只是判断某一方法是否属于美国专利法第 101 节规定的可授予专利权客体范围的有用且重要的参考和调查手段，但是“机器–转化”标准绝对不是判断一项发明是否是可授予专利权方法的唯一判断标准。[①] 美国联邦最高法院最后再次指出，对专利法设定限制条件的做法，与专利法文本是不相符的，是不可取的做法，并指出对于“如何界定可授予专利权方法的范围，只能依据专利法第 100 节（b）有关方法的定义和参考 Benson 案、Flook 案和 Diehr 案给出的指导性意见”。[②] 在具体案件中，法院在对某一方法是否可授予专利权进行具体判断时，当然可以参考“机器–转化”判断标准、“实用、具体和有形结果”判断标准，并且美国联邦巡回上诉法院在符合专利法目的和不违背专利法文本规定的情况下还可以提出其他限制性标准。[③]

（三）Bilski 案的小结

由上可以看出，对于美国专利法的司法实践来说，可授予专利权方法的判断问题是开放的，并且“在符合专利法目的和不违背专利法

① 参见 561 U.S. __（2010）, slip op. at 8。

② 参见 561 U.S. __（2010）, slip op. at 16。

③ 参见 561 U.S. __（2010）, slip op. at 16。

文本规定的情况下将继续不断地发展”。[①]法院在具体案件中可以参考“机器–转化”判断标准、“实用、具体和有形结果”判断标准，并且在符合专利法目的和不违背专利法文本规定的情况下还可以提出其他限制性标准。

五、Bilski 案后的最新进展——Mayo 案

（一）Mayo 案的基本情况

Mayo 案中的涉案专利（美国6355623号专利，以下简称“623号专利”）是有关使用硫代嘌呤药物（thiopurine drugs）治疗自体免疫疾病的方法。病人在注射硫代嘌呤药物后，身体对药物要进行新陈代谢，并产生代谢物。不同的病人对硫代嘌呤药物的新陈代谢情况不一样，因此医生很难确定某一病人所需的剂量，剂量过大会产生有害的副作用，剂量过小又难以发挥疗效。623号专利的权利要求就是将药物的代谢水平与药物副作用或药物发挥疗效之间的关系进行了精确的具体化。

本案中的被上诉人 Prometheus（Prometheus Laboratories, Inc.）是623号专利的独占被许可人，并根据623号专利制造和销售试剂。本案中的上诉人，Mayo（Mayo Collaborative Services）曾在一段时间内购买和使用了根据被上诉人的623号专利制造的诊断试剂。但是在2004年，Mayo 宣布将销售其自己的诊断试剂。随后，Prometheus 起诉 Mayo，诉称 Mayo 的诊断试剂侵犯了其专利权。

美国联邦地区法院认为，Mayo 的诊断试剂侵犯了 Prometheus 的专利权，但是同时认为 Prometheus 的专利属于自然规律（natural law）或自然现象（natural phenomena），不应当授予专利权。[②]美国联邦地区法院因此最终作出了有利于 Mayo 的简易判决（summary judgment），

① 参见561 U.S. __（2010）, slip op. at 16。

② App. to Pet. for Cert. 50a–83a。

Prometheus 随后向美国联邦巡回法院提出上诉。

经审理后，美国联邦巡回法院认为，根据“机器 - 转化”标准，Prometheus 的专利所描述的方法属于可授予专利客体，因此美国联邦巡回法院改判了地区法院的判决。[①]Mayo 随后向美国联邦最高法院提出调卷申请，并获得批准。美国联邦最高法院撤销了联邦巡回法院的判决，将案件发回联邦巡回法院，并要求根据 Bilski 诉 Kappos 案的判决进行重审。联邦巡回法院经重审后，仍然维持了原先的判决结论。[②]

Mayo 再次向美国联邦最高法院提出调卷申请，并再次获得批准。美国联邦最高法院最终改判了联邦巡回法院的判决，认为 Prometheus 的623号专利所描述的方法不属于可授予专利权客体。

（二）美国联邦最高法院在 Mayo 案中采用的标准

美国联邦最高法院改判了联邦巡回法院的判决，并且认为 Prometheus 的623号专利所描述的方法不属于可授予专利权客体，这是因为 Prometheus 的623号专利所引用的自然规律（药物的代谢水平与药物副作用或药物的疗效之间的关系）本身是不可授予专利的，因此要求给予专利保护的方法也是不可授予专利权的，除非这些方法具备一些附加的特征，并且这些附加特征能够确保要求保护的方法是自然规律的真实应用，而不是为了垄断这种关系而有意杜撰的。

本案中623号专利权利要求所界定的方法所包含“实施步骤”（“administering” step）、“其中”条款（“wherein” clauses）和“决定步骤”（“determining” step）三个附加步骤，它们本身虽然不是自然规律，但是这三个附加的步骤尚不能足以改变权利要求的性质。美国联邦最高法院分析认为：

首先，623号专利权利要求中的“实施步骤”只是提及到那些相

① 581 F. 3d 1336, 1345, 1346–1347（2009）。

② 628 F. 3d 1347, 1355（2010）。

关人群，也就是医生使用硫代嘌呤药物治疗的那些患有自体免疫紊乱疾病的人群。在涉案专利以前，那些相关人群业已存在，医生使用硫代嘌呤药物治疗该疾病也已经很长时间了，因此在任何情况下，“都不得将抽象思想专利化的禁止性规定试图通过将某一公式的使用限定在某一特定的技术领域而规避该禁止性规定”。[①]

其次，“其中”条款只是告诉了医生有关的自然规律，最多还给出了一个建议，即医生在作出治疗决定时应当考虑这些自然规律（药物的代谢水平与药物副作用或药物的疗效之间的关系）。

再者，“决定步骤”只是告诉医生或者实验室要通过其愿意采用的方法来化验病人的代谢物水平。作出这样决定的方法在623号专利申请日前的现有技术中已经广为熟知，因此该步骤只是告诉医生从事了已经被普遍掌握的、常规的、传统的活动。纯粹“传统或明显的前处理活动通常不足以使一项不可授予专利权的自然规律成为该自然规律的一项可授予专利权的实际应用”[②]，“不得将抽象思想专利化的禁止性规定也不得通过附加一些无关重要的后处理活动而试图规避该禁止性规定”[③]。

最后，即使将这三个步骤视为一个有序组合，该组合也并没有给自然规律附加任何东西。任何人要利用该规律，都要实施药物，化验代谢物浓度，因此专利所要求保护的组合只是指导医生在治疗病人时应用相关的自然规律。

总之，623号专利权利要求中的三个步骤仅仅是告诉医生根据自然规律（药物的代谢水平与药物副作用或药物的疗效）从病人身上收集数据而已。具体来说，623号专利的权利要求只是告知了相关人员某些自然规律以及一些本领域人员所熟知的、常规的、传统的活动，并且那些步骤构成的整体同各个独立的步骤相比，并没有附加任何重要的东西。

---

① 参见 Diehr, 450 U. S., at 191– 192。

② 参见 Parker v. Flook, 437 U. S. 584, 590。

③ 参见 Diehr, 450 U. S., at 191– 192。

因此这些步骤不足以将不可授予专利权的自然关系（药物的代谢水平与药物副作用或药物的疗效）转变成为可授予专利权的具体应用。

（三）Mayo 案的小结

根据美国联邦最高法院就 Mayo 案作出的判决，我们不难看出，美国联邦最高法院在分析623号专利权利要求是否属于可授予专利权客体时，并没有依据或参考判例中确立的“机器 – 转化”判断标准、“实用、具体和有形结果”判断标准，甚至在分析过程中没有提及这些判断标准。这就再次印证了美国联邦最高法院在 Bilski 案中的判决结论，即具体案件中，法院在对某一方法是否可授予专利权进行具体判断时，当然可以参考“机器 – 转化”判断标准、“实用、具体和有形结果”判断标准等司法判断标准，当然也可以不参考这些判断标准，例如 Mayo 案既是如此。

六、总结

根据美国联邦最高法院在相关案件判决中的结论，尤其是最近在 Bilski 案和 Mayo 案中的陈述，以前司法判例中提出的“机器 – 转化”判断标准、“实用、具体和有形结果”判断标准只是个别具体案件中的有益参考。因此在分析某一方法其是否属于可授予专利权客体时，可以参考“机器 – 转化”标准或“实用、具体和有形结果”标准进行判断，当然也可以不参考这些标准进行判断，只要这种判断符合专利法目的和不违背专利法文本的规定。换言之，可授予专利权方法的判断问题是开放的，并且在符合专利法目的和不违背专利法文本规定的情况下将继续不断地发展。

从灵活到失灵：美国版权扩张背景下的合理使用

宋慧献*

From Flexibility to Failure: Fair Use under Copyright Expanding in USA

Song Xianhui †

摘要：在美国版权法中，作为一种“衡平法上的推理法则”，合理使用制度的适用虽然具有较大的灵活性，也具有相当的不确定性和模糊性。在版权扩张与强保护的司法政策背景下，合理使用的解释与适用存在着商业目的泛化、使用方式狭隘化、市场影响夸大化等倾向，因而面临着制度失灵的危险。

关键词：美国　版权　合理使用　失灵

为使版权保护不致于损害公众正常使用作品的自由，美国版权法创设的作品合理使用制度发挥着关键性作用。美国式合理使用的开放性为使用者（至少在规范上）预期了更大程度上的自由性与合理空间，已被视为合理使用制度的典范。可是，美国学者却认为，“合理使用是美国版权法中的大白鲸（great white whale）”，因为它“扣人心弦、神

* 宋慧献：法学博士，中国版权保护中心职员，中南财经政法大学知识产权研究中心研究员。

† Doctor and reseatcher of China Zhongnan Finance，Economics, Political Sciences and Law University.

秘莫测、变化多端，挫败了我们征服它的每一次企图，却又永无休止地令人神驰。”[①] 这种形象化语言所形容的，正是合理使用制度的重要特征：灵活性与模糊性。而在版权扩张以及强保护的版权政策主导下，合理使用的适用可能会走上一条危险之途：失灵。

一、合理使用的模糊性

就制度中所蕴含的法律逻辑而言，合理使用是版权制度哲学的体现。这就是说，人类文化成果本应属于人类共享，保护版权不能根本性地损害这一公共利益。就其历史渊源来看，合理使用是美国判例法上的法官造法之产物，是普遍性正义理念在司法实践中的显现，因而，合理使用不可避免地具有衡平法的特点。即使它已然成为了成文法上的具文，这种特点却依然存在于条文本身以及具体判例的适用中。

1. 合理使用作为衡平法则

衡平法原本作为普通法的补充，以实现公正、良知此种自然法理为基本原则和宗旨。作为传统，即使在制定法比较完备的当代，衡平法的原则已然存在于英美法律实践中，而合理使用原则正是衡平法理在版权领域的体现。

概括地说，合理使用制度所包含的衡平法特征至少体现于如下几个方面。

（1）就其本源而言，合理使用属于英美法衡平原则的产物，即使它获得了成文化，却依然天性未改。这样，合理使用便是“衡平法上的推理法则”（equitable rule of reason）[②]，一种灵活的法律原则，而很难被归为确定的规则；

（2）衡平法主要是判例法，具有强烈的实践特征，其审判应用注

① Paul Goldstein, Fair Use in Context, HeinOnline-31 Colum. J.L. & Arts 433, 2007-2008.

② H. R. Rep. No. 94-1476, p 65-66

重实际、依赖事实，不固守僵化的模式。美国法官对合理使用的适用也在在表明，逐案判断的原则一直得到遵循。

（3）同时，合理使用也依赖于法官的良知、自由心证，具有较大的自由裁量的空间。

事实上，美国成文法虽然明确列举了判定合理使用四个要件，但立法者和法院一再表明，作为衡平法上的推理法则，四要件并非合理使用判定中排他性的决定因素，不是“单纯的跨栏”、“僵硬的标准”①，不应机械地适用于具体案例。因而，在案件审理中，合理使用的适用表现出极大的灵活性，为法官提供自由裁量的空间。在功利主义原则主导、媒体技术与产业迅速发展等背景下，美国法官对于合理使用的判断难免受到司法政策的影响，同样的案情常常会有不同的判决结果。正如英国著名法官丹宁勋爵在哈伯德一案（Hubbard and Another）中所言：“什么是‘合理使用’是不可能明确界定的。这必须是一个程度的问题。”“在所有的这一切说完做完后，它必须是一个印象问题。如同诽谤法中的合理评论一样，版权法中的合理使用也是如此。”②所谓“程度”、“印象”之谓，正中合理使用制度之要害。

在积极的意义上，灵活即不刻板、不僵化，适应性强；但在另一方面，灵活性也有消极的一面，意为着不确定与模糊性。

2. 法条的模糊与适用的不确定

在内容构成上，美国版权法上规定合理使用的第107条可以被分解为相互勾连的三部分，适用时相互参照、相互影响。

第一部分是对合理使用之非侵权性的概括性肯定，并列举了合理使用出现的情形。“合理使用有版权的作品，包括为批评、评论、新闻

① Financial Information, Inc. v. Moody’s Investors Service, Inc., 751 F.2d 501,224 USPQ 1073（1985）. 参见李明德 . 美国知识产权法［M］. 北京：法律出版社，2003：225.

② Hubbard and Another v. Vosper and Another,［1972］2Q.B. 84. 参见王清 . 著作权限制制度比较研究［M］. 北京：人民出版社，2008：153.

报道、教学（包括供课堂使用的多份复制件）、学术或研究等目的，以复制件或录音制品、或以该条中明定的其他任何方式进行复制来使用，不属于侵犯版权”。在语法结构上，该规定不过是在表明，“合理使用……不属于侵犯版权”，而其他所谓使用目的、方式的列举，不过是对“可能”合理的说明，而非准确的界定。所以说，这一条并没有明确规定，何种具体的使用属于合理使用；它也并非未肯定，“为批评、评论、新闻报道、教学（包括供课堂使用的多份复制件）、学术或研究等目的”就必定属于合理使用。

第二部分规定了合理使用的构成要件，是对上一部分的进一步说明和解释。“在任何特定情况下，确定对一部作品的使用是不是合理使用，要考虑的因素应当包括——①使用的目的和性质，包括这种使用具有商业性质、还是为了非营利的教育目的；②有版权作品的性质；③同整个有版权作品相比，被使用部分的数量和实质性；以及④该使用对有版权作品的潜在市场或价值所产生的影响。”其用意是很明显的：第一，四个要件只是判定合理使用时要“考虑的因素”，并不能根据这些要件中的一个或多个直接推定合理使用的构成；第二，每一重要件都使用了模糊性语言，无法据以肯定具体使用的合理与否。比如，就第一要件而言，商业性的使用是否一定导致使用的不合理，而非营利的教育目的是否一定构成合理使用；除了商业性、非营利性，还应考虑其他什么性质的使用；更根本的是，什么是商业性质的使用？对于其他要件，版权作品的何种性质意味着合理或不合理使用？一部版权作品被使用多大数量会导致不合理使用认定？该“数量”有无绝对数量上的或相对比例上的标准？何谓“潜在市场”？它有没有程度上的限制？……实践中的问题更是五花八门，而任何一个问题都必定弱化该条文适用的准确性。

第三部分是后来修法时增补的，“一部作品尚未发表这一事实本身不妨碍合理使用的认定，如果该认定的作出考虑了上述所有因素”，这意味着，未发表作品依然可以合理使用。所以说，版权作品是否已经发表，与合理使用判定没有关系，具体认定还需综合考虑本条规定的各种情形。

制定法律规则的目的是直接适用于事实，应该具有最大限度的准确性，否则，难谓规则。而美国版权法合理使用条款在用语上显然没有达到最低限度的清晰与准确，其模糊性、不确定性显而易见。

而法律条文的模糊性必定导致司法适用中的不确定性，美国各级法院的审判实践从不同方面表现出了有关合理使用的不确定性。

（1）首先以“使用目的和性质”为例。版权合理使用考察的第一要素是，“某使用是否具有商业性质、或者是否为了非营利的教育目的”，这一条被视为“合理使用的灵魂”[①]。人们通常认为，商业性使用他人作品一般会不利于合理使用裁定，而非营利的目的则有助于合理使用。然而，一部作品具有商业属性并不意味着它绝对排斥合理使用之适用，而不具商业目的和性质的使用也未必公平合理。美国法院明确承认这一观点。但问题的关键是，在所有的商业与非商业性使用中，准确判断公正与否的标尺应该放在哪里，具有相当的不确定性。比如，在坎贝尔诉阿卡夫·罗斯（Campbell v. Acuff-Rose Music）一案，第六巡回法院明确认定，被告使用他人歌曲的行为是商业性的，而依照最高法院在哈珀（Harper）等案中的意见，“版权作品的每一次商业使用都被假定性地认为是不公平地利用了本属于版权人的垄断特权”。[②] 但是，最高法院对本案的审理则否定了这一观点，认为商业性使用对于合理使用判定并不具有决定性，国会也无意以这种僵硬的假定来禁止具有合理性的商业使用：“如果商业性带有反对合理性裁定的假定性力量，该假定将差不多要吞噬掉（版权法第107条）所列举的所有例证

① Pierre N. Leval, Toward A Fair Use Standard , 103 Harv. L. Rev. 1105, 1116（1990）。

② Harper & Row, Publishers, Inc. v. Nation Enterprises, 471 U.S. 539, 562（1985）。

性使用方法，包括新闻报道、评论、批评、教学、学术和研究。”[①] 太阳信托案（Suntrust）的上诉意见与此基本相同。第十一巡回法院一方面认为被告作品《荡》是一部营利作品，这一事实不利于合理使用裁定；但法院转而指出，“由于《荡》对于《飘》中版权成分的使用具有高度的转换性，其营利的情形受到遮蔽与超越。”[②] 所以，被告使用目的与性质的商业性不能否认其合理性。

美国法院司法审判中表达的意见可以鲜明地说明这一问题。在索尼案中，最高法院就合理使用第一要素宣称，“对于版权作品的任何商业性使用都被假定是……不合理的”[③]。即使如此，最高法院还是肯定了本案被告的无辜。第二年，在哈珀案中，最高法院重申它在索尼案中的“假定”，并就本案指出，“营利与否之区分的症结，不在于使用的唯一动机是否为了金钱收益，而在于使用者是不是要在未支付通常价格的情况下通过版权作品的使用而获利。”[④] 在几年后的坎贝尔案，当二审法院适用索尼案的上述假定而认定被告商业性使用不合理时，最高法院指责二审法院夸大了商业性的重要性，并认为，“决定性地强调仿讽的商业属性，上诉法院错了”，这意味着，在后使用的商业目的对于合理使用判断不是决定性的。可以看出，索尼案强调商业使用为决定性前提；哈珀案则不论动机、只看过程；坎贝尔案则明确地视商业营利与否为一般性因素。

（2）在原作性质方面，通常情形是，原作越具有独创性、虚构性，被告就越难被认定为合理使用；相反，原作如果属于事实性作品，被告行为就更有可能被认为合理。可是，在很多涉及新闻、历史性作品的版权纠纷中，法官虽一方面承认原告作品属于客观事实，却也因其

---

① Campbell v. Acuff-Rose Music, 510 U.S. 569, 584（1994）.

② Suntrust Bank v. Houghton Mifflin Co.（11th Cir.）（Oct. 10, 2001）.

③ Sony Corp. of America v. Universal City Studios, Inc., 464 U.S., at 451.

④ Sony Corp. of America v. Universal City Studios, Inc., 464 U.S.

他理由而判定被告行为不合理。1990年代，在洛杉矶新闻社两次作为原告提起的诉讼[①]中，法院均认可涉案作品属于事实性作品，最终依然裁定被告行为不合理。与之不同，太阳信托一案中的法官意见表明，在文艺作品的仿讽（parody）中，最具独创性的虚构性原作即使被大量复制、借用，也没有妨碍被告行为的合理性认定。

（3）以被告的在后使用给原作带来的市场影响作为其合理性、公正性的判断标准，是各国版权法的普遍原则。美国合理使用制度的第四要素——“这种使用对有版权作品的潜在市场或价值所产生的影响”常常占据重要地位，美国最高法院多次表达过这种认识。在斯图尔特（Stewart）一案，最高法院引用尼莫的说法，认为该要素是“‘最重要的，事实上是核心的合理使用要素’”[②]。在通常可以想像的范围内，“市场影响”涉及到多个层面：实际发生的和可能发生的影响、可以实证的与不可实证的影响、对作品本身和对其演绎市场的影响、批评造成的与替代性复制造成的影响等。同时，法院还要考虑市场影响在诸多要素考虑中的比重，尤其是它与使用目的与性质的关系等。而在具体案例中，各层面、各因素的考察与认定具有很大的模棱两可性。

并且，美国最高法院有时强调第一要素即在后使用的目的和性质是合理使用分析的决定性因素，有时又说第四因素即在后使用的市场影响是认定合理与否的“唯一最重要的因素（the single most important element）”[③]；但是，最高法院后来又指出，四个因素中每一个都应得到重视。比如，Campbell案放弃了哈珀案所持主张，声称“就像它承认的学说一样，成文法需要逐案分析”，这就要求“四种法定因素不能一个个相互孤立地处理。要依据版权的目的探讨所有因素，各种结果要

① Los Angeles News Service v. Tullo, 973 F.2d 791, 795（9th Cir. 1992）; Los Angeles News Service v. KCAL-TV Channel 9, 108 F.3d 1119（9th Cir. 1997）.

② Stewart v. Abend, 495 U.S. 207（1990）, at 238, quoting 3 Nimmer § 13.05［A］.

③ Harper &Row, 471 U.S., at 566.

一起权衡。”①

（4）作为典型的判例法国家，美国法院有关合理使用的判决也在在表明，合理使用的裁决并没有表现出一致性与连贯性，每个法院、法官往往基于案例事实，侧重强调其中的不同因素甚至细节，从而使其裁判的天平以不同的方式和理由偏向某一方。由此，在初审与上诉法院、乃至最高法院之间，同类、甚至同一案例往往会得到不同的解释、不同的结果，而且每个法院的法律推理似乎都能自圆其说。即使在最高法院，在不同时期、不同案例中，同样的问题可能会有不同的意见和结论。“尽管法院一次又一次地就合理使用进行考虑并作出裁决，这一概念不曾产生真正的定义。”②因而，人们虽然期待美国最高法院通过判例提供司法范例，而它对合理使用纠纷的处理与解释似乎并没有太大的指导意义。

比如，最高法院先后于1984、1985、1994年审理了索尼案、哈珀案以及坎贝尔案，从初审到上诉、再到最高法院，下级法院判决两次被推翻，合理使用的解释与适用结果多有分歧，而最高法院最后的意见也常常遭到学界诟病。

固然，不同案件中的作品使用情况总有区别，其审理结果不可能一致。但是，由于合理使用原则客观上的灵活性和不确定性，在它为司法适用提供自由裁量空间的同时，也使司法意见与取向显得游移不定、难以捉摸。法官坦承，“在合理使用学说的整个发展过程中，法院一直没能形成一套指导原则或价值准则。”③

① Campbell v. Acuff-Rose Music, 510 U.S. 569, 578（1994）.

② Suntrust Bank v. Houghton Mifflin Co.（11th Cir.）（Oct. 10, 2001）.

③ Pierre N. Leval, Toward a Fair Use Standard, 103 HARv. L. REV. 1105,1105（1990）.

二、合理使用的失灵

所谓合理使用制度的“失灵”，是指它在使用过程中难以实现其应有的功能和价值。具体而言，在版权扩张的背景下，由于合理使用四要素客观上的模糊性，法院裁决纠纷的天平往往有意无意地偏袒了版权人的利益，使公众利益得不到切实保障。其具体表现主要在如下几个方面。

1.“商业目的”泛化

泛化即普遍化、广泛化甚至扩大化。商业目的的泛化就是把太多的行为视为具有商业目的。而商业目的的泛化使合理使用判断变得困难，并且不利于被告。

现代社会让很多人类行为都沾染了市场色彩。这样，在现代社会，商业与市场模式已经渗透于整个社会的各个领域、一切活动，“商业”、“市场”、“营利”的泛化已是客观事实，我们很难说哪个人或机构、哪部作品和哪种行为是否具有商业性、营利性。当法官面对作品使用之目的与性质不明确、正当与否而骑虎难下时，基于强保护的版权政策，他们往往会根据被控主体及其使用中营 / 盈利性因素的存在，而肯定其商业性目的，并否认其合理使用。这就是商业性使用目的与性质的泛化及其结果。

最典型的例证是新闻机构的新闻报道。新闻媒体如电视台、出版社等既承担着传递信息、促进公共利益的职能；同时，它们大多属于营利性机构，其对作品的传播与使用要遵循商业性规律，并从中获得金钱利润。美国版权法第107条将新闻报道视为合理使用的目的，但在司法实践中，什么样的新闻报道才是合理的，却常常难以琢磨。美国法院也在多起判例中认定新闻机构具有商业营利性，并判定其使用他人新闻作品的行为具有商业目的。

在前文提到的洛杉矶新闻社（Los Angeles News Service）提起的

两起诉讼中，法院最后都认定，当事双方都从事新闻采集与报道，在广告、观众等方面是竞争关系。被告是营利性公司，从事的是收集、然后（间接地）'销售'新闻的商业事务。所以说，新闻机构及其业务属于商业性的。

在合理使用判例法的典范——1985年哈珀案中，最高法院否决被告民族（Nation）杂志合理使用主张的主要理由是，被告在未经许可的情况下，抢先发表他人尚未发表、但即将发表的传记，超出了新闻报道的范围，是在借首次发表制造一起新闻事件，并获得商业利益而已——这才是其真正的行为目的与性质。与哈珀案相似，英国阿什荡（Ashdown）案审理法院认定几乎各种因素（尤其是在重要新闻事件之公众知情权方面）都有利于被告的情况下，最终依然判决被告行为不是合理使用。因为被告对原告资料进行了刻意裁剪，“其目的是选取那些最有可能给文章添彩的生动段落，从而吸引读者。阿什荡的作品被安排的方式是，为了本来是新闻性的理由，来促进电信集团的商业性利益。”[①]

像上述几则案件，尤其是美国的哈珀案与英国的阿什荡案，如果将“商业目的”过分泛化，向使用者提出苛刻要求，现实中的合理使用恐怕只剩下很狭窄的适用空间，作者及媒体的活动自由肯定会受到严重制约。

在1992年的弗格尔诉库恩斯（Fogers v. Koons）案[②]中，被告艺术家模仿原告的摄影作品，创作出雕塑作品，出售并获利，被定性为商业性营利。虽然原告主张其借用原作进行创作的“目的是以此作为对充斥大众媒体的陈腐形象进行评论”，二审法院则认为，“本案之详情表明，库恩斯对照片《雏狗》的复制具有恶意，主要基于营利的动机，不构成对原作的仿讽。”

---

① Ashdown v. Telegraph Group Ltd［2001］EWCA（Civ）1142;［2002］Ch 149, para 64, 87.

② Rogers v. Koons, 960 F.2d 301（2d Cir. 1992）.

在上述判例中，从市场经济背景下的商业性普遍化、到现代市场主体主观上之商业目的泛化，其间发生了微妙的“偷梁换柱”式的转换。本来，市场与商业性的泛化是现代社会的主要特征和普遍现象，因为所有的人和机构、所有的行为都要参与市场，比如，任何人的写作都是可以获得稿费的，更不必说各类传媒机构的运作。但这不等于一切人的一切活动都仅仅具有营利的特征。可是，把一切人都视为“经济人”、把一切行为都视为“营利行为”，就是“商业目的泛化”。而商业目的的泛化必将不利于合理使用的认定。Koons 案典型地例证了这样一种情形，法院仅根据艺术家以艺术品赚钱这一点，过分夸大了他的营利行为。

2.“使用方式”狭隘化

“使用方式”意指在后作者针对在先作品或其他版权材料所从事的各种使用行为的方式。不同的方式在版权法上的影响与合理性是不同的，如汲取灵感、借鉴思想、模仿手法与风格、引用句段、借用形象或情节、改编、翻译等等。其中，有些使用方式在版权法创立之初就是禁止的对象，如对整本图书的逐字照抄；有一些方式则逐渐受到禁止，如翻译、改编等借用与演绎行为；有一些则一直属于合理使用，如引用等；还有更多的使用方式，其数量的适当性、实质上的合理性等，存在着较多的灵活与模糊性。而越来越多的判例表明，不少原本应该或以前曾经被归于正常性再创作的使用方式，正渐渐被排除于合理使用之外。

按照美国版权法第107条之导语，“为了批评、评论、新闻报导、教学（包括供课堂用的多份复制件）、学术研究等目的而合理使用有版权的作品，包括制作复制品、录音制品或以该条规定的其他方法使用作品”，不难看出，在采取目的决定论的美国合理使用制度中，“使用”有着相当宽泛的范围，甚至并无严格的限定，包括但不限于“复制”（reputation），且可以是任何方式（any other means）。尤其是，目的性因素主导下的美国合理使用考察还使两种使用方式都能得到承认：即纯粹再现式的复制（pure copying）和演绎式的转化性使用（transformative use）。在进行合理使用分析时，前者的判断标准是使用的数量，后者则更需考虑原作被使用部分的实质性以及转化的程度等。如在太阳信托案中，诉讼双方以及法院都承认，被告作品《荡》大量使用了原告作品《飘》，但其转化性程度之高，足以支持其合理性与正当性。

但是，使用的复杂性决定了合理使用判断中标准的复杂性与结果的微妙性。综合美国法院的基本倾向，较大程度地得到支持的使用方式通常包括：其一，数量少而必要的引用；其二，对原作的使用、借用具有转化性，且不具有实质性类似；其三，如同仿讽，借用原作是为了有针对性的评论、尤其是批评。不过，在版权强保护政策指导下，这些标准得到近乎苛刻的遵守，合理与正当的使用范围越来越狭窄，具体包括，合理使用的数量渐被克扣；苛刻遵守实质性类似和仿讽的套路，许多必要的模仿、借用被否定。

与仿讽相关的评论性使用具有很大的代表性。评论、批评常常被作为合理使用的核心理由，大量判例都与评论有关。尤其是，通过"仿讽"对他人作品进行的使用，常常被认为合理。但是，从美国判例法通过坎贝尔案等总结出的"仿讽套路"可以看到，美国法院对此套路的恪守表现出了某种程度的僵化，缩减了评论性地使用他人作品的合理性范围。这种套路认为，原作应该是"仿讽"的批评对象；单纯的"讽刺"只是模仿而不批评原作，只是作为嘲讽第三者的工具。正如发表附议的肯尼迪法官所言："仿讽必须针对原作，而不能仅仅是它所属的那种一般风格、艺术类型，或者是社会整体（虽然，如果它针对原作，它也可以针对那些方面）。"①

① Campbell v. Acuff-Rose Music, 510 U.S. 569, 597（1994）（Justice Kennedy, concurring）.

在弗格尔案[①]，法院指出，“本案的问题是，即使假定《雏狗成行》是对我们这个拜物主义社会所进行的讽刺性批评，却难以从中看出任何针对《雏狗》本身的仿讽。因此我们的结论是，合理使用原则的第一因素否定合理使用认定。”法院认为，被告差不多全盘复制了原告的照片，这即使在仿讽情况下也是不必要的。在迪斯尼诉“空中海盗”一案[②]中，被告作品一方面涉及对原作的仿讽，更多地则属于对原作所代表的整体文化传统的讽刺与批判。被告推出的漫画作品模仿了米老鼠等迪斯尼卡通形象，其仿讽的合理性因此被法院否定。此案中，法院虽然支持被告的仿讽，却又强调性地认为，被告的使用属于直接的、整体性的复制，具有实质性相似。就仿讽而言，对于米老鼠之类公众周知的形象，很少量的使用就可以让人想起原作；比之于言语性作品，喜剧性作品中容易识别的喜剧模仿不难做到，少量复制即可实现仿讽；同样重要的是，被告的仿讽不是针对这些形象的外表，而是针对其个性等。这样，被告为了仿讽而进行的模仿已经超出了必要的范围，达到了整体上的、实质相似般的复制。与此同时，法院承认但没有重视被告作品的独创性——或曰再造性、转化性特点，即被告作品的主题以及情节与原告作品完全不同，形象本身也不是完全相同。进而，法院指出，“虽然合理使用程式中的其他因素本身可能不足以排除合理使用抗辩，本院或其他法院已经承认了传统的美国规则：过分的复制排除合理使用。”

这样，一旦仿讽的套路被限制性地遵守，很多遵循正常创作规律而对他人作品进行借用的行为都被归入到了不合理之列。

在鼓励文化多样性的现代社会，即使对于当代作品，既然它已经成为重要的公共文化符号，就会引起大量的评析与批评，其中也包

① Rogers v. Koons, 960 F.2d 301 (2d Cir. 1992) .

② Walt Disney Prods. v. Air Pirates, 581 F.2d 751 (9th Cir. 1978) . 参见前文对本案的有关评述。

括以演绎性再创作所进行的评论，如续作、仿作等。对于这些具有转化性、再造性的在后之作，严格要求其获得事先授权，终归不利于创作的活跃。国外学者认为，在涉及“文化偶像”的情况下，重新编改（recode）的正当性特别重要，此时，这些象征是否受到知识产权的保护并不重要。这种观点的依据在于，“文化偶像”已经众所周知，其权利人已获得了充分的挣钱空间和机会；而且，他人对这些形象的使用并不足以置换其核心内涵或损害其原有的地位，权利人已有的营利机会依然存在。

3.“市场影响”的夸大化

在后使用对原作的“市场影响”确实是重要的、有时甚至还成为决定性的因素。可是，在市场影响具有诸多值得辨析的复杂性的情况下，市场影响的夸大化将难以避免。这种夸大化倾向主要体现在如下方面：将可能发生的影响看作必将发生的影响，将不可实证的原作市场损失予以夸大，过分地甚至无限制地突出作品演绎市场所可能受到的损失，将正常的消极性评论或其他在后使用所造成的受众分流视为替代性复制即版权侵犯所造成损害；并且，不考虑在后作品在使用目的与性质上的合理性，过分强调市场损害的决定性等。

美国最高法院对于哈珀案的判决就更多地强调了被告对原作造成的市场损害。该案中，由于被告杂志抢先刊发了来自原告图书的内容，导致时代周刊取消了首发该书稿内容的计划，致使原告直接损失2.5万美元的稿酬。最高法院首先肯定，“这最后一个因素无疑是唯一最重要的合理使用因素”，并断言，“几乎不会有哪一起侵犯版权案像该案这样显示了实际损害发生的明确证据。”“（被告）对未出版摘要的市场份额构成了直接的竞争。”如果判定被告行为属合理使用，将产生这样一种可能，对首次连载权的市场能力造成损害。①

① Harper & Row, Publishers, Inc. v. Nation Enterprises 471 U.S. 539（1985）, at 566-569.

我们认为，对于原告市场损失的分析必须与侵权判断的其他因素联系在一起。被告行为的确导致了时代杂志取消它与原告之协议，并使原告直接失去2.5万美元获利，但必须区分清楚的是，造成此结果的具体原因，是被告使用了福特回忆录中的事实信息、而不是回忆录的文学形式。对此，该案上诉法院指出，“证据并不支持这样的裁定：导致时代杂志决定不再印发该摘要的，正是（被告）对表达本身的有限使用。”[①]最高法院持异议的布伦南等法官也表达了这一观点。他尖锐地指出，“哈珀有权通过合同安排从潜在的市场中寻求独占性收益，但它无权提出以版权防止该市场上的竞争，因为版权不保护信息。”[②]

在迪斯尼诉空中海盗（Disney Productions v. Air Pirates）案的一审过程中，地区法院向被告颁发禁令的主要理由，正是考虑到了原告的如下指控：允许被告继续贬损迪斯尼的作品，将对其造成“不可挽回的”损害，毁灭其事业、商誉和公众形象，而这种破坏的金钱价值是很难甚至不可能确定的，也是被告无法赔付的。[③]事实上，被告的漫画作品确实能给原告作品的市场造成如此之大的损害吗？这不仅是值得怀疑的，而且是完全可以否定的。此案最终的判决结果显然与这种夸张的市场损害有关。在弗格尔案，被告确实模仿了原告的摄影并从中获利，但这并不能推断，被告的获利正是原告的损失，或者，被告对原告作品的使用造成了原告作品的演绎市场损失。被告虽模仿了原告的作品，但他毕竟也创作了完全不同的作品。这样，一方面，被告的获利主要来自他自己的雕塑而不是原告之作；另一方面，所谓“另一个愿意从弗格尔处购买权利的艺术家愿意制作与弗格尔摄影相同的雕塑作品；可是，现在有了库

① Harper & Row. v. Nation 723 F.2d, at 208.

② Harper & Row, Publishers, Inc. v. Nation Enterprises 471 U.S. 539（1985）（Brennan, J.,dissenting）, at 603.

③ Bob Levin , Disney's War Against the Counterculture: Why a decades-old copyright case matters now more than ever（12 2004）, at: http://www.reason.com/news/show/36416.html .

恩斯的作品，这一市场需要缩减了。同样，被告可以对《雏狗成行》拍照并售出，这将损害弗格尔销售《雏狗》卡片的潜在市场，以及他可能规划的其他任何演绎性使用”[①]，则完全是一种假想而已。如果允许如此假象所谓潜在市场，任何一个作品的使用方式与市场前景都可能是无限的。但是，合理使用的地位又将安在呢？

结语：还原合理使用

可以说，正是合理使用制度，在版权保护的外围为公共利益筑起一道安全的堤坝。这样，由于实践意义的重大，合理使用制度越来越成为版权理论中的“显学”。但是，版权的界限毕竟难以泾渭分明，合理使用制度也难以划出绝对明晰安全线，为此，司法审判对于合理使用的良性适用，至关重要。本文认为，今天，面对版权保护在新技术背景下的进一步扩张，要防止合理使用不断受到“合理”限缩，合理使用制度的实践及其发展，既需要法理上的观念正确，也需要制定法上的健全，在此基础上，还离不开司法上真正贯彻所谓衡平法原则。

20多年前，美国学者齐默尔曾明确提出“扩张合理使用原则”的观点——“合理使用不应该被视为对财产权的侵犯，而是对版权所授予之法定垄断的限制。对版权保护的限制可以通过扩张合理使用原则的适用而得到增加。”[②]可是，美国司法并未意识到扩张合理使用的必要性，使得合理使用限缩不断前行。

还原合理使用，核心就是正确认识合理使用制度所包含的法理，明确合理使用制度本来的、固有的属性。关于合理使用的性质，学说

---

① Rogers v. Koons, 960 F.2d 301（2d Cir. 1992）.

② Stephen S. Zimmermann, A REGULATORY THEORY OF COPYRIGHT: AVOIDING A FIRST AMENDMENT CONFLICT, 35 Emory L.J. 163（WINTER, 1986）, at 191.

上包括三种观点[①]：权利限制说、侵权阻却说和使用者权利说。其中，权利限制说的表述具有模糊性，“限制”的性质需要进一步解释，不足以揭示合理使用的本质属性。后两种学说则值得进一步分辨。

“侵权阻却说”虽然肯定合理使用的合理性，但它包含一个前提：合理使用首先、本质上属于侵犯版权。只是为了公众利益，法律又允许这种侵权为合理。既然认定任何使用行为都是侵权，合理使用只是一种权宜之计，那么，这种权宜之计时时刻刻都面临着被“正常”取消的可能。因为任何侵权行为的本质都是错误的，视侵权为违法永远是正确的；而合理使用则是暂时的、机动的。“使用者权利”承认合理使用乃作品使用者即公众固有的权利。按照这种观点，合理使用就引起自身的功能与属性获得法律上的正当，就不会像阻却说那样使合理自由始终处于危险中。

本文赞成上述第三种学说，将合理使用明确作为使用者的固有权利，还原合理使用制度本来的法律属性与地位——这就是说，合理使用（Fair Use）的本意是正当使用、正常使用、自由使用（Free Use），即公众按照作品的本质与功能、按照文化发展与知识传播的秩序，对作品进行正常的、自由的、公平的使用。这一观念的坚持，必定能够巩固合理使用在立法上的地位，进而有助于引导司法实践在灵活合理使用的同时，减少、杜绝对合理使用、公共空间的限缩。

① 参见吴汉东．著作权合理使用制度研究［M］．北京：中国政法大学出版社，1996：128. 罗明通．著作权法论（二）［M］．台北：台英国际商务法律事务所，2004：154.

俄罗斯著作人身非财产权研究

孟祥娟*

Study on the Personal Non-property Rights in Russian

Meng Xiangjuan†

摘要：2006年12月，俄罗斯联邦总统普京签署了第230号联邦法律，宣布通过俄罗斯联邦民法典第四部分“知识产权编”，并自2008年1月1日起生效。俄罗斯联邦民法典中，作者只能是自然人，只有以自己的独创性劳动创作作品的自然人承认为作品的作者，作品的“原始”著作权直接属于作者。作者人身非财产性权利包括：身份权；署名权；作品不可侵犯权；发表权；收回权。俄罗斯著作人身非财产权利属于大陆法系中二元论理论的体现。对我国《著作权法》的第三次修改具有一定的启示性。

关键词：俄罗斯　著作权　人身非财产权

一、俄罗斯著作人身非财产权概述

（一）俄罗斯著作人身非财产性权利

著作人身权，在英美国法系国家称为 moral rights，中文译为精神权利，而德文中与之相应的词译为“作者人格权”，基本沿袭德国著作

* 华南理工大学法学院，副教授。

† Associated Professor of the Law Faculty of South China University.

权法的日本著作权法中，也就使用了“人格权”而未使用“精神权利”，在许多方面沿袭日本著作权法的我国晚清著作权法及后来的台湾地区著作权法中，也沿用了“人格权”①。法国1985年著作权法使用的是“人身权利”，意大利著作权法则将“作者的人格权”与“作者的精神权利”视为同一语。《伯尔尼公约》英文文本使用了“moral right”一语。尽管各国对著作人身权的称谓各有千秋，但其基本内涵是大致相同的。都是指作者基于作品创作而产生的人身权利。

俄罗斯1993年《著作权与邻接权法》使用的是“人身非财产权”（Личные неимущественные права）的概念，2006年12月，俄罗斯联邦总统普京签署了第230号联邦法律，宣布通过《俄罗斯联邦民法典》第四部分“知识产权编”，并自2008年1月1日起生效。为了表示与智力财产权范围有关的所有权利总称，俄罗斯联邦民法典第四部分使用了专门的术语“智力权利”（интеллектуальные права）。在“智力权利”的体系化上，“智力权利”由三个构成部分，专有权，人身非财产权和其他权利。所以在《俄罗斯民法典》第四部分仍然沿用了“人身非财产权”的概念。在涵义上，与“著作人身权”、“作者的精神权利”基本一致。

（二）俄罗斯著作人身非财产权的归属

俄罗斯联邦民法典中，作者只能是自然人，只有以自己的独创性劳动创作作品的自然人承认为作品的作者，作品的“原始”著作权直接属于作者。俄罗斯民法典在作者这一权利主体上，坚持了一元论理论，除作品创作人以外，一概不承认其他人能够成为作者并通过原始取得方式获得著作权。所以“人身非财产权”只能属于以自己的独创性劳动创作作品的自然人。

① 郑成思．版权法［M］．北京：中国人民大学出版社，1990：130.

俄罗斯立法规定全部综合的人身非财产性权利，赋有保障作者的非物质利益全面保护的使命。俄罗斯联邦民法典中作者人身非财产性权利包括：身份权；署名权；作品不可侵犯权；发表权；收回权。

（三）俄罗斯著作人身非财产权禁止转让、继承

俄罗斯著作人身非财产权不能转让、不能放弃。根据俄罗斯民法典第150条规定，人身非财产性权利属于作者，不能转让和以任何方式移转，并且，甚至作者本人也不能放弃。这样，无论如何不允许依据合同移转身份权，作者本人应该明确，在作品使用，许可的情况下如何地指明他的姓名，以匿名发表或者是改变署名方式等等。[①]

在作者死亡后人身非财产性权利在法律规定的情况和界限内属于能够保护它的其他人。人身非财产性权利必须遵守，不能以任何方式影响向他人移转作品专有权或向他人提供作品使用权。作者的人身非财产性权利应该遵守，不论作品的专有权属于谁。[②]

（四）俄罗斯著作人身非财产权的保护期限

俄罗斯联邦民法典第1267条规定了作品的身份权、署名权和作品不可侵犯权无期限保护的原则。“作者身份权、署名权和作品不可侵犯权无限期受到保护。”

作者被授予指定他想托付保护其身份权，署名权和作品的不可侵犯权的人的权利。这个人应该是在指定遗嘱执行人规定的程序中被指定，因此，他们获得相应的授权独立于他们的意见并遵守俄罗斯民法典第1134条“遗嘱执行人”的要求，这个人可以终生行使自己的权利。

作者作为立遗嘱人可以委托他在遗嘱中指定的人——遗嘱执行人

① 俄罗斯联邦民法典，第150条。

②〔俄〕尹·阿·伯利兹涅：《著作权与邻接权》莫斯科，2009年版，第41页。

执行遗嘱，而不论该人是不是继承人。一个人同意成为遗嘱执行人可以由该人在遗嘱上，或者在遗嘱所附的声明上，或者在继承开始之日起的一个月内送交公证员的声明上作亲笔背书表示。如果一个人在继承开始之日起一个月内事实上已经开始执行遗嘱，即被认为同意成为遗嘱执行人。在继承开始后，如果发生妨碍遗嘱执行的执行遗嘱的情况，则法院可以根据遗嘱执行为本人的要求，也可以根据继承人的请求免除遗嘱执行人执行遗嘱的义务。①

立法不禁止将不同的作品指定授权给不同的人，但问题在于，在司法实践中能否获取类似承认的立场，仍然是敞开的。②

如果作者不使用自己的权利，专门指定授权有责任保护自己的身份权，署名权和作品不可侵犯权的人，或者被指定人拒绝行使自己的权利或被指定人死亡，保护作者身份权、署名权和作品不可侵犯权，将由作者的继承人、权利继受人和其他利害关系人进行。究竟谁可以最后进入这两个范围“继承人、权利继受人”和“其他利害关系人”，——在俄罗斯民法典中没有明确。③

（五）与民法典中非物质利益及保护的关系

由于俄罗斯著作权法是在俄罗斯民法典中予以规范，民法典第四部分知识产权编又有一个知识产权制度总则的规定，在调整所有的智力关系中具有一般意义的还有规定统一的智力成果作者身份权. 作者署名权. 智力成果不可侵犯（不可歪曲）权、报酬权的概念，以及确定作者身份和共同作者、智力成果使用规则和智力成果创作者所拥有的主观权利的保护方式的规则。④

人身非财产关系的这些种属特征也预先注定了人身非财产权编的

① 俄罗斯联邦民法典，第1134条第1款、第2款。

②〔俄〕尹·阿·伯利兹涅:《著作权与邻接权》莫斯科，2009年版，第43页。

③〔俄〕尹·阿·伯利兹涅:《著作权与邻接权》莫斯科，2009年版，第44页。

④ 张建文. 俄罗斯知识产权立法法典化研究［M］北京：知识产权出版社，2011：75.

一般规范的内容。这些一般规范的效力也适用于民法的其他构成部分，特别是智力活动成果法调整的人身非财产关系。

俄罗斯联邦民法典第四部分基本上采纳这种观点，而且有所发展，一方面规定作者及其其他权利人的名誉、人格和商业信誉的保护依照民法典关于非物质利益及其保护（人身非财产权利）的一般规范进行，另一方面又规定了对人身非财产权保护的特别规定，特别是增加了新的权利保护方式，如确认权利、恢复原状、制止侵权行为和构成侵权威胁的行为、赔偿精神损害、公布侵权判决等[①]。所以如果侵犯了作者和其他权利人的名誉、人格，可以适用民法典关于非物质利益及其保护的一般规范，著作人身非财产权享有者即可以获得著作人身权的保护也可以获得一般人格权的保护。“当发生篡改、歪曲或以其他形式修改作品，从而有损于名誉、人格或信誉，以及蓄意实施这种行为的情形时，作者有权依照本法典第152条的规则请求维护其名誉、人格和信誉。在这种情况下，允许根据利害关系人的请求，在作者死后维护其名誉和人格”。[②]

二、俄罗斯著作人身非财产权的类型

（一）身份权

作者身份权，理解为被确认为作品作者的权利，作者身份权在整个著作权体系中是非常重要的概念。也就是说，作者身份的确定可以说作品产生于哪位作者和今后这个作品的著作权向其他人移转。[③]

在任何否认作者身份或剽窃（以作者身份署名）的情况下，作者

① 张建文．俄罗斯知识产权立法法典化研究［M］北京：知识产权出版社，2011：77.

② 俄罗斯联邦民法典，第1266条第2款。

③ 俄罗斯联邦民法典，第1265条第1款。

有权利要求确认他实际是作品的作者这一事实。[①]

（二）作者署名权

作者署名权，也就是以自己的名字，以臆造的名字（笔名）或不指出名字，也就是匿名，使用作品或允许使用作品的权利。[②] 允许作者按照他的选择要求在任何使用作品的情况下指出他的名字。署名的形式将征得作者的同意，以作者确定的假名实施使用或者不指出作者名字，以匿名的方式实施使用。

关于作者署名的方法问题，希望签订合同来解决，依据使用作品的合同。同时，允许以匿名使用作品或确定的方法指出名字或作者的假名，能够与作者签订补充协议来规定，只须获得作者的单方许可。

在作品以匿名或者以假名发表的情况下，出版者被认为是不愿意揭晓自己身份的作者"代表"。法典规定，毕竟在这样的情况下，出版者的代理权是为了保护作者的权利而采取的措施。

这样，授权以匿名或以假名发表的作品的出版者保护著作权的可能性或为了权利的实现而采取措施，但当假名作者对于他的个人身份没有留下意见或者作者本人揭晓了自己的姓名和声明了自己的身份的除外。[③]

（三）作品不可侵犯权和保护作品不受歪曲的权利

作品不可侵犯权，是保护作品不受歪曲的权利，未经作者同意，不允许对其作品进行修改、缩减和增补、使用其作品时不许附加插图、序言、跋语、注泽或作任何说明。[④]

作品不可侵犯权和保护作品不受歪曲的权利的特别规定是俄罗斯国内立法中通过的俄罗斯联邦民法典第四部分出现的创新措施之一。

① 〔俄〕尹·阿·伯利兹涅:《著作权与邻接权》莫斯科，2009年版，第41页。

② 俄罗斯联邦民法典，第1265条第1款，第1265条第2款。

③ 〔俄〕尹·阿·伯利兹涅:《著作权与邻接权》莫斯科，2009年版，第41页。

④ 俄罗斯联邦民法典，第1266条第1款。

该规定代替了俄罗斯联邦著作权和邻接权法（ЗоАП）中规定的只有在歪曲作品导致作者的名誉和人格尊严受到损害的情况下，应该适用的保护作者名誉的人身非财产性权利的规定。《俄罗斯联邦民法典》实行了更严格的规定：在导致作品的任何的改变，例如，甚至在作品的下面增补引语、脚注、注释说明等的情况下，将被认为是侵犯了作品的不可侵犯权。

类似的规定在前苏联的立法中有所体现，但是事实上在实践中因缺乏实际的侵权责任并没有适用。关于没有作者的同意不允许对作品进行任何的改变或增补的规定在实践上与使用作品有关的实施的任何活动中方便摆脱更大的麻烦。

根据俄罗斯民法典第1266条只有经作者的同意才能实施对作品的任何改变，而作者死后——只有经过作品专有权的权利持有人同意。在这样的情况下，是不是可以说如果没有权利持有人的情况下，就可能进行修改。

并且，因为不可侵犯权效力是无期限的，形式上呈现出无法状态，例如，对著作财产权已经期限届满很久的的那样的作者的作品进行插图、缩写、或注释出版。

可以建议司法实践在某些情况下通过限制解释上述法律规定。

关于必须获得作品的专有权的权利人的同意对作品进行改变的规定是有争议的。例如，在很多情况下，这样的权利可能由雇主持有，而全然不是作者的较近的继承人。上述规定与俄罗斯民法典第1267条第2款规定关于作者可以指定专门的人，在他死后担当保护作品不可侵犯的权利在形式上相互矛盾。俄罗斯民法典第1267条第2款规定："作者有权通过指定遗嘱执行人的程序指定在自己死后维护其作者身份权、署名权和作品不可侵犯权的人。该人终身行使这些权利。[①]

①〔俄〕尹·阿·伯利兹涅：《著作权与邻接权》莫斯科，2009年版，第

在没有指定权利维护人时，或者作者指定的人拒绝行使有关权利时，以及被指定人死亡后，作者身份权、署名权和作品不可侵犯权的维护由作者的继承人、权利继受人和其他利害关系人进行。”

作品的不可侵犯权的规定不论如何与以下的规定不一致：在创作视听作品和其他“复杂客体”[①]和《俄罗斯联邦民法典》存在的其他一系列规定的情况下存在特别的法律调整，承认作品的修改权可以移转。

在这样的情况下，如果对作品进行改变不仅侵犯了作品的不可侵犯权，而且本质上呈现出诋毁作者的名誉、荣誉或业务上的名望，为了作者的权利可以适用俄罗斯联邦民法典第152条关于在那样的情况下或在他死后允许保护作者名誉、荣誉的规定。[②]

（四）作品发表权

发表作品的权利属于作者，就是说，实施或同意实施首次将作品公之于众的权利——“成为共同的信息”。[③]

这样，发表作品——包括作者同意实施的任何行为，由于发表行为，作品首次为公众可以获得。例如在电视范围播出的途径，公开表演（音乐会，演讲等等），公开展示（将画置于艺术陈列馆），在杂志上刊登，以书的形式出版等等。

与作品发表必然联系的重要后果，正是在法律有规定的情况下可以没有作者的同意而使用发表的作品，例如，引用和为个人目的的复制。

只有作者的同意可以实施发表——就是作者有权利决定，准备将他的作品向公众提供或者不。没有作者的同意将作品公之于众，不认为是发表。

与“发表”的概念并列使用的概念“出版”，出版也就是以物质载体的形式制作作品的复制件并使其流通，“根据作品的性质，以能够

① 俄罗斯联邦民法典，第1240条。

②〔俄〕尹·阿·伯利兹涅：《著作权与邻接权》莫斯科，2009年版，第43页。

③ 俄罗斯联邦民法典，第1268条。

满足公众合理需要的数量”。[①]

也就是说，一定是以物质载体的形式制作作品的复制件，区别于公开发表作品，发表可以是没有以任何物质载体的形式固定作品而实施，例如作者对新作品公开演讲。

不出版可以发表，但是出版以前没有发表的作品永远是发表这个作品，例如对以前没有发表的文学作品出版并进入流通。

关于著作权的国际条约，包括《伯尔尼公约》,《世界版权公约》等，使用的正是术语“出版”(“发行”)。这样的立场不是偶然的，因为正是出版能够更准确地确定作品的来源国和出版的日期（年)，重要的是为了正确地实现国际公约的规定。

这样，“来源国”是《伯尔尼公约》重要的概念之一，“来源国”的确定实质地影响不仅是《伯尔尼公约》本身规定的适用，而且影响到其他种类国际公约规定的适用（《世界版权公约》《成立世界知识产权组织公约》1996年等）

在《伯尔尼公约》第5条第4款规定了几个准则，效力是作品可能使用公约规定的保护原则。这些准则之一——地理原则（首次出版地)，在这样的情况下，如果作品首次只有一个国家出版——伯尔尼联盟成员国，正是这个国家成为作品的来源国。地理标准（作品首次出版地）在这种情况下，在国民或经常居所（人的标准）之先具有优先权。如果俄罗斯的作者或在俄罗期境内具有经常居所的作者首次在另一国家（伯尔尼联盟成员国）出版自己的作品，那么这个国家被认为是这个作品的来原国，在俄罗斯境外产生关于这个作品的保护问题。

说明一下，出版这个概念“根据作品的性质”考虑到作品之间存在的实质性差别。对于出版，对于作品复制件的要求是不一样的。广泛传播的作品，例如签名的日志复制件会多，而对于某些极专门的科

① 俄罗斯联邦民法典第1268条第1款第2段。

学作品制作几个复制件就足够了。

俄罗斯联邦民法典与作品的出版相联系的一些特别结果，例如在作者的有生之年没有出版的作品的保护期的确定。

发表和出版只能行使一次，第一次和唯一一次，在俄罗斯民法典的行文中这些术语有时伴随着词“首次”，为的是强调这些行为的特别性质。

俄罗斯民法典恰好与《伯尔尼公约》完全一样，对作品能够被认为是出版，在可能了解作品的人数方面没有规定任何要求，没有对复制件数量规定任何要求，而是作品被认为是出版所必要的数量，让一定范围的人群了解作品，最低限度地实现潜在可能性并且作者同意提供这种可能性就够了。①

正像前面已经强调的，关于作品发表权的属性归入人身非财产性权利是有争议的，因为上述权利，正像 А. П. 谢尔盖教授强调的那样，不仅有人身非财产性，而且具有财产性元素。②

在实践中，相当经常的不是作者实施发表作品的行为，而是委托他创作作品或获得使用作者未发表作品权利的那个人施实的发表作品的行为。问题在于，作者提供给那个人使用作品权利的同时授权实施发表作品的行为。在已前有效的法律没有调整好，但是根据俄罗斯民法典规定的观点，任何人身非财产性权利不能根据任何依据转让和移转。在俄罗斯著作权与邻接权法（З о А П）中，不含有关于在作者死后究竟谁有权利授予许可发表作品的任何指向。尽管在实践上出现一致的观点，认为，应该从作者的继承人那里获得这样的许可同时获得作者未发表作品使用权的许可。③

在通过的俄罗斯民法典第四部分④为了解决类似的问题，用专门

① 〔俄〕尹·阿·伯利兹涅:《著作权与邻接权》莫斯科，2009年版，第46页。

② 〔俄〕С м：谢尔盖. 阿. 波.《俄罗斯联邦知识产权》莫斯科，2001年版，第198页。

③ 〔俄〕尹·阿·伯利兹涅:《著作权与邻接权》莫斯科，2009年版，第46页。

④ 俄罗斯联邦民法典，第1268条。

条款规定：

（1）作者如根据合同将作品转让给他人使用，视为同意发表该作品。

（2）作者在世时未发表的作品，如果作品的发表不违背作者在书面形式（遗嘱、书信、日记等）明确表达的意志，则可以在其死后由作品专有权所有人发表。

（五）作者的收回权

属于作者的收回权[①]，允许他取消先已作出的发表作品之决定，前提是赔偿这个决定对作品专有权受让人或者作品使用权接受人因此所造成的损失。

这样，俄罗斯联邦民法典维持了传统上在世界上许多国家为作者承认的特别的收回权，也就是说，作者本人取消以前他作出的发表作品的决定。上述决定可能是作者观点改变的一个宣告，对一定时期自己的创作或其他因素的一种本人的批评态度。

作者收回的决定可以在任何时间作出。不论发表作品的事实行为完成之前（例如，如果作者为了出版只是提交了手稿，但出版还没有实现），还是出版之后或以其他的形式发表。

在这样的情况下，如果作品已经发表，作者必须公开通告其收回事宜。公开通告的程序在俄罗斯民法典中未被规定。

作者有权在有权在赔偿损失的条件下，将已经出版的作品复制件从社会流通中撤回。在某些情况下，上述规定可能与其他的法律相互矛盾，例如，必须的文献的复制件。

除此之个，也就是说，如果这个行为导致侵犯其他人的权利，类似的取消将不能实现，例如，作品的合作作者或编入到汇编作品中的作品的作者行使收回权，尽管不应排除司法实践中将以任何其他的观点为依据的可能性。

---

① 俄罗斯联邦民法典，第1269条。

俄罗斯联邦民法典第1269条包含了专门的补充说明条款，提供给作者收回自己作品的权利的规定不适用于不适用于电子计算机程序、职务作品和收入复合客体的作品[①]，包括视听作品在内。

上述补充说明条款确认了限制情况，即当作者行使自己的收回权时可能威胁到其他人权利实现的情况。[②]

三、俄罗斯著作人身非财产权给我们的启示

（一）大陆法系著作人身权的价值取向

传统意义上，大陆法系注重对作者人身权利的保护问题。著作人身权，又称为“精神权利”（moral tight）是指作者就作品中所体现的人格或精神所享有的权利[③]，有的学者认为是作者或者著作权原始主体依法享有的与其人身不可分离的非财产性权利。[④]是作者基于作品依法享有的以人身利益为内容的权利。[⑤]乃指著作人对于自己之著作所有人人格的、精神的利益且得以受保护之权利。[⑥]。从以上定义中，可以判断著作人身权体现的特点是：非财产性、精神性、与人身不可分离性。

大陆法系国家以“人格价值观”作为著作权立法的哲学基础，将天赋人权的思想引入著作权理论范畴，确立了以保护作者人身权利为中心的著作权观念。在这种自然法思想的影响下，作品被视为作者智慧的结晶和人格的延伸，因此作者对作品享有类似父子关系的天赋自然权利，他不但应当有权像对待财产权那样控制作品的经济利用，更

① 俄罗斯联邦民法典第1240条。

②〔俄〕尹．阿．伯利兹涅：《著作权与邻接权》莫斯科，2009年版，第47页。

③ 李明德，许超．著作权法［M］．法律出版社，2003：70.

④ 吴汉东．知识产权法学［M］．4版．北京：北京大学出版社，2009：64.

⑤ 刘春田．知识产权法［M］．2版．北京：高等教育出版社，2003：61.

⑥ 罗明通．著作权法论（Ⅰ）［M］．7版．台北：台英商务法律事务所，2009：95.

应当有权维护作者人格与作品之间无法割断的精神联系。大陆法系国家中又存在一元说（以德国为代表）和二元说（以法国为代表）这两种主要学说。

一元说除德国以外，还包括奥地利、匈牙利、捷克斯洛代克等国家。他们认为，著作权既非财产权也非人身权，而是两者的混合体。其采取“树形理论”。即，财产权与人身权犹如一根树干的两个分支，无法加以分割，财产权与人身权具有同一来源，对其中一种权利的保护，必然构成对另一种权利的保护。体现在著作权的让与制度上，表现为：著作人身权的不可让与性使得著作财产权也不能转让（仅因遗嘱执行可发生移转或在遗产分配时于共同继承人之间发生转让），作品的使用只能通过合同的方式解决，即授权许可制度。同时，著作人身权也不是永续存续的，而是与著作财产权一起享有同样的保护期限。一元论对提高和突出的保护作者权利有意义，但是限制了作者的经济权利。

大陆法系著作权二元论以法国为代表，包括意大利、西班牙、日本等国。他们认为，著作权是一权两体，由相互独立的著作财产权和著作人身权构成，且两种权利具有截然不同的命运。著作财产权可以转让或由作者放弃，并且有保护期限。而著作人身权则无法与作者分离，不能转让，不能放弃。不能剥夺，永续存在。而且当著作财产权与著作人身权发生冲突时，著作人身权具有优先效力。法国著作人身权的内容相当广泛，不仅有发表权、作者身份权、保护作品完整权，还有不被多数国家所承认的收回权。①

（二）俄罗斯著作人身非财产权利属于大陆法系中二元论理论的体现

在著作权让与之情形，二元论者认为著作人身权不得让与，著作财产权则可全部或一部为终局之让与，从该受让人抛弃权利或死亡无

① 罗明通 . 著作权法论（Ⅰ）[M] . 7版 . 台北：台英商务法律事务所，2009：101.

人继承，其原著作人亦不得取回该权利，亦即该著作人与让与之著作财产权永远脱离关系。俄罗斯著作人身非财产权不能转让、不能放弃。根据俄罗斯联邦民法典第150条规定，人身非财产性权利属于作者，不能转让和以任何方式移转，并且，甚至作者本人也不能放弃。在著作权继承之情形，二元论者认为著作人身权不得为继承，俄罗斯联邦民法典认为著作人身非财产权利不能继承。在著作权消灭之情形，二元论者认为著作人身权虽因著作人死亡或解散而消灭，但著作人身权之保护并不因而消灭，系采保护永久存续制。俄罗斯联邦民法典第1267条规定了作品的身份权、署名权和作品不可侵犯权无期限保护的原则。“作者身份权、署名权和作品不可侵犯权无限期受到保护。”

（三）俄罗斯著作人身非财产权给我们的启示

我国受大陆法系立法传统的影响，立法体例遵循的是大陆法系的二元说，即著作人身权和财产权相独立。根据我国著作权法第10条规定，著作人身权包括作者的署名权、发表权、修改权、保护作品完整权；但我国著作人身权制度存在很多模糊之外，如我国著作权法仅规定著作财产权的转让和许可使用，而没有明确著作人身权是否可转让和许可使用。在著作权人身权主体方面，理论上认为从著作人身权的来源及设立的目的来看，法人或其他组织是不能享有著作人身权的，但《著作权法》第11第2款中的法人视为作者的情况，“由法人或者其他组织主持，代表法人或者其他组织意志创作，并由法人或者其他组织承担责任的作品，法人或者其他组织视为作者。”法人是享有人身权的。我国《著作权法》第16条，职务作品中，作者享有署名权，著作权的其他权利由法人或者其他组织享有。按该条的规定，除署名权外的其他著作人身权可以由法人或其他组织享有，与理论上法人或其他组织不能享有著作人身权存在冲突。另外，我国《著作权法》规定的修改权是指修改或者授权他人修改作品的权利。保护作品完整权即保护作品不受歪曲、篡改的权利。但在实践中“篡改”与尚构不成篡改的“修改”之间界限很难划清。因此俄罗斯著作人身非财产权制度对我国《著作权法》的著作人身权制度的修改还是有一定的借鉴意义。

（1）立足作者利益，明确著作人身权不可转让性。作品是作者人格权的反映，是人格权的延伸，与人身不可分离，不得转让。人身权制度就其本质而言，是为了维护“人之为人所应有的权利”反而言之，人身权的对象即“人格要素”如果永久地与主体分离，人就不再为人，人的主体难以为继。

（2）保护作品完整权即保护作品不受歪曲、篡改、有损作者声誉的权利。加入“有损作者声誉的”。

修改权与保护作品完整权在界限上难以划清，导致法律适用上的难度。修改权的适用与保护作品完整权的适用应以把作者的权利限定在有权禁止他人的“有损作者声誉的”歪曲、篡改、修改或其他贬抑。这样，修改权与保护作品完整权的界限就清淅了。

俄罗斯联邦民法典*

第四部分

第七编 对知识活动成果和个性化标识的权利

Civil Code of the Russian Federation

Part IV

Division VII. Rights to the Results of Intellectual Activity and to Means of Individualization

第六十九章 一般规定

第1225条 受保护的知识活动成果和个性化标识
第1226条 知识权利
第1227条 知识权利与所有权
第1228条 知识活动成果的作者
第1229条 专有权
第1230条 专有权的效力期限
第1231条 专有权和其他知识权利在俄罗斯联邦境内的效力

* 2006年11月24日国家杜马通过，2006年12月8日联邦委员会批准。

第七十章　著作权

第1255条　著作权
第1256条　科学、文学、艺术作品专有权在俄罗斯联邦境内的效力
第1257条　作品的作者
第1258条　合作作者
第1259条　著作权的客体
第1260条　译文及其他演绎作品、汇编作品
第1261条　计算机软件
第1262条　计算机软件和数据库的国家登记
第1263条　视听作品
第1264条　官方文件、标志和徽标的草案
第1265条　作者身份权和署名权
第1266条　保护作品免受侵犯和歪曲的权利
第1267条　在作者死后对其作者身份、作者署名和作品不可侵犯权的保护
第1268条　作品发表权
第1269条　收回作品权
第1270条　作品专有权
第1271条　著作权保护标记
第1272条　已发表作品的原件或者复制件的发行
第1273条　为个人目的的自由复制作品
第1274条　为信息、科学、教育或者文化目的而自由使用作品
第1275条　通过复制对作品的自由使用
第1276条　公共场所永久陈列的作品的自由使用
第1277条　自由公开表演音乐作品
第1278条　为法律目的而免费复制作品

第七十一章 邻接权

第一节 一般规定

第二节 表演权

第三节　对录音制品的权利

第四节　无线与有线广播组织权

第五节　数据库制作者权

第六节　科学、文学或者艺术作品的出版者权

第1338条　出版者权

第1339条　作品出版者专有权

第1340条　作品出版者专有权的有效期限

第1341条　作品出版者专有权在俄罗斯联邦境内的效力

第1342条　作品出版者专有权的提前终止

第1343条　作品原件的转让和作品出版者专有权

第1344条　受出版者专有权保护的作品的原件或者复制件的发行

第七十二章　专利权

第一节　基本规定

第1345条　专利权

第1346条　发明、实用新型和工业设计专有权在俄罗斯联邦境内的效力

第1347条　发明、实用新型或者工业设计的作者

第1348条　发明、实用新型或者工业设计的共同作者

第1349条　专利权的客体

第1350条　发明可取得专利的条件

第1351条　实用新型可取得专利的条件

第1352条　工业设计可取得专利的条件

第1353条　发明、实用新型和工业设计的国家登记

第1354条　发明、实用新型或者工业设计专利

第1355条　对创造和使用发明、实用新型和工业设计的国家激励

第二节　专利权

第1356条　发明、实用新型或者工业设计作者身份权

第1357条　发明、实用新型或者工业设计专利权的取得

第三节 发明、实用新型或者工业设计专有权的处分

第四节　因履行职务任务或者履行合同约定的工作而产生的发明、实用新型和工业设计

第五节　专利的取得

第一小节　专利的申请、变更与撤回

第1374条　发明、实用新型或者工业设计专利申请的提交

第1375条　发明专利的申请

第1376条　实用新型专利的申请

第1377条　工业设计专利的申请

第1378条　发明、实用新型或者工业设计申请文件的修正

第1379条　发明或者实用新型申请的变更

第1380条　发明、实用新型或者工业设计申请的撤回

第二小节　发明、实用新型和工业设计优先权

第1381条　发明、实用新型或者工业设计优先权的确定

第1382条　发明、实用新型或者工业设计的公约优先权

第1383条　发明、实用新型或者工业设计优先权日重合的后果

第三小节　专利申请审查；发明、实用新型或者工业设计的临时法律保护

第1384条　发明申请的形式审查

第1385条　发明申请的信息公开

第1386条　发明申请的实质审查

第1387条　授予发明专利或者驳回发明专利申请的决定

第1388条　申请人查阅专利材料的权利

第1389条　与发明申请审查有关的期限经过后的顺延

第1390条　实用新型申请的审查

第1391条　工业设计申请的审查

第1392条　发明的临时法律保护

第四小节　发明、实用新型、工业设计的登记与专利授予

第1393条　发明、实用新型、工业设计的国家登记程序与专利授

第二节 动植物新品种的知识权利

第三节 动植物新品种专有权的处分

第四节　因完成职务任务或者完成合同约定工作的方式而创造、开发或者发现的动植物新品种

第1430条　职务动植物新品种

第1431条　依照合同而创造、开发或者发现的动植物新品种权

第1432条　因履行国家或者城市合同约定而创造、开发或者发现的动植物新品种权

第五节　动植物新品种专利的取得及专利效力的终止

第1433条　动植物新品种专利的申请

第1434条　动植物新品种的优先权

第1435条　专利申请的初步审查

第1436条　动植物新品种权的临时法律保护

第1437条　动植物新品种权新颖性审查

第1438条　动植物新品种权差异性、同种性、稳定性测试

第1439条　动植物新品种权的国家登记和专利授予

第1440条　动植物新品种的保存

第1441条　确认动植物新品种权专利无效

第1442条　动植物新品种权专利的效力提前终止

第1443条　动植物新品种权信息的公开

第1444条　动植物新品种权的使用

第1445条　向外国申请动植物新品种权专利

第六节　动植物新品种权作者及其他专利持有人的权利的保护

第1446条　侵犯动植物新品种权作者或者其他专利持有人的权利的行为

第1477条　关于侵犯动植物新品种权专有权的司法裁决的公开

第七十四章 集成电路布图设计权

第1448条 集成电路布图设计
第1449条 集成电路布图设计权
第1451条 集成电路布图设计的作者
第1451条 集成电路布图设计的共同作者
第1452条 集成电路布图设计国家登记
第1453条 集成电路布图设计作者身份权
第1454条 布图设计专有权
第1455条 集成电路布图设计保护标志
第1456条 不属于侵犯布图设计专有权的行为
第1457条 布图设计专有权的效力期限
第1458条 布图设计专有权转让合同
第1459条 集成电路布图设计专有权的许可使用合同
第1460条 布图设计专有权转让合同和许可使用合同的形式与国家登记
第1461条 职务布图设计
第1462条 因履行合同约定的工作而创作的布图设计
第1463条 依照合同而创作的布图设计
第1464条 因履行国家或者城市合同约定的工作而创作的布图设计

第七十五章 技术秘密权

第1465条 技术秘密
第1466条 技术秘密专有权

第1486条　商标不使用的后果
第1487条　商标专有权的用尽
第1488条　商标专有权转让合同
第1489条　商标使用权的许可使用合同
第1490条　商标专有权处分合同的形式和登记
第1491条　注册商标的效力期限

第三小节　商标的注册

第1492条　商标注册的申请
第1493条　对商标注册申请文件的知情权
第1494条　商标优先权
第1495条　商标的公约优先权与展览优先权
第1496条　商标优先权日重合的后果
第1497条　商标注册申请的审查与商标注册簿的变更
第1498条　商标注册申请的形式审查
第1499条　对申请注册为商标的标识的审查
第1500条　对商标注册申请的决定的异议
第1501条　已经过期的与商标申请审查有关的期限的恢复
第1502条　撤销商标注册申请及提出新申请
第1503条　商标核准注册程序
第1504条　商标注册证的发给
第1505条《商标注册簿》和商标注册证的变更
第1506条　注册商标的公告
第1507条　商标的外国注册与国际注册

第四小节　驰名商标的特殊保护

第1508条　驰名商标
第1509条　驰名商标法律保护的赋予

第1527条 原产地名称申请的撤回
第1528条 对原产地名称注册申请裁决的异议与相关期限的顺延
第1529条 原产地名称的注册程序
第1530条 原产地名称注册证的发给
第1531条 原产地名称专有使用权证的有效期限
第1532条 《原产地名称注册簿》与原产地名称专有使用权的变更
第1533条 原产地名称注册信息的公布
第1534条 原产地名称的外国注册

第四小节 原产地名称与原产地名称专有使用权有效期的终止

第1535条 有关原产地名称和原产地名称专有使用权法律保护的异议与撤销的根据
第1536条 原产地名称及其专有使用权证书的终止

第五小节 商品原产地名称保护

第1537条 非法使用原产地名称的法律责任

第四节 商号权

第1538条 商号
第1539条 商号专有权
第1540条 商号专有权的有效期
第1541条 商号权与字号权和商标权的关系

第七十七章 统一技术构成中的知识活动成果使用权

第1542条 技术权
第1543条 技术权规则的适用范围
第1544条 组织创造统一技术的人使用作为统一技术构成的知识活动成果的权利

俄罗斯联邦民法典

第四部分

第七编　对知识活动成果和个性化标识的权利

第六十九章　一般规定

第1225条　受保护的知识活动成果和个性化标识

1. 被赋予法律保护（被承认为知识财产）的知识活动成果和与之等同的法人、商品、工作、服务、企业以及信息服务的个性化标识包括：

1）科学、文学和艺术作品；

2）电子计算机程序；

3）数据库；

4）表演；

5）录音制品；

6）通过无线或者有线传送的广播或者电视节目（无线或有线广播组织的广播）；

7）发明；

8）实用新型；

9）工业设计；

10）动植物新品种；

11）集成电路布图设计；

12）技术秘密；

13）企业名称；

14）商标和服务标志；

15）商品原产地名称；

16）商号；

17）域名。

2. 知识财产应通过立法保护之。

第1226条　知识权利

知识权利为对知识活动成果和与之等同的个性化标识（知识活动成果和个性化标识）的权利，包括作为财产权的专有权，在本法典规定的情况下也包括人身非财产权利和其他权利（追续权、接触作品权及其他权利）。

第1227条　知识权利与所有权

1. 知识权利独立于体现知识活动成果或者个性化标识的物质载体（物）的所有权。

2. 物的所有权的移转并不导致对体现在该物中的知识活动成果或者个性化标识的知识权利的移转或者获得，但本法典第1291条第2款规定的情形除外。

第1228条　知识活动成果的作者

1. 知识活动成果的作者是指以其创造性劳动创造了该成果的个体。

对该成果的创造未付出个人创造性贡献的公民，包括仅向作者提供技术的、咨询的、组织的或者物质的协助或帮助的，或者仅协助办理对该成果的权利的取得或者使用的公民，以及仅对相应的工作实施了监督的公民不得被认为是知识活动成果的作者。

2. 作者身份权以及在本法典规定情况下的姓名权和其他人身非财产权利属于知识活动成果的作者。

作者的作者身份权、姓名权和其他非财产性知识权利不可移转且不得让与。对该权利的放弃无效。

作者的作者身份和姓名受永久性保护。在作者死后对其作者地位和姓名的保护可以由任何利害关系人实施，但本法典第1267条第2款和第1316条第2款规定的情形除外。

3. 对通过创造性劳动创造的知识活动成果的专有权，最初由其作者享有。该权利可以由作者依照合同转让给他人，也可以按照法律规定的其他情形转让给他人。

4. 由两个或者两个以上公民（共同创作者）共同以创造性劳动创造的知识活动成果的权利属于共同创作者们共同享有。

第1229条　专有权

1. 享有对知识活动成果或个性化标识专有权的公民或法人（权利人），在不违反法律的前提下，有权按照自己的意愿以任何方式使用该成果或者标识。权利人可以处分知识活动成果或者个性化标识专有权（第1233条），本法典有不同规定的除外。

权利人可以依照自己的意愿允许或者禁止他人使用知识活动成果或者个性化标识。没有禁止不得被视为同意（允许）。

他人未经权利人的同意不得使用相应的知识活动成果或者个性化标识，但本法典规定的情形例外。未经权利人同意使用知识活动成果或者个性化标识（包括以本法典规定的方式使用），为违法使用并将引起本法典、其他法律规定的责任，本法典允许非权利人无需经权利人同意而使用知识活动成果或者个性化标识的情形除外。

2. 知识活动成果或者个性化标识专有权（企业名称专有权除外）可以属于一人所有或者数人共有。

3. 在知识活动成果或者个性化标识专有权属于数人共有的情况下，每个权利人都可以按照自己的意愿使用该成果或者手段，除非本法典或者权利人之间协议有不同规定。专有权共有人之间的相互关系可以由他们之间的协议确定。

对知识活动成果或者个性化标识的共同使用所得的收益在全体权利人间平均分配，除非权利人间的协议另有约定。

对知识活动成果或者个性化标识专有权的处分应当由权利人共同实施，但本法典有不同规定的除外。

4. 在本法典第1454条第3款、第1466条第2款、第1510条第1款和第1519条第1款规定的情况下，对同一知识活动成果或者同一个性化标识的独立专有权可以同时属于不同的人所有。

5. 对知识活动成果或者个性化标识的专有权的限制，包括对知识活动成果在无需征得权利人同意但应当给付其报酬权的情形，均由本法典规定。

上述限制不得给知识活动成果或者个性化标识的正常使用带来不公正的损害且不得侵害权利人的合法利益，否则不予设定。

第1230条　专有权的效力期限

1. 知识活动成果和个性化标识专有权在规定的期限内有效，本法典另有规定的除外。

2. 知识活动成果或个性化标识专有权的效力期限的长度、计算该期间的方法、延长该期间的理由和程序，以及在期限届满前终止专有权的理由和程序均由本法典规定。

第1231条　专有权和其他知识权利在俄罗斯联邦境内的效力

1. 俄罗斯联邦所加入的国际条约和本法典规定的知识活动成果和个性化标识专有权在俄罗斯联邦境内有效。

非财产性人身权利和其他非专有权的知识权利依照本法典第2条第1款第4小节在俄罗斯联邦境内有效。

2. 依照俄罗斯联邦加入的国际条约确认知识活动成果或个性化标识专有权时，权利的内容、权利的效力、限制、权利实现和保护的程序由本法典规定，不受专有权产生国立法规定的影响，但该国际条约或本法典有不同规定的除外。

第1232条　知识活动成果和个性化标识的国家登记

1. 在本法典规定的情况下，知识活动成果或者个性化标识专有权须在经过国家登记的条件下始被确认和保护。

2. 在知识活动成果或者个性化标识依照本法典应当进行国家登记的情况下，对该成果或者该手段的专有权依照合同转让、抵押、依照合同提供对该成果或者该手段的使用权，以及非依合同将该成果或者该手段的专有权的移转，也应当进行国家登记；国家登记的程序和条件由俄罗斯联邦政府规定。

3. 对依照合同转让知识活动成果或者个性化标识专有权的国家登记、对该权利抵押的国家登记，以及依照合同提供对该成果或者该手段的使用权的国家登记通过对相应的合同的国家登记来实现。

4. 在本法典第1239条规定的情况下，对提供知识活动成果或者个性化标识的使用权进行国家登记的依据是相应的司法裁决。

5. 对因继承而享有的知识活动成果或者个性化标识专有权进行国家登记时，其依据是继承权证书，本法典第1165条规定的情形除外。

6. 知识活动成果或者个性化标识专有权转让合同或者向他人提供对该成果或者该手段使用权合同不符合国家登记要求的应为无效。专有权的非合同式移转不符合国家登记要求时，该移转不成立。

7. 在本法典规定的情况下，权利人有权决定对知识活动成果进行国家登记。在此情况下已经登记的知识活动成果和对该成果的权利适用本条第2~6款的规则，本法典有不同规定的除外。

第1233条　专有权的处分

1. 权利人可以以任何不违反法律的且不违背该专有权的性质的方式处分属于他的知识活动成果或者个性化标识专有权，包括通过依照合同（专有权转让合同）转让给他人或者在合同（许可使用合同）规定的范围内授予他人对相应的知识活动成果或者个性化标识的使用权。

签订许可使用合同并不导致专有权向被许可使用人移转。

2. 知识活动成果或者个性化标识专有权处分合同，包括专有权转让合同和许可使用（再许可使用）合同适用债的一般规定（第307~419条）和合同的一般规定（第420~453条），本法典下文有不同规定的和从专有权的内容或特点中可以得出不同规定的除外。

3. 未直接指明知识活动成果或者个性化标识专有权完全移转的合同，应被视为许可使用合同，对专门为纳入复合客体而已经创造或者将被创造的知识活动成果的使用权除外（第1240条第2款第2项）。

4. 专有权转让合同或者许可使用合同的条款限制公民创造特定类型的或者在特定知识活动领域中的知识活动成果，或者限制向他人转让对上述成果专有权的权利的，应为无效。

5. 在签订知识活动成果或者个性化标识专有权抵押合同时，抵押人有权在该合同效力期限内使用该知识活动成果或者个性化标识并可无需经抵押权人的同意处分对该成果或者对该标识的专有权，合同有不同规定的除外。

第1234条 专有权转让合同

1. 依照专有权转让合同，一方（权利人）须将其知识活动成果或者个性化标识专有权完全移转或者有义务完全移转给他方（受让人）。

2. 专有权转让合同应以书面形式签订且在本法典第1232条第2款规定的情况下应当进行国家登记。不遵守书面形式或者国家登记的要求的合同应为无效。

3. 依照专有权转让合同，取得人有义务向权利人支付合同规定的报酬，合同有不同规定的除外。

有偿的专有权转让合同中缺乏报酬数额的条款或者根据合同约定的计算方法仍不能确定时，此时应依据本法典第424条第3款规定的方法确定数额。

4. 知识活动成果或者个性化标识专有权自专有权转让合同签订时起从权利人转让给受让人，双方协议有不同规定的除外。如果专有权转让合同应当进行国家登记（第1232条第2款），则该成果或者该手段的专有权自该合同的国家登记时起自权利人移转给受让人。

5. 在受让人实质性地违反专有权转让合同，未约定的期限内向权利人支付受让知识活动成果或者个性化标识专有权的价款（第450条第2款第1次款）的情况下，如果专有权已经移转给了受让人，先前的权利人有权依照司法程序要求将专有权受让人的权利转归自己并要求赔偿损失。

如果专有权还未移转给受让人，则在受让人违反按照合同规定的期限支付购买专有权的价款时，权利人可以单方放弃合同并要求赔偿因合同解除而给其造成的损失。

第1235条 许可使用合同

1. 依照许可使用合同，一方——知识活动成果或者个性化标识专有权持有人（许可使用人）向他方（被许可使用人）或者有义务向他方（被许可使用人）在合同规定的范围内提供对该成果或者该手段的使用权。

被许可使用人只能在许可使用合同规定的范围内和以规定的方式使用知识活动成果或者个性化标识。未直接在许可使用合同中指明的知识活动成果或者个性化标识使用权视为没有向被许可使用人提供。

2. 许可使用合同以书面形式签订，本法典有不同规定的除外。

许可使用合同在本法典第1232条第2款规定的情况下应当进行国家登记。

不遵守书面形式或者国家登记的许可使用合同应为无效。

3. 在许可使用合同中应当指明，知识活动成果或者个性化标识所被允许使用的地域。如果合同中没有指明对该成果或者该手段的使用地域，则被许可使用人有权在整个俄罗斯联邦境内进行使用。

4. 许可使用合同的期限不得超过知识活动成果或者个性化标识专有权的有效期限。

在许可使用合同中没有规定其效力期限的情况下，合同的期限应视为5年，本法典有不同规定的除外。

在专有权终止的情况下许可使用合同也同时终止。

5. 依照许可使用合同，被许可使用人有义务向许可使用人支付合同约定的报酬，合同有不同规定的除外。

在有偿许可使用合同中，缺乏报酬数额条款或者报酬数额根据合同提供的计算方式仍不能确定，则应根据本法典第424条第3款规定的方式确定报酬数额。

6. 许可使用合同应当规定：

1）通过指明知识活动成果或者个性化标识规定合同的标的，依照合同提供使用权的，指明在相应的情况下证明该成果或者该手段专有权的文件（专利、证书）的编号和颁发日期；

2）使用知识活动成果或者个性化标识的方式。

7. 知识活动成果或者个性化标识专有权向新的权利人的移转不能成为变更或者解除以前的权利人签订的许可使用合同的理由。

第1236条　许可使用合同的类型

1. 许可使用合同可以规定：

1）向被许可使用人提供知识活动成果或者个性化标识使用权而许可使用人保留向他人颁发使用许可的权利（简单（非排他性的）许可使用）；

2）向被许可使用人提供知识活动成果或者个性化标识使用权且许可使用人不保留向他人颁发使用许可的权利（排他性许可使用）。

2. 除非许可使用合同有不同规定，则合同应被推定为简单（非排他性）许可使用合同。

3. 一份许可使用合同中可以根据合同所涉及的不同类型的知识活动成果或个性化标识将本条第1款的内容包含其中。

第1237条　许可使用合同的履行

1. 被许可使用人有义务向许可使用人提交知识活动成果或者个性

化标识的使用报告，许可使用合同有不同规定的除外。使用报告的提交时间和程序由许可使用合同规定。如果许可使用合同中规定要提交知识活动成果或者个性化标识使用报告，但没有规定提交的期限和方式的条款，则被许可使用人有义务按照许可使用人的要求向其提交报告。

2. 在许可使用合同有效期间内许可使用人有义务不得实施任何有可能妨碍被许可使用人在合同规定的范围内实现赋予他的知识活动成果或者个性化标识使用权的行为。

3. 未按照使用许可使用合同的规定适用、在该合同效力终止后使用、或者以其他在依照合同提供给被许可使用人的权利的范围以外使用知识活动成果或者个性化标识的，将导致本法典、其他法律或者合同规定的侵犯知识活动成果或者个性化标识专有权的责任。

4. 被许可使用人违反许可使用合同规定的期限向许可使用人支付提供科学、文学或者艺术作品（第70章）或其邻接权的客体（第71章）使用权的报酬时，许可使用人可以单方解除许可使用合同并且要求赔偿因解除该合同给他造成的损失。

第1238条　再许可使用合同

1. 在许可使用人书面同意的情况下被许可使用人可以按照合同向他人提供对知识活动成果或者个性化标识的使用权（再许可使用合同）。

2. 依照再许可使用合同，被再许可使用人的许可使用权限范围不得超越被许可使用人的许可使用合同规定的权利和使用方式范围。

3. 再许可使用合同的期限超过许可使用合同的效力期限时，再许可使用合同的期限应视为在许可使用合同的有效期间内。

4. 被许可使用人对被再许可使用人的行为在许可使用人面前承担责任，许可使用合同有不同规定的除外。

5. 本法典对许可使用合同的规则也适用于再许可使用合同。

第1239条　强制许可使用

在本法典规定的情况下，法院可以依照利害关系人的请求，判令权利人在判决中规定的特定条件下向该人提供对其专有权属于他人的知识活动成果的使用权（强制许可使用）。

第1240条　对复合客体中的知识活动成果的使用

1. 组织创造了其中包含数个被保护的知识活动成果（电影、其他视听产品、著作、剧院－文艺演出、多媒体作品、集成技术）的复合客体的主体，依据该主体与相应知识活动成果专有权的权利人签订的专有权转让合同或者许可使用合同取得对上述成果的使用权。

当组织创造复合客体的主体取得专门为纳入这种复合客体而已经创造或者将被创造的知识活动成果的使用权时，相应的合同被视为专有权转让合同，双方协议另有规定的除外。

规定对复合客体中的知识活动成果的使用的许可使用合同，如果合同没有相反规定，则视为在整个相应专有权有效期间和在其效力所及的全部领域内签订。

2. 许可使用合同中限制对复合客体中知识活动成果的使用的条款无效。

3. 在使用复合客体中知识活动成果时，该成果的创造者仍保留对该成果的作者身份权和其他非财产性人身权利。

4. 在使用复合客体中的知识活动成果时，组织创造该客体的人有权指明自己的姓名、名称或者要求署名。

5. 本条规则可以适用于对依靠联邦财政或者由联邦财政投资所创造的集成技术综合体中的知识活动成果的使用权，本法典第77章有不同规定的除外。

第1241条　专有权非依合同的移转

只有依照法律规定的情形和理由，才允许在未经权利人签订合同的情况下，将知识成果或者识别性标记向他人转移，包括依照概括权利继承方式（继承、法人改组）和在追索权利人的财产的情况，但有法律规定的情形或者理由的除外。

第1242条 著作权和邻接权的集体管理组织

1. 录音制品的作者、表演者、制作者以及其他著作权和邻接权的持有者在难以通过个体方式行使其权利时或在本法典允许无须征得相应权利人的同意而使用著作权和邻接权的客体但须向他们支付报酬时，可以设立基于成员关系的非商业组织（权利的集体管理组织），依照权利人所授予的权限承担对相应权利的集体管理职责。

设立该类组织并不影响其他法人和公民对著作权和邻接权持有人的代理。

2. 知识权利的集体管理组织可以基于权利客体属于一种或数种的著作权或者邻接权而设立，可以基于对相应客体的一种或数种特定使用方式而设立或者为管理任何著作权和（或）邻接权而设立。

3. 权利集体管理组织的权能依据是该组织与权利人签订的移转权利管理权能的书面合同，本法典第1244条第3款第1节规定的情形除外。

上述合同应当作为该组织的成员的权利人签订，也应与非组织成员的权利人签订。在后者的情况下，集体管理组织应当根据组织章程的规定承担对相关权利的管理职责。权利集体管理组织的权能依据也可以是与其他组织包括外国的权利集体管理组织所签订的合同。

对于在本款第1和2节中指出的合同，应适用债的一般规定（第307~419条）和合同的一般规定（第420~453条），但根据被移交管理的权利内容或性质不能适用的除外。本编关于专有权转让合同和许可使用合同的规则不得适用于上述合同。

4. 权利集体管理组织无权对专有权被移交管理的著作权和邻接权客体进行使用。

5. 权利集体管理组织有权以权利人的名义或以自己的名义在法庭

上提起诉讼，也有权实施任何为保护移交集体管理的权利所必要的法律行为。被委任的组织（第1244条）也有权代表不特定数量的权利人在法庭上提起为保护该组织所管理的权利所必要的诉讼。

6. 权利集体管理组织的法律地位、功能、成员的权利与义务由本法典、非商业组织法和相应组织的章程规定。

第1243条　权利集体管理组织与权利人之间合同的履行

1. 权利集体管理组织与使用人签订合同，约定由集体管理组织就权利人提供权利进行管理，并在权利人授予简单（非排他性）许可的情况下使用权利客体。在简单（非排他性）许可使用的条件下确定相应的对著作权和邻接权客体的使用方式并向使用人收取使用报酬。在本法典规定的无须经权利人同意而使用著作权和邻接权客体的情况下，使用人仍须向权利人支付相关报酬，由权利集体管理组织与使用人签订报酬支付合同并为此目的而收取资金。

权利集体管理组织在没有足够理由的情况下无权拒绝与使用人签订合同。

2. 如果许可使用合同是权利人直接与使用人签订的，则权利集体管理组织只能在上述合同明确规定的条件下收取使用上述著作权和邻接权客体的报酬。

3. 使用人有义务按照权利集体管理组织的要求向其提交著作权和邻接权客体的使用报告，以及其他的为收取和分配报酬所必要的资料和文件，提交的清单和期限由合同规定。

4. 权利集体管理组织将使用著作权和邻接权客体的报酬在权利人之间进行分配，并向他们支付上述报酬。

权利集体管理组织有权从所收取的使用报酬中扣除为收取、分配和支付该报酬所必要的费用，以及在权利人同意的情况下，按照组织章程规定的数额和程序从所收取的使用报酬中向为权利人的利益而建立的专门基金划拨款项。

权利集体管理组织应当按照组织章程规定的期限、使用人对相关著作权和邻接权客体的实际使用情况以及其他使用资料和情况（包括统计性资料）来对所收取的使用报酬向权利人进行定期分配和支付。

在支付报酬的同时，权利集体管理组织有义务向权利人提交包含对其权利使用信息的报告，包括所收取报酬的数额和从中扣除的数额。

5. 权利集体管理组织负责办理对被移转管理的权利以及著作权和邻接权客体资料的登记。在该登记簿中登记的资料依照该组织规定的程序应向任何利害关系人提供，依照法律未经权利人同意不得披露的资料除外。

权利集体管理组织应在公众可获得信息系统中公布由其管理的权利的信息，包括著作权和邻接权客体的名称、作者或其他权利人的姓名。

第1244条　权利集体管理组织的国家资格认证

1. 权利集体管理组织可以在以下范围内取得从事权利集体管理活动的国家委任：

1）对已经发表的（有文本或者无文本的）音乐作品和音乐戏剧作品在公开演出、无线或有线播放，包括通过转播（第1270条第2款第6~8次款）方面的专有权的管理；

2）行使音乐作品的作者在公开演出或者通过无线或有线播放视听作品（有文字或没有文字）而取得报酬的权利（第1263条第3款）；

3）管理美术作品的著作权以及文学和音乐作品的作者手稿的著作权（第1293条）；

4）行使录音制品和视听作品的作者、表演者、制作人因他人为个人目的复制录音制品和视听作品的而享有的报酬取得权（第1245条）；

5）行使表演者对公开演出以及以商业为目的通过无线或有线播放录音制品而取得报酬的权利（第1326条）；

6）行使录音制品制作人对公开演出以及以商业为目的通过无线或

有线播放录音制品而取得报酬的权利（第1326条）。

国家资格认证的办理，应在俄罗斯联邦政府的领导下，以认证程序公开为原则，同时考虑利害关系人（包括权利人）的意见而进行。

2. 根据本条第1款的规定进行资格认证时，每个集体管理领域内只能设立一个集体管理组织。

权利集体管理组织可以在本条第一款规定的一个、两个或者多个集体管理领域内取得资格认证。

对被认证的组织的活动不适用反垄断立法规定的限制。

3. 取得了国家资格认证的权利集体管理组织（被认证组织）有权依照本法典第1242条第3款规定的程序管理与他们签订了合同的权利持有者的权利，同时，对于没有与集体管理组织签订此类合同的权利持有者的权利进行管理并为他们收取报酬。

已被认证的组织的存在并不妨碍建立其他的包括在本条第1款中规定的集体管理领域中的权利集体管理组织。此类组织仅有权依本法典第1242条第3款规定的程序为已授予其管理权限的权利人的利益而与使用者签订合同。

4. 没有与被认证的组织签订权利管理权限移转合同的权利人（本条第3款）有权在任何时候全部或者部分地拒绝该组织对其权利的管理。权利人应当将自己的决定书面通知被认证的组织。如果权利人仅意图拒绝被认证的组织对其小部分著作权或邻接权和（或）客体的管理，则他应当提交此类专有权和（或者）客体的清单。

在自权利人处收到相应通知之日起三个月届满后被认证的组织必须将指定的权利和（或）客体从与所有使用者签订的合同中删除，并将此信息在公众可获得的信息系统中公布。被认证的组织必须向权利人支付其依照以前签订的合同从使用人处应得的报酬，并依照本法典第1243条第4款第4节提交报告。

5. 被认证的组织必须采取合理的和足够的措施查明依照该组织所

签订的许可使用合同和报酬支付合同而拥有报酬取得权的权利人。除非法律有不同规定，被认证的组织无权拒绝接纳依照该组织所签订的许可使用合同和报酬支付合同而拥有报酬取得权的权利人为组织的成员。

6. 被认证的组织应当在获得授权的联邦行政机关的监督下开展活动。

被委任的组织必须每年向获得授权的联邦行政机关提交活动的报告，并在全国大众媒体上公布。报告的形式由获得授权的联邦行政机关规定。

7. 被认证组织的示范章程应经俄罗斯联邦政府按照其规定的程序进行批准。

第1245条　为个人目的自由复制录音制品和音乐作品而支付报酬

1. 对专为个人目的而自由复制录音制品和音乐作品而支付的报酬的取得权属于录音制品和音乐作品的作者、表演者、制作人。该报酬具有补偿性而且应当从生产和进口用于复制和录制该作品的设备的生产者和进口者所提供的资金中支付。

设备和物质载体的清单，以及收取费用的数额和方式由俄罗斯联邦政府批准。

2. 被认证的组织负责收取为了个人目的而自由复制录音制品和音乐作品所支付的报酬（第1244条）。

3. 为个人目的而自由复制录音制品和音乐作品而支付的报酬按照以下比例在权利人之间进行分配：40% 支付给作者，30% 支付给表演者，30% 支付给录音制品或音乐作品的制作人。报酬在具体的录音制品或音乐作品的作者、表演者、制作人之间应按照相应的录音制品和音乐作品的实际使用比例进行分配。报酬的分配和支付方式由俄罗斯联邦政府规定。

4. 为个人目的而自由复制录音制品和音乐作品的所支付的报酬费

用不得向复制该作品的出口设备和物质载体的制造者收取，也不得向制造和进口非家庭使用的专业设备的制造者和进口者收取。

第1246条　对知识财产关系的国家调整

1. 在本法典规定的情况下，由负责著作权和邻接权规范法律调整的联邦行政主管机关负责颁布相关的规范性法律文件以调整知识财产领域中与著作权和邻接权客体有关的关系。

2. 在本法典规定的情况下，为调整知识财产领域中与发明、实用新型、工业设计、计算机软件、数据库、集成电路布图设计、商标和服务标记、商品原产地名称有关的关系而颁布的规范性法律文件由在知识财产领域中的负责规范性法律调整的获得授权的联邦行政机关负责。

3. 与发明、实用新型、工业设计、计算机软件、数据库、集成电路布图设计、商标和服务标记、商品原产地名称的国家登记有关的具有重大法律意义的行为，包括对相应的申请的接受和专家鉴定、颁发专利和证明其持有人对上述知识活动成果和个性化标识具有专有权的证书，以及其他的与知识活动成果和个性化标识法律保护有关的行为，由主管知识财产的联邦行政机关负责。在本法典第1401条、第1405条规定的情况下，本款规定的行为也可以由俄罗斯联邦授权的联邦行政机关负责。

4. 对本条第2~3款规定的动植物新品种，由经授权的主管农业领域规范性法律调控的联邦行政机关和专门负责新品种的联邦行政机关共同进行。

第1247条　专利代理人

1. 申请人、权利人、其他的利害关系人可以单独地，或者通过在上述联邦机关登记的专利代理人，或者通过其他代理人与联邦知识财产行政机关办理业务。

2. 除非俄罗斯联邦所签订的条约有不同规定，永久定居俄罗斯联邦境外的公民和外国法人，必须通过在上述联邦机关登记的专利代理人与联邦知识财产行政机关办理业务。

如果申请人、权利人、其他利害关系人自主地或者通过其他非在上述联邦机关登记的专利代理人和其他代理人与联邦知识财产执行机关办理业务，则他们必须按照上述联邦机关的要求提供在俄罗斯联邦境内的通信地址。

专利代理人和其他代理人的权限由申请人、权利人和其他利害关系人出具的委托授权书确定。

3. 在俄罗斯联邦境内永久居住的俄罗斯联邦公民可以登记成为专利代理人。对专利代理人的其他要求，其考试和登记程序，以及其在执行知识活动客体和个性化标识法律保护有关的业务活动中的权限由法律规定。

第1248条　与知识权利保护有关的争议

1. 与被侵犯或者有争议的知识权利保护有关的争议由法院审理和解决（第11条第1款）。

2. 在本法典规定的情况下，对于提交和审查颁发发明、实用新型、工业设计、育种成就、专利、商标、服务标记和商品原产地名称的申请方面有关的事项，与上述知识活动成果和个性化标识的国家登记有关的事项，与颁发相应的权利授予文件有关的事项以及对这些客体和手段提供法律保护所产生的争议或者与其知识权利终止有关的知识权利保护，由相应的联邦知识财产执行机关和负责新品种的联邦行政机关依照行政程序（第11条第2款）进行，在本法典第1401~1405条规定的情况下，由俄罗斯联邦政府授权的联邦行政机关依照行政程序进行（第1401条第2款）。上述机关的决定自通过之日起生效。相关主体可以就上述机关作出的决定依照法定程序向法庭提起。

3. 依照本条第二款的规定，联邦知识财产执行机关和其所建立的专利争议庭，以及负责育种成就的联邦执行权力机关在进行审理和解决争议时所适用的程序和规则，由知识财产领域内负责规范性法律调控的联邦执行机关以及农业领域内负责规范性法律调控的联邦执行机关进行规定。本条第二款所指明的审理和解决与保密发明有关的争议时所适用的规则由被授权的机关规定（第1401条第2款）。

第1249条　专利费和其他费用

1. 对于实施与发明、实用新型、工业设计或育种成就专利有关的，与计算机软件、数据库、集成电路布图设计、商标和服务标记有关的，与商品原产地名称专有权国家登记和提供有关的，以及与专有权向他人移转和处分该权利的合同的国家登记有关的重大法律行为，应当收取相应的专利费和其他规费。

2. 与计算机软件、数据库和集成电路布图设计有关的重大法律行为的清单以及与实施此类行为所收取的国家规费、其数额、支付程序和期限，以及支付国家规费的免除、降低、延期支付或者返还的依据由俄罗斯联邦税收和规费立法规定。

本条第1款规定以外的其他重大法律行为的清单，对其实施所收取的专利费和其他规费，其数额、支付程序和期限，以及免除规费支付、降低数额、延期支付或返还的依据由俄罗斯联邦政府规定。

第1250条　知识权利的保护

1. 知识权利的保护方式，应当由本法典规定之，同时应当考虑被侵犯的权利的实质内容和该权利被侵犯的后果。

2. 本法典规定的知识权利的保护方式可以应权利人、权利集体管理组织，以及法定情形下的其他人的请求而适用。

3. 侵害人没有过错并不能免除其停止侵犯知识权利的义务，也不排除对侵害人实施的为保护该类权利而采取的措施。特别是，法院对司法裁决（第1252条第1款第5次款）的公布和对侵犯知识活动成果或个性化标识专有权的行为或者有侵犯该权利之虞的行为的制止不受侵害人过错与否或承担费用与否的影响。

第1251条 非财产人身权利的保护

1. 作者的非财产性人身权利受到侵犯的情况下，其保护主要通过确认权利、恢复原状、制止侵权行为或者有侵犯权利危险的行为、赔偿精神损害、公布关于侵权行为的裁决来实现。

2. 本条第1款规定的内容也适用于对本法典第1240条第4款、第1260条第7款、第1263条第4款、第1295条第3款、第1323条第1款、第1333条第2款、第1338条第1款第2次款规定的权利的保护。

3. 对作者的名誉、尊严和商业信誉的保护依照本法典第152条的规则进行。

第1252条 专有权的保护

1. 知识活动成果和个性化标识专有权的保护主要通过提起以下请求进行保护：

1）确认权利——针对侵犯权利人利益的同时否认或者以其他方式不承认权利的人；

2）制止侵权行为或者有侵权危险的行为——针对正在实施此类行为或者正在实施侵权行为所必要的准备行为的人；

3）赔偿损失——针对未与权利人签订协议（无合同使用）非法使用知识活动成果和个性化标识或者以其他方式侵犯了其专有权并给其带来损害的人；

4）依照本条第5款没收复制载体——针对其制造人、进口者、保管人、运输人、出卖人、其他传播者以及恶意购买人；

5）公布针对有关侵权行为的司法裁决并指明真正的权利人——针对侵犯专有权的人。

2. 依照诉讼法有关诉讼保全程序的规定，可以在侵犯专有权案件的诉讼过程中对侵犯知识活动成果或者个性化标识专有权的刻录介质、设备和材料采取保全措施，包括扣押刻录介质、设备和材料。

3. 在本法典对某些个别种类的知识活动成果或个性化标识有规定

的情况下，上述专有权被侵犯时权利人有权要求加害人就该侵权行为支付补偿，而就损害进行赔偿。补偿在侵权行为的事实被证明时即应当追索。此时免除寻求权利保护的权利人对其所受损失数额的证明责任。

补偿的数额由法院在本法典规定的范围内根据侵权行为的性质和案件的其他情节并考虑请求的合理与公平决定。

权利人有权请求加害人为每次不法使用知识活动成果或个性化标识的情形或者为已实施的整个侵权行为支付补偿。

4. 因制造、传播或者以其他形式使用，以及进口、运输或者储藏其中体现了知识活动成果或个性化标识的刻录介质而导致侵犯对该成果或者手段的专有权时，此类刻录介质被认为是侵犯专有权的，并根据法院的判决应当禁止流通、销毁且不予任何补偿，本法典有不同的后果规定的除外。

5. 主要使用功能或预期主要功能侵犯相关知识活动成果和个性化标识专有权的设备、其他设施和材料，应当依照法院的裁决进行扣押和销毁，扣押和销毁所产生的费用由侵权人承担。但法律规定为俄罗斯联邦利益而应将其销售的设备、设施和材料除外。

6. 如果几种个性化标识（企业名称、商标、服务标记、商业标记）是相同的或者达到了混淆的程度并且因为这种相同或者相似可能导致消费者和（或）契约相对人的误解，则其专有权在先产生的个性化标识具有优先地位。此专有权的持有人可以依照本法典规定的程序请求确认赋予商标（服务标记）的法律保护无效或者要求完全或者部分禁止使用该企业名称或者商业标记。

为本款目的部分禁止使用应被理解为：

对企业名称——禁止在特定商业活动中使用；

对商业标记——禁止其在特定区域内和（或）在特定商业活动中使用。

7. 当侵犯知识活动成果或个性化标识专有权的侵权行为被依法确

认为不正当竞争行为时，则对被侵犯的专有权的保护应同时适用本法典规定和反垄断立法的规定。

第1253条 法人和个体经营者侵犯专有权的责任

如果法人多次或者严重侵犯知识活动成果和个性化标识专有权，则法院可以依照本法典第61条第2款根据检察官的请求作出强制清算该法人的判决。

如果公民实施此类侵权行为，则法院可以依照法定程序作出裁决终止其活动。

第1254条 被许可使用人的权利保护的特殊性

如果第三人侵犯排他性使用许可项下的知识活动成果或者个性化标识的专有权，侵犯了被许可使用人依据许可使用合同而取得的权利，则被许可使用人在享有其他的保护方式的同时还可以本法典第1250、第1252和第1253条规定的方式保护自己的权利。

第七十章 著作权

第1255条 著作权

1. 著作权是指对学术、文学和艺术作品所享有的知识权利。

2. 作品的作者享有以下权利：

1）对作品的专有权；

2）作者身份权；

3）署名权；

4）保护作品免受侵害权；

5）发表权。

3. 在本法典规定的其他情况下，作品的作者享有本条第2款规定的权利，同时还享有下列权利，包括职务作品获酬权、收回权、追续权和对造型艺术作品的接触权。

第1256条　科学、文学、艺术作品专有权在俄罗斯联邦境内的效力

1. 作品专有权延及于下列科学作品科学、文学、艺术作品：

1）作品在俄罗斯联邦境内发表，或者作品虽未发表但以某种形式被固定下来，且无论作者或其法定继承人的国籍如何，均受本法典保护；

2）作品在俄罗斯联邦境外发表，或者作品虽未发表但在俄罗斯联邦境外以某种形式被固定下来，其作者或法定继承人为俄罗斯联邦公民的，受本法典保护；

3）作品在俄罗斯联邦境外发表，或者作品虽未发表但以某种形式在俄罗斯联邦境外被固定下来，其作者或法定继承人为外国公民和无国籍人的，依照俄罗斯联邦缔结的国际条约，在俄罗斯联邦境内受本法典保护。

2. 在俄罗斯联邦境外首次出版的作品，三十日内又在俄罗斯联邦境内出版，视为在俄罗斯联邦境内首次出版的作品。

3. 俄罗斯联邦法律根据其所缔结的国际条约确定作品的作者或原始权利人时，应当以著作权产生所依据的法律事实发生地国的法律进行确定。

4. 依照俄罗斯联邦缔结的国际条约在俄罗斯联邦境内对作品提供的保护需符合以下条件：根据作品产生国的有关法律规定，作品专有权在该国范围内不因有效期限届满而进入公有领域；根据本法典的有关规定，该作品专有权在俄罗斯联邦境内不因有效期限届满进入公有领域。

依照俄罗斯联邦缔结的国际条约在俄罗斯联邦境内对作品提供保护的有效期限，不得超过作品在其产生国国内的专有权有效期限。

第1257条　作品的作者

科学作品、文学或艺术作品的作者是对作品投入了创造性劳动的公民。除非有其他规定,，在作品上署名的人即为作者。

第1258条 合作作者

1. 通过共同的创造性劳动创作了作品的个人为合作作者，无论该作品是不可分割的整体，还是可以分割成若干个独立的作品。

2. 合作创作的作品由合作作者共同使用，但合作作者之间另有约定的除外。在合作作品不可分割的情况下，任何合作作者在没有充分理由的情况下，无权禁止其他作者对该作品的使用。

合作作品在可以分割独立使用的情况下，作者可以对其创作的部分依照自己的意愿使用，但合作作者之间另有约定的除外。

3. 对于作品使用收入的分配和对作品专有权的处分等合作作者之间的关系事项适用本法典第1229条第3款的有关规定。

4. 各个合作作者有权单独采取权利保护措施（包括在作品不可分割的情况下）。

第1259条 著作权的客体

1. 著作权的客体是科学作品、文学和艺术作品，无论作品的价值和创作目的及其表现形式如何：

文学作品；

戏剧、音乐剧以及电影作品；

舞蹈作品和哑剧；

有文本或者无文本的音乐作品；

视听作品；

绘画、雕刻、图形作品、设计图、连环画、连环漫画作品和其他造型艺术作品；

实用艺术品和舞美作品；

建筑、城市规划和园艺作品的平面图、图纸和模型；

摄影作品和以类似摄影方式创作的作品；

关于地理学、地形学和其他自然科学的地图、平面图、草图和塑料模型；

其他作品。

著作权的客体还包括计算机软件，计算机软件被作为文学作品保护。

2. 著作权的客体包括：

1）演绎作品，即，在已有作品的基础上经过再创作而形成的作品；

2）汇编作品，即，对现有材料进行选择和编排，经过创造性劳动而创造的作品。

3. 著作权的客体既包括已发表的作品和虽未发表但以某种客观形式固定下来的作品，作品包括书面的和口头的（如，公开演讲、公开表演等），可以表现为图像、声音、录像和三维等多种形式。

4. 著作权的产生、行使和保护，无须登记或办理其他手续。

计算机软件和数据库的权利人可以依照本法典第1262条的规定决定是否登记。

5. 著作权不及于思想、概念、原则、方法、程序、规律、方法，及用来解决技术上、管理上、发明、探究事实和编程语言方面的方案。

6. 著作权客体不包括：

1）国家机关、地方机关以及城市的官方文件（包括制定法、其他法案、法院裁决、其他立法、行政和司法性质的材料）、国际组织的官方文件及其官方译本；

2）国家象征和标志（国旗、国徽、勋章、货币等），以及城市的象征物和标志；

3）不具名的民间创作（民间文学）；

4）对特定事件和事实的特定报道（每日新闻报道、电视节目单、运输工具的运行时刻表等）。

7. 著作权及于作品的各部分、作品的名称、作品中的人物，只要其创造性足以构成该创造性作品的独立部分，并满足本条第3款规定的必要条件。

第1260条 译文及其他演绎作品、汇编作品

1. 译者以及其他演绎作品（再创作作品、电影作品、改编作品、乐曲、改编作品、戏剧作品等）的作者，对其翻译或再创作的作品享有相应的著作权。

2. 材料的汇编者，即，新创作的汇编作品（文选、百科全书、数据库、地图册等）的作者，基于其对材料的选择和编排（汇编）享有著作权。

数据库是包括文章、账目、数据、地图集等在内的被系统化的材料综合体，他人可以借助于电子计算机查找和处理这些材料。

3. 译者、汇编者以及其他演绎作品或者汇编作品的作者可以作为作品的创作者行使著作权。

4. 译者、汇编者等演绎作品或者汇编作品的作者所享有的著作权可以单独作为保护对象，无论受保护的作者权利所依据的演绎作品或汇编作品如何。

5. 文集或者其他汇编作品的原作者有权单独使用其作品，但与汇编作品的创作者另有约定的除外。

6. 译文、文集等演绎作品或者汇编作品的作者不得凭借其著作权妨碍他人翻译或者在原作基础上进行再创作，不得妨碍他人在对原作进行整理和加工的基础上创作新的汇编作品。

7. 百科全书、百科辞典、定期出版的学术文集、报纸、杂志和其他定期出版物的出版者享有出版物的使用权，他人使用出版物的情况下，出版者享有署名权或要求他人指明出版者。

上述出版物中的作品作者及其他专有权人对该出版物享有使用权，该权利独立于出版者及其他人的权利，但该专有权被移转给出版者或其他人以及出版者或其他人依照法律的规定要求行使上述权利的情形除外。

第1261条　计算机软件

对于各种可以通过语言和形式表达（包括源代码和目标代码）的计算机软件（包括操作系统和软件集成），本法典将其作为文学作品予以著作权保护。计算机软件是体现为某种客观形式，为使计算机或为获取特定结果的计算机装置运行的数据和命令的综合，包括在计算机软件开发过程中获取的准备材料及其产生的视听影像。

第1262条　计算机软件和数据库的国家登记

1. 权利人在计算机软件或者数据库专有权有效期期限内有权决定是否将该软件或者数据库在联邦知识财产行政机关进行登记。

涉及国家秘密的计算机软件和数据库不得进行国家登记。依照俄罗斯联邦立法，提出国家登记申请的人（申请人）一旦泄漏计算机软件和数据库中构成国家秘密的资料，应当承担责任。

2. 一个计算机软件和数据库的国家登记申请（登记申请）只能针对一个计算机软件或者数据库。

登记申请应当包括：

计算机软件或者数据库的国家登记申请，且在作者及权利人没有明确拒绝的情况下，需要指明权利人、作者及其住所地；

用于识别计算机软件或者数据库的存储材料，包括摘要；

证明已按照规定缴纳相应数额的国家费用或缓缴、减缴和免缴国家费用所依据的文件。

登记申请的相关规定由负责知识财产规范性法律的俄罗斯联邦行政机关制定。

3. 联邦知识财产事务管理机关应当依据登记申请审查本条第2款规定的必备文件和材料是否齐备。若申请通过审查，上述联邦机关应将该计算机软件或者数据库载入相应的计算机软件登记系统或数据库登记系统，向申请者颁发国家登记证书并在该机关的官方公报上公布已登记的计算机软件或数据库的信息。

作者或者其他权利人在官方公报公布信息之前可以依据上述联邦机关的要求或者主动补充、阐明和修改登记申请的文件和材料。

4. 计算机软件和数据库国家登记的程序、国家登记证书的格式及其列明的资料清单和联邦知识财产事务管理机关的官方公报上公布的资料清单，由负责知识财产规范的联邦行政机关确定。

5. 转让已登记的计算机软件或数据库的专有权（无论是否通过合同转让），都应当在联邦知识财产事务管理机关进行国家登记。

登记机关应根据已登记合同或者其他能够确定权利的文件，将权利主体的变更以及权利负担的信息登记在计算机软件登记系统或者数据库登记系统中，且应在联邦知识财产管理机构的官方公报上公布。

6. 在没有相反证明的情况下，计算机软件登记系统以及数据库登记系统中的信息被视为真实的信息。申请人对其提交国家登记的材料的准确性负责。

第1263条 视听作品

1. 视听作品是借助于技术设备创作的，由一系列相互关联的图像（有伴音或无伴音的）组成的，可以通过视觉或听觉（有伴音的情况下）感知的作品。视听作品包括电影作品以及所有以类似摄制电影的方法创作的作品（电视和电视片及其他类似作品），无论该作品最初的及其之后的固定形式如何。

2. 视听作品的作者是：

1）制片人；

2）剧本的作者；

3）该视听作品中音乐作品（有文本或无文本的）的作者。

3. 他人在公开演出以及通过无线或有线方式播放视听作品时，视听作品中音乐作品（有文本或者无文本的）的作者有权针对他人对音乐作品的上述使用行为而获取报酬。

4. 视听作品的制片人，即组织创作该作品的人（制片人）所享有的权利依照本法典第1240条的规定确定。

在他人对视听作品的每一次使用中制片人都享有署名权。在没有相反证据的情况下，以通常方式在作品中署名的人为该视听作品的制片人。

5. 无论视听作品所包含的其他作品是先于视听作品被创作（该作品作为电影剧本的创作基础）还是在该视听作品的创作过程中（摄影师、美工和其他）被创作完成的，作者都对其作品享有专有权，但该专有权转让给制片人或者其他人，或者通过其他合法方式将权利移转给制片人或者是其他人的情形除外。

第1264条　官方文件、标志和徽标的草案

1. 针对官方文件的草案（包括该文件的官方译文的草案）以及官方象征和标志的草案所享有的相关权利属于该草案的创作者（起草人）。

官方文件、官方象征和标志的草案起草人享有该草案的出版权，但决议创作草案的国家机关、城市地方政府机关或者国际组织禁止出版的除外。起草人有权在草案的出版物上署名。

2. 起草人为使国家机关、地方自治机关或者国际组织使用其所起草的文件而公布官方文件、官方标志的草案，或将草案发送给相应机关或组织的情况下，该机关或组织享有对该草案的使用权，且无须征得起草人的同意。

国家机关、地方自治机关或者国际组织依据相应的草案制定官方文件、制作官方标志的过程中，有权对该草案进行补充和修改。

草案通过国家机关、地方自治机关或者国际组织的正式审议后，相应机关或组织有权以该机关或组织的名义使用草案而无须指明起草者的姓名。

第1265条　作者身份权和署名权

1. 作者身份权——被承认为作品作者的权利；作者的姓名权——作者在使用作品或允许他人使用作品时有权署真名、署假名或者不署名（匿名）。该权利不可剥夺且不得转让，即使在该作品专有权被转让、继承，作者授权他人使用作品的情况下亦不例外。对该权利的放弃无效。

2. 作者以匿名或假名发表作品的情况下（他人毫无疑问地认定该假名为该作者本人的情形除外），除非有相反证明，作品中署名的出版者（第1287条第1款）应被视为作者的代理人，有权保护作者权利并保障作者权利的实现。直到该作品的作者披露或公开其作者身份之前，该规定一直有效。

第1266条　保护作品免受侵犯和歪曲的权利

1. 未经作者同意，不得对其作品进行修改、删减和补充，在使用作品的过程中为作品添加插图、前言、后记或注释（作品的不可侵犯权）。

作者死后他人使用该作品时，作品的专有权人有权在不歪曲作者创作意图的前提下，允许他人对作品进行修改、删减或者补充，但不得侵犯作品的完整性，不得违背作者在其遗嘱、信件、日记或者等书面形式明确表达的意愿。

2. 针对损害作者名誉、尊严或者商业信誉的玷污、歪曲等其他改变作品的行为以及有可能造成以上后果的行为，作者有权依照本法典第152条的规定保护自己的名誉、尊严或商业信誉。

在此情况下，作者的利害关系人在作者死后有权保护作者的名誉和尊严。

第1267条　在作者死后对其作者身份、作者署名和作品不可侵犯权的保护

1. 作者身份、作者署名权和作品的不可侵犯权受永久性保护。

2. 作者有权按照指定遗嘱执行人的有关程序，指定他人并委托该人在其死后负责保护作者身份、行使作者署名权和作品的不可侵犯权（第1266条第1款第2节）的人。该人可以终生行使上述权力。

作者未指定或者被指定人拒绝行使相应权利的情况下，在作者死后保护作者身份、作者署名权和保护作品不可侵犯的权利由作者的继承人、法定继承人和其他利害关系人行使。

第1268条　作品发表权

1. 作者享有作品的发表权，即，自己或者授权他人通过出版发行、公开展示、公开表演、无线或者有线播放等方式，首次将作品向公众公开的权利。

在这种情况下，发表（出版）是指根据作品性质将作品的复制本以某种具体形式，以满足公众合理需求的数量的印本进行流通。

2. 作者通过合同将作品移转给他人使用，则推定作者同意他人发表该作品。

3. 对于作者生前未发表的作品，只有在作品的发表不违背作者以书面形式（在遗嘱、信件、日记等类似形式）表达的意愿的情况下，作品的专有权人方可在作者死后发表该作品。

第1269条　收回作品权

作者有权撤回其先前作出的发表作品的决定（收回权），但须赔偿权利受让人或被许可使用人的损失。如果作品已经发表，则作者有义务向公众发布作品召回的公告。这种情况下，作者有权在赔偿损失后，禁止先前的复印本的流通。

本条规定不适用于计算机软件、职务作品以及复合作品（第1240条）。

第1270条　作品专有权

1. 作品的作者或其权利人有权依照本法典第1229条的规定，以不违反法律的方式，包括本条第2款中规定的方式使用作品（作品专有权）。权利人有权处分该权利。

2. 无论是否以获利为目的，对作品的使用主要包括如下情形：

1）复制，即以任何物质形式（包括以视听资料的形式）针对一部或部分作品制作一份或多份复制品，针对一部或部分二维作品制作一个或者多个三维复制品，或针对一部或部分三维作品制作一个或者多个二维复制品。通过电子载体记载某作品（包括计算机存储），亦被视为复制。这种复制方式是单纯以合法使用或公众间的合法交流为目的最主要和最基本的复制手段。

2）通过出售、转让原件或复制品的方式发行作品；

3）公开展示作品，即，直接展示或通过胶片、幻灯片、电视或者其他技术手段在屏幕上展示原件或者复制品的行为，在公共场所或者家庭以外的场所直接播放或者借助于技术手段随机播放视听作品的某些画面，无论在作品展示地，或者与展示地同时的其他场地，是否被公众收看到；

4）以发行为目的进口作品的原件或者复制品；

5）出租作品的原件或者复制品；

6）公开表演作品，即对作品的现场表演或者借助于技术手段（广播、电视等技术手段）展示作品，以及在公共场所或者家庭以外的场所展示视听作品（有伴音或无伴音的），无论作品在其表演地或者展示地以及同时表演地和展示地是否被复制；

7）无线播放，即通过广播或者电视（包括转播方式）向公众传播作品（包括展示和表演），但通过有线电视播放的情形除外。这种情况下，播放应理解为任何可能使作品被公众观看和（或）收听的行为，无论公众实际上是否观看或收听。作品通过卫星被无线播放的情况下，无线播放，即从地面卫星站接收信号并通过卫星转发信号，作品因此可能为公众所知悉，无论公众实际上是否收看或收听。如果不特定的公众可以通过广播组织或经广播组织许可使用解码设备，则通过无线方式播放加密信号的行为被视为加密信号的无线传播；

8）有线播放，即借助电缆、电线、光波或者类似手段通过广播或者电视（包括转播）使作品被公众知悉。如果不特定的公众可以通过广播组织或经广播组织许可使用解码设备，则通过无线方式播放加密信号的行为被视为加密信号的无线传播；

9）作品的译文或者对作品的修改。这种情形下修改作品意味着创作演绎作品（整理、改编成乐曲、剧本和类似作品）。对计算机软件或数据库的演绎（改变形态）意为包括将计算机软件从一种语言翻译为另一种语言或者对该数据库的其他演绎行为，但特定修改（即专为计算机软件或者数据库使用者的特定技术手段或者为操作需要而进行修改）的情形除外；

10）建筑、设计、城市规划或者园艺设计的实际应用；

11）对作品的授权共享。即，使任何人在任何地点和任何时间可以自由获得作品的行为。

3. 对作品中的方案的实际应用，包括对技术的、经济的、组织的或者其他解决方案的实际应用，不属于本章所规定的对作品的使用，但本条第2款第10项规定的使用除外。

4. 本条第2款第5项的规定不适用于计算机软件，但该软件作为出租的主要标的的情形除外。

第1271条　著作权保护标记

权利人为公示其对作品的专有权，有权使用著作权保护标记，将著作权保护标记印制在作品的每一份复制件上。著作权保护标记由以下要素构成：

一个圆圈及其中的拉丁字母“C”；

权利持有者的姓名或者名称；

作品首次发表的年份。

第1272条　已发表作品的原件或复制件的发行

如果已合法公开发表的作品的原件或者复制件已经通过出售或其他转让方式在俄罗斯联邦境内向公众发行，则作品原件或者复制件的进一步销售无须再征得权利人的同意，也无须向其支付报酬，但本法典第1293条规定的情形除外。

第1273条 为个人目的的自由复制作品

公民为个人需要可以自由复制已合法发表的作品，且无须征得作者或者其他权利人同意，无须支付报酬，但下列情形除外：

1）对作为建筑物或者类似构筑物的建筑作品的复制；

2）对数据库或者其实质性的复制部分；

3）对计算机软件的复制，但本法典第1280条规定的情形除外；

4）对整本图书和乐谱的复制（第1275条第2款）；

5）对在公共场所或者家庭以外的场所公开放映的视听作品进行录像；

6）不以家庭使用为目的，利用专业设备复制视听作品。

第1274条 为信息、科学、教学或者文化目的而自由使用作品

1. 在下列情况下使用作品，可以不经著作权人许可，不向其支付报酬，但应当指明作者姓名或作品出处：

1）为科学的、论证、批判的或者报道目的在合理范围内引用合法发表的作品的原文或者译文，包括通过缩印的方式复制报刊文章或者杂志文章的摘要；

2）在合理的范围内在教学性质的出版物、广播和电视节目、录音和录像中使用合法发表的作品或作品片断；

3）通过报纸转载、无线或者有线的方式报道已经在报刊和杂志上合法发表的有关当前经济、政治、社会和宗教问题的文章或者通过无线方式播放此类作品，作者或者其他权利人明确禁止此类行为的情况除外；

4）为报道目的在合理范围内通过报纸转载、无线或者有线方式报道公开发表的政治演讲、演说、论文和其他类似作品，这种情况下，作者对出版物享有权利；

5）为向公众报道时事新闻在合理范围内利用摄影、录像手段，在无线或者有线报道中不可避免地复制或再现已合法发表的作品；

6）不以营利为目的，将已合法发表的作品复制为盲文，但专为复制而通过此种方式创作的作品除外。

2. 图书馆可以将已合法进入流通领域的作品的复制件提供给他人临时无偿使用，无须征得作者或者其他权利人同意，且无须支付报酬。图书馆只能在图书馆范围内将作品的电子版复制件提供给他人临时无偿使用或共享图书馆馆藏资源，且不得将这些作品数字化。

3. 使用已合法发表的讽刺或漫画作品，或在此基础上创作文学、音乐及其他滑稽模仿作品或漫画（原创）作品，无须征得作者及其专有权人的同意，且无须支付报酬。

第1275条　通过复制对作品的自由使用

1. 不以营利为目的，复印作品唯一的复印件，无须征得作者或者其他权利人同意，且无须支付报酬，但应当指明作者姓名和作品名称（第1273条第1款第4次款）：

1）图书馆和档案馆为了修复、替换已经遗失或者损坏的作品的复制件，或为了向基于某种原因遗失该作品的其他图书馆提供作品的复制件，复制本馆收藏的已合法发表的作品；

2）图书馆和档案馆为教学或者科研目的根据公民的请求，教育机构为课堂教学目的，复制已经合法发表在论文集、报纸和其他定期出版物中的单篇文章和短篇作品，或者复制著作（附图或未附图）的片段。

2. 复印（复制）是不以出版为目的借助于某种技术手段对作品的复制。然而，翻印并不包括以电子的（包括数字的）、光电的或其他的机器可读的形式对作品复制件或者其副本进行的复制和储存，但借助于专为复制的技术手段临时复制的情形除外。

第1276条　公共场所永久陈列的作品的自由使用

复制、通过无线或者有线播放永久陈列于公共场所的公众可以自由参观的摄影作品、建筑作品或者造型艺术作品，无须征得专有权人的同意，且无须支付报酬。但作品的图像作为复制、无线或有线播放的主要标的，或者被用作商业目的的情形除外。

第1277条 公开表演音乐作品的自由

在官方节日、宗教仪式或葬礼上，在合理范围内对音乐作品进行公开表演，无须征得作者或者其他权利人同意，且无须支付报酬。

第1278条 为法律目的而免费复制作品

在合理范围内为审理行政违法案件、调查、预审或者诉讼而复制作品，无须征得作者或者其他权利人同意，且无须支付报酬。

第1279条 无线广播组织为短期使用目的而免费录制作品

无线广播组织有权为了短期使用的目的对其已经取得无线播放权的作品进行录制，无须作者或者其他权利人同意，且无须额外支付报酬，但须遵循一个条件：无线广播组织应借助于自己的设备且只能为了自己的转播而进行录制，且有义务在六个月内销毁该录制品，但无线广播组织与专有权人约定更长期限的情形除外。如果该录制品是唯一的纪录，可以由国家或地方档案馆保存，无须征得专有权人的同意。

第1280条 复制计算机软件和数据库、对计算机软件进行反编程的自由

1. 合法地占有计算机程序复制件或者数据库复制件的人（使用者）享有下列权利，且无须征得作者或者其他权利人的同意，无须额外支付报酬：

1）专为运行技术设备对计算机程序或者数据库进行修改，以及为运行计算机程序或数据库采取其他必要措施，包括在（一台计算机或者一个网络使用者）计算机存储器中记录和存储，更正其明显错误，但同权利人另有约定的除外。

2）制作计算机软件或者数据库的副本，条件是该副本只能用于存档目的或者为在合法取得的副本丢失、毁损或者无法使用时作为其替代品。在这种情况下，计算机软件或者数据库副本只能用于本款第1项所规定的目的。当持有该副本缺乏合法依据时，应当立即将其销毁。

2. 计算机软件复制件的合法持有者，为确定该计算机软件的概念、原理，有权通过实施本条第1款第1项规定的行为，学习、研究或者验证该软件的功能，无须征得权利人的同意，且无须额外支付报酬。

3. 计算机软件复制件的合法持有者为使他人独立开发的计算机软件与其他软件相兼容，（自己复制或者委派他人）复制目标代码并将其转换为源程序文本，即，对该计算机软件进行反编程，得到同本款所述的“其他软件”相兼容的软件。上述行为无须征得权利人的同意，且无须额外支付报酬，但须遵守以下条件：

1）不得从其他渠道获得为实现相互兼容所必需的信息；

2）只能针对为实现相互兼容所必需的部分反编程软件实施上述行为；

3）反编程所取得的信息只能用于为实现原软件同其他软件相互兼容的目的，并不得移转给他人（但为使原软件与其他软件相兼容，必需将信息移转给他人的情形除外）。不得利用该信息开发与被反编程软件的实质类型相似的计算机软件，不得利用该信息实施其他侵犯计算机软件专有权的行为。

4. 适用本条规定不应当给计算机软件或者数据库的正常使用带来不当的损害，且不得损害作者或者其他权利人的合法利益。

第1281条　作品专有权的有效期限

1. 作品专有权的有效期限为作者终生及其死亡后七十年，自作者死亡之年的次年1月1日起算。

合作作品的专有权有效期限为最后死亡的合作作者的终生及其死亡后七十年，自该作者死亡之年的次年1月1日起算。

2. 匿名发表或者以假名发表的作品，其专有权有效期限为七十年，自作品合法发表之年的次年1月1日起算。如果在上述期限内作品的作者披露其作者身份或者其作者身份被确定，根据本条第1款的规定确定专有权的有效期限。

3. 作者死后发表的作品的专有权有效期限为作品发表后七十年，自其发表之年的次年1月1日起算，条件是作品于作者死亡后的七十年内发表。

4. 如果作品的作者生前被迫害且在其死后恢复了名誉，则著作权的有效期限自作者恢复名誉之年的次年1月1日起算。

5. 如果作者在卫国战争期间工作或参战，则本条规定的专有权有效期限延长四年。

第1282条　进入公有领域的作品

1. 专有权有效期限届满，所有科学、文学或者艺术作品，无论是否发表，均进入公有领域。

2. 作品一旦进入公有领域，他人可以自由使用，无须任何人的同意或者批准，且无须支付报酬。但不得侵犯作者身份、作者署名权以及作品的不可侵犯权。

3. 未发表的作品一旦进入公有领域，可以由任何人发表，只要发表作品的行为不违背作者以书面形式（遗嘱、信件、日记等）明确表达的意愿。

依照本法典第71章的有关规定确定作品合法发表者的权利。

第1283条　作品专有权因继承而移转

1. 作品专有权可以通过继承移转。

2. 在本法典第1151条［ 俄罗斯联邦民法典第1151条 无主财产的继承：

“ 1. 有下列情形之一者，死亡人的财产被认为是无主财产：

既不存在法定继承人，也无遗嘱继承人；

继承人中的任何人均无权继承或者所有继承人均被排除继承（第1117条）；

继承人中的任何人均不接受遗产；

所有继承人均放弃遗产而且其中任何人均未指明为另一继承人而放弃（第1158条）。

2. 按照法定继承程序，无主财产归俄罗斯联邦所有。

3. 取得无主财产的程序、登记办法以及移转给俄罗斯联邦或地方自治组织所有的程序由法律规定。] 规定的情形下，作为遗产组成部分的作品专有权终止且作品进入公有领域。

第1284条　对作品专有权和作品许可使用权的征税

1. 对属于作者的作品专有权不得征税。但是，对作者通过作品专有权转让合同或许可使用合同转让给他人的权利请求权及其从作品使用中获得的收入可以征税。

对属于他人而不属于作者的专有权以及属于被许可使用人的作品使用权可以征税。

在专有权的有效期限内本款的规定可以适用于作者的继承人以及后续继承人。

2. 在通过公开拍卖的方式为执行该权利而征税情形之下，出售被许可使用人的作品使用权时，作者享有优先购买权。

第1285条　作品专有权转让合同

依照作品专有权转让合同，作者或者其他权利人（有义务）将全部专有权移转给权利受让人。

第1286条　许可使用作品的许可使用合同

1. 依照许可使用合同，作者或者其他权利人作为一方当事人，即许可使用人,（有义务）授予另一方当事人（被许可使用人）在合同规定的范围内使用该作品的权利。

2. 许可使用合同应以书面形式签订。授予在定期出版物中使用作品的许可使用合同可以通过口头方式签订。

3. 签订计算机软件或者数据库许可使用合同时，各使用者可以分别与相应的权利人签订定式合同，并将其内容印制在该软件或者数据库的复制件或该复制件的包装上。一旦使用者按照合同规定的条件使用该软件或者数据库，就意味着他同意签订合同。

4. 在有偿的许可使用合同中应当明确约定作品相应使用方式的报酬数额或者计算报酬的方式。

许可使用合同可以约定向许可人支付报酬的方式，如，一次性支付或定期性支付、根据收益（所得）比例或者其他形式支付报酬。

俄罗斯联邦政府可以规定作品的各种使用方式的最低报酬。

第1287条 许可出版合同的特殊条款

1. 依照作者或者其他权利人与出版者（根据合同有义务出版作品的人）签订的许可使用合同（许可出版合同），被许可人有义务在不迟于合同规定的期限内出版作品。否则许可人有权解除合同，且无须赔偿因解除合同而给被许可人造成的损失。

在合同未明确约定作品的出版期限的情况下，应当按照作品类型及其使用方式确定通常出版期限。许可人可以按照本法典第450条［俄罗斯联邦民法典第450条 合同变更和解除的根据：

“1. 合同可以根据当事人的协议而变更或解除，但本法典、其他法律或者合同另有规定的除外。

2. 只有在下列情况下，合同可以根据一方当事人的请求依法院的判决而变更或者解除：

（1）另一方实质性违反合同；

（2）在本法典、其他法律或者合同规定的其他场合下。

所谓实质性违反是指一方对合同的违反致使对方在很大程度上失去了在订立合同时有权预计的利益。

3. 在一方当事人全部或者部分地拒绝履行合同，而该拒绝为法律或者当事人的协议所允许时，合同分别视为解除或者变更。”］规定的理由和程序解除合同。

4. 依据本条第1款的规定解除许可出版合同的情况下，许可人有权要求被许可人全额向其支付合同约定的报酬。

第1288条　约稿合同

1. 依据约稿合同，一方（作者）有义务按照另一方（约稿人）在约稿合同中要求的，在具体载体上或者通过其他形式创作科学、文学或者艺术作品。

作品的物质载体归约稿人所有，双方约定约稿人暂时使用的除外。

约稿合同为有偿合同，当事人另有约定的除外。

2. 作者可以通过约稿合同将其对作品享有的专有权一并转让给约稿人，或者允许约稿人在合同约定的范围内使用作品。

3. 约稿合同约定将作者的专有权移转给约稿人的情况下，该合同适用本法典关于专有权转让合同的相关规定，合同性质另有要求的除外。

4. 如果约稿合同约定约稿人可以在合同约定的范围内使用作品，则该合同适用本法典第1286条和第1287条的相关规定。

第1289条　约稿合同的履行期限

1. 作者应在约稿合同约定的期限内将其创作的作品交付约稿人。

没有约定履行期限或者无法确定履行期限的视为未签订合同。

2. 当约稿合同履行期限届满时，在有必要且存在合理理由的情况下，可以给予作者一定的宽限期，宽限期的长度为合同约定的履行期限的1/4，双方在协议中约定更长的宽限期的情况下，以双方约定的宽限期为准。本规定不适用于本法典第1240条第1款规定的情况，但合同另有约定的除外。

3. 依照本条第2款规定赋予作者的宽限期届满后，约稿人有权单方解除约稿合同。

若合同明确约定，作者违反合同履行期限约稿人便会丧失合同利益，如果作者未按照期限履行合同，约稿人有权在合同约定的履行期限届满后直接解除合同。

第1290条 作者签订合同后的责任

1. 作品专有权转让合同和许可使用合同的作者有义务赔偿对方当事人的损失，以其实际损害数额作为赔偿范围，但合同约定的作者责任范围小于该实际损害额的，以合同约定为准。

2. 作者没有履行或者没有完全履行约稿合同的情况下，作者必须向约稿人返还预付款，如果合同约定了违约金，则作者应向约稿人支付违约金。但总额不超过约稿人的实际损害数额。

第1291条 作品原件和作品专有权的转让

1. 作者转让作品原件（手稿、绘画、雕塑等）的情况下，包括依照约稿合同转让作品原件，作者仍享有作品专有权，但合同另有约定的除外。

在作品专有权没有移转给原件所有人的情况下，原件所有人有权将展览原件以及复制并将其载入展品图册或出版物，还可以在他人组织的展览会上展览作品原件，无须征得作者同意，且无须支付报酬。

2. 作品原件所有权人（非该作品的作者）转让作品原件时，作品原件的所有权移转给作品原件的受让人，合同另有约定的除外。

3. 在专有权有效期限内，本条规定适用于作者的继承人及后续继承人。

第1292条 接触作品权

1. 造型艺术作品的作者有权要求作品原件所有权人为其提供复制其作品的条件（使用权）。但不得要求作品原件所有权人将作品运交作者。

2. 建筑作品的作者有权要求作品原件的所有权人为其提供条件，使得作者可以对其作品进行摄影和录像，但合同另有约定的除外。

第1293条 追续权

1. 作者转让造型艺术作品原件的情况下，造型艺术画廊、艺术沙龙、商店或者其他类似组织作为卖主、买主或者中介人参与其中，对于原件的每一次公开转售，作者有权从卖主转售所得的价金中扣除一定比例的补偿（追续权）。扣除的比例、支付的条件和方式由俄罗斯联邦政府规定。

2. 文学和音乐作品的作者也可以依照本条第1款规定的方式对其原稿（作者自己创作的）行使追续权。

3. 追续权不得转让，但在作品专有权有效期间内可以由作者的继承人继承。

第1294条　建筑作品、园林建筑作品或者园艺作品作者的权利

1. 建筑作品、园林建筑作品或造景园艺作品的作者享有依照本法典第1270条第2和第3款的规定使用其作品的专有权，包括起草建筑设计文件和实施建筑作品、园林建筑作品或造景园艺作品的方案。

建筑作品、园林建筑作品或造景园艺作品的方案只能实施一次，实施方案所依据的合同另有约定的除外。方案及作为执行依据的建筑设计文件只有经过方案作者的同意后方可重复使用。

2. 建筑作品、园林建筑作品或造景园艺作品的作者有权监管建筑文件的起草工作和建筑物或者构筑物等相应方案的实施情况。作者根据负责建筑和园艺建筑作品的俄罗斯联邦行政机关的指导实施监管。

3. 建筑作品、园林建筑作品或造景园艺作品的作者有权要求发包方向作者提供参与方案实施的机会，合同另有约定的除外。

第1295条　职务作品

1. 雇员（作者）为履行其工作职责创作的科学作品、文化或者艺术作品是职务作品，职务作品的著作权属于作者。

2. 职务作品的专有权归属于雇主，雇主和作者之间的劳动合同或者其他合同另有约定的除外。

如果雇主在作者提交职务作品之日起三年内未使用该作品，且未将该作品的专有权移转给他人，且未向作者作出作品处在保密之中的通知，则职务作品专有权归属于作者。

如果雇主在本款第2项规定的期限内使用职务作品，或者将其专有权转让给他人，则作者享有获得报酬的权利。即使雇主决定对职务作品进行保密，因而未在上述期限内使用该作品的，作者依然有权获得报酬。报酬的数额、支付报酬的条件和程序由雇主和雇员之间的合同约定，存在争议的，由法院裁决。

3. 依照本条第2款当职务作品的专有权归属于作者的情况下，雇主有权通过符合该项工作目的的方式，在工作所需要的范围内使用该作品，也可以发表该作品，但雇主和雇员之间另有约定的除外。在这种情况下，作者非出于工作需要，或者尽管出于工作需要但是在工作范围之外使用作品的权利不受限制。

雇主在使用职务作品时，可以指明或者要求他人指明雇主名称。

第1296条　依照定制要求而创作的计算机软件和数据库

1. 根据以作品为标的的合同而创作计算机软件或者数据库的情况下，该软件或者数据库的专有权属于定作人，承揽人（履行人）和定作人之间另有约定的除外。

2. 计算机软件或者数据库的专有权依照本条第1款属于定作人的情况下，承揽人（履行人）有权在整个专有权有效期限内为满足个人的需要依据无偿的普通（非独家）许可使用该软件或者数据库，但合同另有约定的除外。

3. 承揽人（履行人）和定作人之间约定软件或者数据库专有权属于承揽人（履行人）的情况下，定作人有权在整个专有权有效期限内为满足个人的需要依据无偿的普通（非独家）许可，使用该软件或者数据库。

4. 不享有该软件或者数据库专有权的作者，有权依照本法典第1295条第2款第3项的规定获得报酬。

第1297条　依照合同在工作期间创作的计算机软件和数据库

1. 如果作者在履行合同期间或者在履行为实施科研、设计或工程研制而签订的合同（合同并未明确约定开发软件或数据库）期间开发计算机软件或数据库，则该软件或者数据库的专有权属于承揽人（履行人），承揽人（履行人）和定作人之间另有约定的除外。

在此情况下，如果合同没有不同约定，则定作人有权在整个专有权有效期限内为实现合同目的通过无偿的无条件（非独家的）许可，而使用其创作的软件或者数据库。在承揽人（履行人）将计算机软件或者数据库专有权移转给他人的情况下，定作人依然享有对该软件或者数据库的使用权。

2. 依照承揽人（履行人）和定作人之间的合同，计算机软件或者数据库的专有权移转给定作人或者其指定的第三人的情况下，承揽人（履行人）有权在整个专有权有效期限内为满足个人的需要，依据无偿的无条件的（非独家的 ）许可使用其创作的软件或者数据库，但合同另有约定的除外。

3. 本条第1款所规定的计算机软件或者数据库的作者在不享有该软件或者数据库的专有权的情况下，有权依照本法典第1295条第2款第3项的规定获得报酬。

第1298条　依照国家合同或者城市合同而创作的科学、文学和艺术作品

1. 为满足国家或者城市需要而签订的国家合同或城市合同，依据此类合同而创作的科学、文学或者艺术作品的专有权属于作品的作者（作者或者国家合同、城市合同的履行者），但国家或者城市合同约定该权利属于俄罗斯联邦、俄罗斯联邦的某个主体或者城市政府（这些主体以自己的名义作为国家或者城市的定作人），或者属于制作人和俄罗斯联邦共有、制作人和俄罗斯联邦某个国民共有或者制作人和地方政府共有的情形除外。

2. 如果依照国家或者城市合同，科学、文学或者艺术作品的专有权属于俄罗斯联邦、俄罗斯联邦某个主体或者地方政府，则执行人为了将全部权利移转给上述的相应主体，必须与自己的雇员和第三方签订相应的合同，从而取得（或确保取得）全部权利。这种情况下，对于制作因向第三人购买相应权利而支出的费用，制作人有权获得补偿。

3. 如果依照本条第1款的规定为满足国家或城市政府的需要而创作的科学、文学或者艺术作品的专有权不属于俄罗斯联邦、俄罗斯联邦某个主体或者地方政府，权利人依照国家或者城市定作人的要求，必须通过无偿、无条件的（非独家）许可授权其指定的人使用该作品。

4. 为国家或地方政府的需要而根据政府（内阁）或地方政府的合同而创作的科学、文学或者艺术作品的专有权由制作人与俄罗斯联邦或俄罗斯联邦某个主体或城市政府共有，则国家或者城市定作人有权为了国家或者城市政府的需要而通过无条件的无偿（非独家）许可，授权他人使用该科学、文学或者艺术作品，但应该提前通知制作人。

5. 依据本条第2款，将专有权移转给制作人的雇员有权依照本法典第1295条第2款第3项的规定获得报酬。

6. 并非为国家或城市政府的需要而订立国家或城市合同，并依照该合同在履行合同期间开发计算机软件和数据库的情形，适用本条的规定。

第1299条　为保护著作权而采取的技术手段

1. 为保护著作权而采取的技术手段是指为控制他人对作品的使用、预防或限制他人未经作者或者其他权利人的许可而实施的行为所采取的技术手段或者其组成部分。

2. 不允许对作品实施下列行为：

1）未经作者或者其他权利人许可，而删去权利人旨在限制他人使用该作品从而保护其著作权而采取的技术措施；

2）为获取利润或提供服务而针对某种反技术措施进行制作、传播、出租、临时无偿提供、进口、广告行为，从而导致使用者避开权利人为保护著作权而采取的技术手段且不能为权利人的上述权利提供适当的保护。

3. 在违犯本条第2款规定的情况下，作者或者其他权利人有权要求加害人按照本法典第1301条的规定赔偿损失或支付补偿，但本法典规定他人对作品的使用无须征得作者或者其他权利人同意的情形除外。

第1300条　著作权信息

1. 著作权信息是附于作品的复制件之上的或者通过无线或者有线播放、向公众公开的，用于识别作品、作者或者其他权利人的信息以及有关作品使用合同条款的信息或者公开该作品的条件的有关信息以及包含这些信息的数字和密码。

2. 本法典不允许以下行为：

1）未经作者或者其他权利人的同意，去除或者改变作品的著作权信息；

2）未经作者或者其他权利人的同意，复制、传播、为传播目的进口、公开演示、通过无线或者有线播放、公开已被去除或者变更著作权信息的作品。

3. 在违反本条第2款规定的情况下，作者或者其他权利人有权按照本法典第1301条的规定要求加害人赔偿损失或者支付补偿。

第1301条　侵犯作品专有权的责任

在侵犯作品专有权的情况下，作者或者其他权利人除了可以利用本法典第1250条、第1252和第1253条规定的其他保护方法和责任措施，还可以不要求侵权人赔偿损失，而是依照本法典第1252条第3款的规定选择以下补偿方式：

一万至五百万卢布的补偿额，具体数额由法院裁量；

作品复制件价格的二倍或者该作品的使用费用的二倍，该作品的使用费用根据在同等情况下通常收取的价格确定。

第1302条　侵犯著作权案件的诉讼保全

1. 法院可以禁止被告（或者其他有充分理由可以推定其侵犯著作权的人）为使侵权复制品进入民事流通领域而实施某些特定行为（制造、复制、出售、出租、进口或者本法典规定的其他使用方式以及运输、保管或者占有）。

2. 法院可以针对被推定为侵犯著作权的作品的全部复制件以及用于制造或复制侵权产品的材料和设备实施扣押和没收。

如果有充分证据证明侵犯著作权的行为，调查机关有义务采取措施搜查并扣押侵权作品的复制件，以及用于制造或复制上述侵权产品的材料和设备，包括在必要的情况下对贮存以上物品的责任人采取逮捕及移交措施。

第七十一章　邻接权

第一节　一般规定

第1303条　基本规定

1. 对表演活动（表演成果）、录音制品、通过无线或者有线播放的广播电台和电视（无线和有线播放）等成果享有的知识权利，数据库的制作人享有的知识权利以及对进入公有领域后首次发表的科学、文学和艺术作品所享有的专有权，是“与著作权相关的权利”（邻接权）。

2. 邻接权包括（财产）专有权和本法典规定的非财产性人身权利。

第1304条　邻接权的客体

1. 邻接权的客体包括：

1）演员和导演的表演活动所产生的成果（表演成果），导演-制片人以及通过指挥演出获得的，以及可以借助技术手段复制和传播的成果；

2）录音，即录制表演的纯声音或者其他的声音以及声音图像，但不包含视听作品中的录音；

3）无线或者有线广播组织播放的节目，包括该无线或者有线广播自己制作的节目，以及由其出资定制的由其他组织创作的节目；

4）数据库，对其予以保护，防止未经许可截取或重复使用构成数据库的资料；

5）进入公有领域后发表的科学、文学和艺术作品，该作品出版者的权利受邻接权的保护。

2. 邻接权的产生、行使和保护，既不需要对其客体进行登记，也不需要经过其他程序。

3. 在俄罗斯联邦境内依照俄罗斯联邦签订的国际条约确定的邻接权保护客体涉及表演、录音、录像、无线或者有线广播组织播放的节目，以上客体应在其产生国（根据该国的法律规定）没有因权利有效期届满而进入公有领域，在俄罗斯联邦（根据本法典）也没有因权利有效期届满而进入公有领域。

第1305条　邻接权法律保护标志

录音制品制作人和表演者以及其他录音或者表演的专有权人有权为公示其专有权而使用邻接权保护标志，将邻接权保护标志印制于每一个录音制品的原件或者复制件上以及（或者）录音制品的外包装上，邻接权保护标志由三个要素构成——圆圈及其中的拉丁字母“P”及、权利人的姓名或者名称、录音制品首次发表的年份。

录音制品的复制件是直接或者间接地将录音制品复制在某种物质载体上且包含了录音制品所包含的全部或部分声音及其图像的复制品。声音的图谱是声音的数字化表现形式，即，为了将声音转换为可以收听的形式需借助于相应的技术手段。

第1306条 使用邻接权客体无须征得权利人同意且无须支付报酬的情形

在第1273、第1274、第1277、第1278和第1279条规定的允许自由使用作品的情况下以及本章规定的其他情况下使用邻接权客体，无须征得权利人的同意，且无须支付报酬。

第1307条 邻接权客体专有权转让合同

依照邻接权客体专有权转让合同，录音制品表演者、制作人、无线或者有线广播组织、数据库的制作人、科学、文学或者艺术作品的出版者及其他权利人作为合同的一方（有义务）将其对相应客体所享有的邻接权一并移转给对方当事人——专有权的受让人。

第1308条 邻接权客体的许可使用合同

按照许可使用合同，录音制品表演者、制作人、无线或者有线广播组织、数据库的制作人、科学、文学或者艺术作品的出版者及其他权利人（许可人）（有义务）授权对方当事人（被许可人）依照合同的约定使用邻接权客体。

第1309条 邻接权的技术保护措施

为控制他人对邻接权客体的使用、预防或限制他人未经作者或者其他权利人的许可而实施邻接权客体的行为，可采取的（全部或部分）技术保护措施（邻接权的技术保护手段）。采取技术保护措施时应分别适用本法典第1299条和第1311条的相关规定。

第1310条 邻接权信息

用于识别邻接权客体或者权利人的信息，以及相应的物质载体所记载的或者为公开该客体而发表的信息，以及任何包含该信息的数字和密码（邻接权信息），分别适用本法典第1300条和第1311条的相关规定。

第1311条 侵犯邻接权的责任

在侵犯邻接权的情况下，专有权人除了可以根据本法典（第1250、第1252和第1253条）的规定采取相应保护方式和责任追究措施之外，还有权依照本法典第1252条第3款的规定要求加害人采取以下补偿方式代替损害赔偿：

支付一万到五百万卢布的补偿，具体数额由法院裁量；

支付录音制品复制件价格的二倍或者该客体的使用费用的二倍，该客体的使用费用根据在同等情况下的通常价格确定。

第1312条　侵犯邻接权案件的诉讼保全

本法典第1302条规定的相应措施可以适用于被告或者有充分证据推定其侵害邻接权或邻接权的实质内容的人以及有充分证据证明存在侵犯邻接权的产品的情形，从而保障邻接权诉讼的顺利进行。

第二节　表演权

第1313条　表演者

表演者（或表演的作者）是以其创造性劳动从事表演的人——表演艺术家，即，演员、歌唱家、音乐家、舞蹈家和其他扮演角色、朗诵、演讲、歌唱、演奏乐器或者通过其他方式表演或者参与表演文学、艺术或者民间创作（包括民间作品、杂技和木偶剧在内）的人，以及表演作品的导演-制片人（对戏剧、杂技、木偶、民间作品或者其他组织剧院表演的人）和指挥者。

第1314条　合作表演的邻接权

1. 合作表演的邻接权属于全体参与表演的表演者（演员、表演的参与者、乐队成员等）共同所有，无论该表演是一个不可分割的整体还是可以分割成若干个具有独立意义的要素。

2. 合作表演的邻接权由表演者中的负责人行使，在没有表演者负责人的情况下，由全体表演成员共同行使，但表演者之间另有约定的除外。如果合作表演为不可分割的整体，则任何一个表演者在没有充分理由的情况下，都无权禁止其他表演者对该表演的利用。

表演者可以根据自己的意志使用合作表演中可以分割的部分，即具有独立意义的部分，合作表演者之间另有约定的除外。

3. 表演者之间的表演收入分配关系适用本法典第1229条第3款的相关规定。

4. 表演者中每个成员都有权独立采取措施保护其对合作表演所享有的邻接权（包括在该表演不可分割的情况下）。

第1315条　表演者权

1. 表演者享有以下权利：

1）对表演的专有权；

2）作者身份权——被确定为表演的创作者的权利；

3）署名权——在录音制品的复制件上和在其他使用表演的情况下指明自己的姓名或者假名的权利，在本法典第1314条第1款规定的情况下，指明全体表演者的姓名的权利，作品使用性质不允许作者署名或署团体作者名称的情形除外；

4）保护表演不可侵犯权——保护表演免受任何歪曲的权利，即，保护表演在录音以及通过无线或者有线播放的过程中免受修改，表演意图免受歪曲以及表演感官效果的完整性免受破坏。

2. 表演者行使权利不得侵犯作品作者的权利。

3. 表演者的权利效力不受被表演的作品上的著作权效力的影响。

第1316条　在表演者死后对表演者的作者身份、署名和表演的不可侵犯权的保护

1. 表演者的作者身份、署名和保护表演不可侵犯权，受永久保护。

2. 表演者有权按照指定遗嘱执行人的程序（第1134条），指定在其死后负责行使保护表演者署名权和保护表演不受侵犯权的执行人。此人应终生行使该项权利。

表演者未指定执行人或指定的执行人拒绝行使相应的权利以及执行人死亡的情况下，保护表演者署名权和保护表演不受侵犯权由其继承人、法定继承人和其他利害关系人行使。

第1317条　对表演的专有权

1. 按照本法典第1229条的规定，表演者有权以不违背法律的方式（包括本条第2款规定的方式）使用表演（表演专有权）并且有权处分该专有权。

2. 对表演的使用包括：

1）无线播放，即通过广播或者电视（包括转播）传送的方式向公众播放，但通过有线电视传送的除外。这种情况下的“播放”即任何能使公众通过听觉和（或者）视觉收听（或者）收看该表演的行为，无论公众是否实际收听或者收看。

通过卫星无线播放节目的情况下，“播放”即从地面卫星站接收信号并通过卫星传送信号，将表演传送给公众，无论公众是否实际收听或收看。

2）有线播放，即通过借助于电缆、电线、光纤等类似手段（包括通过转播）的广播或者电视传送方式向公众播放表演。

3）录制表演，即借助于技术手段将声音和（或）图像固定在某种物质形式上，使得表演可以被重复收听（收看）、复制或者播放。

4）复制表演记录，即就一部（或部分）录音或录像制品制造出一份或多份复制件。这种情况下，录制在电子媒介上的表演，包括在计算机存储器上的记载，也应被视为复制，但临时性的记载，且该记载构成单纯以合法使用或合法向公众播放表演为目的的技术程序中不可分割的实质性部分的情形除外。

5）通过出售或者其他转让方式发行该录音（录像）制品的原件或录制在某种物质载体上的复制件。

6）对表演实施本款第1项和第2项规定的行为。

7）向公众传播表演录音（录像），使得任何人在任何地方、任何时间都可以利用表演的录制品（向公众传播）。

8）公开播放表演录音（录像），即任何借助技术手段在公共场所或者家庭以外的地方播放表演录音（录像），无论在播放地或者其他同时播放地公众是否实际收听（收看）。

9）出租表演录音的原件或复制件。

3. 表演专有权不延及于经表演者同意而录制表演且为了相同目的的复制、通过无线或有线播放以及公开表演该录音（录像）的情形。

4. 与表演者签订了视听作品创作合同的情况下，推定表演者同意对方当事人使用该表演（视听作品的构成部分）。只有通过合同明确约定的情况下单独使用视听作品中的声音或者图像，才视为表演者同意其使用表演。

5. 表演者以外的人使用表演，适用本法典第1315条第2款的相关规定。

第1318条　表演者权的有效期限、依继承而移转以及表演进入公有领域的情形

1. 表演者权在作者有生之年有效，且不得少于五十年。有效期限自首次表演或表演被录制或者表演通过无线或者有线播放之年的次年1月1日起算。

2. 如果表演者被迫害且死后恢复名誉，则表演者权的期限延长五十年，自表演者被恢复名誉之年的次年1月1日起算。

3. 如果表演者在卫国战争期间工作或参战，则本条第1款所规定的表演者权有效期限延长四年。

4. 表演者权依继承而移转的，适用本法典第1283条的有关规定。

5. 表演者权有效期限届满后该权利进入公有领域，并适用本法典第1282条的相关规定。

第1319条　对表演者权和依照许可使用合同表演的权利的征税

1. 表演者享有的表演专有权不得征税。但表演者依据表演者权转让合同对他人享有的请求权和依据许可使用合同从使用者处获得的收入可以征税。

表演者以外的人享有的专有权以及被许可使用人的使用权可以征税。

本款第1项的规定效力及于专有权有效期限内表演者的继承人及其后续继承人。

2. 为执行征税而通过公开拍卖的方式出售属于被许可使用人的表演使用权时，表演者享有优先购买权。

第1320条　为完成工作任务而创作的表演

为完成工作任务而创作的表演（包括合作表演），该表演所产生的权利适用本法典第1295条的相关规定。

第1321条　表演者权在俄罗斯联邦境内的效力

以下情形，表演者权在俄罗斯联邦境内有效：

表演者是俄罗斯联邦公民；

在俄罗斯联邦境内首次表演；

表演被固定在本法典第1328条所保护的录音制品上；

没有将表演固定在录音制品上，而是通过本法典第1332条规定的有线或者无线播放方式广播该表演；

俄罗斯联邦缔结的国际条约规定的其他情形。

第三节　对录音制品的权利

第1322条　录音制作者

录音制作者是组织并首次录制表演中的声音或者其他声音或上述声音的图谱，并对其承担责任的人。在没有相反证据的情况下，录音制作人是以通常方式在录音制品的复制件和（或者）包装上署名的人。

第1323条　录音制作者权

1. 录音制作者享有以下权利：

1）录音制品的专有权；

2）在录音制品复制件和（或）其包装上署名的权利；

3）保护录音制品在被使用的过程中免受歪曲的权利；

4）录音制品发行权，即实施通过发表、公开展示、公开表演、通过无线或者有线播放或者其他方式使得录音制品可以被公众首次利用的权利。这种情况下的“发表”（面世）是指经过制作人同意将录音制品的复制件以满足公众合理需求的数量投入流通领域。

2. 录音制品制作人行使权利不得侵犯作品作者的权利和表演者的权利。

3. 录音制品制作人权利的承认和生效不受著作权和表演者权的效力的影响。

4. 在录音制品复制件和（或）其包装上署名的权利以及保护录音制品免受歪曲的权利的有效期限为录音制品制作人终生（录音制品制作人为公民的情况下）或录音制品制作人存续期间（录音制品制作人为法人的情况下）。

第1324条　录音制品专有权

1. 录音制品的制作者有权依照本法典第1229条的规定，以不违反法律的方式（包括本条第2款规定的方式）使用录音制品（录音制品专有权），且有权处分该权利。

2. 对录音制品的使用包括：

1）公开表演，即任何借助于技术手段在公共场所或家庭以外的地方播放录音制品，无论在该播放地或者其他播放场所该录音是否被实际收听；

2）无线播放，即为向公众传播而通过广播或者电视（包括转播方式）播放录音制品（但通过有线电视播放的情形除外）。在这种情况下，播放应被理解为一切使得录音制品可以被收听或收看的行为，无论公众是否实际收听或者收看。

通过卫星无线播放录音制品的情况下，“播放”应被理解为从卫星地面站接收信号并通过卫星转发信号，使得录音制品可以被公众所知悉，无论公众是否实际收听或者收看；

3）有线播放，即为了向公众传播，借助于电缆、电线、光纤等类似手段通过广播或者电视播放（包括转播）；

4）通过交互方式向公众传播录音制品，即保证有意使用该录音制品的人在任何地方、任何时间可以按照其意愿使用录音制品（向公众传播）；

5）复制，即将一份、数份录音制品的复制件的全部或部分复制在电子媒介上，包括存储在计算机上，但构成单纯以合法使用或合法向公众播放录音制品为目的而临时复制的必经程序的除外；

6）通过出售等转让方式，发行录音制品的原件和其他物质载体上的复制件；

7）为传播目的进口录音制品的原件或复制件，包括经权利人许可制作复制件；

8）出租录音制品的原件和复制件；

9）对录音制品进行再加工。

3. 通过合法手段对录音制品进行再加工的人对再加工所产生的录音制品享有邻接权。

4. 制作人以外的人使用录音制品适用本法典第1323条第2款的相关规定。

第1325条　对已公开出版的录音制品复制件的传播发行

如果已合法发表的录音制品的原件或复制件已通过出售或者其他转让方式在俄罗斯联邦境内进入民事流通领域，则对原件或者复制件的进一步销售，无须征得录音制品专有权人的同意，且无须支付报酬。

第1326条　对为商业目的而出版的录音制品的使用

1. 公开表演为商业目的发布的录音制品，以及通过无线或者有线播放该录音制品，无须征得录音制品权利人及其表演权利人同意，但应当支付报酬。

2. 根据本条第1款规定收取和分配报酬由国家委托的有权实施相关行为（第1244条）的集体管理组织管理。

3. 本条第1款规定的报酬按照以下比例在权利人之间分配：

50%归表演者，50%归录音制品制作人。在具体表演者之间以及录音制品制作人之间，按照相应作品的实际使用比例分配。报酬的收取、分配和支付程序由俄罗斯联邦政府规定。

4. 录音制品使用人应当向权利集体管理组织提交录音制品的使用报告以及其他收取和分配报酬所必需的资料和文件。

第1327条　录音制品专有权的有效期限、权利的继受移转以及录音制品进入公有领域

1. 录音制品专有权的有效期限为五十年，自该录音制品录制之年的次年1月1日起算。在录音制品被发表的情况下，专有权的有效期限为五十年，该录音制品录制后五十年内发表的，自其发表之年的次年1月1日起算。

2. 在本条第1款所规定期限的剩余期限内，录音制品专有权移转给录音制品制作人的继承人及其他法定继承人。

3. 在录音制品专有权有效期限届满后录音制品即进入公有领域。进入公有领域的录音制品适用本法典第1282条的相关规定。

第1328条　录音制品专有权在俄罗斯联邦境内的效力

以下情形，录音制品专有权在俄罗斯联邦境内有效：

录音制品制作人是俄罗斯联邦公民或法人；

录音制品在俄罗斯联邦境内发表或者其复制件在俄罗斯联邦境内首次公开传播；

俄罗斯联邦缔结的国际条约规定的其他情形。

第四节　无线与有线广播组织权

第1329条　无线与有线广播组织

无线或者有线广播组织是通过无线或者有线广播或电视（声音、

图片或者声音、图片的图像的组合）进行广播的法人。

第1330条　广播或者电视的节目播放专有权

1. 无线或有线播放组织有权依照本法典第1229条以不违背法律的方式（包括本条第2款规定的方式）使用正在或者已经通过无线或者有线合法播放的节目（无线电或电视广播的专有权），且有权处分该权利。

2. 下列行为被视为使用广播或者电视播放（广播）：

1）录制广播或者电视节目，即借助于技术设备将声音、图片或者声音的图谱固定在某种物质载体上，使得该节目可以被重复收听（收看）、复制或者播放。

2）复制广播或者电视节目，即将一部或部分广播或者电视节目录音（录像），制成一个或者多个复制件。将广播或者电视节目录制在电子载体上（包括在计算机存储中）也被视为复制，但构成单纯以合法使用该录制品或合法向公众传播该广播电视节为目的而临时复制的必经程序的除外。

3）通过出售或者其他方式转让广播或者电视节目的原件或者复制件的发行行为。

4）转播，即无线或者有线广播组织从其他该类组织接收广播或者电视节目的同时，通过无线（包括通过卫星）或者有线方式播放该节目。

5）向公众播放广播或者电视节目（向公众传送），使得任何人在任何地点、任何时间可以按照其意愿收听或收看该广播或电视节目。

6）公开表演，即借助于技术手段在付费场所播放广播或电视节目，无论在播放地或者其他同时播放地是否被收听或收看。

3. 无论是无线转播还是有线播放，都应被视为使用无线广播组织所播放的广播节目。

无论是有线转播还是无线播放，都应被视为使用有线广播组织所播放的电视节目。

4.广播电视节目的使用权适用本法典第1317条第3款的有关规定。

5. 无线和有线广播组织行使权利不得侵犯作者的权利、表演者的权利、录音录像制品录制者的权利以及其他无线和有线广播组织对其广播和电视节目的权利。

6. 无线或者有线广播组织的权利效力不受著作权、表演者权以及对录音制作者权利效力影响。

第1331条　广播或者电视节目专有权的有效期限、该权利向权利继承人移转以及广播或者电视节目进入公有领域

1. 广播或者电视节目专有权的有效期限为五十年，自通过无线或者有线播放该节目之年的次年1月1日起算。

2. 在本条第1款规定的期限剩余期限内，广播或者电视节目专有权移转给无线或者有线播放组织的权利继承人。

3. 在广播或者电视节目专有权的有效期限届满后，该节目即进入公有领域。进入公有领域的广播电视节目适用本法典第1282条的有关规定。

第1332条　广播或者电视节目专有权在俄罗斯联邦境内的效力

如果无线或者有线广播组织在俄罗斯联邦境内有住所，且借助于俄罗斯联邦境内的发射机播放，则该组织的广播电视节目专有权在俄罗斯联邦境内有效。

第五节　数据库制作者权

第1333条　数据库的制作者

1. 数据库的制作者是组织创作数据库并对数据库的材料进行收集、整理和编排的人。在没有相反证据的情况下，以通常方式在数据库复制件和（或者）包装上署名的公民或者法人是数据库的制作者。

2. 数据库制作者享有以下权利：

1）数据库制作者专有权；

2）在数据库复制件和（或者）其包装上指明自己的姓名或者名称的权利。

第1334条　数据库制作者专有权

1. 数据库的创造需要重大的财务、物质、组织等情况下，该数据库的制作者（包括加工或者提供相应材料的人）有权从数据库中获取材料并以任何形式和方式对数据库进行后续使用（数据库制作者专有权）。数据库制作者有权处分上述专有权。在没有相反证据的情况下（第1260条第2款第2项），需要重大投入而创造的数据库是指至少包含一万个独立信息元（材料）的数据库。

任何人未经权利人许可无权从数据库中获取材料并对其进行后续使用，本法典规定的例外情形除外。“获取材料”即借助于任何技术手段通过任何形式将数据库的全部内容或者实质性部分转移到其他信息载体。

2. 数据库制作者专有权的效力不受数据库制作者以及其他人对构成数据库的材料以及作为汇编作品的整个数据库的著作权和其他专有权的存在和效力的影响。

3. 合法使用数据库的人为个人使用、科学研究、教育等非商业目的，有权在合理范围内从该数据库中截取材料并对之进行后续使用，且无须经权利人许可，但该行为不得侵犯数据库制作者和其他人的著作权。

在不特定的公众范围内使用从数据库中抽取的材料，应当同时指明材料来源。

第1335条　数据库制作者专有权的有效期限

1. 数据库制作者的专有权产生于数据库创作完成之时，自该数据库创立之年的次年1月1日起十五年内有效。数据库在上述期限内发布的，数据库制作者专有权自数据库发布之年的次年1月1日起十五年内有效。

2. 本条第1款规定的期限因数据库的每次修改而更新。

第1336条　数据库制作者专有权在俄罗斯联邦境内的效力

1. 数据库制作者专有权在以下情形下在俄罗斯联邦境内有效：

数据库制作者是俄罗斯联邦公民或者俄罗斯法人；

数据库制作者（公民或法人）依俄罗斯联邦加入的国际条约而享有专有权或者俄罗斯联邦公民或法人在外国境内根据外国法律获得数据库制作者专有权的保护；

俄罗斯联邦缔结的国际条约规定的其他情形。

2. 数据库的制作者是无国籍人且在俄罗斯联邦境内或在外国拥有住所地的情况下，可以适用本条第1款对俄罗斯联邦公民以及外国公民的相关规定。

第六节　科学、文学或者艺术作品的出版者权

第1337条　出版者

1. 出版者是合法出版（或者组织出版）未被出版的、已进入公有领域的（第1282条）或不受著作权法的保护的公有领域中的科学、文学或者艺术作品的人。

2. 出版者权及于按照本法典第1259条的规定属于著作权客体的作品，无论作品何时被创作。

3. 国家和市政档案馆中的作品不适用本条规定。

第1338条　出版者权

1. 出版者享有：

1）对其出版的作品享有出版者专有权（第1339条第1款）；

2）在其出版的作品复制件上或其他使用情形中（包括翻译或者对作品进行再创作）署名的权利。

2. 首次发表作品的情况下，出版者必须遵守本法典第1268条第3款的规定。

3. 出版者在作品出版者专有权有效期限内享有本法典第1266条第1款第2项所规定的权利。作品出版者专有权的继受者享有上述权能。

第1339条　作品出版者专有权

1. 作品出版者有权依照本法典第1229条的规定通过本法典第1270条第2款第1~8项以及第11项规定的方式使用作品，且有权处分该权利。

2. 作品被翻译或者以其他再创作形式被发表的情况下，作品出版者享有出版者专有权。作品出版者专有权的效力不受出版者及其他人对译本或者再创作作品的著作权效力影响。

第1340条　作品出版者专有权的有效期限

作品出版者专有权产生于该作品发表之时，自该作品发表之年的次年1月1日起二十五年内有效。

第1341条　作品出版者专有权在俄罗斯联邦境内的效力

1. 出版者专有权及于下列科学、文学和艺术作品：

1）在俄罗斯联邦境内发布的，无论其出版者的国籍如何；

2）俄罗斯联邦公民在俄罗斯联邦境外发布的；

3）外国公民或者无国籍人在俄罗斯联邦境外发布的，条件是作品发布地国的法律在该国境内赋予作为出版者的俄罗斯联邦公民以出版者专有权；

4）俄罗斯联邦缔结的国际条约规定的其他情形。

2. 在本条第1款第3项规定的情况下，作品出版者专有权在俄罗斯联邦境内的有效期限不得超过该专有权取得依据的法律事实发生地国所规定的作品出版者专有权的有效期限。

第1342条　作品出版者专有权的提前终止

如果出版者在使用作品时，侵犯了本法典规定的作者身份、作者署名权或者维护作品不可侵犯权，则利害关系人可以提起诉讼，要求提前终止出版者专有权。

第1343条　作品原件的转让和作品出版者专有权

1. 作品原件所有权人同时享有出版者专有权的情况下，原件所有权人转让作品原件（手稿、绘画、雕塑等）时，出版者专有权一并移转给作品原件的继受人，但合同另有约定的除外。

2. 作品出版者专有权没有移转给作品原件继受人的情况下，作品原件继受人有权通过本法典第1291条第1款第2项规定的方式使用作品原件，且无须征得出版者专有权人的同意。

第1344条　受出版者权保护的作品的原件或者复制件的发行

若通过买卖或者其他转让方式使依照本章节规定发表的作品原件或者复制件合法地进入民事流通领域，则对作品原件或者复制件的进一步销售无须征得出版者的同意，且无需支付报酬。

第七十二章　专利法

第一节　基本规定

第1345条　专利权

1. 专利权是指对发明、实用新型和工业设计所享有的知识权利。

2. 属于发明人（以下简称作者）或设计人的权利

1）专有权；

2）作者权利。

3）在本法典规定的情况下，作者还享有下列其他权利，包括获得专利证书的权利，从职务发明、实用新型或工业设计的使用中获取报酬的权利。

第1346条　发明、实用新型和工业设计专有权在俄罗斯联邦境内的效力

在俄罗斯联邦境内，由联邦知识财产事务管理机关颁发的专利证书或者依照俄罗斯联邦参加的国际条约颁发的、在俄罗斯联邦境内有效的专利证书所证明的发明、实用新型和工业设计的专有权，应当有效。

第1347条　发明、实用新型或者工业设计的作者

发明、实用新型或者工业设计的作者应当是通过其创造性劳动创造了相应的智力活动成果的个人。在发明、实用新型或者工业设计专利申请书中指明为作者的人被认为是发明、实用新型或者工业设计的作者，有相反证据的除外。

第1348条　发明、实用新型或者工业设计的共同作者

1. 共同作者是指以其创造性劳动参与发明、实用新型或者工业设计的人。

2. 每个共同作者都有权按照自己的意志使用发明、实用新型或者工业设计，他们之间的协议另有规定的除外。

3. 与使用发明、实用新型或者工业设计的所获取的收益分配以及专有权的处分有关的共同作者之间的关系，相应地适用本法典第1229条第3款的规则。

发明、实用新型或者工业设计获取专利权的处分应由其共同作者共同行使。

4. 所有共同作者均有权独立采取措施保护自己权利。

第1349条　专利权的客体

1. 专利权的客体是在科学技术领域中符合本法典对发明和实用新型规定的要求的智力活动成果和在艺术构造领域中符合本法典对工业设计规定的要求的智力活动成果。

2. 本法典的规定适用于含有构成国家机密信息的发明（保密发明）。除非法律有特殊规定，则保密发明的使用依照该规定（本法典的1401-1405条以及以其为依据颁布的条例）。

3. 对含有构成国家机密信息的实用新型和工业设计，其保护不依照本法典进行。

4. 不能作为专利权的客体：

1）克隆人体的方法；

2）人类胚胎细胞转基因的方法；

3）以工业和商业目的使用人类胚胎；

4）违背社会利益、人道原则和道德的其他的发明（解决方案）。

第1350条 发明可取得专利的条件

1. 在任何领域中，涉及对产品（特别是装置、物质、微生物菌种、植物或动物细胞的培育）或方法（借助于物质手段对物质客体实施行为的程序）的技术解决方案，应当受到保护。

如果一项发明具有新颖性、创造性以及工业实用性，则应当受到法律保护。

2. 利用当下技术条件不能知晓的发明即具有新颖性

如果对相关领域的专业人员而言，不能利用现有技术水平轻易地获取，则该发明具有创新性；

现有技术包括在发明的优先权日期之前，世界上进入公共领域的任何资料。

评估发明的新颖性时，现有技术还应包括取得更早优先权日的其他人在俄罗斯联邦为发明和实用新型提交的所有专利申请（任何人都有权依照本法典第1385条第2款或第1394条第2款的规定对相关专利申请文件进行查阅和了解），以及在俄罗斯联邦授予专利的发明和实用新型。

3. 发明的作者、申请人或者任何从他们那里直接或者间接取得专利信息的人对发明信息的披露，导致涉及专利实质的资料成为普遍可获取的资料，不构成阻碍确认发明可专利性的情形，前提条件是在自信息披露之日起六个月内应当向联邦知识财产事务管理机关提交发明专利的申请书。证明未超出期限的责任，应当由申请人承担。

4. 发明应当具有工业使用价值，即该项发明可应用于在工业、农业、医疗保健、其他经济部门或者社会机构。

5. 不属于发明的有：

1）发现；

2）科学理论和数学方法；

3）仅涉及产品的外观形状和针对审美需求的解决方案；

4）游戏、智力和经营活动的规则与方法；

5）计算机软件；

6）仅仅包含信息简介的解决方案。

上述分类仅针对发明专利的申请，即在申请发明专利时，排除上述6类客体的可专利性。

6. 法律所保护的发明，不及于以下情形：

1）植物品种、动物品种及获取动植物品种的生物学方法，但微生物方法和以微生物方法获得的产品除外；

2）集成电路的布图设计。

第1351条　实用新型可取得专利的条件

1. 与结构相关的技术解决方案可以作为实用新型进行保护。

如果一项实用新型具有新颖性和工业实用性，应当受法律保护。

2. 如果一个实用新型的所有实质性特征都不能利用现有技术获得，即可认为该实用新型具备新颖性。

现有技术水平包括世界上所有已经公布的与实用新型的申请具有相同目的的信息以及俄罗斯联邦境内于实用新型优先权日之前已经进入公共领域的申请书中的信息。现有技术还包括在更早优先权日的情况下，任何人依照本法典第1385条第2款和第1394条第2款了解他人在俄罗斯联邦提交的发明和使用新型专利申请书和以及俄罗斯联邦内获得专利的发明和实用新型。

3. 实用新型的作者、申请人或者任何直接或者间接地从他们那里取得该信息的人披露与实用新型相关的信息，导致涉及实用新型本质的资料成为普遍可获取的资料，不构成阻碍实用新型可专利性的情形，前提条件是在自信息披露之日起六个月内应当向联邦知识财产事务管理机关提交实用新型专利的申请书。证明未超出期限的责任，应当由申请人承担。

4. 一种实用新型如果可应用于在工业、农业、医疗保健、其他经济部门或者社会领域，则具有工业实用性。

5. 作为实用新型进行法律保护的情形不包括：

1）仅涉及产品的外观形状和仅针对审美需求的解决方案；

2）集成电路布图设计。

第1352条　工业设计取得可专利的条件

1. 工业产品的工艺设计方案、手工艺产品的外部设计，应当作为工业设计受到保护。

如果工业设计的本质特征具有新颖性和创造性，则应当受到保护。

工业设计的实质性特征包括决定产品外部形态美感的和/或人体工程学特性的形态、结构、装饰图案和颜色搭配。

2. 如果工业设计上的所有被反映在产品图片中的和列表中的（第1377条第2款）实质性特征，通过工业设计优先权日之前世界上公众可获得的资料不能获取，则具有新颖性。

确立工业设计的新颖性时，在存在较早优先权日的情况下，任何人都有权根据本法典第1394条第2款规定，了解其他人在俄罗斯联邦提交的所有工业设计申请资料和在俄罗斯联邦内已经取得专利的工业设计。

3. 如果工业设计的实质性特征是由产品特征的创造性本质所决定的，则具有原创性。

4. 工业设计的作者、申请人或者任何直接或者间接地从他们那里取得该信息的人披露与工业设计的相关的信息，导致涉及工业设计本质的资料成为公众可获得的资料，不构成阻碍工业设计可专利性的情形，前提条件是在自信息披露之日起六个月内应当向联邦知识财产事务管理机关提交工业设计的专利申请书。证明未超出期限的责任，应当由申请人承担。

5. 法律所保护的工业设计不及于以下情形：

1）仅由产品技术上的功能所决定的解决方案；

2）建筑对象（小型的建筑形式除外）、工业设施、供水系统和其他的固定设施；

3）液体、气体和流体的或者类似的具有不稳定形态的物体。

第1353条　发明、实用新型和工业设计的国家登记

在发明、实用新型和工业设计分别进行国家登记的条件下，应当确认和保护其专有权，在此基础上，联邦知识财产事务管理机关对发明、实用新型或者工业设计授予专利。

第1354条　发明、实用新型或者工业设计专利

1. 发明、实用新型或者工业设计专利，应当证明发明、实用新型或者工业设计的优先权、作者权利和对发明、实用新型或者工业设计的专有权。

2. 发明或实用新型的知识权利保护范围，应当根据专利权利要求书中所描述的进行确定。说明书和图纸（第1375条第2款和第1376条第2款）可以用来解释发明和实用新型的权利要求书。

3. 工业设计知识权利的保护范围，应当依据产品图片当中所描述的所有必要技术特征以及在工业设计必要技术特征说明书中所确定的范围进行确定（第1377条第2款）。

第1355条　对创造和使用发明、实用新型和工业设计的国家激励

国家应当为创造和使用发明、实用新型和工业设计提供激励机制，应当为发明的作者、专利持有人、许可人在使用发明、实用新型和工业设计时建立获取利益的有利条件，也应当给予他们俄罗斯联邦法律规定的其他方面的利益。

第二节 专利权

第1356条 发明、实用新型或者工业设计作者身份权

作者身份权，指被确认为发明、实用新型或者工业设计作者的权利，不可被剥夺和转让，包括不得向他人移转作者身份权、不得向他移转发明、实用新型或者工业设计专利权时一并移转作者身份权的情形以及不得向他人提供使用权时同时提供作者身份权。放弃该权利的行为无效。

第1357条 发明、实用新型或者工业设计专利权的取得

1. 发明、实用新型或者工业设计专利权最初属于发明、实用新型或者工业设计的作者。

2. 依照法律程序，发明、实用新型或者工业设计专利权可以向他人流转（继承）或者移转，包括普遍的法律继承方式或者依照合同（包括劳动合同）约定，向他人移转。

3. 发明、实用新型或者工业设计专利权的转让合同应当以书面形式签订。不以书面形式订立的合同无效。

4. 除非发明、实用新型或者工业设计的专利权转让合同的双方另有规定，缺乏可专利性的风险由该权利的取得者承担。

第1358条 发明、实用新型或者工业设计专有权

1. 专利持有人有专有权利依照本法典第1229条以任何不与法律抵触的方式使用发明、实用新型或者工业设计（发明、实用新型或者工业设计专有权），例如以本条第2款和第3款规定的方式。专利持有人可以处分发明、实用新型或者工业设计的专有权。

2. 行使发明、实用新型或者工业设计专有权的情形特指：

1）向俄罗斯联邦境内进口、制造、使用、许诺销售、销售、其他投入流通的行为或者为此为目的进行储存应用了发明或者实用新型的产品，或者在制造产品过程中应用了工业设计；

2）本项第1款中规定的通过专利方法直接获得的产品实施行为。如果通过这种专利方法获得的产品具有新颖性，与之相同的产品则被认为是通过该专利方法获得的，有相反证据证明的除外；

3）为实现其功能而使相关设备进行本项第2款规定的行为，则应自动视为使用了专利方法。

4）在方法的实现过程中，特别是该方法的应用中使用了该发明。

3. 如果产品中包含了或在方法中使用了发明或者实用新型专利权利要求书中的独立权利要求中所列举的所有技术特征，或者在对上述产品或者方法实施本条第2款规定的行为之前就已经成为众所周知的、与之等同的技术的特征，则发明或者实用新型应被确认为在该产品或者方法中被使用。

如果该制品的外形特征包含了工业设计的所有必要技术特征，以及在工业设计说明书（第1377条第2款）中描述的全部必要技术特征，则应当视为在该制品中使用了工业设计。

如果在使用一项发明或者实用新型时，其独立权利要求书中应用了其他发明或者实用新型的专利中的所有技术特征，包含被使用的专利说明说中所叙述的所有必要技术特征，则意味着同时使用了此处其他的发明、其他的实用新型或者其他的工业设计。

4. 如果一项发明、实用新型或工业设计的专利持有人为两人或两人以上，无论专利持有人是否为该智力活动成果的作者都应当适用本法典第1348条第2和3款的规定以调整他们之间的关系。

第1359条　不属于侵犯发明、实用新型或者工业设计专有权的行为

以下情况不属于侵犯发明、实用新型或者工业设计专有权的行为：

1）在辅助设备中或者在使用运输工具（水路、航空、汽车和铁路运输）或者外国航天技术时，使用了其中涉及发明或者实用新型的产品或使用其中涉及工业设计的制品，该行为不应被视为侵犯外国国家对已在俄罗斯联邦登记的运输工具或者航天技术的专有权的行为；其条件是这些运输工具或者该航天技术是暂时地或者偶然地停留在俄罗斯联邦境内且上述产品或制品仅是为运输工具或者航天技术的自身需要而适用的。

2）使用发明或者实用新型的产品或者方法进行科学研究、使用工业设计对工业制品进行科学研究，或者对这些产品、方法或制品进行试验；

3）在紧急状态（自然灾害、灾难、意外事故）下使用发明、实用新型或者工业设计，但须在最短时间内通知专利持有人并随后向其支付适当的补偿；

4）为满足个人、家庭、国家的或其他的与经营活动无关的需求而使用发明、实用新型或工业设计，且不以获取利润或者收益为目的的行为；

5）根据医师处方一次性配置药物的过程中使用了发明专利。

6）如果该产品或者该制品以前就被专利持有人或者其他经专利持有人许可的其他人已经提前进入流通领域，再向俄罗斯联邦境内进口、使用、许诺销售、销售以及其他投入流通领域的行为或以此为目的而保管其中使用了发明或者实用新型的产品或者其中使用了工业设计的制品。

第1360条　为国家安全利益而使用发明、实用新型或者工业设计

俄罗斯联邦政府为国防和安全利益考虑，有权无需经过专利持有人同意而批准使用发明、实用新型或者工业设计，但须尽快通知专利持有人并向其支付合理补偿。

第1361条　发明、实用新型或者工业设计的在先使用权

1. 在发明、实用新型或者工业设计的优先权日（第1381和1382条）之前已经善意地在俄罗斯联邦境内完成构思并使用独立于作者而创造的同等解决方案或者为此作了必要的准备，则保留其在不扩大该使用范围的情况下，继续无偿使用该同等解决方案的权利（在先使用权）。

2. 转让在先使用权时，应当同时转让使用了相关同等解决方案或为使用做了必要准备的实体产品。

第1362条　发明、实用新型或者工业设计的强制许可

1. 如果发明或者工业设计自专利颁发之日起四年内、实用新型自专利颁发之日起三内内未被专利持有人使用或未被充分使用，导致不能向市场提供充足的商品、工作或者服务，则任何在请求并准备好使用该专利、实用新型或者工业设计的人，在相应的所形成的惯例条件下，专利持有人拒绝与其签订许可使用合同时，请求人有权向法院起诉专利持有人要求授予其在俄罗斯联邦境内使用发明、实用新型或者工业设计的强制性非独占许可。在诉讼请求中请求人应当指出授予他该种许可的建议条款，包括发明、实用新型或者工业设计使用的范围、报酬、支付方式和期限。

如果专利持有人不能证明存在正当理由，导致发明、实用新型或者工业设计未被使用或未被充分使用，则在满足本款第一项规定授予条件的情况下，法院应当作出授予许可的决议。获取该使用许可需支付费用，应当依照法院判决，且不低于类似条件下所确定的许可使用费用。

如果提供该使用许可的情形已经不存在且几乎不可能再次产生，则非独占性强制许可的效力，经专利持有人的起诉，依照司法程序可以终止。在此情况下法院应当确定由该许可行为而产生的强制许使用人的权利终止期限和方式。

2. 如果专利持有人不使用其他发明或者实用新型专利（第一个专利）就不能使用他对之拥有专利权的发明，在第一专利持有人拒绝根据相应惯例签订许可使用合同时，（第二个专利的）专利持有人有权向法院起诉第一个专利持有人要求其提供非独占性强制许可，即在俄罗斯联邦境内使用第一个专利发明或者实用新型的许可。在诉讼请求中应当指出其向第一个专利持有人要求提供该使用许可的请求，包括发明或者实用新型的使用范围、报酬、支付方式和期限。如果对该独立发明享有独占权的专利持有人（第二个专利的），证明其发明相对于其他发明、实用新型和工业设计来说在技术上具有进步性和显著的经济效益，则法院应当授予他非独占性强制许可。依照该使用许可取得的、受第一个专利保护的发明，其使用权不得转让给他人，第二个专利进行转让的情形除外。

因非独占性强制许可使用而支付的报酬总额，依照法院判决，不得低于类似情况下所确定的许可使用价格。

发明或者实用新型的专利持有人，依照本款被授予对另一项专利具有非独占性强制许可的情况下，根据已形成的惯例，对其获得许可使用的另一项专利享有非独占性使用的权利。

3. 依据本条第1和2款规定的法院判决的基础上，联邦知识财产事务管理机关应当对非独占性强制许可予以登记。

第1363条　发明、实用新型和工业设计专有权的效力期限

1. 发明、实用新型、工业设计专有权和证明该项专利的专利权证书的效力期限在符合本法典规定的要求的前提下，自首次向联邦知识财产事务管理机关提交专利申请书之日起开始计算：

发明——20年；

实用新型——10年；

工业设计——15年。

国家登记和颁发专利证书后，对发明、实用新型或工业设计专利正式进行保护。。

2. 如果对其应用需要依照法律规定程序获得批准的医疗手段、药品、或者农业化学品的发明专利，自提交申请书之日起到其应用获得首次批准之日起已经满五年的，专利权和证明该权利的专利权证书的时效，可经专利持有人的申请，由联邦知识财产事务管理机关予以延长。上述期限在自发明专利申请书提交之日起至第一次获得批准应用之日起，五年内予以延长。在这种情况下，发明专利的延长期限不得超过五年。

期限延长的申请，应当由专利持有人在专利有效期内且期满日之前六个月内提出，或者自专利证书颁发之日起提出，取决于最后一个届满的日期。

3. 实用新型专有权和证明该权利的专利权证书的效力期限，由联邦知识财产事务管理机关在申请书中指明的期限内予以延长，但不得超过三年；工业设计专有权和证明该权利的专利权证书在申请书中指明的期限内予以延长，但不得超过十年。

4. 发明、实用新型或者工业设计专利权证书的效力期限延长程序应当由知识财产领域负责行为规范和法律调整事务的联邦行政机关规定。

5. 发明、实用新型或者工业设计专有权和专利权证书的效力依照本法典第1398.1399条规定的程序被确认为无效或者提前终止。

第1364条　发明、实用新型或者工业设计进入公有领域的情形

1. 发明、实用新型或者工业设计的专有权在效力期限届满后即进入公有领域。

2. 对于已经进入公有领域的发明、实用新型或者工业设计，任何人都可以自由使用，无需经过他人许可或者批准，也无需支付使用费用。

第三节 发明、实用新型或者工业设计专有权的处分

第1365条 发明、实用新型或者工业设计专有权转让合同

按照发明、实用新型或者工业设计专有权转让合同（专利转让合同），一方当事人（发明、实用新型、工业设计的作者或其他持有人）自愿转让或者履行义务将其智力活动成果的专有权转让给接受专有权的另一方当事人（专有权取得人）。

第1366条 签订发明专利转让合同的公开要约

1. 发明专利的申请人在提交发明专利申请书时，可以在申请文件上附着声明，即声明若获得专利，则依照惯例条件，他将有义务与任何最先表达了该要约且将此要约通知了专利持有人和联邦知识财产事务管理机关的俄罗斯联邦公民或者法人签订专利转让合同。在存在此声明的情况下，申请人无须缴纳本法典规定的对专利申请和颁发专利所收取的费用。

联邦知识财产事务管理机关应当在官方公报上刊载上述声明及有关信息。

2. 依据本条第1款规定的声明与专利持有人签订专利转让合同的人，有义务支付申请人（专利持有人）被免除的所有专利费用。后续专利费用应当依照既定程序支付。

受让人向联邦知识财产事务管理机关申请专利转让合同登记时，须在专利合同登记申请书后附上能够证明受让人已经支付了申请人（专利持有人）已被免除的全部专利费用的文件。

3. 在本条第1款声明所涉及的发明专利信息公布之日起两年内，如果联邦知识财产事务管理机关没有收到签订专利转让合同的书面要约通知，则专利持有人可以向上述联邦机关提出撤销自己声明的申请。在此情况下，本法典所规定的申请人（专利持有人）先前被免除的专利费用则应当支付。后续的专利费用应当依照既定程序支付。

联邦知识财产事务管理机关应当在官方公报上公布关于撤销本条第1款规定的声明的信息。

第1367条　提供发明、实用新型或者工业设计使用权的许可合同

按照使用许可合同，一方当事人（许可使用人）在合同规定的范围内向另一方方（被许可使用人）授予或者有义务给予其专利证书所证明的发明、实用新型或者工业设计使用权。

第1368条　发明、实用新型或者工业设计的公开许可使用

1. 专利持有人可以向联邦知识财产事务管理机关提交声明，在声明中专利持有人承诺任何人均可能获得发明、实用新型或者工业设计使用权（公开使用许可）。

在上述情况下，联邦知识财产事务管理机关将自公开使用许可的信息公布之年的次年，将发明、实用新型或者工业设计专利的专利维持费数额降低50%。

发明、实用新型或者工业设计的使用权可授予任何人，专利持有人向联邦知识财产事务管理机关通知说明相关专利授予情况，由专利持有人付费将相应的公开使用许可信息予以公布。专利持有人有义务与表示其使用上述专利、实用新型或者工业设计意愿的人在非独占性使用许可条件下，签订使用许可合同。

2. 如果专利持有人自公开使用许可信息公布之日起两年内，没有收到在其提议下签订许可使用合同的书面要约的，则在两年期满后他可以向联邦知识财产事务管理机关提出撤销公开使用许可的请求。在此情况下，专利持有人应当补交自公开使用许可信息公布之日起期间内应当支付的专利维持费，后续费用也应全额支付。上述联邦行政机关应当将撤销声明的信息在官方公报上公布。

第1369条　发明、实用新型和工业设计专有权处分合同的形式和国家登记

专利转让合同、许可使用合同以及其他的用以处分发明、实用新型型或者工业设计专有权的合同，应以书面形式签订且应当在联邦知识财产事务管理机关进行国家登记。

第四节 因履行职务任务或者履行合同约定的工作而产生的发明、实用新型和工业设计

第1370条 职务发明、职务实用新型、职务工业设计

1. 雇员由于履行自己的劳动义务或者完成雇主安排的具体任务而创造的发明、实用新型或者工业设计，应当相应的被确认为职务发明、职务实用新型或者职务工业设计。

2. 职务发明、职务实用新型或者职务工业设计的作者身份权属于雇员（作者）。

3. 除非雇员与雇主之间的劳动合同或其他合同有其他规定，职务发明、职务实用新型或者职务工业设计的专有权和专利取得权，应属于雇主。

4. 除非在雇主和雇员之间的合同中有相反规定时（本条第3款的），雇员应当书面通知雇主由于完成自己的劳动义务或者雇主安排的具体任务而创造了与发明、实用新型、工业设计相关的可以享有法律保护的成果。

如果雇主在自收到雇员通知之日起四个月内，没有向联邦知识财产事务管理机关分别提出对职务发明、职务实用新型或者职务工业设计专利的申请，且没有将职务发明、职务实用新型或者职务工业设计专利取得权转让给他人或者没有通知雇员对相应的智力活动成果信息进行保密，则该发明、实用新型或者工业设计的专利取得权应当属于雇员。在此情况下，雇主在专利有效期间内依照非独占性使用许可条件，在自己的生产中享有使用职务发明、职务实用新型或者职务工业设计的权利，但应向专利持有人支付补偿费用，其数额、条件和支付方式由雇员和雇主之间的合同约定，发生争议时由法院裁定。

如果雇主取得了职务发明、职务实用新型或者职务工业设计的专利，则应在以下情况下，对雇员予以补偿或赔偿：

（1）决定将此类发明、实用新型或者工业设计信息予以保密并就此通知雇员

（2）将专利取得权转让给他人

（3）由于其雇主自己的原因导致其申请未取得专利补偿的数额、支付的条件和程序依照雇主和雇员之间的合同约定，发生争议时由法院裁定。

俄罗斯联邦政府有权对职务发明、职务实用新型或者职务工业设计的最低补偿率进行规定。

5. 雇员使用雇主的资金、技术和其他物质财产创造与履行自己的劳动义务或者完成雇主安排的具体任务无关的发明、实用新型或者工业设计，不属于职务发明、职务实用新型和职务工业设计。此类发明、实用新型或者工业设计的专利取得权和专有权属于雇员。在此情况下雇主有权依照自己的选择对雇员所创造的智力活动成果，要求雇员在整个专有权有效期内向雇主提供无偿的非独占性使用许可或者要求雇员赔偿由于创造此类发明、实用新型或者工业设计给雇主造成的损失。

第1371条　履行合同约定的工作产生的发明、实用新型和工业设计

1. 当发明、实用新型或者工业设计是在完成承揽合同或者科学研究、实验设计或者工程工作合同时创造的，但是合同中并未直接规定要实现上述创造，则该发明、实用新型或者工业设计的专利取得权和专有权属于承揽人，承揽人和定作人之间的合同有不同的规定除外。

在此情况下，为实现所签订的合同目的，在整个专利有效期限内，定作人有权依照非独占性使用许可而使用履行合同过程中创造的发明、实用新型或者工业设计，无需为此向创作人支付额外报酬，但合同另有规定的除外。在承揽人将专利取得权移转或者将专利本身转

让给他人时，定作人依照有关条款规定，保留在上述条件下对发明、实用新型或者工业设计的使用权。

2. 在第一款规定的情况下，依据承揽人和定做人之间的合同，当发明、实用新型或者工业设计的专利取得权和专有权转让给定做人或者第三人时，承揽人有权根据自己的需要在整个专利有效期间内，按照非独占性许可使用所创造的发明、实用新型或者工业设计，但合同另有规定的除外。

3. 本条第1款提到的发明、实用新型、工业设计的作者，若非专利持有人，则应当依据本法典第1370条第4款规定给予补偿。

第1372条　依照要求定制而产生的工业设计

1. 以工业设计本身作为合同标的，该工业设计的专利取得权和专有权属于定作人，承揽人和定作人之间的合同另有规定的除外。

2. 依照本条第1款规定，当工业设计的专利取得权和专有权属于定作人时，如果合同没有相反规定，在专利有效期间内承揽人有权为满足自己的需要依据非独占性使用许可无偿使用该工业设计。

3. 依照承揽人和定作人之间的合同，当工业设计专利取得权和专有权属于承揽人时，在整个专利有效期间内，定作人有权根据自己的需要依据无偿非独占性使用许可无偿使用该工业设计。

4. 依照本法典第1370条第4款，若工业设计的作者不是专利持有人时，应当给予补偿。

第1373条　依照国家或城市合同而产生的创造发明、实用新型和工业设计

1. 为了国家或者城市的需要，依照与国家或者城市签订的合同完成工作时，所创造的发明、实用新型或者工业设计的专利取得权和专有权属于履行与国家或者城市签订合同的组织（履行人），除非国家或者市政府证明属于俄罗斯联邦、俄罗斯联邦主体或者在履行人是依照城市的名义进行活动的情况下属于城市，或者属于履行人和俄罗斯联邦共有、履行人和俄罗斯联邦主体共有、履行人和城市组织共有的除外。

2. 依照国家或者城市的合同，如果发明、实用新型或者工业设计专利取得权和专有权属于俄罗斯联邦、俄罗斯联邦主体或者城市，则国家或者城市应当在收到履行人关于能够取得发明、实用新型或者工业设计的智力活动成果的书面通知之日起六个月内提出专利申请。如果在上述期限内国家或者城市没有提出申请，则专利取得权属于履行人。

3. 如果发明、实用新型或者工业设计的专利取得权和专有权依照国家或者城市约定属于俄罗斯联邦、俄罗斯联邦主体或者城市，履行人有义务通过与自己的雇员和第三人签订相应的协议取得全部权利或者担保取得全部权利以便将这些权利向俄罗斯联邦、俄罗斯联邦主体和城市组织移转。

因向第三人取得相应的权利而支出的费用，履行人有权取得赔偿。

4. 依照与国家或者城市的约定，为了国家或者城市的需要而完成的创造发明、实用新型或者工业设计，如果依照本条第1款规定，其专利取得权和专有权不属于俄罗斯联邦、不属于俄罗斯联邦主体也不属于城市，专利持有人有义务按照国家或者城市的要求，无偿为国家或者城市的需要提供对发明、实用新型或者工业设计的非独占性使用许可。

5. 为国家或者城市需要，依照与国家或者城市的约定进行工作时创造了发明、实用新型或者工业设计，并以履行人和俄罗斯联邦、履行人和俄罗斯联邦主体或履行人和城市组织的名义共同取得，在这种情况下，国家或者城市在通知履行人后有权为国家或者城市的需要，而无偿取得发明、实用新型或者工业设计的非独占性使用许可。

6. 履行人依据本条第1款规定以自己名义发明、实用新型或者工业设计的专利，在决定中止专利效力的情况下，应当通知国家或者城市并根据要求将该专利无偿转让给俄罗斯联邦、俄罗斯联邦主体或者城市。

依照本条第1款规定，俄罗斯联邦、俄罗斯联邦主体或者城市取得专利权，在作出中止专利效力的决定时，国家或者城市有义务将此决定通知履行人并根据要求将专利无偿移转给履行人。

7. 本条第1款的规定的发明、实用新型或者工业设计的作者若不是专利持有人时，应当依照本法典第1370条第4款规定向作者支付报酬。

第五节　专利的取得

第一小节　专利的申请、变更与撤回

第1374条　发明、实用新型或者工业设计专利申请的提交

1. 发明、实用新型或者工业设计专利的申请应当由依照本法获得专利取得权的人（申请人），向联邦知识财产事务行政管理机关提交。

2. 发明、实用新型或者工业设计的权利要求书应当以俄语提交。其他的申请文件可以用俄语或者其他语言提交。如果申请文件是以其他语言表述的，应当在申请书后附上俄语译本。

3. 发明、实用新型或者工业设计的专利申请书应当由申请人签名，如果申请书是由专利代理人或者其他代理人提交，应当由申请人或者提交申请的代理人签名。

4. 发明、实用新型或者工业设计专利申请的文件要求，由联邦知识财产事务行政管理机关依据本法典制定。

5. 发明、实用新型或者工业设计专利申请文件，应当附上能够证明已经依照规定缴清专利费的文件或证明存在免除支付专利费、减免专利费数额、可以延期支付等情况的文件。

第1375条　发明专利的申请

1. 发明专利的申请（发明申请）应当只涉及一个发明或者相互关

联的、构成一个统一发明构思的一组发明（发明统一性的要求）。

2. 发明申请应当包括：

1）请求书，应当指明发明的作者和以其名义申请专利的人，以及他们每个人的居住地或住所地；

2）说明书（对该发明的描述），应当充分、彻底的公开相关信息以便实现该发明；

3）权利要求书，体现发明的本质特征，且完全基于说明书作出；

4）为理解发明的实质所必需的图片和其他材料；

5）摘要。

3. 发明的申请日期自联邦知识财产事务管理机关收到请求书、说明书和与说明书有关的图片的日期算起，如果上述文件不是同时提交的，以最后提交文件的日期为准。

第1376条　实用新型专利的申请

1. 实用新型的专利申请（实用新型申请）应当只涉及一个实用新型或相互关联的、构成一个统一创造构想的一组实用新型（实用新型统一性要求）。

2. 实用新型申请应当包括：

1）请求书，指明实用新型的作者和以其名义申请专利的人，以及他们每个人的居住地或者住所地；

2）说明书，对实用新型的描述，充分、彻底地公开以便该实用新型的实现；

3）权利要求书，体现实用新型的本质特征，完全基于说明书作出；

4）为理解实用新型的实质性特征所必需的图片和其他材料，；

5）摘要。

3. 实用新型的专利申请日期自联邦知识财产事务管理机关收到请求书、说明书和与说明书相关的图片日期起算，如果上述文件不是同时提交的，以最后提交文件的日期为准。

第1377条 工业设计专利的申请

1. 工业设计的专利申请（工业设计申请）应当只涉及一个工业设计或者相互紧密关联的、构成一个统一工业设计构思的一组工业设计（工业设计统一性的要求）。

2. 工业设计申请应当包括：

1）请求书，指明工业设计的作者和以其名义申请专利的人，以及他们每个人的居住地或住所地；

2）对该工业制品的一组描述，包含工业制品的外部可视的所有特征；

3）图片，包含该工业制品的普通视图，工程视图，为了充分公开相关信息的必要话可包含流程图；

4）工业设计说明书；

5）工业设计本质特征列表。

3. 工业设计的申请日期自联邦知识财产事务管理机关收到请求书、说明书和与说明书相关的图片的日期起算，如果上述文件不是同时提交的，则以最后提交文件的日期为准。

第1378条 发明、实用新型或者工业设计申请文件的修正

1. 申请人有权在取得授予专利或者拒绝授予专利的决定之前，补正和说明发明、实用新型或者工业设计申请文件，前提是该补正和说明没有更改所申请的发明、实用新型或者工业设计的本质。

补充材料如果包含应当纳入到发明或者实用新型权利要求书中的内容或者包含应当纳入到确定优先权日的申请文件中的内容，但在发明、实用新型的权利要求书没有披露，或者在权利要求书中不存在而在发明、实用新型的申请书中存在的内容，属于变更所申请的发明或者实用新型本质的材料。

补充材料如果包含应当纳入工业设计本质特征而在申请日提交的

说明书中不存在的特征，即为变更了所申请的工业设计专利的本质。

2. 在发明、实用新型或者工业设计登记之前可以在申请文件中变更申请人的信息，包括专利取得权的转让、申请人姓名或名称变更的情形，以及对文件中明显的技术性错误的修正。

3. 对申请文件的修改，如果是在申请提交之日起两个月内提出的，不对此修改收取专利费用。

4. 如果对专利申请文件的修改，是在申请提交之日起12个月内提交给联邦知识财产事务管理机关的，则在公布申请信息时应当予以考虑。

第1379条　发明或者实用新型申请的变更

1. 在公布发明申请信息之前（第1385条第1款），但不得迟于决定授予发明专利之日，申请人有权向联邦知识财产事务管理机关递交相应的请求书，将发明申请变更为实用新型申请，但附有本法典第1366条第1款规定的签订专利转让合同的情形除外。

2. 在行政机关作出授予专利决定之前申请人可以将实用新型申请变更为发明申请；在行政机关作出拒绝颁发专利的决定的情况下，且本法典规定的对该决定的提出异议的情形仍存在时，允许将实用新型申请变更为发明申请。

3. 依照本条第1款和第2款规定，在变更发明申请或者实用新型申请的情况下，发明或者实用新型的优先权和申请日应当保留。

第1380条　发明、实用新型或者工业设计申请的撤回

申请人有权在发明、实用新型或者工业设计进行相应的登记之前，撤回其所提交的发明、实用新型或者工业设计申请。

第二小节　发明、实用新型和工业设计优先权

第1381条　发明、实用新型或者工业设计优先权的确定

1. 发明、实用新型或者工业设计的优先权，应当依据向联邦知识财产事务管理机关提交发明、实用新型或者工业设计的专利申请的日

期确定。

2. 若发明、实用新型或工业设计申请人的补充材料为独立制作，且在自申请人收到联邦行政机关知识财产负责机关的通知之后三个月内提交（该通知认定其已变更所申请方案的本质，从而不予关注），而且该申请未被撤回或视为撤回，则发明、实用新型或工业设计优先权可依照提交补充材料的日期确定。

3. 发明、实用新型或者工业设计专有权可以依照申请人向联邦知识财产事务管理机关公开该发明、实用新型或者工业设计的在先申请之日确定，条件是在提交优先权申请当日，在先申请未被撤回也未被认定为撤回，主张优先权的申请是在专利发明在先申请提交之日起十二个月内或者实用新型或工业设计在先申请提交之日起六个月内提交的。

当要求优先权的申请提交时，以前的申请视为被撤回。

优先权不得依照已经据以要求更早优先权的申请所提交的日期确定。

4. 发明、实用新型或者工业设计的优先权分别依照该申请人向联邦知识财产事务管理机关最早公布的该发明、实用新型或者工业设计的申请提交日确定。若存在依照最初的申请确定的较早优先权时，则依照该优先权的日期确定，其条件是在申请提交之日发明、实用新型或者工业设计的原申请没有被撤销也没有被视为撤销，并且依据本法典规定，申请应当在对原申请被拒绝授予专利提出异议的情形消灭之前提交；或者在对原申请作出了授予专利决定后但在发明、实用新型或者工业设计登记之前提交。

5. 发明、实用新型或者工业设计优先权，可以根据数个先前提交的申请或者其补充材料遵循本法典本条第2.3和4款以及第1382条规定的条件确定。

第1382条　发明、实用新型或者工业设计的公约优先权

1. 发明、实用新型或者工业设计优先权可以根据首次向《保护知识财产巴黎公约》成员国提交发明、实用新型或者工业设计申请书的日期确定（公约优先权），但应当自发明、实用新型专利申请书提交之日起12个月内、工业设计专利申请6个月内，向联邦知识财产事务管理机关提交。非因申请人的过错导致公约优先权的申请未能在上述期限内提交的，可由联邦知识财产事务管理机关予以延长，但延长期不得超过两个月。

2. 对实用新型或者工业设计主张公约优先权的申请人，应当在该申请提交之日起两个月届满前就此告知联邦知识财产事务管理机关，并在自向上述联邦机关提交公约优先权的申请之日起三个月内，提交经过认证的首次申请相关专利的副本。

对发明申请希望享有公约优先权的申请人，应当就此通知联邦知识财产事务管理机关，并且应当自申请之日起十六个月内向《保护知识财产巴黎公约》的成员国的专利局提交经过认证的首次申请相关专利的副本。

当在上述期限内未能提交经过认证的首次申请相关专利的副本时，也可依照曾在上述期限届满前向该联邦机关提交了申请书的申请人的请求，由联邦知识财产事务管理机关确认其优先权，其条件是申请人在首次申请提交之日起14个月内已经该专利局索取首次申请的副本而且在自申请人得到该副本之日起两个月内向联邦知识财产事务管理机关提交。

联邦知识财产事务管理机关应当在查明与发明申请的可专利性有关的优先权的真实性后，才有权要求申请人提交首次申请的俄文译本。

第1383条　发明、实用新型或者工业设计优先权日重合的后果

1. 若在鉴定过程中发现，不同申请人对相同的发明、实用新型或者工业设计的都提交了申请而且这些申请具有相同的优先权日，则发明、实用新型或者工业设计的专利只能授予依申请人协议确定的一方申请人。

在自收到联邦知识财产事务管理机关的相应通知之日起十二个月内诸申请人应当通知该联邦机关他们所达成的协议。

在专利依照其中的一份申请而颁发的情况下，所有在该份申请中被指明的作者都被视为相同发明、实用新型或者工业设计的共同作者。

在具有同一优先权日的相同发明、实用新型或者工业设计的多个申请由同一申请人提交的情况下，专利按照申请人所选择的方式颁发。申请人应当依照本条款第2节规定的期限和方式将自己的选择通知相关部门。

如果在规定的期限内联邦知识财产事务管理机关未收到来自诸申请人的上述通知或者依照本法典第1386条第5款规定的程序延长规定期限的请求，则视为申请人撤回申请。

2. 同一个申请人对多个发明、工业设计专利申请主张的优先权日重合时且其中一份申请已获得专利后，只有之前已经对相同的发明或者相同的实用新型获得专利的持有人向联邦知识财产事务管理机关提交终止该专利申请的条件下，其他申请才有可能获得专利。在此情况下，按照本法典第1394条，以前授予的专利效力自其他专利申请的信息公布之日起终止。授予发明或者实用新型专利的信息和终止以前授予专利效力的信息应同时公布。

第三小节　专利申请的审查；发明、实用新型或者工业设计的临时法律保护

第1384条　发明申请的形式审查

1. 联邦知识财产事务管理机关（审查机关）应当对提交的发明申请进行形式审查。即按照规定审查本法典第1375条第2款规定的文件是否齐备以及其是否符合现有规定的要求。

2. 申请人对发明申请提交补充材料时，审查机关应依照本法典第1378条第1款审查相关补充材料是否改变了所申请发明的实质。

若补充材料改变了所申请发明的实质部分，审查发明申请时应当对补充材料不予考虑，但可以作为申请人的独立申请。联邦知识财产事务管理机关应当就此通知申请人。

3. 申请已通过形式审查且发明申请提交的日期也已确定后，由联邦知识财产事务管理机关在形式审查实施后立即通知申请人。

4. 如果发明申请文件不符合要求，联邦知识财产事务管理机关应当向申请人发出询问并建议申请人在收到询问之日起两个月内提交修正后的或者应补交的文件。如果申请人没有在规定的期限内提交所要求的文件或者没有提出延期申请，则视为撤回申请。上述期限可由联邦知识财产事务行政管理机关予以延长，但不得超过十个月。

5. 如果提交的发明申请违反了发明的统一性要求（第1375条），则联邦知识财产事务管理机关，应当建议申请人在收到相应的通知之日起两个月内确定要求审查的发明申请，且在有必要的情况下对申请文件进行变更。在该申请中提出的其他发明可以另行办理申请。如果申请人未在规定期限内告知要求审查的发明申请，也没有提交相应的文件，在必要的情况下应当审查权利申请书中的第一个发明申请。

第1385条　发明申请的信息公开

1. 联邦知识财产事务行政管理机关，自提交符合形式审查要求的发明申请之日起十八个月内，应当在官方公报上公开发明申请的信息。所公布信息的要求，由负责知识财产规范性法律调整的联邦行政机关规定。

发明的作者有权拒绝在所公布的发明申请信息中透露自己的身份。

如果申请人在发明申请提交之日起十二个月内提出请求，联邦知识财产事务管理机关可以在发明申请提交之日起十八个月内公布申请信息。

如果发明申请已经撤回或者被认为撤回且已经登记，则在申请提交后的十二个月内不得公开申请信息。

2. 除非在申请资料公布当日申请被撤回或者被视为撤回，任何人在发明申请公布之后都有权了解申请文件,。了解申请文件的程序由负责知识财产规范性法律调整的联邦行政机关制定。

3. 在发明申请信息于公布当日申请被撤回或者被视为撤回的情况下，该信息对于该申请人在后来自发明申请信息公布之日起十二个月内提交的申请，不构成现有技术。

第1386条　发明申请的实质审查

1. 自该发明申请提出之日起三年内或者在提出发明申请时，依据发明专利申请人或者第三人在向联邦知识财产事务管理机关提出的请求，且在该申请已经全面通过形式审查后，应当对该申请进行实质审查。对于第三人提出的请求，由联邦知识财产事务管理机关通知发明专利申请人。

请求进行实质审查提出期限届满前，申请人可以向联邦知识财产事务行政管理机关提出延长该期限，依照申请人的请求，联邦知识财产事务管理机关可以予以延长，但是不得超过两个月且须与证明已经支付申请专利费用的文件同时提交。

对发明专利进行实质审查的请求，如果没有在规定期限内提出，则该发明申请应当被视为撤回。

2. 发明申请的实质审查内容应当包括：

对在先发明的信息进行检索，以核实发明的新颖性和创新性。

审查该发明申请是否符合本法典第1350条规定的专利取得要件；

对本法典第1349条第4款和第1350条第5款和6款规定的客体不进行信息检索，联邦知识财产事务管理机关应当自发明申请实质审查开始之日起六个月内通知申请人。

进行信息检索和提供信息检索报告的程序，应当由负责知识财产规范性法律调整的联邦行政机关规定。

3. 对发明申请的实质审查开始之日起六个月内，如果该申请并不要求比申请提交日更早的优先权日且对发明申请进行实质审查的请求已经在提交申请时提出，则联邦知识财产事务管理机关应当将信息检索报告发送给申请人。

如果出现向其他组织查询在上述联邦机构中不能查询到的信息时，或者所申请的发明具有的特征难以按照规定程序进行信息检索，向申请人发送信息检索报告的期限可以由联邦知识财产事务管理机关予以延长。上述联邦机关应当将信息检索报告发送期限延长的情况及其原因通知申请人。

4. 申请人和第三人有权请求依照已经通过形式审查的发明申请进行信息检索，确定对所申请的发明进行新颖性和创造性水平进行评价的在先技术。进行该信息检索和提交信息检索结果资料的程序和条件，由知识财产领域负责规范性法律调整的联邦行政机关规定。

5. 在对发明申请进行实质审查的过程中，联邦知识财产事务管理机关可以要求申请提交取审查所必要的补充材料（包括被修改的权利要求书）。

在上述情况下，不改变发明本质的补充材料应当在申请人自收到上述联邦机关的询问之日起或者收到质疑发明申请的资料副本之日起2个月内提交，索取上述副本时应当由申请人自上述机关要求之日起1个月内提交。如果申请人在规定期限内没有提交所索取的材料或者没有提出延长该期限的请求，则申请被视为撤回。申请人提交所索取的材料的期限可以由上述联邦机关延长，但不得超过十个月。

第1387条　授予发明专利或者驳回发明专利申请的决定

1. 如果在实质审查结果中发现，申请人所提交的发明申请符合本法典第1350条规定的专利取得要件，则联邦知识财产事务管理机关应当对此申请作出授予发明专利的决定。在决定中应当指出该发明的优先权日。

如果在发明申请的实质审查过程中发现申请人所提交的说明书中对发明的描述不符合本法典第1350条规定的可专利性要件，联邦知识财产事务管理机关应当作出拒绝授予专利的决定。

在作出授予专利或者拒绝授予专利的决定之前，联邦知识财产事务管理机关将对所申请发明的可专利性审查结果通知申请人，并建议其针对通知中所援引的理由提出自己的意见。如果申请人在收到通知之日起六个月内提交意见，则在作出是否授予专利的决定时应当对该意见予以考虑。

2. 依照本章的规定，发明申请的撤回应当经过联邦知识财产事务管理机关的决定，申请人主动撤回的情形除外。

3. 针对联邦知识财产事务管理机关拒绝授予发明专利的决定、授予发明专利的决定或者确认发明专利申请被撤回的决定，在申请人收到发明申请决定之日起两个月内向上述机关索要相关资料的前提下，申请人可以自收到决定之日起6个月内向专利争议办公室提交反对意见或者请求提供拒绝授予专利决定所依据的相关材料副本。

第1388条　申请人查阅专利材料的权利

申请人有权了解所有的与专利发明相关的询问、报告、决定、通知以及联邦知识财产事务管理机关据以作出决定所援引的其他已被授予发明专利的文件、材料。上述联邦机关中的专利文件的副本，在收到索取申请之日起一个月内，应当发给提出索取申请的申请者。

第1389条　与发明申请审查有关的期限经过后的顺延

1. 申请人未按照联邦知识财产事务管理机关所要求的主要期限或延长期限（第1384条第4款和第1386条第5款）提交文件和补充材料、提交对发明申请进行实质审查请求（第1386条第1款）以及向专利争议办公室提出异议（第1387条第3款）时，可以在申请人提出证据证明其有正当性的理由未遵守期限和支付专利费用的情况下，由上述联邦行政机关予以恢复。

2. 申请人可以在规定期限届满前12个月内提出恢复所延误期限的请求，在向联邦知识财产事务管理机关提交请求时同时提交：

为恢复期限所必须的文件或者补充材料，或者延长提交这些文件或者材料的期限的请求；

或者是对发明申请进性实质审查的请求；

或者是提交给专利争议办公室的异议。

第1390条　实用新型申请的审查

1. 联邦知识财产事务管理机关应当对提交的实用新型申请进行审查，依照本法典第1376条第2款规定，审查文件是否齐备、是否符合规定的要求和实用新型的统一性要求（第1376条第1款），并应当查明所申请的解决方案是否属于可以作为实用新型受到保护的技术解决方案。

在审查过程中，不对所申请的实用新型是否符合本法典第1351条第1款规定的可专利性要件进行审查。

对实用新型申请进行审查，相应地适用本法典第1384条第2、4和5款、第1387条第2、3款、以及第1388条和第1389条的规定。

2. 申请人和第三人有权请求对所申请的实用新型进行信息检索，以确定据以评价实用新型可专利性的现有技术水平。进行信息检索和提供检索结果资料的程序和条件由负责知识财产规范性法律调整的联邦行政机关规定。

3. 如果在申请人提交的实用新型审查申请中包含了在申请提交日说明书中没有的特征和（如果实用新型申请在提交当日包含了该陈述时）在实用新型权利要求书中没有的特征，则联邦知识财产事务管理机关应当向申请人发出询问并建议其从审查申请中删除上述特征。

4. 如果审查结果表明，该实用新型属于可以作为实用新型专利受到保护的技术解决方案，而且申请文件符合所规定的要求，则联邦知识财产事务管理机关应当作出授予专利的决定，并指出实用新型申请的提交日和所确定的优先权日。

如果审查结果表明，该实用新型不属于可以作为实用新型专利受到保护的技术解决方案，联邦知识财产事务管理机关应当作出拒绝授予实用新型专利的决定。

5. 在联邦知识财产事务管理机关审查实用新型申请时，当发现其中所包含的资料构成国家秘密时，申请文件应当作为秘密按照国家秘密法规定的程序进行处理。此时管理机关应通知申请人撤回实用新型申请或者将之变更为保密发明申请。在申请人变更相应申请之前或者在申请解密之前，审查活动暂时停止。

第1391条　工业设计申请的审查

1. 对已经向联邦知识财产事务管理机关提交的工业设计申请进行形式审查，应当依照本法典第1377条第2款规定，审查文件是否齐备以及是否符合规定的要求。

通过形式审查后，应当申请工对业设计进行实质审查。审查内容应当包括所申请的工业设计是否符合本法典第1352条规定的可专利性要件。

2. 工业设计的形式审查和实质审查，应当分别相应地适用本法典第1384条第2-5款、第1386条第5款、第1387条第3款、第1388条和1389条的规定。

第1392条　发明的临时法律保护

1. 对已经向联邦知识财产事务管理机关提交了申请的发明，自申请信息公布之日起（第1385条第1款）到授予专利的信息公布（第1394条）之前，在公布的发明所要求的范围内，，赋予其临时的法律保护，但不超过上述联邦行政机关授予发明专利决定中所确定的权利要求书范围。

2. 如果发明申请被撤回、被视为撤回或者对该发明申请拒绝授予专利的决定而且本法典规定的对该决定提出异议的情形也已消灭，则临时法律保护应当被视为没有发生。

3. 在本条第1款规定的期间内，在发明申请授予专利后，使用该发明的人应当向专利持有人支付补偿金。补偿数额由双方协议确定，若有争议由法院裁决。

第四小节　发明、实用新型、工业设计的登记与专利授予

第1393条　发明、实用新型、工业设计的国家登记程序与专利授予程序

1. 依据发明、实用新型或者工业设计专利授予决定，联邦知识财产事务管理机关应当将发明、实用新型或者工业设计载入相应的国家登记簿——俄罗斯联邦国家发明登记簿、俄罗斯联邦国家实用新型登记簿和俄罗斯联邦国家工业设计登记簿并颁发发明、实用新型或者工业设计专利。

如果专利是以多个人的名义申请的，应当颁发一个专利证书。

2. 缴纳了相应的专利费用后，联邦知识财产事务管理机关对发明、实用新型或者工业设计进行国家登记并颁发专利。按照规定的程序，如果申请人未提交能够证明专利费用已经缴纳的文件，则不得对其进行发明、实用新型或者工业设计国家登记和颁发专利，且相应的申请应当视为被撤回。

3. 发明、实用新型、工业设计专利证书的形式和专利证书中的内容由负责知识财产规范性法律调整的联邦行政机关规定。

4. 联邦知识财产事务管理机关可以对所颁发的发明、实用新型或者工业设计专利以及相应国家登记簿中明显的错误和技术性错误进行修正。

5. 联邦知识财产事务管理机关应当将对国家登记薄中的修改在官方公报中予以公布。

第1394条　授予发明、实用新型、工业设计专利的信息公开

1. 联邦知识财产事务管理机关应当在官方公报上公布授予发明、

实用新型或者工业设计专利的信息，包括作者的姓名（如果作者没有拒绝以作者的身份被公布）、专利持有人的姓名或者名称、发明或者实用新型的名称和说明或工业设计的实质性特征清单及其描述。

公布信息的形式、编排由负责知识财产规范性法律调整的联邦行政机确定。

2. 在依照本条公布了授予发明、实用新型或者工业设计专利的信息之后，任何人都有权了解该申请文件和信息检索报告。了解申请文件和信息检索报告的程序由负责知识财产规范性法律调整的联邦行政机关规定。

第1395条　向外国国家和国际组织申请发明或者实用新型专利

1. 在俄罗斯联邦境内创造的发明或者实用新型，自向联邦知识财产事务管理机关提出申请之日起六个月届满之日起，且在上述期限内申请人未被告知其申请中包含构成国家秘密的信息的情况下，可以向外国国家或者国际组织提出专利申请。发明或者实用新型申请可以早于上述六个月的期限提出，但应在对申请人的申请中是否存在构成国家秘密的信息进行审查之后。该审查程序由俄罗斯联邦政府规定。

2. 对于在俄罗斯境内创造的发明、实用新型的专利申请，如果申请人依据《专利合作条约》向作为接收机构的俄罗斯联邦知识财产机构提交且申请人指定俄罗斯联邦为授予专利的国家或者欧亚申请（国际申请）是通过俄罗斯联邦知识财产事务管理机关提交的，则可以依照《专利合作条约》或者《亚欧专利公约》申请（国际申请），不必事先向俄罗斯联邦知识财产事务行政管理机关提交申请。

第1396条　本法典规定的国际申请与欧亚申请的效力

1. 若发明或实用新型的国际申请拟将俄罗斯联邦作为取得专利的国家，则联邦知识财产事务管理机关在自国际申请提出优先权请求之日起三十一个月届满后，开始依照《专利合作公约》对发明或实用新型的国际申请进行审查。若该国际申请是以俄语提交的或者申请人在上述期限届满前向联邦知识财产事务管理机关提交了其他语种申请但包含俄语译本申请，则可根据申请人的请求，在上述三十一个月的期限届满前接受审查。

向联邦知识财产事务管理机关提交的发明或者实用新型专利的国际申请俄语译本，可以用本法典规定的专利申请替代。

如果申请人未在规定期限内提交上述文件，则依照《专利合作条约》，其向俄罗斯联邦提交的国际申请的效力终止。

本法典第1387条第3款规定的作为修改申请文件的期限，自联邦知识财产事务管理机关开始依照本法典审查国际申请之日起开始计算。

2. 依照《欧亚专利公约》所提起的国际申请，若具有本法典规定的发明申请的效力，则对其的审查自联邦知识财产事务管理机关收到由欧亚专利局发来的且经认证的欧亚申请的副本之日起开始进行。本法典第1378条第3款规定的对申请文件进行修改的期限也自该日起计算。

3. 世界知识财产组织国际局依照《专利合作条约》对以俄语作为申请语言的资料的公布或者欧亚专利局依照《欧亚专利公约》对欧亚专利申请的公布，可以替代本法典第1385条规定的申请资料公布。

第1397条　同一发明的欧亚专利和俄罗斯联邦专利

1. 若同一发明既获得欧洲专利又获得俄罗斯联邦专利或者具有相同优先权日的相同发明和实用新型分属不同的专利持有人，则对这些发明和实用新型的使用必须在尊重所有专利持有人的权利的前提下分别进行。

2. 如果同一发明或者具有相同优先权日的同一发明和实用新型上同时具有欧亚专利和俄罗斯联邦专利，且这两个专利属于同一人所有，则该人可以通过签订专利许可使用合同授予任何人相应发明的使用权或者发明和实用新型的使用权。

第六节 专利效力的终止与恢复

第1398条 确认发明、实用新型或者工业设计专利无效

1. 发明、实用新型或者工业设计专利在下列情况下应被全部或者部分确认为无效：

1）发明、实用新型或者工业设计不符合本法典规定的可专利性要件；

2）已被授予专利的发明或者实用新型的权利要求书中或者工业设计的实质性特征说明书中，存在于申请提交日所提交的权利要求书中或者在发明或者实用新型（如果发明或者实用新型申请在其提交日也包含了该陈述）说明书中以及在制品造型中不存在的特征；

3）具有相同优先权日的数个相同发明、实用新型或者工业设计授予专利时，违反了本法典第1383条规定的条件；

4）将专利授予依照本法典不能作为作者或者专利持有人的主体，或者未将专利授予依照本法典规定的作者或者专利持有人。

2. 对违反本条第1款中第1-3项规定而授予发明、实用新型或者工业设计专利的行为，任何人都可以向专利争议办公室提出异议。

对违反本条第1款第4项规定而授予发明、实用新型或者工业设计专利的行为，任何人都可以通过司法程序提出请求。

3. 联邦知识财产事务管理机关适用本法典第1248条第2款和第3款的规定，或者通过法院的生效判决，确认发明、实用新型或者工业设计专利全部或者部分无效。。

在发明、实用新型或者工业设计专利被确认部分无效的情况下，应当颁发新的专利证书。

4. 被确认为全部或者部分无效的发明、实用新型或者工业设计专利，废止日期从申请提交之日起算。

依据后来被确认无效的专利证书所签订的许可使用合同，在作出

无效判决之日前已经履行的范围有效。

5. 确认专利无效意味着撤销了联邦知识财产事务管理机关授予发明、实用新型或者工业设计的决定（第1387条）和对上述发明的登记行为，并且废除了国家登记簿中的相应登记条目（第1393条第1款）。

第1399条　发明、实用新型或者工业设计专利的中止

在下列情况下，发明、实用新型或者工业设计专利的效力应当中止：

依据专利持有人向联邦知识财产事务管理机关提交的申请，如果专利是颁发给一组发明、实用新型或者工业设计，而专利持有人提交的申请所针对的客体并不完全包含该组之中，则申请中指明的发明、实用新型或者工业设计的专利效力自申请提交之日起中止。

如果未按照规定期限支付发明、实用新型或者工业设计专利效力维持费用，则专利效力自规定的交纳专利效力维持费用期限届满之日起中止。

第1400条　发明、实用新型或者工业设计专利的恢复、后续使用权

1. 发明、实用新型或者工业设计专利的效力，因未如期交纳专利效力维持费而被终止的，可以根据终止前的权利持有人的请求，由联邦知识财产事务管理机关予以恢复。恢复专利效力的请求，可以在自专利费用交纳期限届满之日起三年内向上述联邦机关提出，而非在本法典规定的专利效力期限届满前提出。申请恢复专利效力时，应当附上能够证明已经按照规定的数额支付了专利费用的文件。

2. 联邦知识财产事务管理机关，应当在官方公报上公布恢复发明、实用新型或者工业设计专利效力的信息。

3. 在发明、实用新型或者工业设计专利效力终止日之前签订了对上述专利的许可使用合同以及任何人在专利效力中止到联邦知识财产事务管理机关在官方公报中公布的恢复效力期间使用发明、实用新型、工业设计或者为此做了必要准备的，保留其在不扩大该使用范围的情况下，继续无偿使用的权利（后续使用权）。

第七节 保密发明的法律保护和使用的细则

第1401条 保密发明专利申请的提交与审查

1. 保密发明专利申请（保密发明申请）的提交、对该申请的审查以及使用，应当依照关于国家秘密的法律规定进行。

2. 对已经被认定为“机密”或者“绝密”密级的保密发明、与武器装备或者军事技术以及属于信息、情报领域中的方法和手段有关的保密发明、被认定为“秘密”密级的方法和装备的保密发明的申请，分别根据其主题分类，向俄罗斯联邦政府授权的联邦行政机关（授权机关）提出。对其他的保密发明的申请向联邦知识财产事务管理机关提出。

3. 如果联邦知识财产事务管理机关在审查发明申请时发现，其中包含构成国家秘密的资料时，应当按照与国家秘密的相关法律规定的程序将其列为秘密，则该申请应当被视为保密发明的申请。

不得将外国公民或者外国法人提出的申请列为秘密。

4. 在审查保密发明申请时，应当相应地适用本法典第1384条、第1386-1389条的规定。在此情况下不得公布该申请的资料。

5. 在确定保密发明的创新性时，俄罗斯联邦政府的保密发明以及由苏联政府授予的保密发明专利，以及在存在先权利的条件下，密级小于正在审查其新颖性的发明，都属于现有技术的发明（第1350条第2款）。

6. 对于保密发明申请异议的处理，有权机关应当按照规定的程序予以审查。对该异议作出的决定可以向法庭起诉。

7. 本法典第1379条关于将发明申请改为实用新型申请的规定，不适用于保密发明的申请。

第1402条　保密发明的国家登记和专利授予及发明信息的传播

1. 保密发明在俄罗斯联邦进行的国家登记和专利的授予，由联邦知识财产事务行政管理机关负责实施，如果保密发明专利的授予决定是由其他有权机关作出的，则由该机关负责实施。由俄罗斯联邦的其他有权机构对保密发明进行登记和授予保密发明专利的，该有权机关应当就此通知联邦知识财产事务行政管理机关。

对保密发明进行登记并颁发专利证书的有权机关，对保密发明专利证书中和（或）俄罗斯联邦发明的国家登记中存在的明显错误和技术性错误应当进行修改。

2. 保密发明的申请信息和专利以及对保密发明在俄罗斯联邦发明国家登记中修改的资料均不予公布。对此类专利的资料应当按照国家秘密法进行保护。

第1403条　更改密级与保密发明的解密

1. 更改密级和解除密级，以及修改和废除申请文件和保密发明专利上的秘密标志，均应当按照国家秘密法规定的程序进行。

2. 在提高发明的密级时，联邦知识财产事务管理机关依据主题分类将保密发明的申请文件转交相应的有权机关。

在提高发明密级时，对上述联邦机关没有完成审查的申请的继续审查由有权机关负责。在降低发明密级时，对保密发明申请的继续审查仍由之前进行审查的有权机关进行。

3. 在对发明进行解密时，有权机关应当将其所保存的解密发明申请文件转交联邦知识财产事务管理机关。对解密前有权机关没有完成审查的申请的继续审查，由上述联邦机关进行。

第1404条　确认保密发明专利无效

根据本法典第1398条第1款第1-3项的规定，对有权机关作出的授予保密发明专利的决定提出异议，应向此有权机关提交并由其按照相关程序予以审查。有权机关对异议作出的决定应当由该机关的负责人批准，决定自批准之日起生效，对该决定不服可以向法院起诉。

第1405条 保密发明的专有权

1. 对保密发明专有权的使用和处分，应当依照国家秘密法进行。

2. 保密发明专利的转让合同以及许可使用合同，应当在授予保密发明的机关或者在其权力承继机关进行登记，若无承继机关时在联邦知识财产事务管理机关予以登记。

3. 本法典第1366条第1款和第1368条第1款规定的签订专利转让的公开要约和公开使用许可声明，不适用于保密发明。

4. 本法典第1362条规定的强制使用许可，不适用于保密发明。

5. 本法典第1359条规定的行为以及不知道也不可能依据合法理由知道特定发明的存在，对该保密发明的使用不是侵犯保密发明专利持有人专有权的行为。在发明解密后或者专利持有人通知该人存在该发明专利后，使用人应当终止对发明的使用并且与专利持有人签署许可使用合同，但存在在先使用权的情况除外。

6. 不得对保密发明专有权追索罚金。

第八节 发明人和专利持有人的权利保护

第1406条 与专利权保护有关的争议

1. 与专利权保护有关的争议由法院予以审理，争议类型包括：

1）对发明、实用新型、工业设计的作者权利的争议；

2）确定专利持有人的争议；

3）侵犯发明、实用新型或者工业设计专有权的争议；

4）签订、履行、变更和终止专有权的转让（专利转让）合同和发明、实用新型、工业设计使用许可合同争议；

5）在先使用权争议；

6）后续使用权争议；

7）依照本法，有关向发明、实用新型或者工业设计作者支付报酬的数额、期限和程序的争议；

8）对本法典规定的有关补偿费用的数额、支付期限和程序的争议。

2. 在本法典第1387、1390、1391、1398、1401、1404条规定的情形下，专利权的保护按照本法典第1248条第2款和第3款规定的行政程序进行。

第1407条　专利侵权的法院判决的公布

按照本法典第1252条第1款第5项的规定，专利持有人有权向联邦知识财产事务管理机关提出请求，请求其在官方公报上公布针对非法使用发明、实用新型、工业设计或者其他侵权行为的法院判决。

第七十三章　动植物新品种

第一节　一般规定

第1408条　动植物新品种权

1. 依照本法规定，对动植物新品种的育种者的以下知识权利进行保护：

1）专有权；

2）作者权。

2. 依照本法典规定之情况，动植物新品种的作者还拥有其他权利，包括取得专利权、动植物新品种的命名权、对使用动植物新品种的行为获得报酬的权利。

第1409条　动植物新品种专有权在俄罗斯联邦境内的效力

在俄罗斯联邦境内，联邦动植物新品种行政管理机关颁发的专利证书或者依照俄罗斯联邦参加的国际条约在俄罗斯联邦境内有效的专利证书证明的动植物新品种专有权，应予以承认。

第1410条　动植物新品种权的作者

育种者以其创造性劳动提取、创造或者发现动植物新品种的人，应被视为动植物新品种的作者。在动植物新品种专利授予申请书中被指明为作者的人，除有相反证据外，即被视为动植物新品种的作者。

第1411条　动植物新品种权的共同作者

1. 通过创造性劳动发明、发展或者发现了动植物品种的公民，被认为是共同作者。

2. 共同作者中每一个成员都有权依照自己的意愿使用动植物新品种，他们之间的协议有不同规定的除外。

3. 对与动植物新品种使用收入分配和与动植物新品种专有权处分有关的共同作者之间的关系，分别适用本法典第1229条第3款的规定。

动植物新品种专利取得权的处分权由共同作者共同行使。

4. 每个共同作者都有权独立采取措施保护自己的权利。

第1412条　动植物新品种权的客体

1. 如果该智力活动成果符合本法典对这些动植物新品种规定的要求，动植物新品种知识权利的客体是指登记于受保护的动植物新品种国家登记册中的植物品种和动物品种。

2. 植物新品种是指与已知的基因或者基因组具有区别性特征的一组植物，与生物学上分类的同一种属植物在特征上有一个或数个区别的植物，可对植物新品种进行保护。

新品种可以由一株或者多株植物、一株植物的一个或者数个部分所体现，但该部分或者这些部分必须可以繁殖出整株植物。

植物新品种受保护的范畴是无性繁殖、品系、第一代杂交种、种群。

3. 动物新品种是指拥有独立的生物学基因以及生物学的形态和特征的品种，其中一些特征是该种属所特有的与其他动物种属区别开来的形态和特征。新品种可以通过动物繁殖的手段（种用动物），其配子或者受精卵（胚胎）来体现。

动物新品种受保护的范畴是类型和品种杂交。

第1413条　动植物新品种受保护的条件

1. 专利应当授予符合受保护能力标准的动植物新品种，且这些动植物新品种应当属于联邦农业规范性调整行政机关所规定的清单中的生物学和动物学上的种属与类别。

2. 动植物新品种的受保护标准是新颖性（本条第3款）、特异性（本条第4款）、一致性（本条第5款）和稳定性（本条第6款）。

3. 在专利申请书提交之日，育种者、其权利承继人或者经其同意而使用动植物新品种的人，没有出售也没以其他方式转让动植物新品种的种子或者繁殖材料，则该植物品种和动物品种即具有新颖性：

1）俄罗斯联邦境内，自上述日期起一年内；

2）其他国家，自上述日期起四年内，如果涉及葡萄、观赏植物、果木和林木树种，自上述日期起六年内。

4. 动植物新品种应当与在专利申请书提交时，现存的通常所知的其他任何动植物新品种具有显著的差异。

通常所知的动植物新品种，是指在官方目录中或备考基金中或在某个出版物中有对其准确描述资料的动植物新品种。

在动植物新品种被授予专利时，提交专利申请书也可使动植物新品种自申请书提交之日起纳入通常所知的范畴。

5. 在考虑到个体差异的情况下，一般同种植物或同种动物，其特征应当是高度一致的，这些差异的发生与繁殖的特殊性有关。

6. 若动植物的新品种在重复繁殖后、在一个特定的繁殖周期内、在每个繁殖周期结束后他们的基本特征仍保持不变，则可认为该新种中具有稳定性。

第1414条　动植物新品种的国家登记

在联邦动植物新品种登记行政机关向申请人授予了动植物新品种专利的基础上，且进行国家登记的条件下，该动植物新品种专有权应予以承认和保护。

第1415条　动植物新品种专利

1. 动植物新品种专利证明动植物新品种的优先权、作者权利和动植物新品种专有权。

2. 动植物新品种专利权保护范围，应当由动植物新品种专利说明书中所有描述的本质性特征来确定。

第1416条　作者权利证明书

动植物新品种的所有作者，均有权获得联邦动植物新品种负责机关颁发的证书，证明其作者权利。

第1417条　国家对使用动植物新品种的激励

为鼓励创造和使用动植物新品种，国家应建立激励机制还应建立对动植物新品种专利权的作者、持有人、许可使用人进行奖励的机制。

第二节　动植物新品种的知识权利

第1418条　动植物新品种的作者权

作者权即被承认为动植物新品种的作者的权利，不可剥夺且不得转让，包括在向他人移转或者由他人承继动植物新品种专有权和向他人提供动植物新品种使用权的情形。放弃该权利的行为无效。

第1419条　对动植物新品种的命名权

1. 作者享有对动植物新品种进行命名的权利。

2. 动植物新品种的名称应当可以用来识别动植物新品种，应简短并区别于现存的相同或类似的生物学或者动物学上的种类。它不应仅由一组数字构成，不应引起他人对动植物新品种的特性、起源、意义、其作者身份的误解，不应违背人道和道德准则。（此段在英文中不存在）

3. 作者或经作者同意提交专利申请的其他人（申请人）所建议的动植物新品种的名称，应当由联邦动植物新品种负责机关核准。

若所建议的名称不符合本条第2款规定的要求，则申请人有义务按照上述联邦机关的要求在三十天内进行修改。

若在上述期限届满前申请人未提出其他的符合上述要求的名称，或者未依照司法程序对拒绝核准动植物新品种名称提起诉讼，则联邦动植物新品种负责机关有权拒绝对动植物新品种进行登记。

第1420条　动植物新品种专利权的取得

1. 动植物新品种专利取得权最初属于动植物新品种的作者。

2. 依照法律程序，动植物新品种的专利权可以向他人传递（继承）或者移转，包括普遍的法律继承方式或者依照合同（包括劳动合同）约定，向他人移转。

3. 转让动植物新品种专利取得权的合同应当以书面形式签订，否则合同无效。

4. 除非动植物新品种专利取得权转让合同的双方另有规定，则不可专利性的风险由权利取得者承担。

第1421条　动植物新品种专有权

1. 专利持有人有权依照本法典第1229条以及本条第3款中规定的方式使用动植物新品种的专有权。专利持有人可以处分动植物新品种专有权。

2. 动植物新品种专有权，也及于植物材料也就是被用于与繁殖目的不同的用途的一株或者部分植物，以及商品性动物即被用于与再生产目的不同的用途目的动物，它们是从相应的种子或者繁殖材料中获得，若这些种子或者繁殖材料未经专利持有人同意而进行民事流通。此时种子被理解为用于繁殖的一株植物或者植物的一部分。

3. 对动植物新品种的种子和繁殖材料实施以下行为视为使用动植物新品种：

1）生产和再生产；

2）为进行繁殖而使其处于活性状态；

3）承诺出售；

4）出售和其他交易方式；

5）从俄罗斯联邦境内出口；

6）向俄罗斯联邦境内进口；

7）因上述本款第1-6次款规定的目的而保管。

4. 动植物新品种专有权也及于种子、繁殖材料，它们：

若被保护的动植物品种本身并不是使用新型，而是实质性地继承了其他动植物新品种特征的动植物新品种，即实质性地继承了其他被保护的（原初的）植物品种或者动物品种，

未明显地与其他被保护的植物品种或者动物品种区别开来；

为进行种子生产，要求多次使用被保护的植物品种。

实质性地继承了其他（最初的）动植物品种特征的动植物新品种是指那种与原初的动植物新品种具有明显区别的动植物新品种：

继承了最初的动植物品种或者其本身就继承了最初的动植物品种的实质性特征的动植物新品种的实质性特征，此时保留体现了最初的动植物品种的基因型或者基因组的基本特征；

符合最初的基因型或者基因组，以及通过从最初的植物种类、动物品种中进行个体筛选、个体突变种筛选、回交、基因工程导致的偏差例外。

第1422条　不属于侵犯动植物新品种专有权的行为

下列行为不属于侵犯动植物新品种专有权的行为：

1）不以营利为目的，为满足个人的、家庭的、国家的或者其他与经营活动无关的需求而实施的行为；

2）为科学研究或者实验目的而实施的行为；

3）使用被保护的动植物新品种作为原初材料创造其他的植物品种或者动物品种，以及本法典第1421条第3款中对这些被创造的品种和品种的行为，本法典第1421条第4款规定的情形除外；

4）为在经营领域中培植俄罗斯联邦政府规定其品种和种类的清单中的植物品种，在两年期限内使用从经营中获得的植物材料作为种子；

5）在许可经营范围内，繁殖商品性动物的行为；

6）任何对由专利持有人或者经其同意的人的将动植物新品种引入到商业圈中的，对种子、植物材料、繁殖材料和商品性动物实施的行为，除了：

可连续繁殖的植物品种或者动物品种；

从俄罗斯联邦境内向不保护该品种或者种类的国家出口可以繁殖植物品种或者动物品种的植物材料或者商品性动物，但为了进一步改造的需要而出口的除外。

第1423条　动植物新品种的强制许可

1. 自动植物新品种专利颁发之日起三年后，任何愿意且准备好使用动植物新品种的人，按照符合所形成的惯例的条件，专利持有人拒绝签订生产或者实施种子、繁殖材料的许可使用合同时，在俄罗斯联邦境内，有权向法院起诉专利持有人提供动植物新品种的非独占性强制使用许可。在其诉讼请求中申请人应当表明使用许可的条件，包括动植物新品种使用的范围、报酬的数额、支付方式和期限。

若专利持有人无法证明，存在阻碍向申请人提供相应的动植物新品种使用权的合理性理由，法院将作出提供上述使用许可的判决。总额应当由法院判决确定向该使用许可支付的报酬，但不得低于类似情况下所确定的使用许可的价格。

2. 依据本条第1款规定的法院判决，联邦动植物新品种负责机关应当对非独占性强制使用许可进行国家登记。

3. 根据法院作出的提供非独占性强制使用许的可判决，在其可接受的条件下，为使用非独占性强制使用许可而向该使用许可持有人提供足够的种子或者相应的繁殖材料。专利持有方有义务支付报酬。

4. 非独占性强制使用许可的效力，可以根据专利持有人的起诉依照诉讼程序而终止，若该使用许可的持有人违反了提供该使用许可的条件，或者构成提供该使用许可的情形已经发生重大变更，在这些情形下一般不会提供该使用许可，除非在极为不同的条件下提供该使用许可。

第1424条　动植物新品种专有权的效力期限

1. 动植物新品种专有权和证明该权利的专利证书的效力期限，自动植物新品种在动植物新品种登记机关进行国家登记之日起算三十年。

2. 对葡萄、观赏植物、果木和林木树种包括它们的砧木的动植物新品种专有权和证明该权利的专利证书的效力期限为35年。

第1425条　动植物新品种进入公共领域

1. 动植物新品种专有权的效力期限届满即进入公共领域。

2. 任何人都可以自由、无偿的使用进入公共领域的动植物新品种，无需他人同意或批准。

第三节　动植物新品种专有权的处分

第1426条　动植物新品种专有权转让合同

依照动植物新品种专有权转让合同（专利转让合同），一方（专利持有人）移转或者有义务移转全部属于他的相应动植物新品种专有权给他方——专有权取得者（专利取得者）。

第1426条　签订动植物新品种专利转让合同的公开要约

1. 作为动植物新品种作者的申请人，在提交动植物新品种专利申请时，可以在申请文件中附上他有义务按照符合所形成的惯例的条件与宣布了自己的意愿并就此通知专利持有人和联邦动植物新品种负责机关的任何俄罗斯联邦公民或者俄罗斯法人签订专利转让合同的声明。该声明存在时，本法典对动植物新品种专利申请和对依照该申请而颁发专利的费用不向申请人收取。

联邦动植物新品种负责机关应当在官方公报上刊布上述信息。

2. 依据专利持有人在本条第1款中规定的声明，与该专利持有人签订专利转让合同的人，应当依照规定的方式，支付免除申请人（专利持有人）支付的全部专利费用。

对经过联邦动植物新品种负责机关登记的专利转让合同，应当在合同登记申请中附上能够证明申请人支付了所有的免除申请人（专利持有人）支付的专利费用文件。

3. 自本条第1款规定专利声明信息刊布之日起两年内，联邦动植物新品种负责机关没有收到有意向签订专利转让合同的书面告知，专利持有人可以向上述联邦机关提出请求，撤销自己声明。在此情况下，申请人应当支付本法典规定的曾经免除其（专利持有人）支付的专利费用。后续的专利费用按照规定方式支付。

联邦动植物新品种负责机关应当在官方公报上刊布撤销上述声明的信息［英文中缺少此段］。

第1428条　提供动植物新品种使用权的许可使用合同

按照许可使用合同和约定，一方——专利持有人（许可使用人）在合同规定范围内向另一方——使用人（被许可使用人）提供或者有义务提供对由专利证书证明的相应的动植物新品种的使用权。

第1429条　动植物新品种的公开使用许可

1. 专利持有人可以向联邦动植物新品种负责机关提出，声明可以向任何人提供动植物新品种使用权（公开许可使用）。

在此情况下，专利维持费的数额自联邦动植物新品种负责机关在官方公报上刊布公开使用许可信息之年的次年起降低50%。

授予任何人使用动植物新品种的情形，应通知联邦动植物新品种负责机关，并由专利持有人支付费用将公开许可使用的信息刊布在官方公报上。专利持有人有义务与表明使用上述动植物新品种之意向者签订非独占性使用许可合同。

2. 联邦动植物新品种负责机关在官方公报上刊布公开使用许可的

信息之日起满两年的，专利持有人有权向上述联邦机关提出撤销其公开许可使用声明的请求。

在公开使用许可撤销前，若没有人表示愿意使用动植物新品种，专利持有人有义务补交其在公开使用许可信息刊布之日起的期间内的专利维持费用，而且需全额支付后续的专利维持费用。

在公开使用许可撤销之前，若在公开使用许可的条件下已经签订了相应的许可使用合同，则被许可使用人在这些合同的整个有效期间仍保留自己的权利。在此情况下，专利持有人自公开使用许可撤销之日起，有义务全额支付专利维持费。

经特别授权的联邦动植物新品种负责机关应当在官方公报上刊布撤销公开使用许可信息的声明。

第四节 因完成职务任务或者完成合同约定工作的方式而创造、开发或者发现的动植物新品种

第1430条 职务动植物新品种权

1. 雇员在依照劳动合同履行自己的义务或者完成雇主的具体任务时创造、发展或者发现的动植物新品种，被认为是职务动植物新品种权。

2. 职务动植物新品种权的作者权利属于雇员（作者）。

3. 职务动植物新品种权的专有权和专利取得权属于雇主，雇员和雇主之间的劳动合同或者其他合同另有约定的除外。

4. 若在雇主和雇员之间的合同中无例外约定（本条第3款）时，雇员在履行工作义务或者雇主的具体任务时，应当以书面形式通知雇主其创造、发展或者发现的可能被作为动植物新品种权而赋予法的保护的成果。

若雇主在自接到雇员关于对其所创造、发展或者发现的可能被作为动植物新品种权，而赋予法律保护成果的通知之日起四个月内没有对该动植物新品种权向联邦动植物新品种负责机关提出专利申请，也

未将职务动植物新品种权专利取得权转让给他人或者未通知雇员将相应成果的信息予以保密，则该动植物新品种权的专利取得权属于雇员。在此情况下，雇主根据在非独占性许可使用条件，在专利有效期间内享有在自己的生产中使用职务动植物新品种权的权利，但应向专利持有人支付补偿费用，支付的数额、条件和方式由雇员和雇主之间的合同规定，产生争议时由法院裁决。

5. 依照协议约定的数额和条件，对使用创造、发展或者发现的职务动植物新品种权的行为，雇员享有从雇主处取得报酬的权利，该报酬不得少于包括提供使用许可的收入在内的动植物新品种权使用年收入数额的百分之二十。雇主对于职务动植物新品种权的使用，而应支付的补偿的数额、方式或者条件的争议由法院判决。

补偿应在使用动植物新品种权每年届满后六个月内支付给雇员。

6. 雇员使用了雇主的资金、技术或者其他物质手段但不是在履行其劳动义务或者完成雇主的具体任务时创造、发展或者发现的动植物新品种权不是职务动植物新品种权。此时，动植物新品种专利取得权和对该动植物新品种权的专有权属于雇员。在此情况下，在动植物新品种权专有权的整个效力范围内，雇主为满足自己的需要，有权要求雇员无偿向其提供对动植物新品种权的非独占性使用许可或者要求雇员赔偿因创造、发展或者发现该动植物新品种的行为给他造成的损失。

第1431条　依照合同而创造、开发或者发现的动植物新品种权

1. 若动植物新品种权是依照以创造、提取或者发现该动植物新品种权为标的的合同（依照定做）而创造、发展或者发现的，则动植物新品种权专利取得权和对该动植物新品种权的专有权属于定作人，承揽人（履行人）和定作人之间的合同有不同约定的除外。

2. 依照本条第1款规定，若动植物新品种的专利取得权和动植物新品种专有权属于定作人时，在专利有效的整个期间，承揽人（履行人）有权为自己的需要，根据非独占性使用许可的条件，要求无偿使用动植物新品种权。合同有不同约定的除外。在该履行工作合同的基础上，还可以约定其他种类的使用许可。

3. 依照承揽人（履行人）和定作人之间的合同，动植物新品种的专利取得权和动植物新品种的专有权属于承揽人（履行人），在整个专利有效期间内，定作人为自己的需要，有权按照非独占性使用许可条件无偿使用动植物新品种权。

4. 本条第1款规定的动植物新品种权的作者不是专利持有人时，应依照本法典第1430条第5款规定向其支付报酬。

第1432条　因履行国家或者城市合同约定而创造、开发或者发现的动植物新品种权

在履行国家或城市合同约定的工作中创造、发展或者发现的动植物新品种权，相应地适用本法典第1373条的规定。

第五节　动植物新品种的专利取得及专利效力的终止

第1433条　动植物新品种专利的申请

1. 动植物新品种的专利申请（专利颁发申请）由依照本法典具有专利取得权的人（申请人）向联邦动植物新品种负责机关提交。

2. 专利申请应当包括：

1）请求书，指明动植物新品种权的作者或者以其名义申请专利的人，及其各自的居住地和住所地；

2）动植物新品种权说明书；

3）能够证明其按照规定的数额已经支付或已经免除支付费用或降低费用数额或延期缴纳费用等理由的文件。

3. 对专利申请文件的要求，应当由联邦农业法律调整机关根据本法典规定。

4. 一个专利申请书应当只针对一个动植物新品种权。

5. 本条第2款中规定的文件可以用俄语或者其他语种表达。若文件是以其他语种表达的则应将专利申请书附上俄文译本。

第1434条　动植物新品种的优先权

1. 动植物新品种的优先权，根据向联邦动植物新品种负责机关提交专利申请的日期确定。

2. 联邦动植物新品种负责机关若在同一天收到两份或者多份对同一动植物新品种的专利申请，按照较早发出申请的日期确定优先权。若鉴定发现，这些申请得发出日期相同，则联邦动植物新品种负责机关可以按照其所掌握的较早登记的申请授予专利，申请人之间另有协议约定的除外。

3. 若在向联邦动植物新品种负责机关提交的专利申请之前，申请人还向与俄罗斯签订《动植物新品种权保护协议》的外国国家提交了申请，则申请人在其提交申请之日起12个月内享有第一份申请的优先权。

在提交给联邦动植物新品种负责机关的申请中，申请人应当指出第一次申请的优先权日。在向联邦动植物新品种负责机关提交申请之日起六个月内，申请人有义务提交由相应的国家机关证明的第一份申请的复制件及其俄文译本。在履行完上述条件要求之后，申请人有权自第一次提交申请之日起三年内不再提交补充文件和测试所需要的材料。

第1435条　专利申请的初步审查

1. 在专利申请的初步审查过程中应当审查优先权日，审查本法典第1433条第2款规定的文件是否齐备，以及是否符合规定的要求。专利申请的初步审查应当在一个月内进行。

2. 在进行初步审查期间，申请人有权按照自己的目的补充、明确或者修正申请材料。

联邦动植物新品种负责机关有权要求申请人提交缺少的或者补充更准确的文件，申请人有义务在该机关规定的期限内提交上述资料。

若在规定的时间内，没有提交必须的证明文件或者提交材料不充分且没有在规定的时间提交补充材料，则申请不得被审查，并就此通知申请人。

3. 联邦动植物新品种负责机关在初步审查实施后，对于初步审查的肯定结果和专利申请的提交日期，应当立即通知申请人。

接受的申请信息应当由上述联邦机关在官方公报上刊布。

4. 若申请人不同意联邦动植物新品种负责机关对专利申请的初步审查结果作出的决定，则申请人在收到该决定之日起三个月内，享有依照司法程序进行诉讼的权利。

第1436条　动植物新品种权的临时法律保护

1. 已经向负责育种成就的联邦行政机关提交了申请的，育种成就自申请提交之日起到申请人获得育种成就专利之日前，享有临时法律保护。

2. 在收到动植物新品种权专利之后，专利持有人有权要求在动植物新品种权临时法律保护期间未经申请人批准而实施本法典第1421条第3款规定的行为人进行金钱补偿。补偿的数额由双方协商确定，协商不成由法院裁定。

3. 在育种成就临时法律保护期间，仅批准申请人为科学目的而出售或转让种子、繁殖材料，或者这种出售或转让与育种成就专利取得权的处分有关，或者是为申请储备目的而生产种子、繁殖材料。

4. 若专利颁发申请没有被决定审查（第1435条）或若按照申请作出了拒绝颁发专利的决定且已经穷尽对该决定提出本法典规定的异议的可能性，以及若申请人违反本条第3款的要求，则动植物新品种权临时法律保护被视为未发生。

第1437条　动植物新品种权新颖性审查

1. 任何利害关系人在自专利颁发申请信息刊布之日起六个月内均有权向联邦动植物新品种负责机关提出对所申请的动植物新品种权的

新颖性进行审查的请求。

联邦动植物新品种负责机关将提交的该类请求通知申请人并陈述申请的实质。申请人有权在自收到通知之日起三个月内向联邦动植物新品种负责机关针对请求理由提出异议。

2. 联邦动植物新品种负责机关根据现有材料作出决定并通知利害关系人。若动植物新品种权不符合新颖性标准，就作出拒绝颁发动植物新品种权专利的决定。

第1438条　动植物新品种权差异性、同种性、稳定性测试

1. 动植物新品种权差异性、同种性、稳定性测试按照联邦农业法律调整机关规定的方法和期限进行。

申请人必须按照联邦动植物新品种负责机关规定的地点和期限内为测试提供必要数量的种子、繁殖材料。

2. 联邦动植物新品种负责机关为本条第1款规定的目的，有权使用与之签订了相应条约的其他国家的有权限机关已经进行的测试结果、其他的俄罗斯组织依照与上述联邦机关的合同已经进行的测试结果以及申请人提供的资料。

第1439条　动植物新品种权的国家登记和专利授予

1. 在动植物新品种权符合受保护能力的标准（第1413条第2款）时和在动植物新品种权的名称符合本法典第1419条的要求时，联邦动植物新品种负责机关作出颁发动植物新品种权专利的决定，汇编新品种描述并将动植物新品种权载入受保护的动植物新品种权国家登记簿。

2. 在受保护的动植物新品种权国家登记簿中应当载入如下信息：

1）植物、动物的种属、科目；

2）植物品种、动物品种的名称；

3）动植物新品种权的国家登记日期和登记编号；

4）专利持有人的名字或者名称及其住所地或所在地；

5）动植物新品种权作者的名字及其住所地；

6）动植物新品种权描述；

7）动植物新品种权专利转让给他人的事实并指明其名字或者名称、住所地或者所在地；

8）所签订的使用许可合同的信息；

9）动植物新品种权专利效力终止的日期并指明原因。

3. 动植物新品种权专利证书颁发给申请人。若在专利颁发申请中指出了好几个申请人，则专利证书颁发给申请中第一个指出的申请人，申请人可以按照他们之间的协议共同享有。

第1440条　动植物新品种的保存

1. 专利持有人必须在动植物新品种权专利有效期间内保存植物品种或者动物品种，使得载入新品种国家登记簿时所描述的特征在专利有效期间都被保留下来。

2. 专利持有人应按照负责育种成就的联邦行政机关的要求，自费寄送种子或者繁殖材料用以进行监督性测试并提供进行实地检查的机会。

第1441条　确认动植物新品种权专利无效

1. 动植物新品种权如有以下情形，育种成就专利在其有效期间可以被确认无效：

1）作为专利颁发的依据，申请人提交的育种成就同种性和稳定性资料是未经证实的；

2）在动植物新品种权专利颁发之日不符合新颖性或者差异性标准；

3）在专利中被作为专利持有人的人没有合法取得专利的依据。

2. 任何知悉违反本条第1款的行为的人都可以向联邦动植物新品种负责机关提交申请，对颁发动植物新品种权专利的行为提出异议。

联邦动植物新品种负责机关将上述申请的副本发送给专利持有人，专利持有人应在收到该副本之日起三个月内提交对该理由的答辩状。

若无需进行补充测试，联邦动植物新品种负责机关应于自上述申请提交之日起六个月内对上述申请作出决定。

3. 被确认为无效的动植物新品种权专利自专利颁发申请提交之日起废除。此时在专利无效决定作出之前已经签订的许可使用合同在该日之前已经履行的范围内保持自己的效力。

4. 动植物新品种权专利被确认为无效意味着撤销联邦动植物新品种负责机关的专利颁发决定（第1439条）并且废除在受保护的动植物新品种权国家登记簿中的相应记载。

第1442条　动植物新品种权专利效力的提前终止

动植物新品种权专利的效力在以下情况下提前终止：

1）动植物新品种权不再符合同种性和稳定性标准；

2）专利持有人未按照联邦动植物新品种负责机关的要求在12个月内提供种子、育种材料，未提交为进行动植物新品种权维持审查所必要的文件和信息，或者没有提供为此类目的对动植物新品种权进行实地检查的机会；

3）专利持有人向联邦动植物新品种负责机关提出提前终止专利效力的申请；

4）专利持有人未在规定的期间内缴纳专利维持费。

第1443条　动植物新品种权信息的公布

1. 联邦动植物新品种负责机关出版官方公报，其中刊布以下信息：

1）已经提交的专利颁发申请并指明动植物新品种权优先权日、申请人的姓名或者名称、动植物新品种权名称，以及动植物新品种权作者的名字，但拒绝提及身份的除外；

2）依照专利颁发申请作出的决定；

3）动植物新品种权名称变更；

4）确认动植物新品种权专利无效；

5）涉及动植物新品种权保护的其他信息。

2. 在已经提交的动植物新品种权专利颁发申请和就该申请作出决定的信息刊布后，任何人都有权了解该申请材料。

第1444条　动植物新品种权的使用

1. 在俄罗斯联邦出售的种子和纯种动物，应当提供证明其植物品种或动物品种和来源的文件。

2. 仅向纳入受保护的育种成就国家登记簿的育种成就专利持有人和被许可使用人颁发本条第1款规定的文件。

第1445条　向外国申请动植物新品种权专利

动植物新品种权专利申请可以向外国提出。申请人自己承担在俄罗斯境外要求保护育种成就的有关费用开支。

第六节　动植物新品种权作者及其他专利持有人的权利的保护

第1446条　侵犯动植物新品种权作者或者其他专利持有人的权利的行为

侵犯动植物新品种权作者和其他专利持有人的权利的行为，特别是：

1）违反本法典第1421条第3款的要求使用动植物新品种权的行为；

2）生产的和（或者）出售的种子、繁殖材料名称与已经登记的相应动植物新品种权的名称不同的；

3）将生产的和（或者）出售的不是该动植物新品种权的种子、繁殖材料命名为已经登记的相应动植物新品种权的名称；

4）将生产的和（或者）出售的种子、繁殖材料命名为与已经登记的动植物新品种权的名称相似的名称，达到混淆的程度。

第1477条　关于侵犯动植物新品种权专有权的司法裁决的公开

动植物新品种权的作者或者其他专利持有人有权要求在联邦动植物新品种负责机关的官方公报上依照本法典第1252条第1款公布

法院的关于非法使用动植物新品种权或者其他侵犯专利持有人的权利的判决。

第七十四章　集成电路布图设计权

第1448条　集成电路布图设计

1. 集成电路布图设计是指固定于物质载体的集成电路元素与其互联线路的空间-几何分布。此时集成电路是指最终或者中间形式的用于完成电子功能的微电子制品，其元素和互联线路不可分割地位于用于制造该制品的材料范围内和（或者）表面。

2. 本法典所提供的法律保护仅适用于由作者的创造性劳动完成的原始作品。在其创造之日前，作品不为作者和（或者）集成电路布图设计领域中的专家所知。如果没有相反证据，集成电路布图设计即为具有原创性的。

在其创造之日前，集成电路布图设计中的元素构成的虽为专家所公知，但如果这些元素的总和在整体上符合原创性要求，也享有法律保护。

3. 本法典赋予的法律保护不适用于电路布图设计中体现的思想、方法、体系、操作法或者可能嵌入集成电路的编码信息。

第1449条　集成电路布图设计权

1. 集成电路布图设计的作者享有本法典规定的以下知识财产：

1）专有权；

2）作者身份权。

2. 集成电路布图设计的作者还享有本法典规定的内部使用报酬权等其他权利。

第1450条　集成电路布图设计的作者

以其创造性劳动创造集成电路布图设计的公民被确认为集成

电路布图设计的作者。在集成电路布图设计国家登记证书颁发申请中被指明为作者的人，在没有相反证据时，即被视为该布图设计的作者。

第1451条 集成电路布图设计的共同作者

1. 以其共同创造性劳动创造了集成电路布图设计的公民们被认为是共同作者。

2. 每一个共同作者都有权按照自己的意愿使用布图设计，他们之间的协议有不同约定的除外。

3. 共同作者之间有关因使用或者处分集成电路布图专有权而取得的收入分配，适用本法典第1229条第3款的规定。

对集成电路布图设计国家登记证书取得权的处分由共同作者共同行使。

第1452条 集成电路布图设计国家登记

1. 权利持有人在集成电路布图设计专有权（第1457条）有效期间内可以按照自己的意愿将布图设计在联邦知识财产事务管理机关进行登记。

不得对包含构成国家秘密信息的布图设计进行国家登记。提出布图设计国家登记证书颁发申请的人（申请人）对泄露依照俄罗斯联邦立法构成国家秘密的布图设计信息承担责任。

2. 如果在布图设计国家登记证书颁发申请（登记申请）提交之前已经开始使用布图设计，则申请可以在自首次使用布图设计之日起两年内提交。

3. 登记申请应当针对一个布图设计且包括：

1）以其名义寻求国家登记的人，以及不拒绝被作为作者提及的作者、他们每个人的住所地或者所在地，如果已经开始使用，还有首次使用布图设计的日期；

2）为证明布图设计同一性而交存的材料，包括摘要；

3）证明已经缴纳规定数额的费用或者据以免除支付规费或者降低规费数额或者延期支付依据的文件。

4. 登记申请的格式规则由负责知识财产规范性法律调整的联邦行政机关规定。

5. 负责知识财产事务的联邦行政机关依据登记申请审查必要的文件是否齐备以及是否符合本条第3款的要求。

在审查取得肯定结果的情况下，上述联邦机关将布图设计载入集成电路布图设计统一登记簿，向申请人颁发集成电路布图设计国家登记证书并在官方公报上公布所登记的布图设计信息。

申请人有权按照联邦知识财产事务管理机关的要求或者自己主动于在官方公报上公布信息之前补充、明确和修正登记申请材料。

6. 布图设计国家登记程序、国家登记证书格式、证书应指明的信息和在官方公报上公布的信息由负责知识财产领域中规范性法律调整的联邦行政机关作出规定。

7. 转让和抵押已经登记的布图设计专有权的合同、提供已经登记的布图设计使用权的许可使用合同以及其他将该布图设计专有权向他人移转的行为应当在联邦知识财产事务管理机关进行国家登记。

更改权利持有人和布图设计专有权设定负担的信息依据已经登记的合同或者其他设权文件载入集成电路布图设计统一登记簿并在上述官方公报上公布。

8. 载入集成电路布图设计统一登记簿的信息，在没有相反证据时，被视为是真实可靠的。申请人对所提交的用于登记的信息的真实性承担责任。

第1453条　集成电路布图设计作者身份权

作者身份权，也就是被称为布图设计作者的权利，不可剥夺且不得转让，包括在向他人移转或者转让布图设计专有权的情形和在向他人提供布图设计使用权的情形。对该权利的放弃无效。

第1454条　布图设计专有权

1. 权利持有人有权依照本法典第1229条和本条第2款中指明的方式使用布图设计的专有权，权利持有人有权处分布图设计专有权。

2. 以营利为目的的行为，特别是以下行为被确认为布图设计的使用：

1）通过将之纳入集成电路或者其他方式整体或者部分复制布图设计，只复制不是原始布图设计的一部分的情形除外；

2）向俄罗斯联邦境内进口、出售或者其他的将布图设计或者包含该布图设计的集成电路或者包括该集成电路的制品投入民事流通的行为。

3. 独立地创作了一个布图设计的人，尽管该布图设计与其他布图设计相同，其仍享有独立的对该布图设计的专有权。

第1455条　集成电路布图设计保护标志

为了使公众周知自己的布图设计专有权，权利持有人有权使用放置在布图设计上以及在包含该布图设计的制品上的大写字母“T”（“T”，[T]，(T)，T* 或者 T）、布图设计专有权效力期限开始日期和可以确认权利持有人信息的保护标志。

第1456条　不属于侵犯布图设计专有权的行为

不作为侵犯布图设计专有权：

1）在实施此类行为的人不知道也不应当知道集成电路中包含了非法复制的布图设计的情况下，对其中包含非法复制的布图设计的集成电路，以及对任何包含该集成电路的制品实施本法典第1454条第2款规定的行为。在得到非法复制布图设计的通知后，该人可以使用现存的包含非法复制的布图设计的集成电路制品和在该日期之前已经订购的该类制品。在此情况下该人有义务为使用布图设计而向权利持有人支付相应的补偿，该补偿可参照在同等情况下为类似布图设计支付的报酬；

2）为了非营利性的个人目的，以及为评价、分析、研究或者学习目的而使用布图设计；

3）传播已经由专有权人或者其他获得权利持有人批准的人引入民事流通的集成电路布图设计。

第1457条　布图设计专有权的效力期限

1. 布图设计专有权在10年内有效。

2. 布图设计专有权的效力期限，以最早事件发生时开始起算，或从布图设计首次使用之日开始计算，该日期被视为最早的书面确定将该布图设计或者其中包含了该布图设计的集成电路或者包含了该集成电路的制品在俄罗斯联邦或者任何外国国家进行民事流通的日期，或从布图设计在联邦知识财产事务管理机关进行登记的日期开始起算。

3. 在出现其他作者独立创作的相同原创布图设计时，这两个布图设计的专有权在自第一个布图设计专有权产生之日起10年届满时均终止。

4. 专有权效力期限届满后布图设计社会财富，任何人都可以自由地无偿使用且无需经过他人的同意或者批准。

第1458条　布图设计专有权转让合同

按照布图设计专有权转让合同，一方（权利持有人）将属于他的拓布图设计专有权全部移转或者有义务全部移转给他方——布图设计专有权取得人。

第1459条　集成电路布图设计专有权的许可使用合同

按照许可使用合同，一方——布图设计专有权持有人（许可使用人）将该布图设计使用权在合同规定的范围内提供或者有义务提供给他方（被许可使用人）。

第1460条　布图设计专有权转让合同和许可使用合同的形式与国家登记

1. 布图设计专有权转让合同和许可使用合同应当以书面形式签订。

2. 若布图设计已经登记（第1452条），布图设计专有权转让合同和许可使用合同应当在联邦知识财产事务管理机关进行国家登记。

第1461条 职务布图设计

1. 雇员由于完成自己的劳动义务或者雇主的具体任务而创作的布图设计为职务布图设计。

2. 职务布图设计作者身份权属于雇员。

3. 职务布图设计专有权属于雇主，雇主和雇员之间的合同有不同约定的除外。

4. 如果布图设计专有权属于雇主或由其移转给了第三人，雇员有权从雇主处取得报酬。报酬的数额、支付条件和方式由雇员和雇主之间的合同约定，约定不成由法院裁定。

5. 雇员使用雇主的金钱、技术或者其他物质设备但并非因完成自己的劳动义务或者雇主的具体任务而创作的布图设计，不是职务布图设计。对该布图设计的专有权属于雇员。在此情况下雇主有权根据自己的选择要求为了自己的需要而在整个布图设计专有权效力期限内提供对所创作的布图设计的无偿简单（非排他）使用许可或者要求赔偿由于创作该布图设计而给其造成的花费。

第1462条 因履行合同约定的工作而创作的布图设计

1. 在履行没有直接规定创作布图设计专有权的承揽合同或者完成科学研究、试验设计或者技术工作合同时创作布图设计的情况下，该布图设计专有权属于承揽人（履行人），他与定作人之间的合同有不同约定的除外。

在此情况下，若合同无不同约定，则定做人有权在整个专有权效力期限内且在简单（非排他）使用许可条件下为达到所签订的相应合同的目的而使用所创作的布图设计，并无需为该使用额外支付报酬。在承揽人（履行人）将布图设计专有权转让给他人时，定做人保留在上述条件下对布图设计的使用权。

2. 在当依照承揽人（履行人）与定做人之间的合同布图设计专有

权移转给定做人或者其指定的第三人时，承揽人（履行人）有权在整个布图设计专有权效力期限内在无偿简单（非排他）使用许可条件下为了自己的需要而使用所创作的布图设计，合同有不同约定的除外。

3. 对本条第1款规定的布图设计不享有专有权的作者享有依照本法典第1461条第4款的报酬权。

第1463条　依照定制合同而创作的布图设计

1. 在依照以创作布图设计为合同标的的合同（依定做）创作布图设计的情况下，对该布图设计的专有权属于定做人，承揽人（履行人）和定做人之间的合同有不同约定的除外。

2. 在布图设计专有权依照本条第1款属于定做人或者其所指定的第三人时，若合同无不同规定，则承揽人（履行人）有权在整个专有权效力期限内在无偿简单（非排他）使用许可条件下为自己的需要使用该布图设计。

3. 依照承揽人（履行人）与定做人之间的合同，布图设计专有权属于承揽人（履行人）时，定做人有权在整个专有权效力期限内且在无偿简单（非排他）许可使用的条件下为了自己的需要使用布图设计。

4. 依照本法典第1461条第4款向非权利持有人的依照定做创作布图设计的作者支付报酬。

第1464条　因履行国家或者城市合同约定的工作而创作的布图设计

对在履行国家或者城市契约工作时创作的布图设计相应地适用本法典第1289条的规定。

第七十五章　技术秘密权

第1465条　技术秘密

技术秘密被认为是任何性质的包括在科学技术领域中的（生产的、

技术的、经济的、组织的和其他的）知识活动成果信息，以及关于从事职业活动的信息，它们由于不为第三人所知而具有现实的或者潜在的商业价值的信息，而且第三人没有合法的自由接近的依据，这些信息的拥有者对该信息采取了商业秘密制度。

第1466条　技术秘密专有权

1. 依照本法典第1229条，以任何不违背法律的方式，包括在制造产品或者实施经济和技术解决方案时，使用技术秘密的专有权（技术秘密专有权）属于技术秘密的持有人。技术秘密的持有人可以处分上述专有权。

2. 善意地且独立于技术秘密的其他持有人而成为构成受保护的技术秘密内容信息的持有人的人取得独立的对该技术秘密的专有权。

第1467条　技术秘密专有权的效力期限

技术秘密专有权在构成其内容的信息的秘密性保持之前都有效。自相应的信息的秘密性丧失之日起，所有的权利人的技术秘密专有权均终止。

第1468条　技术秘密专有权转让合同

1. 按照技术秘密专有权转让合同，一方（权利人）全部移转或者有义务全部移转属于其的技术秘密专有权给他方——该技术秘密专有权取得人。

2. 在技术秘密专有权转让的情况下，处分自己权利的人有义务在技术秘密专有权效力终止之前保持技术秘密的秘密性。

第1469条　提供技术秘密使用权的许可使用合同

1. 按照许可使用合同，一方——技术秘密权利人（许可使用人）在合同规定范围内向他方提供或者有义务提供相应的技术秘密使用权。

2. 许可使用合同既可以指明其效力期限，也可以不指明其效力期限。在没有在该合同中指明许可使用合同的效力期限时，任何一方都有权在任何时候以不迟于六个月以前就此通知他方为条件放弃该合同，合同规定了更长的其他期限的除外。

3. 在提供技术秘密使用权的情况下，处分自己权利的人有义务在整个许可使用合同有效期内保守技术秘密的秘密性。

依据许可使用合同取得相应权利的人有义务在技术秘密专有权效力终止前保守技术秘密的秘密性。

第1470条　职务技术秘密

1. 雇员在履行自己的劳动义务或者雇主的具体任务时产生的技术秘密（职务技术秘密）的专有权属于雇主。

2. 由于履行自己的劳动义务或者雇主的具体任务而知悉技术秘密的公民有义务在技术秘密专有权效力终止之前保守所取得的信息的秘密性。

第1471条　因履行合同约定的工作而取得的技术秘密

在履行承揽合同、完成科学研究、试验 - 设计或者技术工作的合同以及按照为国家需要或者城市需要的国家或者城市契约时而取得技术秘密的情况下，对该技术秘密的专有权属于承揽人（履行人），相应的合同（国家或者城市契约）有不同规定的除外。

在完成预算资金的主要支配人或者支配人与联邦国家机构所签订的合同的工作时取得了技术秘密的情况下，该技术秘密的专有权属于承揽人（履行人），合同规定该权利属于俄罗斯联邦的除外。

第1472条　侵犯技术秘密专有权的法律责任

1. 侵害技术秘密专有权的人，包括非法取得构成技术秘密的信息并泄露或者使用该信息的人，以及根据本法典第1468条第2款、第1469条第3款、第1470条第2款有保守技术秘密的秘密性义务的人，如果法律或者与该人的合同没有规定其他责任的话，有义务赔偿由于侵害技术秘密专有权而造成的损失。

2. 使用技术秘密且不知道也不应当知道其使用为非法，包括由于偶然地或者错误地取得技术秘密的人，不依照本条第1款承担责任。

第七十六章　法人、商品、工作、服务和企业个性化标识权

第一节　字号权

第1473条　字号

1. 营利性组织的法人，应当以其设立文件和《法人登记簿》上所记载的字号从事经营活动。

2. 字号应当包括法人组织形式和法人真实名称，但不得仅为行业名称。

3. 法人应当拥有俄文商业名称的全称和简称。法人也可以使用俄罗斯联邦方言和（或）外文的商业名称全称和简称。

俄文商号和俄罗斯联邦民族语言的商号，可以使用外文，但该外文不包括表示法人组织形式的术语及其简称。

4. 字号不得使用下列文字：

1）同俄罗斯联邦、外国国家的国家名称全称或简称相同或者近似的；

2）俄罗斯联邦行政机构、中央政府和地方政府机构的全称或简称；

3）国际组织或政府间组织的全称或简称；

4）社会团体的全称或简称；

5）有害于社会利益、人道或道德风尚的。

国有企业的字号可以表明其属于俄罗斯联邦或者归属于俄罗斯联邦的下属机构。

股份公司75%的股份属于俄罗斯联邦或者俄罗斯联邦下属机构的，经俄罗斯联邦政府或俄罗斯联邦下属机构主管部门批准的，可以在股份公司的字号上使用与俄罗斯联邦国家名称相同或相近的文字。

上述批准并不意味着批准的有效时间没有限定或者不可撤销，具体的批准和撤销程序由法律另行规定。

在撤销前款批准时，股份公司应在三个月内更名并对公司章程作出相应的修改。

5. 字号不符合本条第3款或者第4款的，法人登记机构有权对相应的法人提起请求强制变更字号的诉讼。

第1474条　字号专有权

1. 法人有权以任何不违反法律的方式使用字号，包括用于署名、信头、票据和其他文件、告示和广告、商品及其包装。

2. 记载在《法人登记簿》的字号简称、俄罗斯联邦方言和外文字号，享有专有权。

3. 不得处分字号专有权，包括不得移转或者授权他人使用字号。

4. 在同一行业，如果一个法人的字号早于其他法人记载在《法人注册簿》的，在后的法人不得使用与该法人字号相同或者类似的字号。

对于任何违反前款规定的使用相似或相同字号并从事与字号所有人相似或相同经营活动的法人，字号专有权人有权要求其停止使用并赔偿损失。

第1475条　字号专有权在俄罗斯联邦的效力

1. 在《法人登记簿》登记的字号，其专有权在俄罗斯联邦范围内有效。

2. 字号专有权于其登记于《法人登记簿》时开始有效，于法人注销或者变更名称时失效。

第1476条　字号权与商号权、商标权及服务商标权的关系

1. 字号的全部或一部分可由其专有权人用于其商号。

字号作为商号一部分的，应将其独立于该商号进行保护。

2. 字号的全部或一部分可由其专有权人用于其商标和服务商标。

字号作为商标或服务商标一部分的，应将其独立于该商标或服务商标进行保护。

第二节 商标权与服务商标权

第一小节 一般规定

第1477条 商标和服务商标

1. 商标所代表的专有权应附属于商标，它是依照本法典第1481条注册的、表征特定法人或个体户商品的标识。

2. 服务商标，即表征特定法人或个体户的劳务或服务的标识。本法有关商标的规定，适用于服务商标。

第1478条 商标专有权人

商标专有权人可以是法人或者个体户。

第1479条 商标专有权在俄罗斯联邦的效力

经联邦知识财产行政管理部门注册的商标以及符合俄罗斯联邦签订的国际条约规定的商标，其专有权在俄罗斯联邦范围内有效。

第1480条 商标的注册

联邦知识财产行政管理部门与服务商标局（简称商标局）依照本法典第1503条和第1505条的规定主管商标的注册。

第1481条 商标注册证

1. 经核准注册的商标，商标局发给商标注册证。

2. 商标注册证应注明核准商标在相应核准商品上的优先权和专有权。

第1482条 商标的种类

1. 口头、图形、立体、其他标识或者其组合，可以申请注册为商标。

2. 颜色或其组合，可以申请注册为商标。

第1483条 不予核准注册为商标的情形

1. 不具有显著性特征或者由下列文字或图形组成的标识，不得注册为商标：

1）不具有可识别性的或仅表明商品成分的；

2）公认的标志和术语的；

3）仅仅直接表示商品的种类、质量、数量、属性、用途、价值或商品生产或者销售的日期、地点或方式的；

4）仅仅或主要表明由商品的属性或用途所决定的商品形式的。

本款规定的上述文字或图形如果不占据商标的主要位置，可以作为不受保护的内容在商标中使用。

本款规定的上述文字或图形因使用而获得显著性的，不在此限。

2. 依照俄罗斯联邦签订的国际条约，仅包括下列文字或图形的标识不得注册为商标：

1）国徽、国旗、其他国家象征和标志；

2）政府间国际组织的全称或简称、徽记、旗帜、其他象征和标志；

3）官方检验印记、保证、印章、图章、奖章、其他质量标记；

4）与本款第1项至第3项所列元素相类似且达到混淆的。

上述文字或图形注册为商标经过相关主管机构同意的，不在此限。

3. 含有下列文字或图形的标识不得注册为商标：

虚假的、容易引起消费者对商品或其生产者产生混淆的；

有害于社会利益、人道或道德风尚的；

4. 对于同俄罗斯联邦各民族文化遗产、世界文化或自然遗产的名称和图像以及珍藏的文化珍品图片相同或类似的标识，如果申请人不是该标识的全体所有权人，也未经全体所有权人同意或许可的，不得注册为商标。

5. 依照俄罗斯联邦签订的国际条约，如果所申请注册的葡萄酒或酒精饮料标识与其他缔约国保护的、用于标识其国内的（或者产自该国领土范围内）具有特殊质量、声誉或者其他源自原产地特征的葡萄酒或酒精饮料的标识相同或近似的，不得注册为商标。

6. 同下列商标相同或类似的标识不得注册为商标：

1）他人已就本商品提出注册申请并因该申请尚未撤销或正考虑撤销而仍然具有优先权的；

2）根据俄罗斯联邦法律（包括依照俄罗斯联邦签订的国际条约），他人就本商品拥有更早优先权日的；

3）依照本法典规定的程序被认定为俄罗斯国内驰名商标的。

任何人就本商品提出、同本款规定的商标类似的商标注册申请，只有得到商标权人同意后才可以注册为商标。

7. 与本法典所保护的商品原产地名称相同或类似的标识不得注册为商标，但该标识包括了本商品的原产地名称中不受保护的文字或图形且申请者对该已注册的原产地名称已经具有专有使用权的除外。

8. 同字号、商号（或字号、商号的单一元素）相同或类似的标识，或者同受保护的植物多样性或动物品种名称相同、且申请日期晚于该植物多样性或动物品种在俄罗斯的受保护日期的标识，不得注册为商标。

9. 同下列名称相同的标识不得注册为商标：

1）截止至商标注册申请日（第1492条），已在俄罗斯联邦广为人知的科学、文学或艺术作品或者该作品的人物或摘录、艺术作品或与其片段相同的名称，且有关作品的版权早于商标优先权日但又未取得相关权利人同意的；

2）截止至商标注册申请日，俄罗斯联邦著名人士的名称（第19条）、笔名（第1265条第1款）或其派生标识、肖像，且未取得该著名人士或其继承人同意的；

3）截止至商标注册申请日，外观设计、合格标志或者域名相同的，且相关的权利早于商标优先权日的。

10. 符合俄罗斯联邦签订的国际条约规定但不符合本条规定的商标，不予以保护。

第二小节　商标的使用与商标专有权的处分

第1484条　商标专有权

1. 商标专有权人可以本法典第1229条规定的但不违反法律的任何方式，包括本条第2款规定的方式，使用商标。商标专有权人可以处置商标权。

2. 商标专有权人可以将注册商标可以用于商品、劳务或服务，特别是将该商标用于：

1）商品的生产、预售、销售、展览和展卖，或者其他在俄罗斯联邦境内流转、储存或者运输，或者进口到俄罗斯联邦境内的商品的标签和包装；

2）履行劳务或提供服务；

3）商品引入民商事领域的文件；

4）销售商品、履行劳务和提供服务的要约、告示、签名和广告；

5）互联网，包括域名和选址。

3. 未经注册商标专有权人的许可，任何人不得在同一商品上使用与其注册商标类似的标识。

第1485条 注册商标的标识

商标专有权人为了表征自己的商标专有权，有权使用保护性的标识，即在商标旁使用拉丁字母R或者R外加○，或使用“商标”或“注册商标”标识，并标明所使用的标识是俄罗斯联邦注册商标。

第1486条　商标不使用的后果

1. 连续三年停止使用注册商标的，则该商标用于标识商品全部或一部分的权利可能被终止。任何人可以在注册商标停止使用达到前述三年期限时，向专利争议庭提出撤销该注册商标的申请，条件是在提出上述申请时该注册商标仍未被使用。

2. 本条的“使用商标”，是指商标专有权人或者经商标专有权人依照本法典第1489条的规定授权使用的其他人使用商标，或者他人在商标专有权人的监督下按照本法典第1484条第2款规定的方式使用其商标，但与商品销售不直接相关的使用，或者以改变商标的个别元素的方式使用商标并不影响其可识别性的或者限制其保护范围的，不在此限。

3. 使用商标的证明，应当由商标专有权人负责举证。

在判断商标停止使用致使商标提前终止保护问题时，可以考虑商标专有权人提出的停止使用商标的正当理由。

4. 商标保护的终止，即该注册商标专有权的终止。

第1487条　商标专有权的用尽

由商标专有权人直接或者授权他人将其注册商标投入俄罗斯联邦境内流转的，不认定为对商标专有权的侵犯。

第1488条　商标专有权转让合同

1. 依照商标专有权转让合同，合同一方——商标专有权人——移转或者承诺移转其商标专有权的全部或一部分给合同另一方——商标专有权受让人。

2. 商标专有权的转让会导致消费者对商品或其生产商产生混淆的，不得转让。

3. 商标专有权的转让涉及商品原产地名称的，受让人得符合本法典第1483条第7款的规定。

第1489条　商标使用权的许可使用合同

1. 依照商标使用许可合同，合同一方——商标专有权人（即许可人）——许可或者承诺许可另一方（即被许可人）按照合同注明或者不注明限定范围的规定进行使用。

2. 被许可人必须保证标有许可商标的、由其生产或销售的商品的质量与许可人的商品质量一样。许可人有权监督被许可人是否符合上述条件。

被许可人使用许可人商标的商品质量不如许可人商品的质量的，

被许可人和许可人对消费者的损失承担连带责任。

3. 商标使用许可涉及商品原产地名称的，被许可人得符合本法典第1483条第7款的规定。

第1490条　商标专有权处分合同的形式和登记

1. 商标专有权转让合同、商标使用许可合同以及对商标专有权处分的其他合同应当以书面形式订立，并应在联邦知识财产行政管理部门登记备案。

2. 前款规定的合同登记程序，由联邦知识财产行政管理部门条法司另行规定。

第1491条　注册商标的效力期限

1. 注册商标的有效期为十年，自申请注册之日起计算。

2. 注册商标的有效期可以续展十年。注册商标需要继续使用的，应当在期满前最后一年内申请续展注册。

注册商标有效期可无数次续展。

注册商标有效期届满前最后一年未申请续展注册的，在缴纳相关费用的情况下，可以给予六个月的宽展期。

3. 注册商标的续展应由联邦知识财产行政管理部门在《商标注册簿》和商标注册证上注明。

第三小节　商标的注册

第1492条　商标注册的申请

1. 法人或者个体户（申请人）应向联邦知识财产行政管理部门申请商标注册。

2. 商标注册的一次申请仅能申请一个商标。

3.《商标注册申请书》必须包括：

1）申请人姓名、住所地或居住地；

2）申请注册的标识；

3）一份根据《商标注册用商品和服务国际分类》制作的商品分

类表；

4）一份申请注册的商标的说明。

4.《商标注册申请书》应署明申请人。由专利代理人或其他代理人代为申请的，应署明申请人和代理人。

5.《商标注册申请书》必须附有：

1）一份申请费缴纳证明；

2）一份集体商标章程（如申请注册集体商标）。

6.《商标注册申请书》应以俄文提交。

《商标注册申请书》的附件应以俄文或者外文提交。附件为外文的，应提交俄文译文副本。联邦知识财产行政管理部门通知申请人提交俄文译文的，申请人应当自收到通知之日起两个月内提交俄文译文副本。

7.《商标注册申请书》中的文件和附件的要求，由联邦知识财产行政管理部门条法司另行规定。

8. 商标注册申请日，为联邦知识财产行政管理部门收到符合本条第3款的第1段和第3段的文件之日。前述文件未一并提交的，以最后一份文件的接收日为准。

第1493条 对商标注册申请文件的知情权

1. 在商标注册申请文件提交给联邦知识财产行政管理部门后，任何人对其申请日之前的申请文件享有知情权。

2. 了解商标注册申请文件的程序，由联邦知识财产行政管理部门条法司另行规定。

第1494条 商标优先权

1. 商标优先权，应以向联邦知识财产行政管理部门提交商标注册申请之日为准确立。

2. 依照本法典第1502条第2款规定，就与第一次申请相同的商标要求商标优先权的（后续申请），以申请人第一次向联邦知识财产行政管理部门提交商标注册申请（首次申请）之日为准确立。存在比首次申请更早优先权的（即截至后续申请之日，首次申请尚未被撤销也未认定为撤销、且该后续申请先于原始申请决定的），以该优先权日为准确立。

第1495条　商标的公约优先权与展览优先权

1. 商标注册申请人在联邦知识财产行政管理部门提出商标注册申请后六个月内，到《保护工业产权巴黎公约》其他成员国申请注册同一商标要求优先权的，可以获得商标优先权（公约优先权）。

2. 对于在俄罗斯联邦政府主办或者由《保护工业产权巴黎公约》缔约国主办的国际展览会展出的商品上首次使用的标识，商标注册申请人自该商品展出之日起六个月内向联邦知识财产行政管理部门就该标识提出商标注册申请的，可以获得商标优先权（展览优先权）。

3. 申请人要求商标的公约优先权或展览优先权的，应当在向联邦知识财产行政管理部门提出商标注册申请时或者在该申请之日起两个月内提出，一并或者在该申请之日起三个月内提交必要的书面证明。

4. 依照俄罗斯联邦承认的国际公约，商标的优先权以国际商标注册的申请日为准确立。

第1496条　商标优先权日重合的后果

1. 不同申请人就完全或者部分重叠的商品目录对同一商标提出注册申请，而且各申请人对该商标享有同样优先权的，由各申请人就同一商标协议确定其中重叠的各类商品的唯一申请人进行注册。

2. 同一申请人就完全或者部分重叠的商品目录对同一商标提出注册申请并享有相同的优先权日的，由申请人就重叠的各类商品选择确定唯一的商品申请进行注册。

3. 不同申请人依照本条第1款就同一商标提出申请的，他们必须自接到联邦知识财产行政管理部门的通知之日起六个月内提交达成唯一申请人的协议。在此期间，其中一个申请人依照本条第2款就同一商标提出申请的，应当向该部门作出说明。

在前款确立的期间，前述通知或者延长前款确立期间的申请未到达联邦知识财产行政管理部门的，该商标注册申请视为已撤销。

第1497条　商标注册申请的审查与商标注册簿的变更

1. 联邦知识财产行政管理部门负责商标注册申请的审查。

商标注册申请的审查包括书面审查和对作为商标进行申请的标识（申请标识）的审查。

2. 在商标注册申请的审查至裁定期间，申请人有权补充、说明或者修正申请，如提交补充材料。

当申请人提交的补充材料含有商标注册申请中未提及的一系列商品或者对所申请的标识进行重大改动的，不予考虑，但可由申请人修正后作为独立的商标注册申请另行提交。

3. 在商标核准注册（第1503条）前，商标注册申请人可以对商标注册申请信息进行变更，包括转让或移转商标注册申请权、变更申请标识、申请人姓名、修正申请文件中明显的技术性错误。

4. 在商标注册申请审查期间，联邦知识财产行政管理部门有权要求申请人提交必要的补充材料。

申请人应自收到通知之日起两个月内提交补充材料；但申请人收到通知之日起的一个月内要求联邦知识财产行政管理部门发出指定的补充内容副本的，应在收到该副本之日起的两个月内提交补充材料。期满未补充或者未申请延长补充期间的，视为放弃申请。延期补充的，不得超过六个月。

补充材料含有原申请中所未注明的商品目录的，或者对申请的商标进行重大改动的，适用前款规定的程序。

第1498条　商标注册申请的形式审查

1. 联邦知识财产行政管理部门应在收到《商标注册申请书》之日起一个月内进行商标注册的形式审查。

2. 形式审查时，应审查《商标注册申请书》是否具备必要的申请文件和这些文件是否符合规定的要求。对于符合规定的，予以实质审查；对不符合规定的，予以驳回，并通知申请人。

通知申请人其审查获得实质审查的同时，应一并通知其依照本法典第1492条第8款确定的商标注册申请日。

第1499条　对申请注册为商标的标识的审查

1. 商标注册申请通过形式审查后，应对申请为商标的标识进行审查（申请标识的审查）。

在此期间，应依照本法典第1477条和第1483条对申请标识进行审查，并确定商标的优先权。

2. 对于符合规定的，予以初步审定；对于不符合规定的，驳回申请。

3. 在商标注册初步审查前，可以书面通知申请人有关本条第1款第2项的审查结果，并建议其对通知提出的问题进行说明。申请人自收到该通知之日起六个月内提交的说明，应当纳入裁定的考虑因素。

4. 符合下列情形的，联邦知识财产行政管理部门可以在商标核准注册前复审该决定：

1）收到依照本法典第1494条、第1495条和第1496条获得对申请注册的标识更早优先权的异议申请，且与异议人的同种商品标识相同或者类似的；

2）同注册为商品原产地名称的标识相同或者类似的；

3）发现涉及同一商标的申请；发现同已经核准注册的商标所核准的商品种类存在全部或者部分重叠，并且该核准注册商标存在相同甚至更早的优先权的；

4）申请人的商标注册申请变更会导致消费者对涉及的商品或其生产商产生混淆的。

第1500条　对商标注册申请决定的异议

1. 对联邦知识财产行政管理部门的形式审查、驳回形式审查、初步审定或者驳回申请有异议的，申请人自收到有关决定之日起三个月内向专利争议庭提交异议书。申请人自收到有关决定之日起一个月内向前述部门要求获得对其申请不利材料的副本的，应自收到该副本之日起三个月内向专利争议庭提交异议书。

2. 自异议提交后、专利争议庭作出裁定前，商标注册申请的变更能作为消除驳回申请的唯一原因并可依其作出予以注册裁定的，申请人可以依照本法典第1497条第2款对申请材料作出变更。

第1501条　已经过期的与商标申请有关的期限的恢复

本法典第1497条第4款和第1500条第1款规定的期限，因申请人延误，但自该期限届满之日起两个月内提出延误的正当理由并缴纳有关费用后，可由联邦知识财产行政管理部门恢复。延期恢复申请书应依照本法典第1497条第4款向前述联邦机构提交，并依照本法典第1500条向专利争议庭提交异议书。

第1502条　撤销商标注册申请及提出新申请

1. 在商标核准注册前，申请人可在商标审查的任何阶段撤销。

2. 在作出商标注册申请裁定前的商标审查期间，申请人有权就同一标识向联邦知识财产行政管理部门提出后续申请。后续申请可以包括首次申请的商品目录中的种类；而首次申请依旧有效的，后续申请可以包括首次申请中未列入的商品种类。

第1503条　商标核准注册程序

1. 依照本法典地1499条第2款作出初步审定的，联邦知识财产行政管理部门应在收到商标注册申请费之日起一个月内将该核准注册的商标登记在《商标注册簿》。

《商标注册簿》中应记载核准注册商标的权利人、优先权日、核准注册的商品类型、核准注册日、其他相关信息以及这些信息的变更。

2. 未按照规定的程序提交本条第1款规定的商标注册费证明和担保的，将不予以注册；而且相应的商标注册申请视为已撤销。

第1504条　商标注册证的发给

1. 商标注册证应由联邦知识财产行政管理部门在商标注册登记在《商标注册簿》之日起一个月内发给商标注册申请人。

2. 商标注册证的格式和内容由联邦知识财产行政管理部门条法司另行规定。

第1505条　《商标注册簿》和商标注册证的变更

1. 商标注册人变更有关注册商标的任何信息应当通知联邦知识财产行政管理部门，包括变更商标注册人名义、减少核准注册的商品种类、修改商标的非重要构成要素等。

2. 依照本法典第1512条提出异议的，在保留原有注册商标核准注册的商品类型的情况下，商标注册人可以对同一核准注册的商标但不同于已核准商品类型的一个或多个商品提出独立的商标注册申请，提交时间应在商标注册争议裁定作出前。

3. 商标注册人缴纳变更费用后，注册商标的变更应记载在《商标注册簿》和商标注册证上。

4. 对于《商标注册簿》和商标注册证上明显的技术性错误，联邦知识财产行政管理部门可以在事先通知商标注册人的情况下自行更正。

第1506条　注册商标的公告

有关商标的注册以及依照本法典第1503条记载在《商标注册簿》的信息，联邦知识财产行政管理部门应当在商标核准注册或者予以变更后在公报上公告。

第1507条　商标的外国注册与国际注册

1. 任何俄罗斯联邦的法人和个人有权进行商标的外国注册和国际注册。

2. 商标的国际注册申请应向联邦知识财产行政管理部门提出。

第四小节　驰名商标的特殊保护

第1508条　驰名商标

1. 对于在俄罗斯联邦注册的或者依照俄罗斯联邦承认的国际条约

注册的、虽未在俄罗斯联邦获得法律保护的标识、商标或者标识所有人要求驰名商标认定的，联邦知识财产行政管理部门根据该商标截至申请日期前是否已经在使用中为相关公众所熟知，可以将其认定为驰名商标。

对于商标或者作为商标使用的标识，如果其在相同商品类别上同他人获得了优先权的商标相同或者相似的，不得认定为驰名商标。

2. 驰名商标依照本法典有关商标的规定获得法律保护。

赋予驰名商标法律保护，意味着承认驰名商标的专有权。

驰名商标的保护是临时的。

3. 他人在不相同的商品上使用与他人已经在俄罗斯联邦认定的驰名商标相同的商标，容易误导公众，致使该驰名商标持有人的利益可能受到损害的，不得认定为驰名商标。

第1509条　驰名商标法律保护的赋予

1. 驰名商标的法律保护由联邦知识财产行政管理部门依照本法典第1508条第1款的裁定赋予。

2. 经认定的驰名商标由联邦知识财产行政管理部门记载于《俄罗斯联邦驰名商标表》(《驰名商标表》)。

3. 驰名商标注册证由联邦知识财产行政管理部门于该商标载入《驰名商标表》之日起一个月内发给驰名商标申请人。

驰名商标注册证的格式和内容由联邦知识财产行政管理部门条法司另行规定。

4. 驰名商标的相关信息由联邦知识财产行政管理部门于该商标载入《驰名商标表》后在公报上公告。

第五小节　集体商标的特殊保护

第1510条　集体商标权

1. 设立及活动不违反设立国法律的人合组织，有权在俄罗斯联邦注册集体商标。

集体商标是指由人合组织注册的，供该组织成员在商品生产或者销售中使用，以表明该商品具有统一的质量或者其他特征的标识。

任何组织成员都可以使用该组织注册的集体商标。

2. 集体商标权不得移转，也不得授权使用。

3. 集体商标的注册组织的成员可以同时使用集体商标和个人商标。

第1511条　集体商标的注册

1. 向联邦知识财产行政管理部门申请集体商标注册（集体商标注册申请）的，申请书中应附具集体商标章程。该章程应当包括下列内容：

1）获准以自己名义注册集体商标的组织（权利人）的名称；

2）有权使用该商标的人员名单；

3）注册集体商标的目的；

4）集体商标所标识商品的统一品质或其他特征的列表；

5）集体商标使用条件；

6）监督集体商标使用情况的条款；

7）违反集体商标章程的责任条款；

2. 集体商标注册证除应记载本法典第1503条和第1504条规定的信息外，还应记载有权使用该商标的成员信息。这些成员信息以及摘自集体商标章程的有关商品的统一品质或其他特征的信息，由联邦知识财产行政管理部门在公报上公告。

集体商标章程变更的，权利人应及时通知联邦知识财产行政管理部门在公报上予以公告。

3. 当集体商标被用于不具备统一品质或其他统一特征的商品时，该集体商标的全部或部分法律保护可能会因任何人的诉讼而被法院提前终止。

4. 集体商标和集体商标的注册申请可以转换为相应的商标和商标的注册，反之亦然。具体的变更程序，由联邦知识财产行政管理部门另行规定。

第六小节 注册商标的终止

第1512条 有关注册商标异议与终止的根据

1. 对注册商标有异议的，应依照本法典第1499条第2款有关商标注册的要求以及第1477条和第1481条有关商标专有权确权的规定对联邦知识财产行政管理部门的裁定提出异议。

认定注册商标无效的，应撤销联邦知识财产行政管理部门有关该商标注册的裁定。

2. 有下列情形的，可对注册商标的法律保护提出异议并由此被认定为无效：

1）在注册商标专有权的全部或部分有效期内，商标注册违反本法典第1483条第1款、第5款、第8款和第9款的；

2）在注册商标专有权的全部或部分有效期内，商标注册违反本法典第1483条第6款、第7款的；

3）在注册商标专有权的全部或部分有效期内，商标注册违反本法典第1478条的；

4）在注册商标专有权的全部或部分有效期内，与驰名商标相同但其优先权晚于同依照本法典第1508条第3款认定的驰名商标的，；

5）在在注册商标专有权的全部或部分有效期内，《保护工业产权巴黎公约》成员国注册的商标违反该公约的；

6）在注册商标专有权的全部或部分有效期内，商标注册人的商标注册行为依照有关程序被认定为权利滥用或者构成不正当竞争的。

3. 在俄罗斯联邦的驰名商标违反本法典第1508条第1款的，可以在驰名商标有效期间提出异议要求认定全部或者部分无效。

第1513条 有关注册商标异议与终止的程序

1. 依照本法典第1512条对注册商标提出异议的，应向联邦知识财产行政管理部门提交异议书。

2. 依照本法典第1512条第2款第1项至第4项对注册商标提出异议

或者依照本法典第1512条第3款对驰名商标提出异议的，应向专利争议庭提交异议书。

3. 依照本法典第1512条第2款第5项对注册商标提出异议的，由《保护工业产权巴黎公约》成员国的利害关系人向专利争议庭提交异议书。

依照本法典第1512条第6款对注册商标提出异议的，由利害关系人向联邦知识财产行政管理部门提交异议书。

4. 联邦知识财产行政管理部门有关注册商标异议的裁定，依照本法典第1248条生效。不服该裁定的，可向法院提起诉讼。

5. 注册商标被认定为全部无效的，商标注册证和《商标注册簿》上的记载应被宣布无效。

注册商标被认定为部分无效的，应当发给新的商标注册证并对《商标注册簿》作出相应更正。

6. 在注册商标作出无效的裁定前缔结的商标使用许可协议，其有效期截至该裁定作出之日。

第1514条　注册商标的终止

1. 符合下列情形的，注册商标应当终止：

1）注册商标有效期届满的；

2）依据本法典第1511条第3款裁定集体商标提前终止的；

3）依据本法典第1486条裁定注册商标提前终止的；

4）因商标注册人消灭，联邦知识财产行政管理部门作出提前终止注册商标裁定的；

5）商标注册人自愿放弃商标权的；

6）注册商标转化为特定商品的通用标识的，联邦知识财产行政管理部门根据利害关系人的请求裁定提前终止该商标的。

2. 符合前款第3项至第6项或者联邦知识财产行政管理部门依照本法典第1508条第1款作出撤销驰名商标裁定的，应当终止驰名商标的保护。

3. 未签订商标转让合同而移转商标专有权的，如果利害关系人能够证明该移转会导致消费者对其商品或其生产商产生重大误解的，应当终止该注册商标。

4. 注册商标的终止，即商标专有权的终止。

第七小节　商标权的保护

第1515条　非法使用注册商标的法律责任

1. 在商品、商品标签、商品包装上使用同注册商标相类似的商标或者标识的，构成假冒。

2. 商标权人有权要求侵权人将非法标注同其商标相同或者类似标识的假冒商品、商品标签、商品包装撤出市场并销毁，相关费用由侵权人承担。这些商品的流通对公共利益有重大意义的，商标权人有权要求侵权人自费将相关商标或标识移除。

3. 任何人侵犯劳务注册商标或者服务注册商标的，应当将提供劳务或者服务过程中的材料（文件、广告、署名等）上同注册商标类似的商标或者标识移除。

4. 商标权人有权自主选择要求侵权人支付补偿金来代替下列损害赔偿金：

1）一万卢布到五百万卢布，具体数额由法院根据侵权的性质确定；

2）侵权商品价值的两倍或者类似情况下注册商标使用许可费的两倍。

5. 任何人为未在俄罗斯联邦注册的商标制作警示性标识的，应当承担相应的法律责任。该法律责任的判决程序由俄罗斯联邦立法另行规定。

第三节　原产地名称权

第一小节　一般规定

第1516条　原产地名称

1. 原产地名称，指的是该标识含有或其自身为一个国家、城镇、地区或者其他地理方位的现代名称或者历史名城、官方名称或者非官方名称、全称或者简称，以及由这些名称派生出来的名称，其用于标识生产于该地的产品，这些产品的特定特征完全或主要取决于该地理环境，包括自然条件和人文因素。依照本法典第1229条和第1519条，该产品的生产者可以获得原产地名称的专有权。

2. 一个含有或其自身为地理标识转变为与该地理位置无关的特定商品通用名称的，不得认定为原产地名称。

第1517条　原产地名称的效力

1. 经俄罗斯联邦知识财产行政管理部门登记注册或者受俄罗斯联邦承认的国际条约保护的原产地名称，其专有使用权在俄罗斯联邦境内有效。

2. 原产地名称的地理位置在外国且已在该国注册的，可以在俄罗斯联邦注册为原产地名称。该原产地名称的权利人仅为原所在国的原产地名称注册人。

第1518条　原产地名称的注册

1. 原产地名称经注册获得认定和保护。

原产地名称的注册申请人，可以是一个或者数个公民或者法人。

2. 原产地名称注册人生产的商品符合本法典第1516条第1款要求的，对原产地名称注册证记载的标识享有专有使用权。

对于同一标识的原产地名称专有使用权，可以授予原产地名称所在的地理位置范围内生产与该地理位置相同的特殊品质产品的任何人。

第二小节　原产地名称的使用

第1519条　原产地名称专有使用权

1. 原产地名称权利人依照本法典第1229条享有以任何不违反法律的方式，包括本条第2款规定的方式使用原产地名称的专有权（原产地名称专有权）。

2. 原产地名称的使用尤指下列使用标识的方式：

1）在商品上使用，包括商品的标签和包装上使用；这些商品指的是在俄罗斯联邦境内生产、预售、销售、展销会上展出的，或者以其他方式进入俄罗斯联邦市场的，或者为此目的在俄罗斯境内存储、运输的，或者进口至俄罗斯联邦境内的商品。

2）在商品进入市场的相关信头、账单、其他文件和印刷品上使用；

3）在商品销售的邀约、公告、招牌、广告上使用；

4）在互联网上使用，包括在域名和其他确定地址上使用。

3. 任何人未持有原产地名称注册证不得使用原产地名称，即使指出真正的原产地名称，或者使用译文版标识甚至同时使用“类”、“类型”、“仿”等字样，或者使用同原产地名称相类似的标识（非法使用原产地名称）。

商品、商品标签或者商品包装上使用同原产地名称相同或者类似的标识的，是非法使用原产地名称，构成假冒。

4. 原产地名称专有权人不得对该专有权进行转让、授权使用等处分。

第1520条　原产地名称的保护标识

原产地名称注册证持有人可以在使用原产地名称的同时，加注“注册原产地名称”或者“注册 DPOG”等警示性标识，以告知所使用的标识在俄罗斯联邦是已经获准注册的原产地名称。

第1521条　原产地名称法律保护的效力

1. 原产地名称的法律保护不受时间限制。例如，在商品可生产的整个存续期间，该产品的特殊品质完全或者主要取决于该地理环境，包括自然条件和人文因素（第1516条）。

2. 原产地名称注册证的有效期和续展程序依照本法典第1531条确定。

第三小节　原产地名称的注册及其专有使用权的授予

第1522条　原产地名称的注册申请

1. 原产地名称的注册申请及其专有使用权的授予申请，以及对已注册的原产地名称的授权使用申请（原产地名称申请），都应向联邦知识财产行政管理部门提交。

2. 原产地名称的申请应涉及一个原产地名称。

3. 原产地名称的申请书应当包括以下内容：

1）原产地名称的注册请求及其专有使用权的授予请求，或者对已注册的原产地名称的授权使用请求，申请人及其住所地或者所在地的相关信息；

2）所申请的标识；

3）原产地名称注册申请及其专有使用权的授予申请的标识，或者已注册为原产地名称的标识；

4）完全、主要或可能决定商品的自然条件和（或）人文因素的商品原（产）地的说明（地理位置的范围）；

5）产品特殊品质的说明。

4. 原产地名称申请应由申请人署名。专利代理人代为申请的，由申请人或者专利代理人署名。

5. 以位于俄罗斯联邦的地点为原产地名称进行注册申请的，应当附具一份俄罗斯联邦政府授权机构的证明，证明该申请人生产的商品的特殊品质完全或者主要取决于该地的自然条件和（或）人文因素。

以位于俄罗斯联邦境内的注册原产地名称申请专有权的，应附具由独立机构依照俄罗斯联邦政府确立的程序出具的证明，以证明申请人在该地生产的商品具备《俄罗斯联邦原产地名称注册簿》（《原产地名称注册簿》）（第1539条）记载的特殊品质。

以位于俄罗斯联邦境外的地点为原产地名称进行注册申请的，应当附具一份证明申请人对所申请的原产地名称在该国享有权利的文件。

申请书还应附具一份已缴纳规定申请费数额的证明。

6. 原产地名称的申请书应以俄文提交。

申请书附具的文件应以俄文或者外文提交。这些附件为外文的，还应提交俄文副本。俄文副本自联邦知识财产行政管理部门向其发出提交该副本之日起两个月内提交。

7. 原产地名称申请书必须附具的文件（申请文件）及其要求，由联邦知识财产行政管理部门条法司另行规定。

8. 原产地名称申请书的提交日期，以联邦知识财产行政管理部门收到本条第3款规定的文件之日为准；前述文件未一并提交的，以最后一份文件到达之日为准。

第1523条　原产地名称注册申请的审查与原产地名称申请文件的变更

1. 联邦知识财产行政管理部门负责原产地名称注册申请的审查。

原产地名称注册申请的审查包括形式审查和对作为原产地名称的标识（申请标识）的审查。

2. 在原产地名称注册申请进入审查后、裁定作出前，申请人有权补充、解释或者修正申请材料。

补充材料对申请作出实质变更的，不应作为申请材料纳入审查考虑范围，但可由申请人修正后作为独立的申请另行提交。

3. 在原产地名称注册申请的审查期间，联邦知识财产行政管理部门可以要求申请提交必要的补充材料。

申请人必须在收到上述要求之日起的两个月内提交补充材料。申请人在期限届满前提出延期申请的，可以适当延期。申请人超出前述期间或者对提交补充材料的要求置之不理的，联邦知识财产行政管理部门得裁定已撤销申请。

第1524条　原产地名称注册申请的形式审查

1. 原产地名称注册申请的形式审查自该申请提交给联邦知识财产行政管理部门之日起两个月内进行。

2. 在原产地名称注册申请的形式审查过程中，应当审查必要的文件以及按要求补交的材料。通过审查的，予以初步审定；未通过审查的，驳回申请；并通知申请人。

通知将予以初步审定的，一并通知依照本法典地1522条第8款确定的申请日。

第1525条　对作为原产地名称进行申请的标识的审查

1. 对通过初步审定的申请，应依照本法典第1516条规定的要求对作为原产地名称进行申请的标识进行审查（申请标识的审查）。

在申请标识的审查期间，一并审查筛选俄罗斯联邦境内原产地名称的标准。

对于已受理的就已注册的原产地名称的授权使用申请，应依照本法典第1522条第5款规定的要求对申请标识进行专家审查。

2. 在有关申请标识审查结果的裁定作出之前，可书面通知申请人依照本法典第1516条规定的要求进行审查的结果，并提议其提交有关通知的答辩。申请人自收到前述通知之日起六个月内提交的答辩，应纳入裁定的考虑范围。

第1526条　有关申请标识审查结果的裁定

申请标识通过审核的，联邦知识财产行政管理部门应作出予以注册并赋予专有权裁定；未通过审核的，应作出驳回申请的裁定。

对于以注册原产地名称要求专有权的申请，联邦知识财产行政管理部门应作出赋予专有权的裁定或者驳回申请的裁定。

第1527条　原产地名称申请的撤回

申请人可以在有关注册原产地名称以及（或）原产地名称专有权的信息载入《原产地名称注册簿》之前的任何阶段放弃申请。

第1528条　原产地名称注册申请裁定的异议与相关期限的顺延

1. 对于联邦知识财产行政管理部门作出的驳回原产地名称注册申请、视为撤销申请、有关申请标识审查结果的裁定（第1526条），申请人不服的，可以在收到相关裁定之日起三个月内向专利争议庭提出异议。

2. 申请人超出本法典第1523条第3款和本条第1款规定的期限，自该期限届满之日起两个月内提出延期申请，经查证有正当理由并提交延期相应费用的，联邦知识财产行政管理部门可以准许。

申请延长本法典第1523条第3款规定的期限的，应向联邦知识财产行政管理部门一并提交该条款要求的补充材料或者一份延期提交该补充材料的申请。申请延期的依照本条第1款规定的期限的，应一并提交异议书。

第1529条　原产地名称的注册程序

1. 根据第1526条作出的予以注册并赋予专有权的裁定，联邦知识财产行政管理部门应将核准注册的原产地名称记载在《原产地名称注册簿》。

2.《原产地名称注册簿》记载的内容包括：核准注册的原产地名称、原产地名称注册证持有人信息、该原产地名称对应商品的特殊品质的说明、有关原产地名称注册及其专有权赋予、注册书的有效期以及《原产地名称注册簿》后续变更信息。

第1530条　原产地名称注册证的发给

1. 自收到已缴纳相关费用的证明之日起一个月内，联邦知识财产行政管理部门应发给申请人原产地名称专有使用权证。

未收到已缴纳相关费用的证明的，不发给原产地名称专有使用权证。

2. 原产地名称专有使用权证的格式与内容由联邦知识财产行政管理部门另行规定。

第1531条　原产地名称专有使用权证的有效期限

1. 原产地名称专有使用权证的有效期为十年，自申请人向联邦知识财产行政管理部门提交原产地名称申请之日起计算。

2. 原产地名称专有使用权证有效期根据证书持有人的申请，可以续展。证书持有人申请续展的，须提交一份由俄罗斯联邦政府授权机构出具的的证明以确认其在该原产地范围内生产的商品具备《原产地名称注册簿》对该原产地名称记载的特殊品质。

对于原产地名称对应的原产地不在俄罗斯联邦境内的续展申请，证书持有人无须提交前款规定的证明，但须提交一份确认其截至续展申请之日在该国对该原产地名称享有专有权的证明。

原产地名称专有使用权证的续展申请，应在期满前最后一年内提交。

在此期间未能提出申请的，经证书持有人申请并缴纳相关补充费用的，可以给予六个月的宽展期。

原产地名称专有使用权证每次续展后的有效期为十年。

第1532条 《原产地名称注册簿》与原产地名称专有使用权证的变更

1. 变更原产地名称的标识或名称及《原产地名称注册簿》上记载的其他内容（第1529条）的，原产地名称专有使用权证持有人应及时通知联邦知识财产行政管理部门。

变更《原产地名称注册簿》与原产地名称专有使用权证的，得缴纳相关变更费用。

2. 对于《原产地名称注册簿》与原产地名称专有使用权证上存在的明显技术性错误，联邦知识财产行政管理部门可以在通知证书持有人后自行更正。

第1533条 原产地名称注册信息的公布

除了有关原产地名称核准注册的商品的特殊品质的说明信息外，其他依照本法典第1529条和第1532条的规定记载在《原产地名称注册簿》的原产地名称的核准注册信息以及原产地名称专有使用权的授予信息，由联邦知识财产行政管理部门将相关信息载入《原产地名称注册簿》后立即在公报上公告。

第1534条 原产地名称的外国注册

1. 俄罗斯法人和俄罗斯公民有权在外国注册原产地名称。

2. 在俄罗斯联邦注册原产地名称并获得该原产地名称专有使用权

后，可以在外国申请该原产地名称的注册。

第四小节 原产地名称与原产地名称专有使用权有效期的终止

第1535条 有关原产地名称和原产地名称专有使用权法律保护的异议与撤销的根据

1. 对原产地名称法律保护的异议，指的是对联邦知识财产行政管理部门有关核准注册原产地名称并赋予原产地名称专有使用权或者发给原产地名称专有使用权证的决定提出异议。

对注册原产地名称赋予专有使用权的异议，指的是对联邦知识财产行政管理部门就已注册原产地名称赋予专有使用权并发给原产地名称专有使用权证的决定提出异议。

原产地名称专有权的法律保护被认定为无效前，应撤销有关赋予注册原产地名称专有使用权的决定并废除《原产地名称注册簿》记载的相应内容和原产地名称专有使用权证。

原产地名称专有权的赋予被认定为无效前，应撤销有关赋予注册原产地名称专有使用权的决定并废除《原产地名称注册簿》记载的相应内容和原产地名称专有使用权证。

2. 原产地名称的法律保护违法了本法典规定的，可以在该保护期间对其提出异议并认定无效。原产地名称专有使用权的保护违反了本法典规定的，可以在该证书的有效期（第1531条）内对其提出异议并认定为无效。

因一个具有更早优先权的注册商标的存在致使原产地名称的使用使消费者对商品或者产品生产商产生误导的，可以在公报公告该原产地名称核准注册相关信息之日起五年内提出异议，并认定为无效。

3. 依照本条第2款，任何利害关系人可向联邦知识财产行政管理部门提出异议。

第1536条 原产地名称及其专有使用权证书的终止

1. 符合下列情形的，应当终止原产地名称的法律保护：

1）丧失产生地理位置所决定的特定品质的条件或者无法生产具备《原产地名称注册簿》对该原产地名称记载的特殊品质的商品的；

2）外国法人、外国公民或者无国籍人在该原产地名称所在国对其享有专有权的；

2. 符合下列情形的，应当宣布原产地名称专有使用权证无效：

1）原产地名称专有使用权证持有人生产的产品失去该原产地名称《原产地名称注册簿》上所记载的特殊品质的；

2）依照本条第1款终止原产地名称法律保护的；

3）作为原产地名称专有使用权证持有人的法人清算或者个人体商业活动的终止的；

4）原产地名称专有使用权证有效期届满的；

5）原产地名称专有使用权证持有人向联邦知识财产行政管理部门提出撤销申请的。

3. 任何人可以依照本条第1款以及本条第2款第1项和第2项的规定向联邦知识财产行政管理部门要求终止对原产地名称及其专有使用权证书的法律保护，或者依照本条第2款第3项向联邦知识财产行政管理部门要求废除原产地名称专有使用权证书。

原产地名称的法律保护及其专有使用权证书的有效期根据联邦知识财产行政管理部门的决定而终止。

第五小节　原产地名称的保护

第1537条　非法使用原产地名称的法律责任

1. 原产地名称权利人有权要求侵权人将非法标注同其原产地名称相同或者类似标识的假冒商品、商品标签、商品包装撤出市场并销毁，相关费用由侵权人承担。这些商品的流通对公共利益有重大意义的，原产地名称权利人有权要求侵权人自费将相关商标或标识移除。

2. 原产地名称权利人有权自主选择要求侵权人支付补偿金来代替下列损害赔偿金：

1）一万卢布到五百万卢布，具体由法院根据侵权的性质确定；

2）侵权商品价值的两倍或者类似情况下注册商标使用许可费的两倍。

3. 任何人为未在俄罗斯联邦注册的原产地名称制作警示性标识的，应当承担相应的法律责任。该法律责任的判决程序由俄罗斯联邦立法另行规定。

第四节　商号权

第1538条　商号

1. 法人和个体户从事经营活动（包括非营利性组织依据其设立章程从事经营活动）的，可以用商号来标识其交易、工业或者其他经营活动（第132条）。商号非字号，无须在设立章程中记载或者在《法人注册簿》中登记。

2. 一个商号可以用于标识权利人的一个或者几个经营活动。但一个经营活动的标识不得同时是两个商号。

第1539条　商号专有权

1. 商号具备显著性且经使用后在特定区域享有一定知名度的，商号权人有权在特定区域内以任何不违反法律的方式使用该商号，包括用于署名、信纸的信头、票据和其他文件、公告和广告、商品及其包装。

2. 不得使用会导致与其他商号相混淆的商号，特别是不得使用同字号、商标或者他人在先使用的商号相类似的商号。

3. 任何人违反本条第2款规定的，应当按照权利人的要求终止使用相关商号并赔偿损失。

4. 商号的专有权仅可作为其所标识的经营活动的一部分进行转让（包括以合同、普通法律继承以及本法规定的其他方式）。

用于标识几个经营活动的商号，商号权人以其所标识的其中一个经营活动的一部分将专有权转让给他人的，原商号权人不得将该商号用于其剩余的经营活动。

5. 商号权人可以按照企业租赁合同（第656条）或者商业特许合同（第1027条）规定的程序和条件转让商号使用权。

第1540条　商号专有权的有效期

1. 用于标识俄罗斯联邦境内的经营活动的商号专有权，在俄罗斯联邦境内有效。

2. 商号连续一年停止使用的，商号专有权终止。

第1541条　商号权与字号权和商标权的关系

1. 商号中含有商号权利人的字号的全部或一部分元素的，商号权的产生与效力独立于字号权。

2. 商号的全部或者一部分元素，可由商号权人在其商标中使用。商标内含商号的，商号的保护独立于商标的保护。

第七十七章　统一技术构成中的知识活动成果权

第1542条　技术权

1. 统一技术在本章的意义上是指以客观形式体现的其中融合了发明、实用新型、工业设计、计算机软件或者其他依照本编规则应当受到法律保护的知识活动成果并且能够成为在民事或者军事领域中的特定实践活动的技术基础的科学技术活动成果（统一技术）。

作为统一技术的构成的还可以包括依据本编的规则不受法律保护的知识活动成果，包括技术资料、其他信息。

2. 对作为统一技术构成的知识活动成果的专有权依照本法典的规则予以确认并应予保护。

3. 使用作为复合客体（第1240条）的构成统一技术的知识活动成果的权利属于依据与构成统一技术的知识活动成果持有人之间的合同

组织完成统一技术的人。在统一技术的构成中可以包括组织完成统一技术的人自己创造的受保护知识活动成果。

第1543条 技术权规则的适用范围

本章规则适用于与对依靠或者有为支付依照国家契约、其他合同工作价款、为收支预算拨款以及以补助形式划拨的联邦预算资金或者俄罗斯联邦主体的预算资金参与创造的民事、军事、专用或者两用的目的技术权有关的关系。

上述规则不适用于在有偿基础上以预算贷款的形式依靠或者有联邦预算或者俄罗斯联邦主体预算资金参与而创造的统一技术时所产生的关系。

第1544条 组织创造统一技术的人使用作为统一技术构成的知识活动成果的权利

1. 所创造的统一技术的权利属于依靠或者有联邦预算或者俄罗斯联邦主体预算资金参与而创造统一技术的人（履行人），依照本法典第1546条第1款该权利属于俄罗斯联邦或者俄罗斯联邦主体的情形除外。

2. 依照本条第1款拥有技术权的人有义务立即采取俄罗斯联邦立法规定的为确认和取得对进入统一技术构成的知识活动成果的权利的措施（提出专利颁发申请、知识活动成果国家登记申请、对相应的信息采取保密制度、与相应的构成统一技术的知识活动成果权利人签订专有权转让合同和许可使用合同以及采取其他措施），如果没有在技术创造之前或者技术创造过程中采取这些措施的话。

3. 在本法典允许对构成统一技术的知识活动成果有不同的法律保护方式时，拥有技术权的人可以选择最符合其利益且能保障统一技术的实践应用的法律保护方式。

第1545条 统一技术的实践应用义务

1. 依照本法典第1544条拥有技术权的人有义务将统一技术投入实践应用（推广）。

依照本法典规则，取得该权利的人都承担该义务。

2. 技术推广义务的内容、期限、其他条件和该义务的履行方式、不履行的后果和终止的条件由俄罗斯联邦政府规定。

第1546条　俄罗斯联邦和俄罗斯联邦主体的技术权

1. 依靠或者有联邦预算资金参与创造的技术的权利在以下情况下属于俄罗斯联邦：

1）统一技术直接与俄罗斯联邦国防和安全保障有关；

2）俄罗斯联邦在统一技术创造前或者在后来实践应用阶段之前承担了为统一技术创造工作的拨款；

3）在统一技术创造工作结束之后六个月届满前履行人没有保证实施为确认或者取得构成统一技术的知识活动成果专有权的所有必要行为。

2. 依靠或者有俄罗斯联邦预算资金参与而创造的统一技术的权利在以下情况下属于俄罗斯联邦主体：

1）俄罗斯联邦主体在统一技术创造前或者在后来实践应用之前承担了技术工作的拨款；

2）在统一技术创造工作结束之后六个月届满前履行人没有保证实施为确认或者取得构成统一技术的知识活动成果专有权的所有必要行为。

3. 在依照本条第1和2款技术权属于俄罗斯联邦或者俄罗斯联邦主体的情况下，履行人有义务按照本法典第1544条第2款采取为后来将这些权利移转给相应的俄罗斯联邦和俄罗斯联邦主体而确认和取得对相应的知识活动成果权的措施。

4. 属于俄罗斯联邦的技术权的管理依照俄罗斯联邦政府规定的程序进行。

对属于俄罗斯联邦主体的技术权的管理依照相应的俄罗斯联邦主体的行政机关所规定的程序进行。

5. 对属于俄罗斯联邦或者俄罗斯联邦主体的技术权的处分依照本

编的规则进行。

对属于俄罗斯联邦的技术权的处分的特殊性由联邦技术移转法规定。

第1547条 属于俄罗斯联邦或者俄罗斯联邦主体的技术权的转让

1. 在本法典第1546条第1款第2和3次款以及第2款规定的情况下在自俄罗斯联邦或者俄罗斯联邦主体取得为使用这些作为统一技术构成的知识活动成果权之日起六个月内，技术权应当转让给有兴趣推广技术并拥有推广的现实可能性的人。

在本法典第1546条第1款第1次款规定的情况下，技术权应当在俄罗斯联邦丧失将这些权利留归己有的必要性后立即转让给有兴趣推广技术并拥有现实的推广可能性的人。

2. 俄罗斯联邦或者俄罗斯联邦主体将技术权转让给第三人按照有偿的一般原则根据招投标的结果确定。

在不可能将属于俄罗斯联邦或者俄罗斯联邦主体的技术权依照招投标方式转让的情况下，该权利可以根据拍卖的结果予以转让。

俄罗斯联邦或者俄罗斯联邦主体招投标或者拍卖转让技术权的程序，以及俄罗斯联邦或者俄罗斯联邦主体不进行招投标或者拍卖转让的程序和情形均由技术转移法规定。

3. 与俄罗斯联邦或者俄罗斯联邦主体签订取得技术权的缔约优先权在同等条件下由曾经组织创造了作为统一技术构成的知识活动成果的人享有。

第1548条 技术权的报酬

1. 技术权在本法典第1544条和第1546条第3款规定的情形下无偿提供。

2. 在当技术权依照合同，包括按照招投标或者拍卖结果转让时，该权利的报酬的数额、条件和支付程序由双方协议确定。

3. 在技术推广具有重要社会经济意义或者对于俄罗斯联邦国防与安全具有重要意义、其推广的花费使得有偿取得技术权在经济上没有效益时，俄罗斯联邦、俄罗斯联邦主体或者其他无偿取得相应权利的权利人也可以无偿地将该技术权予以移转。允许无偿移转技术权的情形由俄罗斯联邦政府规定。

第1549条　属于多人共有的技术权

1. 对由预算资金和其他投资者的资金参与创造的技术的权利可以同时属于俄罗斯联邦、俄罗斯联邦主体、实施统一技术创造计划的其他投资者、履行人和其他权利人。

2. 如果技术权属于多人，则他们共同行使该权利。

对属于多人共有的技术权的处分由他们按照共同意愿进行。

3. 共同享有技术权的数人中的一人处分技术权的法律行为可以按照其他权利人的请求在证明法律行为的另一方知道或者应当知道缺乏该类权限的情况下由于实施法律行为的人缺乏必要的权限而被确认为无效。

4. 使用数个权利人共有技术权的技术所得的收入以及处分该权利所得的收入在权利人之间按照他们之间协议分配。

5. 如果属于数人共有技术权的部分可以具有独立意义，则根据权利人之间的协议可以规定，对统一技术的哪个部分的权利属于每一个权利人。统一技术的部分如果它能够不依赖于该统一技术的其他部分而被使用即为具有独立意义。

每一个权利人都有权按照自己的意愿使用统一技术相应的具有独立意义的部分，他们之间的协议有不同规定的除外。在此情况下整个的技术权以及对技术权的处分由全体权利人共同行使。

从使用统一技术的一部分获得的收入属于对该技术部分享有权利的人。

第1550条　技术权移转的一般条件

如果本法典或者其他法律没有不同规定，拥有技术权的人可以按照自己的意愿通过将其全部或者部分地依照合同或者其他法律行为包括转让该权利的合同、使用许可合同或者包含转让权利因素或者许可使用合同因素的其他合同予以处分。

技术权的转让同时也移转对作为构成一个统一整体的统一技术的所有知识活动成果。对上述成果中的部分成果的权利（部分技术）的移转只有在该部分统一技术依照本法典第1549条第5款具有独立意义时才被允许。

第1551条　统一技术出口的条件

1. 统一技术应当优先在俄罗斯联邦境内进行实践应用（推广）。

技术权在经国家订货人或者预算资金支配人同意后依照对外经济活动立法为在外国国家境内使用统一技术而转让。

2. 规定在俄罗斯联邦境外使用统一技术的法律行为，应当在联邦知识财产事务管理机关进行国家登记。

不依照国家登记要求的法律行为无效。

俄罗斯联邦总统 B · 普京

莫斯科，克里姆林宫

2006年12月18日

第230号联邦法律

司法文件

专利侵权判定指南

北京市高级人民法院

Guide for Judging Patent Infringement

Beijing Higher People's Court

一、发明、实用新型专利权保护范围的确定

(一)确定保护范围的解释对象

1. 审理侵犯发明或者实用新型专利权纠纷案件，应当首先确定专利权保护范围。发明或者实用新型专利权保护范围应当以权利要求书记载的技术特征所确定的内容为准，也包括与所记载的技术特征相等同的技术特征所确定的内容。

确定专利权保护范围时，应当对专利权人作为权利依据所主张的相关权利要求进行解释。

2. 专利独立权利要求从整体上反映发明或者实用新型专利的技术方案，记载解决技术问题的必要技术特征，与从属权利要求相比，其保护范围最大。确定专利权保护范围时，通常应当对保护范围最大的专利独立权利要求作出解释。

3. 一项专利中有两个以上的独立权利要求的，应该根据权利人提出的请求，解释其中有关独立权利要求确定的保护范围。

4. 权利人主张以从属权利要求确定保护范围的，应当以该从属权

利要求记载的附加技术特征及其直接或间接引用的权利要求记载的技术特征，一并确定专利权保护范围。

5. 技术特征是指在权利要求所限定的技术方案中，能够相对独立地执行一定的技术功能、并能产生相对独立的技术效果的最小技术单元或者单元组合。

（二）解释原则

6. 专利权有效原则。在权利人据以主张的专利权未被宣告无效之前，其权利应予保护，而不得以该专利权不符合专利法相关授权条件、应予无效为由作出裁判。

专利登记簿副本，或者专利证书和当年缴纳专利年费的收据可以作为证明专利权有效的证据。

7. 折衷原则。解释权利要求时，应当以权利要求记载的技术内容为准，根据说明书及附图、现有技术、专利对现有技术所做的贡献等因素合理确定专利权保护范围；既不能将专利权保护范围拘泥于权利要求书的字面含义，也不能将专利权保护范围扩展到所属技术领域的普通技术人员在专利申请日前通过阅读说明书及附图后需要经过创造性劳动才能联想到的内容。

8. 整体（全部技术特征）原则。将权利要求中记载的全部技术特征所表达的技术内容作为一个整体技术方案对待，记载在前序部分的技术特征和记载在特征部分的技术特征，对于限定保护范围具有相同作用。

（三）解释方法

9. 确定专利权保护范围时，应当以国务院专利行政部门公告授权的专利文本或者已经发生法律效力的专利复审请求审查决定、无效宣告请求审查决定及相关的授权、确权行政判决所确定的权利要求为准。权利要求存在多个文本的，以最终有效的文本为准。

10. 解释权利要求应当从所属技术领域的普通技术人员的角度进行。

所属技术领域的普通技术人员，亦可称为本领域的技术人员，是一种假设的“人”，他知晓申请日之前该技术领域所有的普通技术知识，能够获知该领域中所有的现有技术，并且具有运用该申请日之前常规实验手段的能力。

所属技术领域的普通技术人员，不是指具体的某一个人或某一类人，不宜用文化程度、职称、级别等具体标准来参照套用。当事人对所属技术领域的普通技术人员是否知晓某项普通技术知识以及运用某种常规实验手段的能力有争议的，应当举证证明。

11. 对权利要求的解释，包括澄清、弥补和特定情况下的修正三种形式，即当权利要求中的技术特征所表达的技术内容不清楚时，澄清该技术特征的含义；当权利要求中的技术特征在理解上存在缺陷时，弥补该技术特征的不足；当权利要求中的技术特征之间存在矛盾等特定情况时，修正该技术特征的含义。

12. 专利说明书及附图可以用以对权利要求字面所限定的技术方案的保护范围作出合理的解释，即把与权利要求书记载的技术特征等同的特征解释进专利权保护范围，或者依据专利说明书及附图对某些技术特征作出界定。

13. 解释权利要求，可以使用专利说明书及附图、权利要求书中的相关权利要求、专利审查档案以及生效法律文书所记载的内容。

以上述方法仍不能明确权利要求含义的，可以结合工具书、教科书等公知文献及所属技术领域的普通技术人员的通常理解进行解释。

本指南所称专利审查档案，是指专利审查、复审、无效过程中国务院专利行政部门及专利复审委员会发出的审查意见通知书，专利申请人、专利权人作出的书面答复，口审记录表，会晤记录等。

本指南所称生效法律文书，是指已经发生法律效力的专利复审请求审查决定、专利无效宣告请求审查决定及相关的授权、确权行政判决。

14. 权利要求与专利说明书出现不一致或者相互矛盾的，该专利不符合专利法第二十六条第四款的规定，告知当事人通过专利无效宣告程序解决。当事人启动专利无效宣告程序的，可以根据具体案情确定是否中止诉讼。

当事人不愿通过专利无效程序解决，或者未在合理期限内提起专利权无效宣告请求的，应当按照专利权有效原则和权利要求优先原则，以权利要求限定的保护范围为准。但是所属领域的技术人员通过阅读权利要求书和说明书及附图，能够对实现要求保护的技术方案得出具体、确定、唯一的解释的，应当根据该解释来澄清或者修正权利要求中的错误表述。

15. 从属权利要求包含了应当记载在独立权利要求中、解决发明技术问题必不可少的必要技术特征（缺少该技术特征，独立权利要求中记载的技术方案不能实现发明目的）的，该专利不符合专利法实施细则第二十条第二款的规定，告知当事人通过专利无效宣告程序解决。当事人启动专利无效宣告程序的，可以根据具体案情确定是否中止诉讼。

16. 对于权利要求中以功能或者效果表述的功能性技术特征，应当结合说明书和附图描述的该功能或者效果的具体实施方式及其等同的实施方式，确定该技术特征的内容。

功能性技术特征，是指权利要求中的对产品的部件或部件之间的配合关系或者对方法的步骤采用其在发明创造中所起的作用、功能或者产生的效果来限定的技术特征。

下列情形一般不宜认定为功能性技术特征：

（1）以功能或效果性语言表述且已经成为所属技术领域的普通技术人员普遍知晓的技术名词一类的技术特征，如导体、散热装置、粘结剂、放大器、变速器、滤波器等；

（2）使用功能性或效果性语言表述，但同时也用相应的结构、材料、步骤等特征进行描述的技术特征。

17. 在确定功能性技术特征的内容时，应当将功能性技术特征限定为说明书中所对应的为实现所述功能、效果所必须的结构、步骤特征。

18. 方法专利权利要求对步骤顺序有明确限定的，步骤本身以及步骤之间的顺序均应对专利权保护范围起到限定作用；方法专利权利要求对步骤顺序没有明确限定的，不应以此为由，不考虑步骤顺序对权利要求的限定作用，而应当结合说明书和附图、权利要求记载的整体技术方案、各个步骤之间的逻辑关系以及专利审查档案，从所属技术领域的普通技术人员的角度出发，确定各步骤是否应当按照特定的顺序实施。

19. 以方法特征限定的产品权利要求，方法特征对于专利权保护范围具有限定作用。

20. 实用新型专利权利要求中包含非形状、非构造技术特征的，该技术特征用于限定专利权的保护范围，并按照该技术特征的字面含义进行解释。

非形状、非构造技术特征，是指实用新型专利权利要求中记载的不属于产品的形状、构造或者其结合等的技术特征，如用途、制造工艺、使用方法、材料成分（组分、配比）等。

21. 产品发明或者实用新型专利权利要求未限定应用领域、用途的，应用领域、用途一般对专利权保护范围不起限定作用。

产品发明或者实用新型专利权利要求限定应用领域、用途的，应用领域、用途应当作为对权利要求的保护范围具有限定作用的技术特征。但是，如果该特征对所要求保护的结构和/或组成本身没有带来影响，也未对该技术方案获得授权产生实质性作用，只是对产品或设备的用途或使用方式进行描述的，则对专利权保护范围不起限定作用。

22. 写入权利要求的使用环境特征属于必要技术特征，对专利权保护范围具有限定作用。

使用环境特征是指权利要求中用来描述发明所使用的背景或者条件的技术特征。

23. 被诉侵权技术方案可以适用于产品权利要求记载的使用环境

的，应当认定被诉侵权技术方案具备了权利要求记载的使用环境特征，而不以被诉侵权技术方案实际使用该环境特征为前提。

24. 说明书对技术术语的解释与该技术术语通用含义不同的，以说明书的解释为准。

被诉侵权行为发生时，技术术语已经产生其他含义的，应当采用专利申请日时的含义解释该技术术语。

25. 同一技术术语在权利要求书和说明书中所表达的含义应当一致，不一致时应以权利要求书为准。

26. 当权利要求中引用了附图标记时，不应以附图中附图标记所反映出的具体结构来限定权利要求中的技术特征。

27. 专利权的保护范围不应受说明书中公开的具体实施方式的限制，但下列情况除外：

（1）权利要求实质上即是实施方式所记载的技术方案的；

（2）权利要求包括功能性技术特征的。

28. 摘要的作用是提供技术信息，便于公众进行检索，不能用于确定专利权的保护范围，也不能用于解释权利要求。

29. 当专利文件中的印刷错误影响到专利权保护范围的确定时，可以依据专利审查档案进行修正。

对于明显的语法错误、文字错误等，能从权利要求或说明书的整体及上下文得出唯一理解的，应依据实际情况予以解释。

二、发明、实用新型专利权的侵权判定

（一）技术特征的比对方法

30. 判定被诉侵权技术方案是否落入专利权的保护范围，应当审查权利人主张的权利要求所记载的全部技术特征，并以权利要求中记载的全部技术特征与被诉侵权技术方案所对应的全部技术特征逐一进行比较。

31. 被诉侵权技术方案包含与权利要求记载的全部技术特征相同或者等同的技术特征的，应当认定其落入专利权保护范围；被诉侵权技术方案的技术特征与权利要求记载的全部技术特征相比，缺少权利要求记载的一个或多个技术特征，或者有一个或一个以上技术特征不相同也不等同的，应当认定其没有落入专利权保护范围。

32. 进行侵权判定，不应以专利产品与被诉侵权技术方案直接进行比对，但专利产品可以用以帮助理解有关技术特征与技术方案。

33. 权利人、被诉侵权人均有专利权时，一般不能将双方专利产品或者双方专利的权利要求进行比对。

34. 对产品发明或者实用新型进行专利侵权判定比对，一般不考虑被诉侵权技术方案与专利技术是否为相同技术领域。

（二）相同侵权

35. 相同侵权，即文字含义上的侵权，是指被诉侵权技术方案包含了与权利要求记载的全部技术特征相同的对应技术特征。

36. 当权利要求中记载的技术特征采用上位概念特征，而被诉侵权技术方案的相应技术特征采用的是相应的下位概念特征时，则被诉侵权技术方案落入专利权保护范围。

37. 被诉侵权技术方案在包含了权利要求中的全部技术特征的基础上，又增加了新的技术特征的，仍然落入专利权保护范围。

但是，如果权利要求中的文字表述已将增加的新的技术特征排除在外，则不应当认为被诉侵权技术方案落入该权利要求的保护范围。

38. 对于组合物的封闭式权利要求，被诉侵权技术方案在包含权利要求中的全部技术特征的基础上，又增加了新的技术特征的，则不落入专利权保护范围。但是，被诉侵权技术方案中新增加的技术特征对组合物的性质和技术效果未产生实质性影响或该特征属于不可避免的常规数量杂质的情况除外。

39. 对于包含功能性特征的权利要求，如果被诉侵权技术方案不但实现了与该特征相同的功能，而且实现该功能的结构、步骤与专利说明书中记载的具体实施方式所确定的结构、步骤相同的，则被诉侵权技术方案落入专利权保护范围。

40. 在后获得专利权的发明或实用新型是对在先发明或实用新型专利的改进，在后专利的某项权利要求记载了在先专利某项权利要求中记载的全部技术特征，又增加了另外的技术特征的，在后专利属于从属专利。实施从属专利落入在先专利的保护范围。

下列情形属于从属专利：

（1）在后产品专利权利要求在包含了在先产品专利权利要求的全部技术特征的基础上，增加了新的技术特征；

（2）在原有产品专利权利要求的基础上，发现了原来未曾发现的新的用途；

（3）在原有方法专利权利要求的基础上，增加了新的技术特征。

（三）等同侵权

41. 在专利侵权判定中，在相同侵权不成立的情况下，应当判断是否构成等同侵权。

42. 等同侵权，是指被诉侵权技术方案有一个或者一个以上技术特征与权利要求中的相应技术特征从字面上看不相同，但是属于等同特征，应当认定被诉侵权技术方案落入专利权保护范围。

43. 等同特征，是指与权利要求所记载的技术特征以基本相同的手段，实现基本相同的功能，达到基本相同的效果，并且所属技术领域的普通技术人员无需经过创造性劳动就能够想到的技术特征。

44. 基本相同的手段，一般是指在被诉侵权行为发生日前专利所属技术领域惯常替换的技术特征以及工作原理基本相同的技术特征。

申请日后出现的、工作原理与专利技术特征不同的技术特征，属于被诉侵权行为发生日所属技术领域普通技术人员容易想到的替换特征，可以认定为基本相同的手段。

45. 基本相同的功能，是指被诉侵权技术方案中的替换手段所起的作用与权利要求对应技术特征在专利技术方案中所起的作用基本上是相同的。

46. 基本相同的效果，一般是指被诉侵权技术方案中的替换手段所达到的效果与权利要求对应技术特征的技术效果无实质性差异。

被诉侵权技术方案中的替换手段相对于权利要求对应技术特征在技术效果上不属于明显提高或者降低的，应当认为属于无实质性差异。

47. 无需经过创造性劳动就能够想到，即对所属技术领域的普通技术人员而言，被诉侵权技术方案中替换手段与权利要求对应技术特征相互替换是显而易见的。

48. 对手段、功能、效果以及是否需要创造性劳动应当依次进行判断。

49. 等同特征的替换应当是具体的、对应的技术特征之间的替换，而不是完整技术方案之间的替换。

50. 等同特征，可以是权利要求中的若干技术特征对应于被诉侵权技术方案中的一个技术特征，也可以是权利要求中的一个技术特征对应于被诉侵权技术方案中的若干技术特征的组合。

51. 等同特征替换，既包括对权利要求中区别技术特征的替换，也包括对权利要求前序部分中的技术特征的替换。

52. 判定被诉侵权技术方案的技术特征与权利要求的技术特征是否等同的时间点，应当以被诉侵权行为发生日为界限。

53. 权利要求与被诉侵权技术方案存在多个等同特征的，如果该多个等同特征的叠加导致被诉侵权技术方案形成了与权利要求技术构思不同的技术方案，或者被诉侵权技术方案取得了预料不到的技术效果的，则一般不宜认定构成等同侵权。

54. 对于包含功能性特征的权利要求，如果被诉侵权技术方案相应技术特征不但实现了相同的功能，而且实现该功能的结构、步骤与专利说明书中记载的具体实施方式所确定的结构、步骤等同的，应当认定构成等同特征。

上述等同的判断时间点应当为专利申请日。

55. 对于包含有数值范围的专利技术方案，如果被诉侵权技术方案所使用的数值与权利要求记载的相应数值不同的，不应认定构成等同。

但专利权人能够证明被诉侵权技术方案所使用的数值，在技术效果上与权利要求中记载的数值无实质差异的，应当认定构成等同。

56. 对于仅在说明书或者附图中描述而在权利要求中未概括的技术方案，应视为专利权人放弃了该技术方案。专利权人以等同侵权为由主张专利权保护范围包括该技术方案的，不予支持。

被诉侵权技术方案属于说明书中明确排除的技术方案，专利权人主张构成等同侵权的，不予支持。

57. 对被诉侵权技术方案中的技术特征与权利要求中的技术特征是否等同进行判断时，被诉侵权人可以专利权人对该等同特征已经放弃、应当禁止其反悔为由进行抗辩。

禁止反悔，是指在专利授权或者无效程序中，专利申请人或专利权人通过对权利要求、说明书的修改或者意见陈述的方式，对权利要求的保护范围作了限制或者部分放弃，从而在侵犯专利权诉讼中，在确定是否构成等同侵权时，禁止专利申请人或专利权人将已放弃的内容重新纳入专利权保护范围。

58. 专利申请人或专利权人限制或者部分放弃的保护范围，应当是基于克服缺乏新颖性或创造性、缺少必要技术特征和权利要求得不到说明书的支持以及说明书未充分公开等不能获得授权的实质性缺陷的需要。

专利申请人或专利权人不能说明其修改专利文件原因的，可以推定其修改是为克服获得授权的实质性缺陷。

59. 专利权人对权利要求保护范围所作的部分放弃必须是明示的，而且已经被记录在书面陈述、专利审查档案、生效的法律文书中。

60. 禁止反悔的适用以被诉侵权人提出请求为前提，并由被诉侵权人提供专利申请人或专利权人反悔的相应证据。

在人民法院依法取得记载有专利权人反悔的证据的情况下，可以根据业已查明的事实，通过适用禁止反悔对权利要求的保护范围予以必要的限制，合理确定专利权保护范围。

三、外观设计专利权保护范围的确定

61. 审理侵犯外观设计专利权纠纷案件，应当首先确定专利权保护范围。外观设计专利权保护范围以表示在图片或者照片中的该专利产品的外观设计为准，外观设计的简要说明及其设计要点、专利权人在无效程序及其诉讼程序中的意见陈述、应国务院专利行政部门的要求在专利申请程序中提交的样品或者模型等，可以用于解释外观设计专利权保护范围。

62. 外观设计专利公告授权文本中没有设计要点的，专利权人可以提交书面材料，说明外观设计的独创部位及其设计内容。

63. 当事人提交的用以证明专利产品外观设计发展变化的相关证据，可以在确定保护范围时予以考虑。

64. 在确定外观设计专利权保护范围时，应当区分使用状态参考图与变化状态产品的使用状态视图。

使用状态参考图是国务院专利行政部门在审查过程中对在简要说明中未写明外观设计产品使用方法、用途或功能的新开发的产品，或者在一些使用方法、用途或功能不明确的产品无法进行分类时，为了便于对该产品正确分类而要求专利申请人提供的视图。使用状态参考图不能用于确定外观设计的保护范围，但是可以作为确定产品类别的因素。

变化状态产品的使用状态视图，应当作为确定产品外观设计保护范围的依据。

65. 外观设计专利权请求保护色彩的，应当将请求保护的色彩作为确定外观设计专利权保护范围的要素之一，即在侵权判定中，应当将其所包含的形状、图案、色彩及其组合与被诉侵权产品相应的形状、图案、色彩及其组合进行综合对比。

66. 外观设计专利权请求保护色彩的，专利权人应当提交由国务院专利行政部门出具或认可的相关证据，用以确定外观设计的保护范围。必要时，应当与国务院专利行政部门专利审查档案中的色彩进行核对。

67. 对整体视觉效果不产生影响的产品的大小、材料、内部结构，应当排除在外观设计专利权保护范围之外。

68. 相似外观设计专利权的保护范围由各个独立的外观设计分别确定。基本设计与其他相似设计均可以作为确定外观设计专利权保护范围的依据。

相似外观设计，是指对同一产品的多项相似外观设计提出一件外观设计专利申请并获得授权的外观设计专利。在多项相似外观设计中，应当指定一项作为基本设计。相似基本设计与某一相似外观设计之间具有相同或者相似的设计特征，并且二者之间的区别点在于局部细微变化、该类产品的惯常设计、设计单元重复排列或者仅色彩要素的变化等情形。

69. 成套产品的整体外观设计与组成该成套产品的每一件外观设计均已显示在该外观设计专利文件的图片或者照片中的，其权利保护范围由组成该成套产品的每一件产品的外观设计或者该成套产品的整体外观设计确定。

成套产品设计，是指用于同一类别并且成套出售或使用的产品的两项以上外观设计，作为一件外观设计申请提出并获得授权的外观设计专利。

四、外观设计专利权的侵权判定

70. 在与外观设计产品相同或者相近种类产品上，采用与授权外观设计相同或者相近似外观设计的，应当认定被诉侵权外观设计落入外观设计专利的保护范围。

71. 进行外观设计侵权判定，应当用授权公告中表示该外观设计的图片或者照片与被诉侵权外观设计或者体现被诉侵权外观设计的图片或者照片进行比较，而不应以专利权人提交的外观设计专利产品实物与被诉侵权外观设计进行比较。但是，该专利产品实物与表示在专利公告文件的图片或照片中的外观设计产品完全一致，或者与专利权人应国务院专利行政部门在专利申请程序中为更清楚地了解图片或照片中的内容而要求提交的样品或者模型完全一致，并且各方当事人均无异议的除外。

72. 进行外观设计侵权判定，应当通过一般消费者的视觉进行直接观察对比，不应通过放大镜、显微镜等其他工具进行比较。但是，如果表示在图片或者照片中的产品外观设计在申请专利时是经过放大的，则在侵权比对时也应将被控侵权产品进行相应放大进行比对。

73. 进行外观设计侵权判定，应当首先审查被诉侵权产品与外观设计产品是否属于相同或者相近种类产品。

74. 应当根据外观设计产品的用途（使用目的、使用状态），认定产品种类是否相同或者相近。

确定产品的用途时，可以按照下列顺序参考相关因素综合确定：外观设计的简要说明、国际外观设计分类表、产品的功能以及产品销售、实际使用的情况等因素。

如果外观设计产品与被诉侵权外观设计产品的用途（使用目的、使用状态）没有共同性，则外观设计产品与被诉侵权产品不属于相同或者相近种类产品。

75. 判定是否侵犯外观设计专利权，应当以是否相同或者相近似为标准，而不以是否构成一般消费者混淆、误认为标准。

76. 应当以外观设计专利产品的一般消费者的知识水平和认知能力，判断外观设计是否相同或者近似，而不应以该外观设计专利所属技术领域的普通设计人员的观察能力为标准。

77. 一般消费者，是一种假设的“人”，对其应当从知识水平和认知能力两方面进行界定。

一般消费者的知识水平是指，他通常对外观设计专利申请日之前相同种类或者相近种类产品的外观设计及其常用设计手法具有常识性的了解。

一般消费者的认知能力是指，他通常对外观设计产品之间在形状、图案以及色彩上的区别具有一定的分辨力，但不会注意到产品的形状、图案以及色彩的微小变化。

对外观设计产品的一般消费者的知识水平和认知能力作出具体界定时，应当针对具体的外观设计产品，并考虑申请日前该外观设计产品的设计发展过程。

78. 判断外观设计是否相同或相近似时，不应以外观设计创作者的主观看法为准，而以一般消费者的视觉效果为准。

79. 判断外观设计是否构成相同或相近似时以整体观察、综合判断为原则，即应当对授权外观设计、被诉侵权设计可视部分的全部设计特征进行观察、对能够影响产品外观设计整体视觉效果的所有因素进行综合考虑后作出判断。

下列情形通常对外观设计的整体视觉效果更具有影响：

（1）产品正常使用时容易被直接观察到的部位相对于其他部位；

（2）外观设计区别于现有设计的设计特征相对于外观设计的其他设计特征。

80. 被诉侵权设计与授权外观设计在整体视觉效果上无差异的，应当认定两者相同；在整体视觉效果上无实质性差异的，应当认定两者构成相近似。具体而言：

（1）如果两者的形状、图案、色彩等整体上的视觉效果无差异，则应当认为两者构成相同；

（2）如果两者的形状、图案、色彩等整体上的视觉效果不完全相同，但是没有明显差异的，则应当认为两者相近似；

（3）如果两者的形状、图案、色彩等整体上的视觉效果不同，且有明显差异的，则应当认为两者不相同且不相近似。

81. 在判断相同或相近似时，由产品功能、技术效果决定的设计特征不予考虑。

由产品功能、技术效果决定的设计特征，是指实现产品功能、技术效果的有限或者唯一的设计。

82. 对于立体产品的外观设计，通常形状对整体视觉效果更具有影响，在进行相同相近似判断时，应以形状为重点；但如果其形状属于惯常设计，则图案、色彩对整体视觉效果更具有影响。

惯常设计，是指现有设计中一般消费者所熟知的、只要提到产品名称就能想到的相应设计。

83. 对于平面产品的外观设计，通常图案、色彩对整体视觉效果更具有影响，在进行相同相近似判断时，应以图案、色彩为重点。

84. 对要求保护色彩的外观设计，应当先确定该外观设计是否属于惯常设计，如果是惯常设计，则应当仅对其图案、色彩作出判定；如果形状、图案、色彩均为新设计，则应当对形状、图案、色彩三者的结合作出判定。

85. 将不透明材料替换为透明材料，或者将透明材料替换为不透明材料，且仅属于材料特征的变换，未导致产品外观设计发生明显变化的，在判断外观设计的相同相近似时，应不予考虑。但是，如果透明材料使得该产品外观设计的美感发生了变化，导致一般消费者对该产品的整体视觉发生变化的，则应当予以考虑。

被诉侵权产品系将不透明材料替换为透明材料，通过透明材料可以观察到产品内部结构，则内部结构应当视为该产品的外观设计的一部分。

86. 专利权人、被诉侵权人的外观设计专利申请均已被授权，且专利权人的外观设计专利的申请日早于被诉侵权人的外观设计专利的申请日，如果被诉侵权人的外观设计与专利权人的外观设计构成相同或相近似的，则可以认定被诉侵权人实施其外观设计专利的行为，侵犯了在先的外观设计专利权。

五、其他专利侵权行为的认定

（一）专利侵权行为

87. 发明和实用新型专利权被授予后，除专利法另有规定的以外，任何单位或者个人未经专利权人许可，都不得实施其专利，即不得为生产经营目的制造、使用、许诺销售、销售、进口其专利产品，或者使用其专利方法以及使用、许诺销售、销售、进口依照该专利方法直接获得的产品。

外观设计专利权被授予后，任何单位或者个人未经专利权人许可，都不得实施其专利，即不得为生产经营目的制造、销售、进口其外观设计专利产品。

88. 发明专利公开日以及实用新型、外观设计授权公告日之前的实施行为，不属于侵犯专利权的行为。

在发明专利公开日至授权公告日之间，即发明专利权的临时保护期内，实施该发明的单位或者个人应当向权利人支付适当的使用费。对其实施行为的判定，可以参照适用有关专利侵权的法律规定。

专利申请日时申请人请求保护的范围与专利公告授权时的专利权保护范围不一致，被诉侵权技术方案均落入上述两个保护范围的，应当认定被诉侵权人在临时保护期内实施了该发明。被诉侵权技术方案仅落入其中一个保护范围的，应当认定被诉侵权人在临时保护期内未实施该发明。

89. 制造发明或者实用新型专利产品，是指权利要求中所记载的产品技术方案被实现，产品的数量、质量不影响对制造行为的认定。

以下行为应当认定为制造发明或者实用新型专利产品行为：

（1）以不同制造方法制造产品的行为，但以方法限定的产品权利要求除外；

（2）委托他人制造或者在产品上标明“监制”等类似参与行为；

（3）将部件组装成专利产品的行为。

90. 制造外观设计专利产品，是指专利权人向国务院专利行政部门申请专利时提交的图片或者照片中的该外观专利产品被实现。

91. 使用发明或者实用新型专利产品，是指权利要求所记载的产品技术方案的技术功能得到了应用。

92. 将侵犯发明或者实用新型专利权的产品作为零部件或中间产品，制造另一产品的，应当认定属于对专利产品的使用。

93. 使用专利方法，是指权利要求记载的专利方法技术方案的每一个步骤均被实现，使用该方法的结果不影响对是否构成侵犯专利权的认定。

94. 使用外观设计专利产品，是指该外观设计产品的功能、技术性能得到了应用。

外观设计专利权人的禁止权不包括禁止他人使用其外观设计专利产品的权利。

95. 将侵犯他人专利权的产品用于出租的，应当认定属于对专利产品的使用。

96. 销售专利产品，是指将落入专利权保护范围的被诉侵权产品的所有权、或者依照专利方法直接制得的产品的所有权、或者将含有外观设计专利的产品的所有权从卖方有偿转移到买方。

搭售或以其他方式转让上述产品所有权，变相获取商业利益的，也属于销售该产品。

97. 将侵犯发明或者实用新型专利权的产品作为零部件或中间产品，制造另一产品后，销售该另一产品的，应当认定属于对专利产品的销售。

将侵犯外观设计专利权的产品作为零部件，制造另一产品并销售的，应当认定属于销售外观设计专利产品的行为，但侵犯外观设计专利权的产品在另一产品中仅具有技术功能的除外。

仅具有技术功能，是指该零部件构成最终产品的内部结构，在最终产品的正常使用中不产生视觉效果，只具有技术功能作用。

98. 在销售侵犯他人专利权的产品行为实际发生前，被诉侵权人作出销售侵犯他人专利权产品意思表示的，构成许诺销售。

以做广告、在商店橱窗中陈列、在网络或者在展销会上展出等方式作出销售侵犯他人专利权产品的意思表示的，可以认定为许诺销售。

99. 进口专利产品，是指将落入产品专利权利要求保护范围的产品、依照专利方法直接获得的产品或者含有外观设计专利的产品在空间上从境外越过边界运进境内的行为。

100. 方法专利延及产品，指一项方法发明专利权被授予后，任何单位或个人未经专利权人许可，除了不得为生产经营目的而使用该专利方法外，还不得为生产经营目的而使用、许诺销售、销售、进口依照该专利方法所直接获得的产品。

101. 依照专利方法直接获得的产品，是指将原材料、物品按照方法专利权利要求记载的全部步骤特征进行处理加工，使得原材料、物品在结构上或物理化学特性上产生明显变化后所获得的原始产品。

将上述原始产品进一步加工、处理而获得的后续产品，即以该原始产品作为中间部件或原材料，加工、处理成为其他的后续产品，应当认定属于使用依照该专利方法直接获得的产品。对该后续产品的进一步加工、处理，不属于使用依照该专利方法所直接获得的产品的行为。

102. 专利法第六十一条规定的“新产品”，是指在国内外第一次生产出的产品，该产品与专利申请日之前已有的同类产品相比，在产品的组份、结构或者其质量、性能、功能方面有明显区别。

产品或者制造产品的技术方案在专利申请日以前为国内外公众所

知的，应当认定该产品不属于专利法规定的新产品。

是否属于新产品，应由专利权人举证证明。专利权人提交证据初步证明该产品属于专利法规定的新产品的，视其尽到举证责任。

103. 同样产品，是指被诉侵权产品与实施新产品制造方法直接得到的原始产品的形状、结构或成份等无实质性差异。

是否属于同样产品，应由权利人举证证明。

104. 对于用途发明专利，权利人应证明被诉侵权人制造、使用、销售、许诺销售、进口被诉侵权产品系用于该专利的特定用途。

（二）共同侵权行为

105. 两人以上共同实施专利法第十一条规定的行为，或者两人以上相互分工协作，共同实施专利法第十一条规定的行为的，构成共同侵权。

106. 教唆、帮助他人实施专利法第十一条规定的行为的，与实施人为共同侵权人。

107. 将侵犯专利权的产品作为零部件，制造另一产品并出售的，如果被诉侵权人存在分工合作，构成共同侵权。

108. 提供、出售或者进口专门用于实施他人产品专利的材料、专用设备或者零部件的，或者提供、出售或者进口专门用于实施他人方法专利的材料、器件或者专用设备的，上述行为人与实施人构成共同侵权。

109. 为他人实施专利法第十一条规定的行为提供场所、仓储、运输等便利条件的，与实施人构成共同侵权。

110. 技术转让合同的受让人按照合同的约定受让技术并予以实施，侵犯他人专利权的，由受让人承担侵权责任。

六、专利侵权抗辩

（一）专利权效力抗辩

111. 被诉侵权人以专利权超过保护期、被专利权人放弃、被生效法律文书宣告无效进行抗辩的，应当提供相应的证据。

112. 在侵犯专利权诉讼中，被诉侵权人以专利权不符合专利授权条件、应当被宣告无效进行抗辩的，其无效宣告请求应当向专利复审委员会提出。

（二）滥用专利权抗辩

113. 被诉侵权人以专利权人恶意取得专利权且滥用专利权提起侵权诉讼进行抗辩的，应当提供相应的证据。

在侵犯专利权诉讼中，专利权被宣告无效的，不宜轻易认定为滥用专利权。

114. 恶意取得专利权，是指将明知不应当获得专利保护的发明创造，故意采取规避法律或者不正当手段获得了专利权，其目的在于获得不正当利益或制止他人的正当实施行为。

以下情形可以认定为恶意：

（1）将申请日前已有的国家标准、行业标准等技术标准申请专利并取得专利权的；

（2）将明知为某一地区广为制造或使用的产品申请专利并取得专利权的。

（三）不侵权抗辩

115. 被诉侵权技术方案的技术特征与权利要求记载的全部技术特征相比，缺少权利要求中记载的一项或一项以上技术特征的，不构成侵犯专利权。

116. 被诉侵权技术方案的技术特征与权利要求中对应技术特征相比，有一项或者一项以上的技术特征既不相同也不等同的，不构成侵犯专利权。

本条第一款所称技术特征不相同不等同是指：

（1）该技术特征使被诉侵权技术方案构成了一项新的技术方案；

（2）该技术特征在功能、效果上明显优于权利要求中对应的技术特征，并且所属技术领域的普通技术人员认为这种变化具有实质性的改进，而不是显而易见的。

117. 被诉侵权技术方案省略权利要求中个别技术特征或者以简单或低级的技术特征替换权利要求中相应技术特征，舍弃或显著降低权利要求中与该技术特征对应的性能和效果从而形成变劣技术方案的，不构成侵犯专利权。

118. 任何单位或个人非生产经营目的制造、使用、进口专利产品的，不构成侵犯专利权。

（四）不视为侵权的抗辩

119. 专利产品或者依照专利方法直接获得的产品，由专利权人或者经其许可的单位、个人售出后，使用、许诺销售、销售、进口该产品的，不视为侵犯专利权，包括：

（1）专利权人或者其被许可人在中国境内售出其专利产品或者依照专利方法直接获得的产品后，购买者在中国境内使用、许诺销售、销售该产品；

（2）专利权人或者其被许可人在中国境外售出其专利产品或者依照专利方法直接获得的产品后，购买者将该产品进口到中国境内以及随后在中国境内使用、许诺销售、销售该产品；

（3）专利权人或者其被许可人售出其专利产品的专用部件后，使用、许诺销售、销售该部件或将其组装制造专利产品；

（4）方法专利的专利权人或者其被许可人售出专门用于实施其专利方法的设备后，使用该设备实施该方法专利。

120. 在专利申请日前已经制造相同产品、使用相同方法或者已经做好制造、使用的必要准备，并且仅在原有范围内继续制造、使用的，不视为侵犯专利权。

使用、许诺销售、销售上述情形下制造的专利产品或者依照专利方法直接获得的产品的，也不视为侵犯专利权。

121. 享有先用权的条件是：

（1）做好了制造、使用的必要准备。即已经完成实施发明创造所必需的主要技术图纸或者工艺文件，或者已经制造或者购买实施发明创造所必需的主要设备或者原材料。

（2）仅在原有范围内继续制造、使用。“原有范围”包括：专利申请日前已有的生产规模以及利用已有的生产设备或者根据已有的生产准备可以达到的生产规模。超出原有范围的制造、使用行为，构成侵犯专利权。

（3）在先制造产品或者在先使用的方法或设计，应是先用权人自己独立研究完成或者以合法手段从专利权人或其他独立研究完成者处取得的，而不是在专利申请日前抄袭、窃取或者以其他不正当手段获取的。被诉侵权人以非法获得的技术或者设计主张先用权抗辩的，不应予以支持。

（4）先用权人对于自己在先实施的技术不能转让，除非连同所属企业一并转让。即先用权人在专利申请日后将其已经实施或作好实施必要准备的技术或设计转让或者许可他人实施，被诉侵权人主张该实施行为属于在原有范围内继续实施的，不应予以支持，但该技术或设计与原有企业一并转让或者承继的除外。

122. 临时通过中国领土、领水、领空的外国运输工具，依照其所属国同中国签订的协议，或者共同参加的国际条约，或者依照互惠原则，为运输工具自身需要而在其装置和设备中使用有关专利的，不视为侵犯专利权。

但是临时过境不包括用交通运输工具对专利产品的“转运”，即从一个交通运输工具转到另一个交通运输工具的行为。

123. 专为科学研究和实验而使用有关专利，不视为侵犯专利权。

专为科学研究和实验，是指专门针对专利技术方案本身进行的科学研究和实验。

应当区别对专利技术方案本身进行科学研究、实验和在科学研究、实验中使用专利技术方案：

（1）对专利技术方案本身进行科学研究实验，其目的是研究、验证、改进他人专利技术，在已有专利技术的基础上产生新的技术成果。

（2）在科学研究、实验过程中使用专利技术方案，其目的不是为研究、改进他人专利技术，而是利用专利技术方案作为手段进行其他技术的研究实验，或者是研究实施专利技术方案的商业前景等，其结果与专利技术没有直接关系的行为。该种行为构成侵犯专利权。

本条第一款中的使用有关专利的行为，包括该研究实验者自行制造、使用、进口有关专利产品或使用专利方法的行为，也包括他人为该研究试验者制造、进口有关专利产品的行为。

124. 为提供行政审批所需要的信息，而制造、使用、进口专利药品或者专利医疗器械的，以及专门为其制造、进口专利药品或者专利医疗器械，不视为侵犯专利权。

行政审批所需要的信息，是指《中华人民共和国药品管理法》、《中华人民共和国药品管理法实施条例》以及《药品注册管理办法》等相关药品管理法律法规、部门规章等规定的实验资料、研究报告、科技文献等相关材料。

（五）现有技术抗辩及现有设计抗辩

125. 现有技术抗辩，是指被诉落入专利权保护范围的全部技术特征，与一项现有技术方案中的相应技术特征相同或者等同，或者所属技术领域的普通技术人员认为被诉侵权技术方案是一项现有技术与所属领域公知常识的简单组合的，应当认定被诉侵权人实施的技术属于现有技术，被诉侵权人的行为不构成侵犯专利权。

126. 现有技术，是指专利申请日以前在国内外为公众所知的技术。对于依据2008年修订的专利法实施之前的专利法规定申请并获得授权的专利权，其现有技术应当依据之前专利法的规定确定。

127. 抵触申请不属于现有技术，不能作为现有技术抗辩的理由。但是，被诉侵权人主张其实施的是属于抵触申请的专利的，可以参照本指南第125条关于现有技术抗辩的规定予以处理。

抵触申请，是指由任何单位或者个人就与专利权人的发明创造同样的发明创造在申请日以前向国务院专利行政部门提出申请并且记载在申请日以后公布的专利申请文件或者公告的专利文件中的专利申请。

128. 现有设计抗辩，是指被诉侵权产品的外观设计与一项现有设计相同或者相近似，或者被诉侵权产品的外观设计是一项现有外观设计与该产品的惯常设计的简单组合，则被诉侵权产品的外观设计构成现有设计，被诉侵权人的行为不构成侵犯外观设计专利权。

129. 现有设计是指申请日以前在国内外为公众所知的设计，包括在国内外以出版物形式公开和以使用等方式公开的设计。但是，对于依据2008年修订的专利法实施之前专利法规定申请并获得授权的外观设计专利权，其现有设计应当依据之前专利法的规定确定。

130. 被诉侵权人以其实施现有设计进行抗辩的，应当在侵权诉讼中主张，并提供现有设计的相关证据。

131. 被诉侵权人以实施现有设计进行抗辩的，应当判断被诉侵权产品的外观设计是否与现有设计相同或相近似，而不应将专利外观设计与现有设计进行比对。

132. 被诉侵权人主张其实施的是外观设计专利的抵触申请的，应当将被诉侵权外观设计与抵触申请进行比对。被诉侵权外观设计与抵触申请相同或相近似的，被诉侵权人的行为不构成侵犯外观设计专利权。

（六）合理来源抗辩

133. 为生产经营目的，使用、许诺销售或者销售不知道是未经专利权人许可而制造并售出的专利产品或者依照专利方法直接获得的产品的行为，属于侵犯专利权行为。

使用者或者销售者能证明其产品合法来源的，不承担赔偿责任，但是应当承担停止侵害的法律责任。

合法来源是指使用者或者销售者从合法的进货渠道，以合理的价格购买了被诉侵权产品，并提供相关票据。

北京市高级人民法院

2013年9月4日